CLAIM AND NEGOTIATION

클레임
과
협상론

CLAIM AND NEGOTIATION

신군재

三 英 社

머리말

세계 통상 환경은 4차 산업혁명으로 글로벌화가 가속되는 과정에서 코로나19 범유행이라는 복병을 맞이하였다. 코로나19 범유행은 전 세계적으로 짧은 시간 내에 동시다발적으로 나타났고, 물리적 접촉이 제한되는 비대면(비접촉, untact) 방식이 보편화, 일상화되면서 디지털 전환이 전 인류의 삶 모든 분야에서 빠르게 진행되고 있다.

기업 업무의 자동화와 디지털화는 우리들의 미래를 예측할 수 없는 뷰카시대[VUCA; 변동성(Volatility), 불확실성(Uncertainty), 복잡성(Complexity), 모호성(Ambiguity)]를 초래하여 기업들은 과거에 경험하지 못한 새로운 사업 모델 구축이 필요하다. 기업들이 '뷰카시대' 불확실성 미래에 대비하기 위해서는 기업내 또는 기업외부 사람들과 끊임없는 협업이 필요하다. 협업은 기업 내부뿐 아니라 외부 주체들과의 협력까지도 적극 포용하는 열린 자세로 서로 다른 생각을 연결하고 융합하여 시너지 효과를 낼 수 있어야 양측 모두 지속적인 성장을 이룰 수 있다. 결국 협업은 열린 소통과 쌍방 이익을 도출하는 통합적 협상력 능력을 갖춘 인재가 필요하다.

한편, 무역을 하다보면 외국인과 수많은 클레임이 발생한다. 무역에서 클레임이란 계약서의 조정 또는 해석, 금액의 지급, 공사 기간의 연장 등 계약조건에 대한 권리를 요구하고 협상하는 모든 행위이다. 반면에, 분쟁은 클레임으로 인한 당사자 간의 의견차이가 더욱 심화되어 제3자의 판단이나 해석에 맡겨질 때를 말한다. 무역분쟁의 대부분은 협상에 의해서 해결되고 있음에도 불구하고 지금까지 대학이나 무역관련 아카데미에서 무역실무의 맨 마지막 장으로 클레임과 상사중재를 가르쳐 클레임은 곧 분쟁이라고 많이 오해를 하고 있다. 따라서 본서는 기존의 교재와는 달리 무역클레임을 해결하는 수단으로서 협상에 대한 개념과 방법들에 초점을 맞추었다.

무역기업들은 뷰카시대 급변하는 환경변화에 따른 새로운 사업구상, 새로운 시장개척 등에 많은 시간을 투자하여야 함에도 불구하고, 클레임 제기에 소홀히 대처하거나, 클레임을 다툼으로 오인하여 분쟁으로 이어질 경우 기업의 에너지가 분쟁을 해결하는데 쏠릴 수밖에 없다. 무역기업들은 클레임과 분쟁의 차이를 이해하고, 협상력을 키워 클레임에 적극적으로 대처하는 것이 피해를 예방하거나 줄이는 방법이다.

무역거래는 청약, 반대청약 및 승낙의 과정을 거쳐 계약이 체결된 후 당사자들의 이행, 이행에 문제가 발생할 경우 클레임 등의 절차로 이루어진다. 무역협상은 무역 절차 중 계약이 체결되는 과정과 클레임 해결과정에서 이루어진다. 이 두 과정에서 당사자들은 상대방이 실제 원하는 욕구(이해관계)를 파악하기보다는 자신의 주장(입장)만 하는 경우가 많다. 하지만 협상은 계약이나 클레임 당사자가 자신들의 요구사항을 각각 관철시키기 위하여 양방향 의사소통을 통하여 서로 만족할 만한 수준의 합의를 이끌어내는 과정이 협상이다. 무역거래의 당사자들은 1회성 거래가 아닌 장기적인 거래를 목표로 하기 때문에 쌍방 모두의 만족을 얻기 위하여 협상에 대한 올바른 이해와 방법들을 익혀야 한다.

따라서 본 서에서는 무역거래 당사자들이 협상에 대한 이해를 높이고, 협상에 대한 방법들을 기술함으로써 클레임을 우호적으로 해결하는데 도움을 줄 뿐만 아니라 뷰카시대 기업 내 부서간 및 타 기업과 협업을 할 때 발생하는 갈등을 해결하는데 도움을 주고자 하였다.

본 서는 이러한 목적을 달성하기 위하여 기존 협상관련 교재와 논문을 통해 이론적 내용을 정리하고, 클레임과 상사중재, 갈등관리와 협상을 강의하면서 강의용으로 활용한 신문기사, 블로그, 유튜브 등 인터넷 자료들을 토대로 협상사례와 전략전술들을 기술함으로써 학생들의 이해를 돕고자 하였다. 특히 드라마나 영화 등에서 나온 갈등해결과 협상사례는 QR코드를 통해 제공하였다. 본 서는 다음과 같은 구성과 특징을 가지고 있다.

제1장에서는 글로벌, 코로나19 범유행과 디지털화로 인한 뷰카시대와 협업 등의 내용을 통해 통상환경의 중요한 변화와 협상의 중요성을 기술하였다.

제2장에서는 직장인들이 직장생활이나 사회생활에서 늘 겪는 갈등에 대한 올바른 이해와 해결방법들, 다름의 유용성 및 무역기업들이 겪는 클레임의 원인과 해결방법들을 기술하였다. 특히 무역클레임을 해결하기 위한 다양한 방법으로서 ADR(대체적분쟁해결방법)의 종류와 언제 어떠한 방법을 사용하는 것이 유용한 지에 대하여 설명하였다.

제3장에서는 협상의 중요성을 인식시키기 위하여 협상과 흥정, 협상과 설득을 비교하여 설명하였고, 협상개념의 변천과정과 협상의 주요 용어들을 기술하였다.

제4장에서는 협상을 원만하게 해결하기 위한 전제조건으로 원활한 소통을 위하여 조하리의 창, 의사소통과정, 이문화 의사소통 및 대화법에 대한 내용을 설명하였다.

제5장에서는 문화가 협상에 어떻게 영향을 미치는지를 사례를 제시함과 동시에 무역협상에서 문화의 중요성을 기술함과 동시에 무역협상에 대한 기존의 접근법을 토대로 협상결과에 영향을 미치는 요인들을 살펴보았다.

제6장에서는 경제학과 경영학 분야에서 부각되고 있는 행동경제학 이론들을 토대로 이러한 이론들이 협상에 어떻게 적용되고 있는지를 설명하였다.

제7장에서는 기존의 협상교재와는 달리 협상전략을 분배적 협상, 통합적 협상, 감성적 협상으로 분류하고 각 전략을 구체적으로 실행하는 방법들을 설명하고 이해를 돕기 위하여 사례와 함께 QR코드를 이용하여 동영상을 제공하였다. 본 장에서는 제7장은 협상전략·전술 개념, 사례, 생각하기 등을 통해 학생들이 문제해결능력을 향상시키는데 도움을 주고자 하였다.

본 서는 다른 협상관련 교재와는 달리 협상에 대한 이론보다는 실무적 이해를 돕고자 협상전략·전술 활용법과 이의 대응방법들을 제시하고자 하였다. 구체적으로는 협상방법을 분배적 협상, 통합적 협상 및 감성적 협상으로 나누고 각각 어떻게 협상을 하는 방법인지를 개념과 사례를 제시하였다. 각 협상전략·전술 이해를 돕기 위해 드라마나 영화를 시청할 수 있도록 QR코드를 제공하였으며, 사례를 읽고 관련된 '생각하기' 문제를 제시하여 학생 스스로 주어진 상황에서 어떻게 협상할 것인가를 생각해 보도록 하였다.

마지막으로 어려운 여건 속에서도 출판을 허락해주신 삼영사 고성익 사장님과 임진숙 선생님을 비롯한 편집자 여러분께 깊이 감사드리며, 더불어 나의 영원한 친구이자 동반자인 아내와 딸, 아들에게 사랑의 마음을 전하고자 한다.

2023년 1월

저자가

Contents

Contents

Contents

Chapter 7 협상전략과 전술

제 1 장

글로벌통상환경

제 1 장 글로벌통상환경

제 1 절 글로벌통상환경 이해

1 세계화와 지역화

국제통상환경은 기존의 민족국가 개념을 초월하여 전 인류·전 지구적 수준에서 경쟁과 협력을 통하여 통합이 이루어져 가는 과정을 의미하는 세계화 과정(globalization)과 경제적으로 보완관계가 있는 국가 간 통합하고자 하는 지역화 과정(localization)이 동시에 일어나고 있는 글로컬라이제이션(glacalization) 시대라고 할 수 있다.

글로컬라이제이션 시대는 국가 간 경제적 장벽이 무너져 인적·물적 자원뿐만 아니라 정보·아이디어 등의 이동이 자유로워 경쟁과 협력이 동시에 요구되며, 사람들의 빈번한 교류로 새로운 형태의 변화와 갈등을 유발하고 있다.

글로컬라이제이션 시대는 국제통상환경을 외형적으로는 세계를 통합하면서 내부적으로는 혁신적인 IT기술의 발달로 세상의 모든 사람·사람, 사람·사물 및 사물·사물 간을 연결하는 초연결 시대를 가속화시켰다. 전 세계적으로 매일 수천만 명이 이동하고 수억 개의 물품이 항공기와 선박과 자동차를 거쳐 운송된다. 단 하루 동안 세계적으로 상품의 이동 규모는 노르망디 상륙 작전과 아폴로 달 착륙 프로젝트를 합친 것보다 더 크고, 피라미드와 후버 댐, 엠파이어스테이트 빌딩을 하루 만에 짓는 것에 비견될 정도다.

피자 식재료와 스마트폰의 부품들, 커피 원두와 캔의 원자재는 지구 곳곳의 생산지에서 생산되어, 거미줄처럼 연결한 전 세계 배송망을 통해 소비자의 손에 들어가게 된다. 이러한 물품들의 이동 이외에도 환경적으로 너무나 다른 사람들이 끊임없는 교류와 때로는 경쟁·협력을 하면서 초연결 네트워크를 구축하고 있다.

〈표 1-1〉 세계화에 따른 물품 이동거리

(이동거리는 미국 내 기준)

제품	물류과정	이동거리
휴대폰	홈버튼 : 중국(후난성, 장쑤성) → 대만 가오슝 → 중국 정저우(최종조립) → 미국	38만600km
커피	적도지방 생두를 로스팅하여 소비자에게 배송과정 : 적도 → 홍해와 수에즈운하 → 지중해 → 지브롤터해협 → 대서양 → 파나마운하 → 태평양에 들어선 후 북서쪽으로 돌아 캘리포니아	2만5300km
피자	모차렐라 치즈(375km), 토마토 소스(450km), 페퍼로니와 소시지, 햄, 살라미(2,250km), 밀(2,410km), 피자 상자(3,540km)는 캘리포니아 온타리오 공장에 도착하여 제조되어 가정에 배달	9,025Km

출처 : 에드워드 흄스 지음·김태훈 옮김, 「배송추적」, 사회평론, 2017.

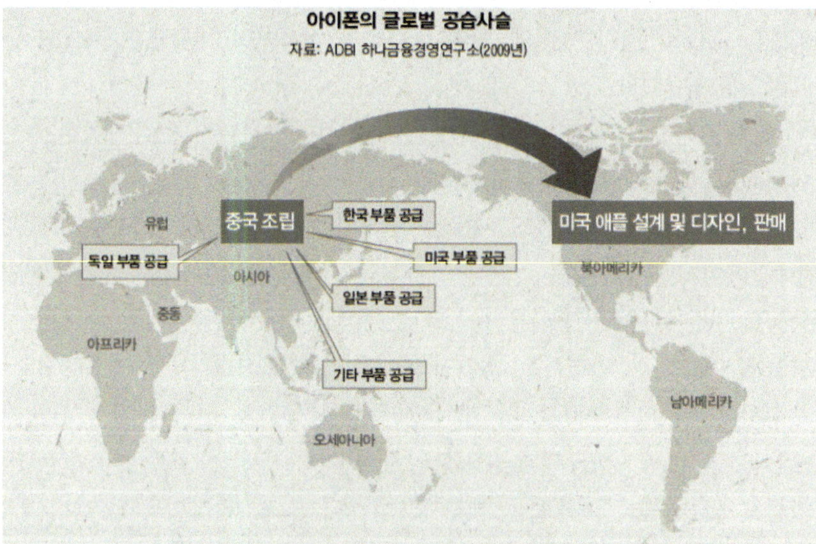

출처 : 조철기, 「일곱 가지 상품으로 읽는 종횡무진 세계지리」, 서해문집, p. 64.

[그림 1-1] 아이폰의 글로벌 공급사슬

초연결 네트워크는 그물망처럼 얽혀 있어 기업이 공급업체와 협상(구매, 하도급, 외주), 유통업체와 협상(영업, 판매), 고객과 협상(제품, 서비스), 합작 내지 협력기업과 협상(신제품 관련 제휴협상) 등을 통해 한 올씩 풀어나가도록 하고 있다. 또한 국가뿐만 아니라 기업, 소비자 등 모든 경제주체들은 내・외부적으로 갈등과 끊임없는 새로운 문제들을 경험하게 되며 이러한 것들을 해결하기 위한 과정에서 협상을 경험하게 된다.

2 코로나19 범유행 후 글로벌 비즈니스 환경 변화

2019년 말 중국 우한에서 시작된 신종 코로나 바이러스 감염증의 세계적 대유행(이하 '코로나19 범유행'으로 칭함)으로 개인의 행동양식이나 정부의 역할 그리고 국가 간 질서 등 사회・경제・외교 전반에 걸친 대변화가 일어나고 있다. 변화의 범위는 생산과 소비, 일의 방식과 노동구조, 공동체의 분열, 탈세계화와 제조업의 본국회귀(reshoring), 미・중 충돌 양상 등 광범위하다.

코로나19 범유행(pandemic) 현상은 세계화(globalization)의 산물이면서 탈세계화(deglobalization)를 촉진하는 동인이 되었다. 코로나19 범유행은 WTO를 중심으로 한 다자통상체제를 약화시키고 대신 각국 정부로 하여금 국경폐쇄와 같은 고립주의와 자국우선주의로 보호무역 강화, 해외에 진출한 기업들을 자국 내로 복귀시키려는 제조업의 본국 회귀 정책(reshoring)을 시행하도록 하였다.

각국 정부는 코로나19가 자국 사회를 붕괴시킬 위험성이 커지자 협력적으로 문제를 해결하기보다는 자국 중심의 '각자도생' 정책을 강화하였다. 코로나 19 범유행으로 세계화에 대한 불신이 커지면서 정부의 역할은 커지고 민간의 역할은 축소되며, 사회 안정을 위해 개인의 자유를 제한받고 있다.

코로나19 범유행은 물리적 교류의 어려움으로 자국 제품에 대한 수요증가와 함께 물리적 공간과 가상공간에서 다르게 세계화를 진행시키고 있다. 세계화는 물리적 환경에서는 느리게 진행되는 반면 가상공간에서는 인공지능(AI)과 가상현실(VR) 기술을 활용하여 온라인 공간에서 서로 공감하고 정보를 공유하는 폭이 빠르게 확산되고 있다.

코로나19 범유행은 4차산업혁명의 화두이었던 비대면(Un-tact)과 디지털전환(Digital Transformation)을 앞당겨 디지털 거래, 라이브 방송, 배달대행, 비대면 플랫폼산업 등 비대면 거래의 확산을 가져와 기업들은 비대면 거래와 함께 가성비 소비 선호와 ESG 경영에 대한 소비자들의 요구에 부합하는 전략을 수립하고 있다.

1) 탈세계화 가속화

코로나19 범유행은 글로벌화(globalization)의 산물이면서 2008년 금융위기 이후부터 진행되어온 탈세계화(Deglobalization)를 가속화시켜 자국우선주의를 더욱 강하게 확산시켰다. 국가 간 입국제한과 국경봉쇄를 통한 상호이동의 제한으로 상호연결과 상호의존을 특징으로 하는 글로벌화에 역행하는 탈글로벌화를 촉진하고 있다.

상품 및 기술에 대한 수출통제조치와 더불어 코로나 바이러스 감염 우려로 각국이 인력의 이동을 일시적으로 제한하는 국경봉쇄조치는 국제무역의 흐름에 심대한 영향을 끼쳤을 뿐만 아니라 정치외교 측면에서도 기존의 국제관계를 크게 흔들어 놓았다.

2) 디지털경영환경

코로나19 범유행은 국가와 산업의 디지털 전환에 중요한 자극제가 되고 있다. 디지털 전환(Digital Transformation)은 인터넷 혁명 시대라고 불리는 1990년대 처음 등장한 개념으로, 디지털 기술을 사회 전반에 적용해 전통적인 사회구조를 혁신한다는 뜻을 담고 있다. 디지털 기술은 소비, 생산, 인력 운용과 같은 기존의 핵심 경제활동을 온라인 플랫폼 및 비대면 방식으로 전환시키면서 사회적 거리두기에 의한 공백을 대체하고 코로나19 범유행의 확산 방지에 기여하였다.

디지털 전환은 기업 및 사회 전반에 '비즈니스 방식'에도 큰 변화를 일으켰다. B2C뿐만 아니라 B2B까지 확대되어 기업 간 거래에도 비대면 판매 및 협상이 일상화되고 있다. 오프라인 소비 수요 감소 대신 비대면 온라인 거래의 급증, 비대면 트렌드 확산으로 홈코노미(Home+Economy)의 부상, 디지털 경제의 촉진과 함께 AI와 5G 기반의 스마트제조, 온라인 마케팅 체계가 도입 등 스마트화를 가져왔다. 디지털 전환은 구글이나 아마존 같은 기존 디지털 기술 기반 기업뿐만 아니라, 전통적인 제조업이나 서비스 기업들도 디지털 전환을 시도하고 있다.

〈표 1-2〉 디지털 전환 사례

고객 데이터에 기반한 주문-결제-리워드-개인화 서비스를 제공하는 '디지털 플라이휠' 전략을 중심으로 디지털 전환을 추진, 오프라인 매장 기반의 커피 판매를 모바일 기반의 비즈니스 모델로 확장	
나이키는 '나이키+GPS', '나이키+스포츠워치' 등 다양한 제품군에 디지털 기술을 접목	
테슬라의 전기 자동차는 자동 운행(automatic operation)과 완전 자율주행(FSD, Full Self Driving)이라는 두 가지 운전 방식을 지원하는 것이 특징. 차체에 탑재된 8개의 카메라가 360도 각도로 최대 250m 전방의 물체를 인식하며 주행	

출처 : 포스트 코로나 시대를 구원할 '디지털 트랜스포메이션'의 모든 것, SK 하이닉스 뉴스룸, 2020. 5.20.(https://news.skhynix.co.kr/post/all-about-digital-transformation)

3) 메카 FTA 확산

코로나19 범유행, 미-중 통상분쟁, 다자무역체제 약화 등으로 무역자유화와 새로운 통상규범 제정이 어려운 상황에서 CPTPP[Comprehensive and Progressive Trans-Pacific Partnership; 포괄적 · 점진적 환태평양경제동반자협정, 2019], USMCA[United States-Mexico-Canada Agreement; 미국-멕시코-캐나다 협정 : 북미무역자유협정, 2020], RCEP[Regional Comprehensive Economic Partnership; 역내포괄적경제동반자협정), 2022] 등 메가-FTA가 출범하였다. 메가-FTA는 역내 높은 수준의 시장 자유화를 추진하고 디지털 무역, 국영기업, 지식재산권, 환경, 노동 등 새로운 분야에서의 통상규범 등이 포함되어 있다. 이러한 메가-FTA는 WTO 중심의 다자무역체제를 보완하고 앞으로 있을 수 있는 다자무역규범 제정에도 촉매 역할을 할 것으로 기대되고 있다.

4) 글로벌 공급체인 변화

코로나19 범유행 이전 기업들의 공급망 관리 기본 전제는 '비용 최소화'였다. 기업들은 수요 변화에 빠르게 적응하도록 재고를 최소화했으며, 임금과 세금이 싼 지역으로 생산 거점을 옮겼다. 코로나19 범유행은 글로벌 가치사슬(Global Value Chain; GVC)의 구조적 한계를 표면화시켰다. 제조업 마비 현상이 동시다발적으로 발생하여, 드러나지 않았던 2~3차 벤더 부문에 대한 위험 노출과 각국의 봉쇄조치는 글로벌 가차사슬에 변화를 초래하였다.

각국은 글로벌 가치사슬의 안정성을 강화하고 국제분업 구조의 '거리'를 재구성하기 위해 공급망의 지역화·내부화를 강화하고 있다. 공급망은 거리가 멀수록, 한 곳에 집중될수록 불확실성이 커지기 때문에 위험관리가 용이한 지역, 권역 및 국가 단위의 지역완결형 가치사슬로 바뀌고 있다. 또한 각국 정부는 코로나19 위기를 계기로 해외로 이전된 생산기지를 국내로 유턴(U-turn)시키는 제조업의 본국 회귀(reshoring) 정책을 추진하고 있다.

기업들에게는 효율성보다는 회복탄력성(resilience)과 충격완충용 재고(redundancy)와 지리적으로 전 세계를 대상으로 하는 가치사슬보다는 가까운 국가 간에 생산네트워크가 형성되는 지역가치사슬(Regional Value Chain)이 중요해지고 있다. 또한, 코로나19 이후 가치 네트워크에서는 인공지능, 빅데이터 기술 등을 활용하여 복잡성을 처리하고 공급 네트워크의 반응성과 유연성을 확보하는 것이 디지털화의 핵심이 되고 있다.

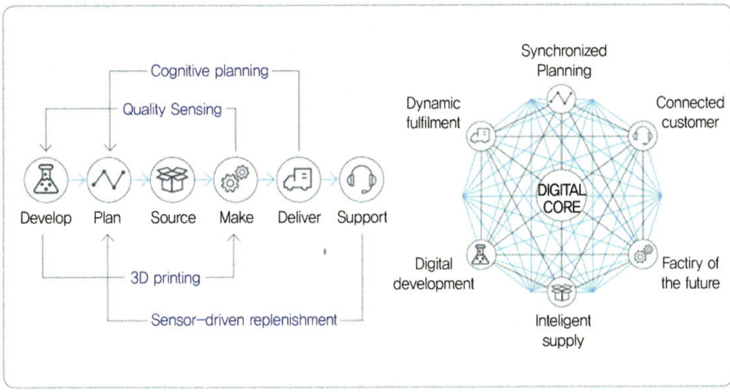

출처 : 딜로이트(2020), 한국은행(2020) 재인용

[그림 1-2] 전통적 공급 가치사슬(좌)와 가치 네트워크(우)

〈표 1-3〉 글로벌 공급체인 재편 사례

	기업명	이전 경로	세부 내용
탈중국 사례	애플	중국 → 베트남 · 인도	• 중국 생산 에어팟 물량의 30%를 베트남에서 생산 • 중국 생산 아이폰 물량의 20%를 인도 생산 계획
	구글	중국 → 베트남 · 태국	• 베트남에서 스마트폰 픽셀4a 생산, 픽셀5 생산 계획 • 태국에서 음성인식 인공지능 스피커 생산 예정
	마이크로 소프트	중국 → 베트남	• 2020년 이후 노트북 및 태블릿PC 생산
	샤프	중국 → 베트남 · 태국	• 차량용 LCD 생산 중국공장의 베트남 이전 • 미국 수출용 복합기 생산 중국공장의 태국 이전 결정
	교세라	중국 → 베트남	• 미국 수출용 복사기, 복합기의 베트남 생산 추진
	카시오	중국 → 태국 · 일본	• 손목시계, 전자악기 중국공장 이전 착수

	기업명	이전 경로	세부 내용
	유니클로	중국 → 베트남	• 미국 수출용 의류 생산 중국공장의 베트남 이전 계획
	TSMC	중국 → 미국	• 미국 애리조나주에 대규모 반도체 생산공장 건설 예정
리쇼어링 사례	기업명	이전 경로	세부 내용
	아디다스	중국 · 베트남 → 독일	• 독일 내 로봇이 생산하는 스피드 팩토리 설립 • 인건비 및 운송시간 절감
	쿠스미	중국 · 모로코 → 프랑스	• 원가 절검을 위해 본국으로 이전 • 생산공정 효율화로 비용 절감, 배송 지연 · 재고 문제 해결
	포드	멕스코 → 미국	• 미국 내 자율주행차 및 전기자동차 공장 설립 계획 발표
	아디다스	중국 · 베트남 → 독일	• 독일 내 로봇이 생산하는 스피드 팩토리 설립 • 인건비 및 운송시간 절감
	캐터필러	일본 → 미국	• 굴착기, 트랙터 제조라인을 텍사스 · 조지아주로 이전
	애플	중국 → 미국	• 중국 생산시설을 미국으로 이전 (총 1억 달러 투자)
	아이리스 오야마	중국 → 일본	• 중국 생산 마스크 공장을 일본으로 이전
	JDI	중국 → 일본	• 중국 생산 차량용 디스플레이 일부를 일본 이전 계획
	도요타	미국 · 캐나다 → 일본	• 미국 생산 캠리, 캐나다 생산 렉서스 RX 일본에서 생산
제3국 이전 및 중국 잔류 사례	기업명	이전 경로	세부 내용
	파나소닉	태국 → 베트남	• 가전제품 생산 : 태국공장에서 시장 수요가 높은 베트남으로 이전
	에코	중국 생산 유지	• 팩토리 2025로 덴마크 내에서 생산하고 중국공장에서의 생산도 유지

출처 : KOTRA, 최근 통상환경 변화와 GVC 재편 동향 - 글로벌 기업들의 사례-, Global Market Report 20-022.

5) VUCA 시대와 협업

(1) VUCA 시대

4차산업혁명과 코로나19 범유행은 비대면 경제·사회적 현상을 가속화시켰다. 코로나19로 인한 변화와 위기의 특징은 첫째, 빈번하게(perpetual) 발생하고, 둘째, 동시다발적으로 만연하는(pervasive) 현상이며, 셋째 기하급수적으로 빠르게 진행되는(exponential) 경향이 있다는 점이다.

경제·사회 시스템이 한순간에 붕괴된 세계에서 개별 국가뿐만 아니라 기업들은 어떻게 생존해 나가야 하는가에 대한 논의가 광범위하게 확산되고 있다. 기업들은 1년 후를 예측하기 어려운 초유의 불확실성 시대에 직면하였다. 코로나19 범유행으로 인한 불확실성 상황을 VUCA(이하 뷰카라 칭함)' 시대라고도 한다. 뷰카란 변동성(Volatility), 불확실성(Uncertainty), 복잡성(Complexity), 모호성(Ambiguity)의 영문 첫 글자를 모은 신조어이다.

국가나 기업은 환경에 얼마나 민첩하고 유연하게 대응하는가가 국가의 성패를 결정하게 되었다. 이러한 현상은 과거 글로벌 효율성을 추구하던 경제시스템이 안보를 중시하는 시스템으로 전환되고 디지털 및 바이오 기술의 발전과 그 격차로 국가간·지역간·계층간 양극화가 심화될 것이다.

기업들은 뷰카시대에 대응하기 위하여 유연한 사고로 과감한 방향 선회와 실패를 용인하는 관용적인 태도를 유지하는 조직문화를 구축하고 과거처럼 완벽한 계획을 추구하기보다는 먼저 실행하고 상황에 따라 민첩하게 대응하는 능력과 위기관리능력을 키우고자 노력하고 있다. 이러한 과정에서 구성원 간 서로 다른 아이디어를 취합하거나 협업을 하기 위해선 구성원 모두의 협상에 대한 이해가 필요하다.

읽어보기 **로알드 아몬드(Roald Amundsen) 대 로버트 스콧(Robert Falcon Scott) 남극 탐험**

20세기 초 극지방 탐험을 위해 영국은 두 번의 탐사[스콧(1901), 2년 정도 현지 지형 탐사, 섀클턴(1907) 남극 근처까지 정복] 후 스콧을 대장으로 한 탐험팀은 최신 이동수단, 충분한 식량 마련 등 불확실성에 대한 철저한 준비를 한 후 탐험을 시작하였다. 그러나 남극에 도착하자마자 이동수단(모터 썰매 한 대 물에 빠지고, 두 대는 추위로 엔진이 멈춤, 눈 폭풍으로 조랑말의 눈가에 얼음 맺힘, 스키를 타지 못하는 일부 과학자)은 무용지물이 되어 남극점에 도달했을 땐 아문센보다 35일이 늦었고 돌아오는 길엔 심한 눈보라 속에서 길을 잃고 실종됐다.

반면, 아문센은 남극점 정복을 위해 3,200킬로미터를 자전거로 완주하며 체력을 키우고 2년간 에스키모와 생활하며 남극에 대한 정보를 수집하고 개썰매와 스키타는 법을 배웠으며, 추위에 견디는 훈련과 펭귄, 바다표범 등으로 식량 조달하는 방법을 모든 대원에게 익히게 하는 등 한 번도 가보지 못한 미지의 남극의 불확실한 상황에 대비하였다. 그리하여 스콧과 비슷한 시기에 출발한 아문센은 1911년 12월 14일 한 달 앞서 남극점에 도달하는 쾌거를 이루게 된다.

스콧과 아문센의 남극 경쟁에서 보았듯이 계획과 실제 상황은 전혀 다르게 전개될 수 있다. 아문센과 스콧의 차이는 바로 시나리오이다. 아문센의 계획은 최악의 시나리오를 스콧은 최상의 시나리오를 준비했다. 계획은 미래에 대한 예측이다. 누구도 결과를 확신할 수 없다. 그리고 예측이란 누구의 것이든 원래 전적으로 신뢰할 만한 것은 못 된다. 아무리 완벽한 계획을 세운다고 하더라도 불확실한 미래를 정확히 예상할 수는 없다. 어쩌다 한두 번은 맞추더라도 예측할 수 없는 상황이 거듭되는 뷰카 상황이 지속되면 계획대로 갈 확률은 매우 낮아진다. 불확실성은 예상하는 게 아니라 대응하는 것이다. 어떠한 상황이든 능히 극복해낼 수 있는 대응력을 평소에 길러두어야 한다.

출처 : 융합경영리뷰, 포스트 코로나와 리더십 엣지, 2021.02.24.(https://startrail.kr/kwa-startrail_blog_v-219?process_num=179&serial_parent=179&PB_1563944033=15)

(2) 협업

포스트 코로나 시대에 '협업(collaboration)'은 선택이 아닌 필수다. 협업은 '둘 이상의 사회적 존재가 하나의 공유된 목표 달성을 목적으로 공동 활동에 상호적으로 참여하는 진화적 과정'이다. 기업 간 협업은 지속적인 기술혁신을 위한 가장 핵심적인 요소 중 하나다. 산업기술의 변화속도가 가속화되고 있고 소비자 욕구의 복잡·다양화로 내부 역량만을 활용하는 자생적 성장으로는 산업기술의 변화 속도와 소비자의 니즈에 대응할 수가 없다. 외부역량 확보를 위한 기업 간 협업이 요구되는 이유다.

또한 글로벌 기업은 현지경영이 증가됨에 따라 서로 다른 규범과 생활 및 사고방식을 가진 다문화조직의 효과적 운영과 동시에 국제적 협업의 필요성이 증대하였다. 협업을 통해 성공적인 혁신을 이루는 데에 가장 중요한 것은 '개방성'이다. 이는 무늬만 협업으로 포장한다고 혁신이 이루어질 수 없기 때문이다.

글로벌 협업은 오프라인에서는 협업하는데 많은 비용이 초래될 수 있기 때문에 협업 어플리케이션 등 시공을 좁힐 수 있는 온라인 협업에 대한 효과적이고 체계적인 방법 도입이 필요하다. 특히 협업 시 기업 간이나 기업내부에서 이해관계의 대립으로 어느 당사자는 만족하나 다른 당사자가 만족하지 못할 경우 관계가 지속될 수 없어 쌍방 모두 시너지 효과를 내면서도 지속적으로 만족할 수 있는 승-승 협상방법이 필요하다.

6) 4차산업 혁명

4차산업의 대표적 기술인 5G의 초연결 기술에 기반한 사물인터넷, 클라우드, 빅데이터, 모바일, AI 등 소위 ABC 또는 ICBM이라고 표현되는 ICT 기술은 디지털화의 4차산업 혁명을 이끌었다. 디지털화의 4차산업 혁명에서는 사람과 노동이 분리되어 전 세계 어느 곳에서도 일을 처리할 수 있다.

기술발달은 개발도상국 국민 대다수조차도 휴대폰이나 컴퓨터 등 첨단 IT상품을 사용하도록 도와주고 있어 기업들은 비대면 기반의 플랫폼 비즈니스로 온라인 쇼핑이나 홈이코노미(Home Economy)의 부상에 대응하여야 하고, 가상현실(VR)·증강현실(AR)을 접목한 가상세계인 메타버스 플랫폼의 확대로 기존의 오프라인 형태의 B2B중심의 거래에 온·오프라인 형태인 B2B, B2C 거래를 적극적으로 활용하여야 한다. 기업들은 비대면 상황의 기술들을 활용하여 전 구성원들에게 시·공간을 초월한 즉석 협상능력을 키워야 한다.

7) 환경과 ESG

코로나19 범유행을 계기로 환경, 보건, 안전관리에 대한 중요성이 커지면서 환경 및 ESG[환경(Environment), 사회(Social), 지배구조(Governance)의 약어]에 대한 논의가 급격히 확산되고 있다. ESG가 국제적 화두로 떠오르면서 기업의 가치를 평가하는 기준도 변화하고 있다. 스마트폰과 SNS에 익숙한 MZ세대 중심의 소비자들은 환경, 건강, 사회에 해를 덜 끼치는 제품이나 서비스를 제공하고 사회공헌 활동이 활발하며 공정하고 투명하게 경영을 하는 기업들에게 좋은 평가를 주면서 선한 영향력을 행사하고 있다.

따라서 기업가치를 평가할 때 매출, 자산규모 등의 재무적인 요소뿐만 아니라, 온실가스 감축 등 환경오염 물질 발생량, 지역사회와의 협력도, 인권 존중 여부, 기업 운영의 공정성 및 투명성 등 비재무적인 요소가 중요한 기준으로 부상한 것이다.

한편, 국제사회는 2015년 파리에서 개최된 제21차 UN기후변화협약 당사국총회(COP21)는 기존 선진국 중심의 온실가스 감축 의무를 대체하는 신기후체제로서 파리기후협정(Paris Agreement)을 도출하면서, 지구 평균온도 상승을 2℃ 아래(well below)로 유지하고, 1.5℃까지 제한하도록 노력한다고 규정하였다.

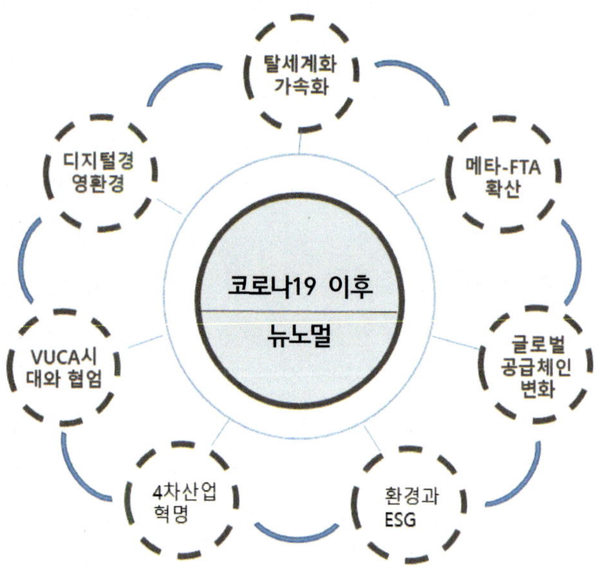

[그림 1-3] 코로나19 범유행 이후 글로벌통산환경 변화

3 기업의 해외진출과정과 디지털 무역

1) 기업의 해외진출과정

기업들이 무역에 참여할 수 있는 방법은 직접 수출하는 방법, 글로벌 가치사슬(GVC)에 참여하는 다른 국내기업에게 부품·소재 및 서비스를 제공하는 간접적 수출, 다른 국내기업에게 부품·소재 및 서비스를 제공하는 간접적 수출, 프랜차이즈, 라이선스 등과 같은 계약을 통한 수출 및 해외직접투자 방식 등이 있다.

기업의 해외진출의 성숙도는 수출계약, 투자계약, 해외공사수주, 국제제휴계약 등 과정으로 이루어지는데, 이러한 과정들을 개별기업 당사자의 입장에서 보면 일련의 글로벌 비즈니스 협상의 성과로 나타난다. 기업의 글로벌화 과정에서 이루어지는 글로벌 비즈니스 협상 중 기업이 해외시장 진출을 위해 외국기업과의 각종 상거래계약을 체결하기 위한 협상을 무역협상이라고 할

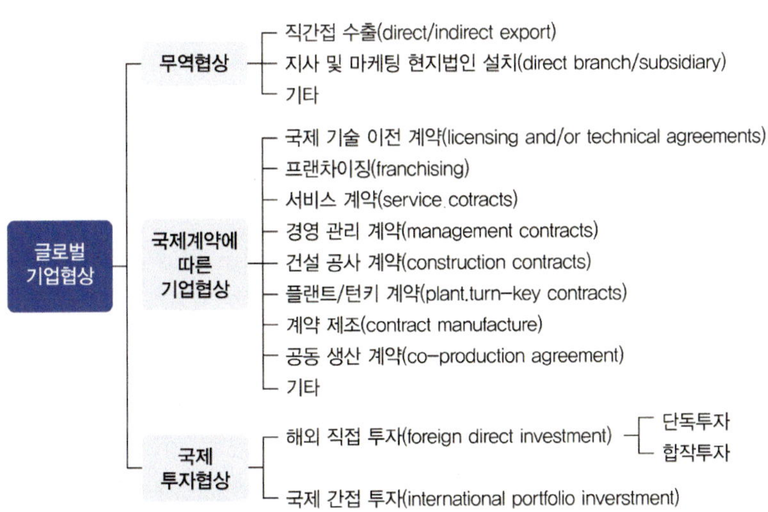

출처 : 장대환, 「국제기업협상」, 학현사, 1998, p. 13

[그림 1-4] 글로벌 기업 협상의 종류

수 있다.

국제기업 간 상거래에서 수출입계약 체결이라는 성과는 성공적인 수출입협상의 결과이다. 수출입계약의 체결이라 함은 개별기업의 상품수출입계약이나 국외 공급계약, 해외공사계약, 용역계약 등의 각종 무역계약의 체결을 말하는 것으로, 서로 다른 국가에 속한 2인 이상의 당사자가 협상을 통해 상호합의(mutual agreement)에 이른 것을 말한다.

수출입계약의 체결과 이행은 글로벌화의 가장 보편적이며 대표적인 수단이다. 따라서 해외투자나 전략적 제휴 등과 마찬가지로 수출계약의 체결은 해당 기업의 이익을 발생시키고, 주가를 상승시켜 기업 가치를 높이며, 지속가능한 성장을 촉진시킨다.

2) 디지털 무역

(1) 디지털 무역의 개념

무역은 국제적 가치를 지닌 모든 재화를 국가 간에 교환하거나 매매하여 그 효과를 증대시키는 국제적 상행위를 말한다. 좁게는 가치생산을 목적으로 한 물품의 국제적인 매매나 교환의 의미이고, 넓게는 경제적 가치를 지닌 모든 재화를 국가 간 교환이나 매매를 통해 그 효용가치나 경제적 효과를 증대시키는 국제적 상행위이다.

무역(貿易)이란 용어는 '바꾸다'는 의미로 교환이나 매매를 뜻한다. 또한 영어로 표시되는 trade라는 말은 '걷다', '밟다'는 의미의 tread와 '발자취' 또는 '항로'의 의미인 trace에서 유래되었다. 이러한 단어는 어떤 길이나 항로를 따라서 물품을 교환한다는 의미를 가지고 있다. 무역은 가치생산을 목적으로 한 물품의 국제적인 매매나 교환을 의미하는 수출과 수입을 통틀어 일컫는 말이다. 보다 넓은 의미로는 물품, 자본, 기술, 서비스 등도 포함한다.

디지털 무역(digital trade)이라는 용어는 2002년 미국이 디지털 경제(제4차 산업혁명)를 진전시키기 위한 통상정책 로드맵(road map)을 발표하면서 처음 등장했다. 디지털 무역은 일반적으로 데이터 이동을 기초로 하는 국가 간 교역활동의 전반을 의미한다. 즉, 상품의 주문과 배송을 의미하는 전자상거래의 상위 개념으로 상품 및 서비스의 주문·생산·배송 등 글로벌 무역 과정 전반에서의 디지털 혁신을 뜻한다.

(2) 디지털 무역의 유형

무역의 경우, 전통적인 무역거래 방식은 코로나19 범유행으로 인해 인적·물적 이동이 제한됨에 따라 큰 어려움을 겪었지만, 화상회의, 전자상거래, 빅데이터, AI, 블록체인 등의 혁신적인 기술을 결합한 디지털 무역은 현재 폭발적인 성장을 거듭해 나가고 있다.

코로나19 범유행으로 부상한 디지털 무역이 국제통상의 중요 의제가 되면서 세계무역기구(WTO) 전자상거래 협상과 국제개발협력기구(OECD) 디지털세 논의가 주요 국제 의제로 꼽히고 있다. 전자상거래 협상에는 미국, 유럽연합(EU), 중국, 일본, 브라질 등 80여 개국이 참여하여 데이터 현지화, 국경 간 데이터 이동 및 개인 정보 보호와 같은 문제를 논의하고 있다. 디지털세 논의는 자국 거대 디지털 기업에 대한 디지털 세금 부과를 막고 데이터의 국경 간 자유로운 이동을 보장하려는 미국과 디지털세를 부과하고 개인정보의 역외 유출을 막고자 하는 유럽연합(EU)이 대립 구도의 양상을 보이고 있다.

디지털무역은 크게 세 가지 유형으로 분류해 볼 수 있다. 첫째는 인터넷 플랫폼(예: 아마존)을 통한 상품과 서비스의 국제무역, 둘째는 기존의 상품과 서비스를 디지털화한 제품(예: e북)이나 디지털서비스를 탑재한 상품(예: 디지털 원격점검시스템이 설치된 자동차) 및 서비스(예: 호텔스닷컴을 통해 예약한 해외호텔 숙박)의 국제무역, 셋째는 상업적 가치가 내재되어 있는 정보의 수집, 분석 및 가공을 위한 데이터의 국경이동(예: 페이스북) 등이다. 디지털 무역이 활성화되면 글로벌 공급망(supply chain)이 매우 중요하여 국가가 원격근무, 온라인 쇼핑, 디지털 인프라 확보에 필요한 장비를 공급할 수 있도록 정보통신기술제품 공급망을 구축하여야 한다.

제2절 제4차 산업혁명의 이해

1 제4차 산업혁명의 개념

1) 제4차 산업혁명의 의의

2016년 세계경제포럼(WEF : World Economic Forum)에서 클라우스 슈밥(Klaus Schwab)이 인터넷을 기반으로 유·무선으로 연결되는 경제·사회 생태계의 혁신적 탈바꿈과 산업 패러다임으로 이어지는 현상을 '제4차 산업혁명(4th industrial revolution)'이라고 처음 거명하였다.

4차산업의 시대에서는 초지능화 및 초연결성으로 인하여 ICBM[사물인터넷(IOT), 빅데이터(Big data), 클라우드(Cloud), 모바일(Mobile)] 기술이 제조업 등 다양한 산업들이 결합하여 새로운 서비스를 창출하고, 사회적·경제적으로 새로운 가치를 창출하면서, 새로운 형태의 서비스, 비즈니스를 만들어내는 초연결 혁명시대를 맞이하고 있다.

이러한 변화로 기존산업은 loT, Cloud, Big Data, 인공지능, 3D프린터, GPS도입으로 온디맨드(On-demand)형 Mass-customization을 실현시키고, 사람의 역할은 노동자에서 의사결정자로 변화되고 있으며, loT제품과 서비스 관련 새로운 직업, 사업 및 산업영역이 급격히 확산되고 있다.

읽어보기 산업혁명의 변천

제1차 산업혁명은 18세기 말 영국을 거점으로 방적기, 증기기관, 제련 기술이 등장해 발생한 변혁이라 볼 수 있다. 제1차 산업혁명의 핵심은 활용할 수 있는 동력(force)을 만들어낸 것이며, 이는 이전에 수력(물레방아), 풍력(풍차), 인력에 의존하던 작업의 한계(시간, 장소, 동력의 크기)가 극복되었음을 의미한다.

제2차 산업혁명은 19세기 말 미국을 거점으로 전기에너지, 컨베이어 벨트의 등장으로 발생한 변혁이라 볼 수 있다. 제2차 산업혁명의 핵심은 동력을 저장하고 필요시 사용할 수 있는 에너지를 만들어낸 것이며, 이는 동력의 사용 방식을 보다 다양하게 하는 기반이 조성되었음을 의미한다.

제3차 산업혁명은 20세기 말 미국을 거점으로 컴퓨터, 인터넷으로 대표되는 IT 기술이 등장해 발생한 변혁이라 볼 수 있다. 제3차 산업혁명의 핵심은 전기를 단순한 에너지원에서 계산 등의 기능 영역으로 확장한 것이며, 이러한 확장은 0과 1로 표현되는 디지털 시대를 여는 요인이 되었다. 컴퓨터 및 정보통신기술(ICT)의 발전으로 인한 '디지털 혁명'이라는 제3차 산업혁명의 시대를 지내고 있으며, 이로 인해 정보화・자동화 체제가 구축되었다.

제4차 산업혁명은 제3차 산업혁명으로 도출된 정보의 활용 관점이 사람의 경험에 기반을 둔 직관 등의 의사결정 체계에서 데이터에 근거한 인사이트 기반의 체계로 발전하여 손과 발이 하던 노동 영역에서 두뇌 사용 영역으로 발전하고 있다.

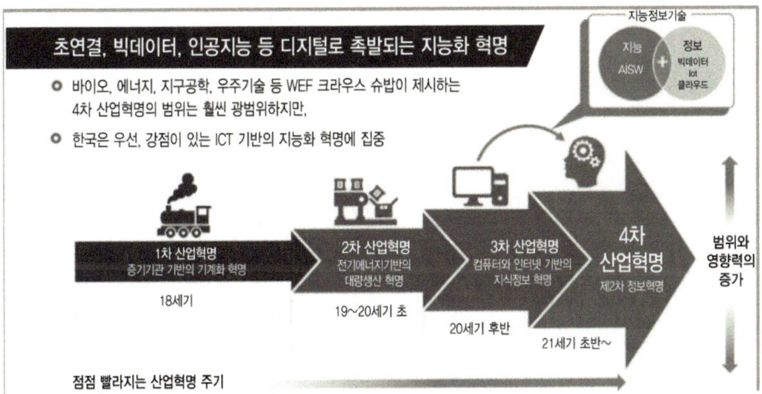

그림 자료: 4차산업위원회 발표자료(http://kasf.tistory.com/1)

2) 제4차 산업혁명의 특징

(1) 초연결성(Hyper-Connected)

우리 사회는 사람과 사람뿐만 아니라 사람과 사물 또는 사물과 사물 등이 연결되는 초연결 사회로 진입하고 있다. 사물인터넷(IoT), 클라우드 등 정보통신기술(ICT)의 급진적 발전과 확산은 인간과 인간, 인간과 사물, 사물과 사물 간의 연결성을 기하급수적으로 확대시키고 있고, 이를 통해 '초연결성'이 강화되고 있다.

사물인터넷(IoT) 및 클라우드 등 '초연결성'에 기반을 둔 플랫폼 기술의 발전으로 O2O(Online to Offline) 등 새로운 '스마트 비즈니스 모델'이 등장할 것이다. 공유경제(Sharing Economy) 및 온디맨드경제(On Demand Economy)의 부상은 소비자 경험 및 데이터 중심의 서비스 및 새로운 형태의 산업간 협업 등으로 이어지고, 정보통신기술(ICT)과 '초연결성'에 기반한 새로운 스마트 비즈니스 모델의 확산이 전망된다.

초연결사회를 이끄는 IT기술들은 계속하여 급격히 진화하고 있으며, 타 산업 분야와의 융합을 통해 우리 삶의 다양한 영역에서 변화를 가져오고 있다. 삼정 KPMG는 [그림 1-5]에서 보는 바와 같이 교육, 의료, 금융, 교통, 공공, 제조, 유통 7가지 영역에서 초연결사회가 가져올 변화의 방향을 제시하였다.

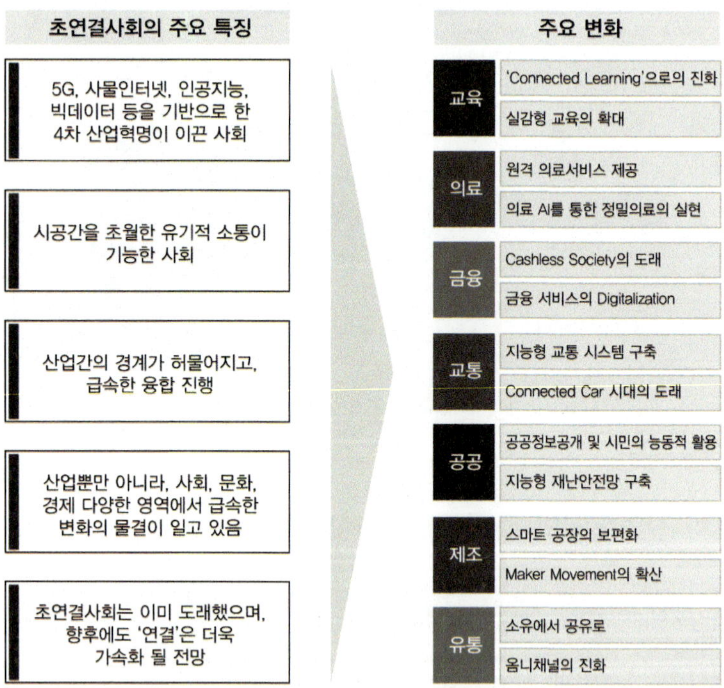

출처 : 삼정 KPMG, "4차 산업혁명과 초연결사회, 변화할 미래 산업", 「ISSUE MONITOR」, 제68호, 삼정KPMG 경제연구원, January 2017, p. 7.

[그림 1-5] 초연결사회의 도래에 따른 주요 분야별 미래 변화 방향

(2) 초지능화(Hyper-Intelligent)

인공지능(AI)과 빅데이터의 연계 및 융합으로 인해 기술 및 산업구조가 '초지능화' 되고 있다. 2016년 3월 인간 '이세돌'과 인공지능 컴퓨터 '알파고(Alphago)'와의 바둑 대결에서 바둑판 위의 수많은 경우의 수와 인간의 직관 등을 고려할 때 인간이 우세할 것이라는 전망과 달리 '알파고'의 승리는 사람들에게 충격으로 다가왔다. 이 대결은 '초지능화' 사회의 시작을 알리는 단초가 되었고, 많은 사람들이 인공지능과 미래사회 변화에 대해 관심을 갖기 시작했다.

산업시장에서도 딥 러닝(Deep Learning) 등 기계학습과 빅데이터에 기반한 인공지능과 관련된 시장이 급성장할 것으로 전망되고 있다. 산업계에서는 인공지능, 3D 프린팅, 빅데이터 및 산업로봇 등 제4차 산업혁명의 주요 변화 동인으로 인하여 텔레마케터, 도서관 사서, 회계사 및 택시기사 등의 단순·반복적인 업무와 관련된 직업들이 자동화 기술로 인해 사라지고, IT 및 데이터 통합 관련 분야의 새로운 일자리가 창출되고 있다. 그 중 65%는 신생직업이 될 것이라는 전망도 있다.

〈표 1-4〉 제4차 산업혁명의 주요 기술

주요 기술	내 용
사물인터넷(IoT)	사물에 센서를 부착하여 실시간으로 데이터를 주고받는 기술
로봇공학	로봇에 생물학적 구조를 적용하여 초정밀 분야에서 활용
3D 프린팅	3D 설계 및 모델링에 소재를 쌓아 유형의 물체를 만드는 기술
인공지능(AI)	컴퓨터가 인간의 사고·학습 등 지능적인 행동을 실현하는 기술
신소재	기존에 없던 신소재(재생·세척가능, 형상기억합금 등) 등장
5세대 이동통신(5G)	4G LTE 대비 데이터 용량 1,000배, 속도는 200배 빠른 차세대 이동통신
빅데이터 분석	다양하고 방대한 데이터를 바탕으로 인간의 행동 패턴 등을 분석·예측
유전자 편집	인간의 성체세포 변형, 유전자 변형 동식물 개발

출처 : IBK 기업은행 경제연구소, "중소기업 CEO를 위한 내 손안의 4차 산업혁명", IBK 기업은행, 2017, p. 5.

제4차 산업혁명은 사물인터넷(IoT)을 왕래하는 데이터의 생산적 선순환(수집·분석·활용)이 가져오는 대량 주문생산, 공유경제, 가치사슬 파괴 등 경제사회 전반에 걸친 패러다임 전환이라고 규정할 수 있다. '사이버-물리적 융합(cyber-physical convergence)'은 기존에 존재하던 하드웨어-소프트웨어-네트워크 결합 시스템의 비약적 확장뿐만 아니라, 그러한 시스템이 데이터(data)의 생산적 활용을 통해 생산, 소비, 유통 등 경제활동 전반에 걸쳐 새로운 가치를 창출하는 시스템 혁신으로 이해되어야 한다.

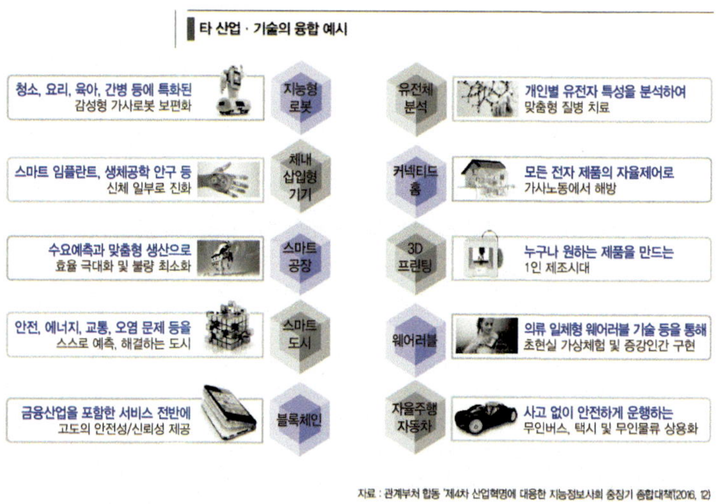

출처 : 관계부처 합동 '제4차 산업혁명에 대응한 지능정보사회 중장기 종합대책', 2016.12.
자료 : IBK 경제연구소, 상게자료, p. 5.

[그림 1-6] 타 산업 · 기술의 융합 예시

2 제4차 산업혁명과 새로운 인재상

글로벌 통상환경과 제4차 산업혁명은 사람들과의 연결이 더욱 심화되어 개인이나 기업 모두 협업을 필요로 하여 새로운 기회를 제공하는 한편 경쟁이 심하여 위험도도 높다. 4차 산업혁명 시대에는 주어지는 문제를 다루는 것과 다르게 새롭고 불분명한 문제를 해결해야 한다. 따라서 "이미 정해진 답이 있는 문제를 암기하여 짧은 시간에 많이 맞추는 능력이 아니라 정답이 없는 문제를 다양한 시각과 시도로 풀면서 가장 적합한 해답을 찾아 나가는 능력"이 필요하다. 4차 산업혁명시대에서는 과학과 기술이 접목된 산업기술시장에 대한 비즈니스 모델을 이해하고, 그 시스템적 구조에 대해 '융합'과 '연결'을 통해 업무를 창의적으로 처리할 수 있는 융합 경영(Convergence management) 능력이 미래 인재에게는 매우 필요하다. 코로나19로 제4차 산업혁명이 더욱 앞당겨져 미래를 예측할 수 없는 뷰카시대에서는 위험관리능력이 가장 중요한 능력으로 부각되었다. 2020년 전 세계 저명한 기업인, 경제학자, 정치인 등이 참여하는 세계경제포럼(WEF)미래직업보고서에서는 〈표 1-5〉와 같이 미래 인재가 갖춰야 할 핵심 역량 10가지를 발표하였다.

〈표 1-5〉 4차 산업혁명시대 직장인의 필수요구 역량

2015년	2020년
1. 복합적 문제 해결	1. 복합적 문제 해결
2. 대인관계 역량	2. 비판적 사고
3. 인적자원 관리 역량	3. 창의성
4. 비판적 사고	4. 인적자원 관리 역량
5. 협상력	5. 대인관계 역량(타인과의 조정)
6. 품질관리 역량(out)	6. 감성지능(new)
7. 방향설정 역량	7. 판단과 의사 결정
8. 결정력	8. 서비스 지향성
9. 경청능력(out)	9. 협상력
10. 창의성	11. 융통성(new) : 인지적 유연성

출처 : 세계경제포럼(WEF), 「미래직업보고서」, 2015.

4차 산업시대 직장인들에게 요구되는 능력은 단순한 업무뿐만 아니라 통계자료를 활용한 분석업무나 정보검색 등은 사람들이 인공지능을 능가할 수 없기 때문에 인공지능이 할 수 없는 영역, 특히 사람들의 마음을 움직일 수 있는 능력이나 창의적 영역의 능력과 위험관리능력이 필요하다.

최근 협상의 개념도 단순히 조건을 주고받으면서 합의하는 흥정을 넘어, 상대방의 감정을 흔들어 자신이 원하는 것을 얻는 것으로 바뀌었다. 따라서 미래 기업의 핵심역량은 창의력과 더불어 협업을 성취시킬 수 있는 구성원들의 협상능력에 달려있다고 할 수 있다.

한국고용정보원은 우리나라에서 400여개 직업이 인공지능과 로봇기술을 통해 직무 대체가 가능한 반면 창의력이 필요하거나 서비스 지향적인 직업, 사람과의 협상 및 설득이 필요한 직업의 경우 인공지능과 로봇으로의 대체 가능성이 낮다고 분석했다. 또한 미래학자 다니엘핑크는 다가올 미래 시대에서 살아남기 위해서는 예술적·감성적 아름다움을 창조하는 능력과 상대방의 공감을 이끌어 가는 능력을 지녀야 한다고 밝혔다.

이를 위해선 첫째, 감성을 자극하는 스토리를 갖고 사람의 마음을 움직이는 설득 능력을 갖추어야 한다.

둘째, 조화를 이룰 수 있는 융합능력이 필요하다. 현 시대에서 가장 많이 요구되는 능력은 분석이 아니라 통합으로 큰 그림을 그릴 수 있고 새로운 것을 구성하고 결합할 수 있는 능력이다.

셋째, 상대방의 입장에서 생각하고 입장을 바꿔 생각해 볼 수 있는 공감능력이다. 경쟁자를 제치고 나 혼자 살아남기 위한 전투적인 사람이 아닌 서로가 공존할 수 있는 역량이 필요하다는 것이다.

마지막으로는 삶의 즐거움을 찾을 수 있어야 한다.

제4차 산업혁명은 누군가에게 위기일 수 있지만 누군가에게는 기회가 될 수도 있다. 그 기회를 얻을 수 있는 사람들은 글로벌 경영능력, 제4차 산업혁명에 필요한 역량과 전문성에 협상력을 갖춘 사람들이 될 것이다. 즉, 다양한 국가나 다른 배경을 갖는 사람들과 작업할 수 있고, 세계 시장에 대한 이해능력, 여러 국가를 돌아다니며 일할 수 있는 능력, 외국어 능력, 문화적 감수성 등을 갖추고, 대인관계 및 의사소통 능력이 뛰어나며 공감능력을 갖춘 협상자가 앞으로 더욱 중요해질 것이라고 보인다.

제2장

갈등과 무역클레임

제 2 장 갈등과 무역클레임

제 1 절 갈등의 이해

1 갈등의 개념

1) 갈등의 의의

우리는 갈등(conflict) 속에서 살아간다. 우리는 무엇을 선택할 것인가 또는 다른 사람과 사회적 활동을 하는 과정에서 갈등은 발생한다. 갈등은 그 양태나 분야가 워낙 다양하고 진행 상황도 다르기 때문에 갈등의 정의를 한마디로 명확하게 규정하기가 어렵다. 동양 문화권에서의 갈등(葛藤)의 어원은 칡 갈자(葛)과 등나무 등(藤)의 합성어로 칡과 등나무가 서로 뒤얽혀 있는 것을 형상화하는 말이다[엔싸이버(Encyber)백과사전, 2001].

동양에서의 갈등은 양자가 유기적인 상태로 얽혀 있는 복잡한 관계로 비유된다. 갈등의 해결 과정에서도 뒤엉킨 관계의 실타래를 풀어내며 서로 성장하는 것이 중요하다. 서양문화권에서 갈등(conflict)의 어원은 라틴어 'con-fligere(콘플리게레)'에서 유래하는데, 이는 '콘피게레[configere, com(together, 함께)']와 '피게레(fligere, 충돌, 부딪침, 다툼)'라는 용어의 합성어로 '서로 부딪치다'의 의미이다(The American Heritage Dictionary of the English Language, 2000).

서구 문화에서는 흔히 갈등을 열(熱)에 비유하여, 갈등의 해결은 열이나 불을 끄는 행위로 표현된다. 갈등의 해결을 위해선 과열된 온도를 낮추거나 불씨를 제거하기 위한 강력한 외부 조치가 필요하다. 고통과 상처가 있더라도 물리적인 힘을 이용해 갈등 상황을 단칼에 끊는 것이 서양적인 방식이다.

갈등은 개인, 집단, 조직, 국가 상호간에 있어서 끊임없이 나타나고 있다. 박연호(1994)는 조직 내에서 갈등은 희소자원이나 업무의 불균형 배분 또는 목표, 가치, 인지 등의 차이로 인하여 개인. 집단 및 조직의 심리, 행동 또는 그 양면에 나타나는 대립적 상호작용이라고 정의하였다.

2) 갈등과 클레임 · 분쟁과의 관계

갈등은 둘 이상의 개인이나 집단 사이에 일어나는 의견차이, 감정대립 또는 적대적인 상호작용으로 인간관계에서 늘 발생하며, 당사자들에 의해 느껴지거나 표출될 때 비로소 인식된다. 갈등은 개인이나 조직으로부터 밖으로 표출되지 않고 잠재되어 있는 갈등을 내재된 갈등(latent conflict)이라고 하며, 소극적으로는 반대의견을 표시하는 것부터 적극적인 폭력성 · 공격적 행동으로 나타나 분쟁으로 발전하는 표출된 갈등(manifest conflict)이 있다. 갈등은 분쟁의 원인이 되는 상태(state)인 반면 분쟁은 갈등의 결과로써 구체적으로 드러나는 사건, 행위, 과정 등이 된다.

기업들은 거래상대방과 거래를 행하다 갈등이 발생하면 클레임과 분쟁으로까지 확산될 수 있다. 갈등은 양립불가능한 것으로 보이는 이해관계나 목표가 상충되고 있는 상태로서 분쟁이 잠재된 상태를 말하며 클레임이나 분쟁의 원인이 된다.

국제간 거래를 하는 해외영업인들은 연속적인 갈등적 삶을 살고 있다. 예를 들면, 자신이 팔고자 하는 제품을 조달하기 위하여 원부자재나 완제품 공급업자와 조직 내의 타부서와 또는 동료 간의 의견이나 이해관계 차이로 갈등을 겪게 된다. 협상은 이러한 갈등관계에 있는 당사자가 상대방으로부터 자신 또는 조직이 원하는 것을 얻어내는 기본적인 수단이다. 갈등이 표출되면 클레임이나 분쟁을 초래하게 되는데 분쟁은 둘 이상의 당사자들이 양립불가능한 것으로 보이는 이해관계나 목표를 놓고 다투는 행위를 말한다.

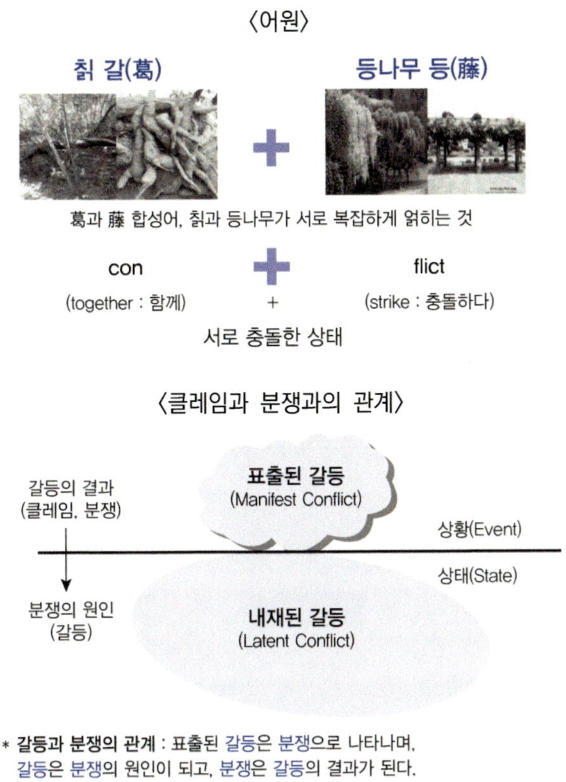

[그림 2-1] 갈등의 어원과 클레임, 분쟁과의 관계

2 갈등의 원인

사회적 동물인 사람은 생활환경이 달라 다른 가치관이나 생활방식을 갖게 되어 서로 간 차이와 다양성으로 늘 갈등을 겪는다. 갈등상황에서 한쪽은 100% 옳고, 다른 쪽은 100% 틀리다는 생각은 잘못된 것이다. 즉, 전부(全部)냐, 전무(全無)냐 하는 시각으로서 자기 자신의 견해를 남보다 더 높게 평가하고자 하는 성향에서 비롯된 차이에 대한 양자택일의 사고방식은 '나 아니면 너' 또는 "내 견해가 옳고 좋지만 너의 견해는 나쁘다" 하는 사고는 갈등적인 것을 내포하고 있다.

갈등이 어떤 양상과 방향으로 진행되는가를 알기 위해서는 갈등의 원인을 아는 것이 필요하다. 갈등의 원인을 사람과 업무 어느 것이 중요한지 그리고 내적·외적요인 여부에 따라 가치관 갈등, 구조적 갈등, 해석차이 갈등 및 이해관계 갈등으로 구분할 수 있다.

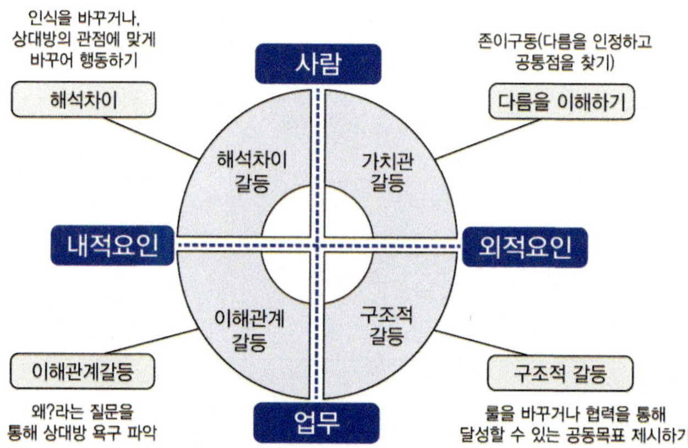

자료 : HSG 휴먼솔루션그룹(http://hsg.or.kr)을 토대로 구성

[그림 2-2] 갈등의 원인

1) 가치관 갈등

가치관 충돌((Value Conflict)은 외부 환경요인과 사람들의 개인적 특성때문에 생기는 갈등이다. 이는 갈등 당사자들 간의 신앙, 신념, 경험, 교육 또는 문화의 차이 등 외적요인에 의해 발생하는 갈등이다. 사람들은 각자 자라온 환경의 차이로 직업관, 인생관 등 다른 가치관을 갖고 있다. 직장에서 일 중심, 사람 중심, 조직 중심의 가치와 개인 중심, 회사 중심, 고객 중심 가치 등은 사람의 가치관이 다양하여 발생하는 갈등이 가치관 갈등이며 세대 간 갈등, 문화차이로 인한 갈등도 이러한 가치관 차이로 발생한다.

가치관 갈등에서는 각자 '자신의 정의'(a justice of one's own)를 주장하며 싸우지만 어느 쪽도 정의를 독점할 수 없고, 양쪽을 아우를 수도 없어 정답이 없다.

가치관이 비슷하더라도 이를 추구하는 방식의 차이로 발생하는 것을 '성향 차이' 갈등이라고 한다. 성향 차이 갈등은 상호간의 차이점 때문에 발생하는 것이 아니라 이를 실행하는 방식의 차이점에 대한 비판이나 무시를 통해 부정적인 정서를 야기시킨다. 가치관 갈등은 풀기가 어렵고 타협이 불가능한 속성을 갖고 있다.

가치관 갈등은 서로 다름을 인정하되, 이성적이고 합리적 상호 이해를 바탕으로 공통점을 찾아 해결책을 함께 만들어 가는 '존이구동(尊異求同)'으로 갈등을 해소할 수 있다. 즉, 상대와 자신이 다름을 인정하고 서로 함께 일하기 위한 방법을 찾을 때 갈등 해결의 실마리를 찾을 수 있다.

사례 **가치관 차이로 인한 갈등**

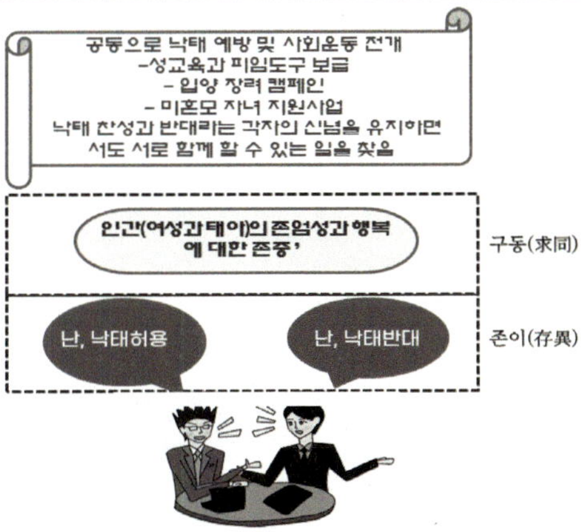

미국의 대표적 사회 갈등인 낙태 문제가 해결의 실마리를 얻었다. 폭력사태가 발생할 정도로 살벌하게 대립하고 있었다. 낙태 허용론자와 금지론자간의 갈등은 낙태를 허용하는 측은 여성의 선택권을 중시한 반면 낙태 반대측은 태아의 생명권을 중시하였다.

팽팽히 맞선 두 진영의 갈등은 '존이구동'을 통해 실마리가 풀렸다. 둘 사이의 공통점은 바로 '인간(여성과 태아)의 존엄성과 행복에 대한 존중'이었다. 이를 알게 된 두 진영은 낙태 예방 운동을 함께 했다. 성교육과 피임도구 보급을 시작했다. 그리고 입양 장려 캠페인, 미혼모 자녀 지원사업도 힘을 모았다. 낙태 찬성과 반대라는 각자의 신념을 유지하면서도 서로 함께 할 수 있는 일을 찾은 것이다.

생각해보기 2-1 **세대간 갈등(가치관 차이)**

한국사회가 고령사회에 진입하면서 기업 내 다양한 세대가 공존하는 상황이 증가하고 있다. 다양한 세대간 공존함에 따라 시대변화에 따른 가치관의 차이로 세대 간 갈등이 심해지고 있다. 선배 직원들은 후배 직원들에게 어디까지가 적절한 지시이고 얼마나 자세히 설명해야 하는지 답답해하고, 후배 직원들은 선배 직원들의 일방적 지시와 설명이 불충분한 지시에 난감함을 느낀다.

"라떼는 말이야", '꼰대', '낀대', 'MZ세대' 등 다양한 세대를 나타내는 신조어가 등장하면서 서로를 비난하고 있다. 기업들은 젊은 세대와의 소통강화, 그리고 다양성과 포용성 증진이라는 목표로 변화하고 있지만 정작 당사자들의 가치관 차이로 갈등은 쉽게 해결되지 않고 있다.

기성세대와 최근 MZ세대 간의 갈등을 해결하기 위한 방법으로 양 세대 간 가치관의 차이와 기업에서의 추구하고자 하는 공동의 목표는 어떠한 것들이 있으며, 목표를 달성하기 위한 구체적인 실행방법은 무엇이 있는가에 대한 여러분의 생각은?

2) 구조적 갈등

구조적 갈등은 외부환경요인과 업무로 인해 생기는 갈등이다. 이는 외부에서 주어진 과업을 수행할 때 구조적 문제와 사회 시스템상의 한계로 발생한다. 상호의존적인 조직 내에서 역할이나 권한 경계의 모호성으로 그 책임소재를 밝히는 과정에서 갈등의 소지가 발생한다. 계약이 원만하게 완료된 후에 고객으로부터 클레임이 제기되면 서로 상대방의 요구에 부응하는 가운데 생긴 하자임을 강조하며 책임소재를 미루거나, 업무절차상 직위의 엇갈림 현상으로 발생하기도 한다. 구조적 갈등은 개인의 잘못보다는 외부에 의한 구조적 문제로 발생하기 때문에 이를 해결하기 위해서는 공동의 목표를 설정하여 협업을 할 수 있도록 시스템을 구축하거나 규칙을 바꾸는 것이 좋은 해결책이다.

사례 1 IBM 루거스너 회장

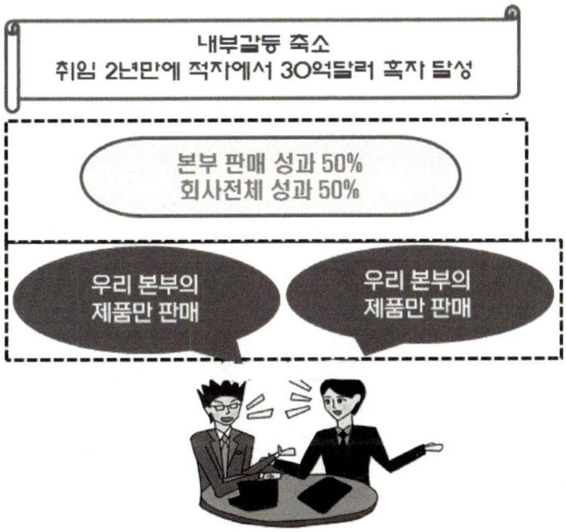

1993년, 49억7000만 달러라는 엄청난 적자에 시달리던 IBM에 부임한 루거스너 회장은 IBM에 부임하고 나서 충격적인 광경을 목격했다. IBM의 수많은 영업 본부들이 본부별 성과평가 시스템에 의하여 자기 본부의 제품만을 팔기 위해 IBM의 다른 영업 본부 제품들을 판매하지 않고 비난하고 있었던 것이다. 적은 외부가 아니라 내부에 있음을 알게 된 루거스너는 성과평가시스템을 본부 판매성과 50%, 회사 전체 성과 50%로 규칙을 바꿈으로써 취임 2년만에 적자에서 30억달러 흑자를 달성하였다.

사례 2 **미국 '카이저 사우스' 병원사례**

미국 캘리포니아주에 있는 '카이저 사우스' 병원에서는 한 해에 250번 정도 발생하는 간호사들의 투약실수로 인해 의료사고가 빈번하여 종종 환자의 생명에 심각한 문제를 발생시켰다. 이러한 투약실수로 간호사들에 대한 환자들의 심각한 불신과 갈등이 고조되었다. 환자들은 '간호사들이 투약 실수가 많다'라고 불평하고, 간호사들은 '우리도 최선을 다하고 있는데 억울하다'라고 항변하고 있는 상황이었다. 병원측에서 원인을 조사하다보니 간호사들이 약을 조제하면서 동료들과 사적인 대화를 나누는 것으로 밝혀졌다.

이 병원은 해결책으로 조제실 입구에 눈에 잘 띄는 노란 조끼를 비치해두고, 투약을 할 때마다 간호사복 위에 노란색 조끼를 의무적으로 착용하도록 하고, 노란 조끼를 착용한 사람과의 대화를 금지하도록 하는 간호사들의 업무환경 규칙을 바꾸었다. 그 결과, 반년 만에 투약 실수가 절반 가까이 줄어들고 갈등도 해소되었다.

사례 3 **세스코 사례**

해충 박멸 전문업체 세스코는 직원들이 바퀴벌레, 모기 등 해충을 잡는 업무성격으로 사무실에서 비속어 사용, 현장에서의 불친절로 인한 고객들의 항의 전화로 골머리를 앓았다. 회사에서는 회사 전체의 분위기를 개선하기 위해 평가시스템도 바꿔 보고 채용 면접도 강화해 봤지만 별 소용이 없었다.

이러한 상황에서 한 직원이 "제복을 입히면 어떠할까요?"라는 제안으로 '해충전문가'라는 블루톤 제복을 착용하도록 하였더니 직원들이 해충 박멸 전문가로 인식하고 말투와 행동도 전문가처럼 바뀌었으며, 고객을 응대하는 태도도 개선되었다.

세스코는 '블루톤 제목 착용'이라는 규칙 변화로 방역업의 이미지 자체를 바꿔 놓았다.

출처 : 문달주 외, "의지만으론 안 돼… 변화할 수밖에 없는 환경을 만들라", 조선비즈, 2011.12.08., 그림 네이버 블로그(https://m.blog.naver.com/PostView.naver?isHttpsRedirect=true&blogId=niceyiking37&logNo=90178643434)

생각해보기 2-2 **택배대리점과 공원형 대단위 아파트 주민 간 갈등**

대단지 아파트가 택배 차량의 지상 출입을 제한하기로 하면서 택배업체가 줄줄이 배송 중단을 선언하는 일이 벌어졌다. 지하주차장으로도 차량이 출입할 수 있지만, 주차장 입구가 낮아 택배 탑차가 진입할 수 없는 구조다. 아파트주민들은 안전하게 아이들이 뛰어놀기와 산책할 수 있도록 지하주자장을 이용하거나, 택배기사가 차량을 두고 수레 등을 이용해 택배를 직접 배송하라면서 아파트 단지 내로 들어올 수 없다고 주장하고 있다.

반면에 택배기사들은 저상차량과 수례배달 시 건강악화로 배송지연 등으로 아파트 단지 내로 들어가야 한다고 주장하고 있다. 이러한 갈등이 전국으로 확산하자 국토교통부까지 나서 '실버택배'를 도입하는 방안을 내놓기도 했지만, 세금 투입 논란으로 무산됐다. "들어가야 합니다." vs "들어갈 수 없습니다."라는 갈등 여러분은 이 문제를 어떻게 해결할 수 있다고 생각하시는지요.

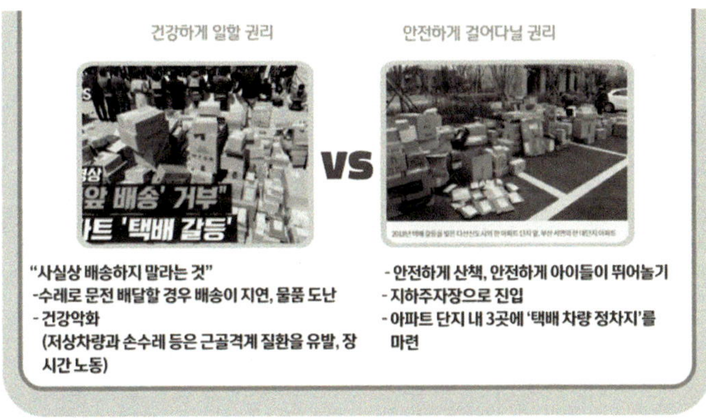

3) 해석차이 갈등

해석차이의 갈등은 내부적 요인과 개인적 특성 때문에 생기는 갈등이다. 자신이 기존에 가지고 있던 지식과 경험만을 근거로 상대방은 일방적으로 판단하기 때문에 생기는 갈등이다. 이는 자신이 갖고 있던 지식과 경험만을 근거로 상대방의 행동을 판단하기 때문에 발생한다. 즉, 상대방의 과거 행동에 대한 갖고 있던 고정관념으로 상대방이 행한 동일한 행동에 대하여 긍정적 또는 부정적으로 반응을 함으로써 갈등이 발생하게 된다. 예를 들면, 운전을 하고 출근하는데 갑자기 인터체인지 바로 앞에서 차 한 대가 끼어들 때 경적을 울리고 씩끽거리다가 창문을 내리고 한바탕 욕을 퍼붓는 사람도 있고, '저 사람에겐 아주 급한 일이 있나 보구나' 혹은 '초행길이라 운전이 서투루구나'라고 생각하고 별로 화를 내지 않는 사람도 있다. 해석의 충돌로 인한 갈등은 이처럼 같은 행동에 대하여 사람들은 전혀 다른 반응을 보임으로써 발생하는 갈등으로서 상대방의 행동 자체가 아니라 과거의 경험에 의한 자신의 해석때문에 발생한다. 조직 내에서 상사들이 '해봐서 아는데'라는 말은 자신만의 경험에 의해 상대방의 의견을 판단하여 갈등이 발생한다.

해석차이에 의한 갈등을 해결하기 위해서는 시시비비를 따지기보다는 "아니 땐 굴뚝에 연기 나랴"라는 차원에서 먼저 자신의 과거 행동에 문제가 없었는지를 되돌아보고 그 원인을 찾은 다음 상대방에 대한 '맞춤형 접근'이 필요하다.

사례 1 **황희 정승 이야기**

황희 정승에게 한 여종이 다른 여종과의 불화에 대하여 하소연했다. 자신은 이리저리하게 일을 똑바로 처리하는데, 다른 종은 그렇지 않다는 것이었다. 그러자 황희는 "네 말이 옳다"고 하였다. 또 다른 여종이 와서 꼭 같은 말을 하니 황희는 또 "네 말이 옳다"고 하였다. 마침 황희의 부인이 "어찌 서로 상반된 이야기인데 둘 다 맞다고 하냐고"라고 하니깐 '부인 말도 맞소'라고 하였다. 신이 아닌 이상 우리는 옳고 그른 것을 분명하게 가릴 수 없는데, 너무 옳고 그른 것을 잘 따지는 사람은 갈등을 불러일으키고, 주위 사람들과 자신을 힘들게 할 뿐이다. 서로 상반되고 대립되는 것을 하나로 포용하는 관용(寬容)의 정신과 다른 사람의 입장을 충분히 배려할 줄 아는 자세가 갈등을 해소하는 방법이다.

사례 2 **해석의 충돌, 갈등의 원인 파악이 먼저**

어느 날 마케팅의 핵심 인재가 찾아와 말한다. "팀장님, 제가 계획하고 있는 프로모션을 진행하려다 보니 지원금이 좀 필요합니다. 승인 부탁드립니다." 팀장은 바로 결제해준다.

다음 날, 애물단지 같은 직원이 찾아와 얘기한다. "팀장님, 진행 중인 프로모션에 예산이 좀 부족한데요…." 팀장은 "너는 돈으로 일하니. 고민을 좀 더 해 봐. 무조건 예산만 달라고 하지 말고." 부서원의 말이 끝나기도 전에 말을 잘라 버린다. 그리고

'돈 쓰고 안 되는 게 어디 있느냐'며 면박을 주고 돌려보낸다.

애물단지 직원이 이 문제를 해결하기 위해서는 팀장에게 비친 자신의 과거 모습을 생각해보고 팀장의 편견을 해소할 수 있도록 먼저 행동한 후 제안을 하는 것이 필요하다.

자료 : 매거진 한경, "'폭발 직전' 사내 갈등, 곪기 전 해결하는 4가지 방법", 2017.9.25.

4) 이해관계 갈등

인간의 욕구는 무한한데 이를 채워줄 수 있는 자원이 부족하여 이해관계가 대립할 때 갈등이 생긴다. 조직 내 업무분장이나 승진문제, 매도인과 매수인 간 가격에 대한 입장차이와 같이 자신이 원하는 것과 상대가 원하는 것이 충돌할 때 생기는 갈등이 발생한다. 이런 유형의 갈등을 해결하기 위해서는 협상학의 주요 개념 중 '입장(position, 요구)'과 '욕구[(needs, 이해관계(interest)]'에 대한 올바른 이해가 필요하다.

입장은 갈등당사자가 갈등상황에서 표면적으로 주장하는 것을 말하며, 욕구는 입장을 통해 진짜 원하는 것으로 실제 얻을 수 있는 이익을 말한다. 갈등의 양상을 보면 이해관계나 생각의 차이보다 인간의 욕구가 훼손됐을 때 더욱 강경하고 거친 갈등으로 비화된다.

이해관계 갈등을 원만하게 해결하기 위해서는 갈등 당사자의 숨은 욕구를 파악하여야 한다. 당사자들의 욕구를 알기 위해서는 상대방이 '왜' 그것을 원하는지, 자신은 '왜' 그것을 받아들일 수 없는지 그 이유를 아는 것이 매우 중요하다. 동일한 사안에 관해 서로의 이해관계 간에 차이가 발생하여 각자 다른 주장을 함으로써 발생되는 사실관계 갈등도 여기에 속한다. 유언비어 살포나 명예회복 등 흔히 법정에서 다뤄지는 갈등유형은 입장의 차이로 사실관계에 대해 각자 다른 입장을 주장하기 때문에 발생한다.

사례 1 이해관계 갈등해결(울산-포항고속도로 시공사와 아파트 주민 간 갈등)

2016년 개통된 울산-포항 고속도로. 도시계획상 설계가 변경되면서 아파트 단지 근처로 고속도로가 지나게 되면서 처음 설계 계획이 발표될 당시 인근 아파트 단지 주민들의 거센 항의가 있었다. 주민들은 '고속도로가 완공되면 차량 통행 때문에 소음 걱정이 많으니 방음 터널을 지어달라.'고 요구하였다.

반면, 시공사는 '기존 설계가 법적 기준은 물론, 소음 기준에 어긋나지 않기 때문에 방음 터널을 짓는건 예산 낭비'라고 하였다. 해당 지자체는 양측의 입장 이면에 있는 욕구를 파악하고 해결책을 제시하여 원만하게 문제를 해결하였다. 주민들이 방음 터널 설치를 원하는 이유는 바로 '도로 건설로 인한 소음 및 분진 피해 방지', '도로 건설로 인한 집값 하락 우려' 등이었다. 시공사는 추가비용이 발생하기 때문에 '방음 터널은 불가능'이라고 주장하였다.

지자체는 양쪽 욕구(이해관계)를 모두 만족시킬 수 있는 방법으로 첫째, '소음 피해 방지'라는 주민의 욕구와 '추가적인 비용 지출 줄이기'라는 기업의 욕구를 충족시키기 위하여 비용이 많이 들어가는 방음 터널 대신 '아치형 방음벽 설치', 소음 흡수효과가 있는 숲을 조정하여 단지 근처 '녹지 공간' 및 '운동 시설'이라는 안을 제시하여 양쪽 모두를 만족시켜주었다. 지자체는 양측의 이해관계의 숨은 욕구를 찾아내어 통합적인 해법을 제시함으로써 원만하게 갈등을 해소하였다.

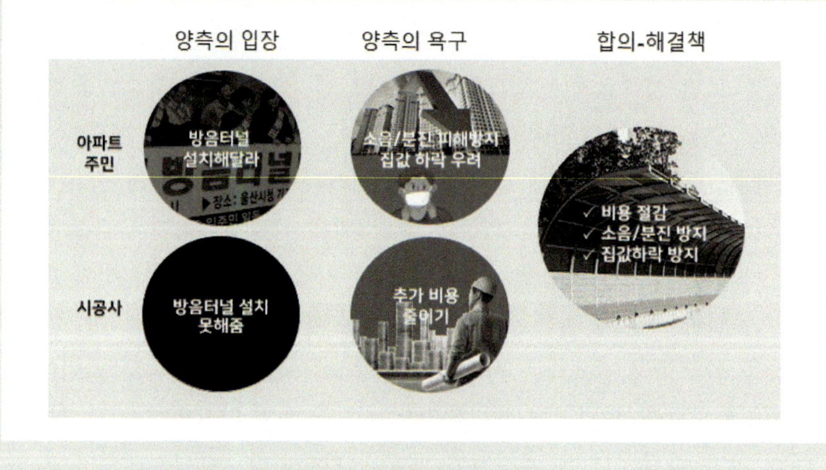

자료 : HSG 휴먼솔루션그룹(http://hsg.or.kr)을 토대로 구성

사례 2 주말근무에 따른 팀장과 직원 간 갈등

팀장이 팀원들에게 '주말에 나와 일 좀 하자'고 말한다. 이 말을 들은 팀원들은 어떨까. 드러내 놓고 "싫습니다"라고 말하는 '간 큰 팀원'은 없겠지만 속으론 '짜증난다'는 생각을 많이 할 것이다. '주말에 출근하자', '주말 출근은 하기 싫다'는 입장이 맞선 상황이다. 이런 이해관계 충돌을 해결하려면 서로의 욕구를 파악해야 한다.

팀장의 욕구는 '월요일까지 사장님께 드릴 보고 자료를 만들어야 하니까 주말 근무도 필요하다'는 것이다. 팀원들은 '주말엔 가족들과 놀이동산에 놀러 가기로 하였는데 출근하게 되면 약속을 어겨 가족들에게 신뢰 상실'이라는 욕구가 있을 수 있다.

양측의 욕구를 모두 만족시키는 해결책의 예로서 '가족을 위한 선물을 주는 것'이다. 즉, 주말에 나와 일해 보고서를 마무리하는 대신 그 때문에 불만이 쌓였을 가족들이 좋아할 만한 보상을 해 주는 것이다. '가족과의 약속' 때문에 주말 출근을 하기 싫어하던 팀원들의 불만이 어느 정도 줄어들 수 있다.

'왜'라는 질문을 통해 상대방의 욕구 파악하기

가족들에게 보상해주는 방법 찾기(선물, 멋진 저녁식사권 제공 등등)

읽어보기 욕구 훼손으로 인한 살인사건

태국에서 한 택시기사가 한 외국인 승객과 우리 돈으로 2000원 정도의 요금 시비를 벌이고 난 뒤 승객이 택시에서 내려 커피를 뿌리자 트렁크에 있던 칼을 꺼내와 손님을 마구 찔러 살해하였다. 이 갈등에선 2000원이라는 이해관계보다 무시당한 분노가 더 크게 작용했다고 할 수 있다. 실제로 인간관계에서 무시당하는 것, 즉 인정의 욕구가 훼손된 데 대한 대가는 이렇게 참혹한 지경에 이르는 경우도 많다.

출처 : 백만기의 아름다운 은퇴연구소 블로그, 가치관의 차이로 인한 갈등엔 정답 없어, (https://blog.daum.net/philharmony/11501865)

3 다름과 틀림

다름의 이해광고
스위첸 문명의 충돌

갈등이 발생하는 원인을 하나로 요약한다면, 상대방과 내가 다르기 때문이다. 즉, 나와 다른 상대방을 다르다고 인정하기보다는 틀렸다고 생각하는데서 갈등이 발생한다.

사전적 정의를 보면, '다르다'는 '비교되는 두 대상이 서로 같지 않는다.', '보통의 것보다 두드러진 데가 있다.'라는 뜻이다. 가령 '사과와 배는 다르다'고 하지 틀리다고 하지 않는다. 반면 '틀리다'는 '셈이나 사실, 이치 따위가 그르게 되거나 어긋나다'라는 뜻으로 옳고 그름의 의미가 내포되어 있다.

이처럼 다르다와 틀리다는 뜻과 쓰임이 분명히 다른데도 불구하고, 우리는 이 차이를 명확히 분별하지 않고 다른 것을 옳고 그름의 관점으로 보아 획일주의와 흑백논리로 저울질하여 서로 간에 오해나 갈등을 일으키게 된다. 즉, 사람들은 자신의 시각으로 세상을 분석하여 개념적으로 해석하는 성향을 갖고 있다. 자신과 생각, 행동 등이 다른 사람들을 보면 '다르다'라는 인식보다는 내가 옳고 상대방은 틀렸다고 규정하기 때문에 갈등이 발생한다. 따라서 다른 것은 틀린 것이 아니고, 서로 생각하는 관점에 차이가 있을 뿐이지 잘못된 것은 아니라는 인식전환이 필요하다.

1. 다름과 틀림 개념

다르다 different

1. 비교가 되는 두 대상이 서로 같지 아니하다.
2. 보통의 것보다 두드러진 데가 있다.

틀리다 wrong

1. 셈이나 사실 따위가 그르게 되거나 어긋나다.
2. 바라거나 하려는 일이 순조롭게 되지 못하다.
3. '다르다'의 잘못

$1 + 1 = 5$

$1 + 1 = 2$

2. 관점차이 예

3. 사람들이 자신만의 프레임을 갖고 있는 예

[그림 2-3] 다름과 틀림의 이해

다름과 틀림 사이에는 인정과 배려가 있다. 상대방을 인정하고 배려하는 가에 따라 같은 상황이 틀림이 될 수도 있고 다름이 될 수도 있다. 세계화와 제4차 산업혁명은 개방과 연결로 인하여 서로 다른 문화적 배경을 갖는 사람들과 접촉하고 협업을 필요로 하고 있어 다양성을 인정하고, 상호 인정하는 열린 마음의 자세를 가져야 하며, 다름을 통한 융합적 사고로 창의적인 혁신을 이끌어 나가는 것이 필요하다.

비즈니스에서 활용되는 51 대 49법칙이 있다. 이는 상대방과 협상을 하거나 이익을 분배할 때 내가 49를 갖고 상대방에게 51을 주면 나는 비록 1을 양보하지만 상대방은 2를 받았다고 생각하고 만족하게 된다. 조금만 양보를 하여도 상대방을 만족시키듯이 다름과 틀림도 51 대 49법칙으로 생각해 볼 수 있다. 상대방의 다름 1개를 인정하면 상대방은 2개의 같음이 형성됐다고 생각할 수 있게 되고 상호의 소통은 더욱 활발해지게 된다. 이렇게 사소한 양보와 이해가 '틀림'을 '다름'으로 바꾸는 시작이 될 것이다.

읽어보기

1. 한국사회의 다름과 틀림 혼용사용 배경

1) 급속한 산업발전 과정

한국의 산업발전과정은 기존의 선진국 특히 일본의 제조 방식 모델을 답습하는 '빠른 추정자(fast follower)'라는 정부의 정해진 정책이나 룰에 맞춰 열심히 따라가고 그 정책이나 규칙에 벗어나는 경우 곧 '틀림'이 되었다. 미래 산업에서는 fast follower에서 first mover 또는 'only one'이 되기 위한 끊임없는 시도가 필요하다.

2) 군대문화라 불리는 단체문화

회사대표나 지휘관의 명령에 무조건 복종을 해야 하는 수직문화에서 이를 어길 경우 '틀림'으로 불이익을 당하였다(과거 일부기업 신입사원 해병대 캠프입소). 예측불가능한 미래에는 지위여부를 떠나 자유롭게 발생한 문제를 다양한 각도에서 분석하는 다양성을 존중하는 자세가 필요하다.

3) 내가 주인공이어야 한다는 사고

원칙이나 기준을 바로 '나' 또는 '내 편'에 두고 자신과 다른 생각을 배척하는 문화가 강하였다. 예로서 인터넷, SNS 등 정보통신 기술의 발달이 표현의 다양성을 보장하는 긍정적 방향보다는 편 가르기, 집단 매도 등의 도구로 악용되어 젠더갈등 등 사회적 갈등을 일으키기도 한다.

2. 다름의 유용성

1) 창의성과 혁신적 사고

세상에 없던 창의적인 산물이 생겨난 과정을 보면 공통적 현상이나 일반적인 생각과 다르게 생각한 것이 창의성과 혁신적 사고의 시작이다.

예) 다이슨은 "날개도 없이 어떻게 바람을 낸단 말인가?"라는 제안에 대하여 틀린 생각이라기보다는 다른 참신한 생각으로 받아들여 날개없는 선풍기를 탄생시켰다.

2) 다양성 수용

다양성의 사전적 의미는 '다름', '차이', '같지 않음', '다양함', '여러 형태를 지님' 등이 있다. 다름을 혁신을 위한 원동력으로 활용한다면 더욱 다양한 전략을 발굴할 수 있고, 창의적인 성과 달성이 가능하다. 이를 위해서는 수직적 사고에서 수평적 사고로 전환하여 문제를 다양한 관점에서 보고, 다양한 의견을 수렴하는 과정을 통해 위험을 줄일 수 있고 창의적 아이디어 산출이 가능하다.

예 젊은 직원이 멘토가 되어 멘티인 선배 경영진을 코칭하고 가이드하는 리버스 멘토링

3) 효율적인 협업

서로 다름의 이해는 오해를 넘어선 대화의 가능성을 열어주고, 조직구성원들이 보다 생산적이고 효율적으로 협업이 가능하다.

4 갈등관리

1) 갈등의 기능

갈등의 기능은 우리가 갈등을 어떻게 보느냐에 따라 다르다.

전통적 관점(1800년대 후반~1940년대 중반)에서는 갈등은 나쁜 것이고 조직의 효과에 부정적 영향을 주므로 제거되거나 예방되어야 한다는 입장이어서 부정적으로 보았다.

행동주의적 관점(1940년대 후반~1970년대 중반)에서는 갈등은 조직 내에서 자연적으로 일어나는 불가피한 현상으로, 조직에서 이를 완전히 제거할 수 없으므로 이를 수용하여야 한다고 보았다.

상호 작용적 관점(1970년대 중반부터)은 갈등은 새로운 아이디어 촉진, 집단

내의 응집성 향상, 보다 나은 의사결정 등 긍정적인 측면도 갖고 있어 관리가 필요하다고 하였다.

갈등은 역기능과 순기능을 가지고 있다.

갈등의 역기능은 사람의 심리상태에 부정적 영향을 미쳐 제품의 품질 저하를 야기시키기도 하고, 갈등이 장기화되는 경우 의사소통이 단절되어 기업 구성원 간에 통합을 저해하여 기업의 안정성을 파괴시킨다.

반면에 갈등의 순기능은 개인이나 기업들은 갈등을 겪으면서 자신의 능력에 관해 비교적 객관적인 평가를 할 수 있게 되고, 구성원들에게 동기를 부여하거나, 기업의 응집력을 활성화시키며, 갈등해결과정에서 비판과 토론을 통하여 혁신과 변화를 위한 창의력을 고취시키고, 의사결정의 질을 높여 준다. 또한 갈등은 대안적 해결방안의 모색과 내부의 결속력을 높일 수 있어 사회통합에 기여함은 물론 사회의 다원화와 민주화에도 크게 기여한다.

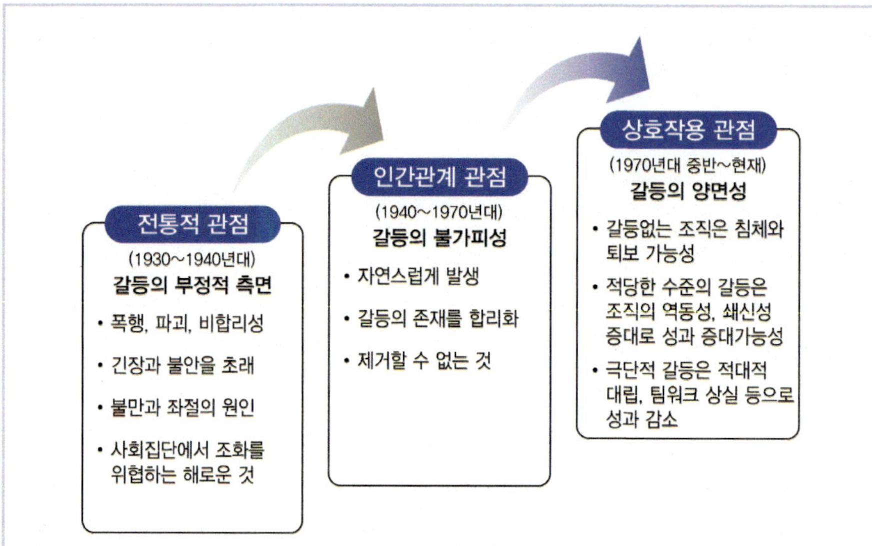

[그림 2-4] 갈등 관점의 변천

2) 갈등의 관리

갈등은 피할 수 있는 존재가 아니어서 이를 적절히 관리하고 해결해 나가는 방법에 대하여 관심을 두어야 한다. 현대적 갈등의 개념인 상호 작용적 관점으로 볼 때 갈등관리는 조직 내 갈등수준이 너무 낮으면 갈등을 조성·조장하거나 자극하는 반면에 갈등수준이 너무 높으면 이를 억제하여 적정수준의 갈등을 유지하는 것이 필요하다.

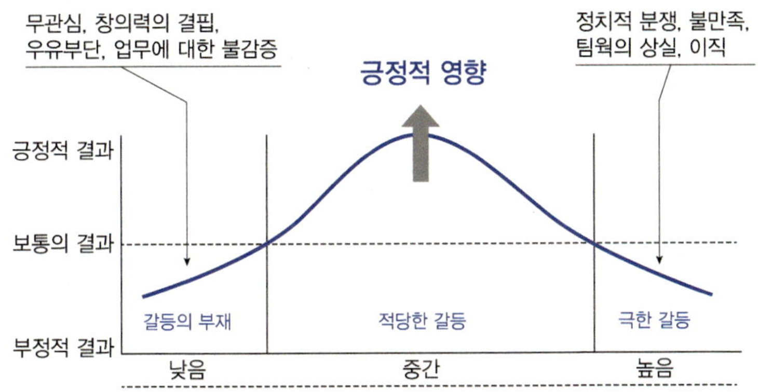

자료 : L. David Brown, Managing Conflict at Organizational Interface

[그림 2-5] 갈등수준과 조직성과

기업의 리더들은 상황에 따라 갈등을 관리할 필요가 있다. 즉, 기업의 리더들은 갈등해결에 너무 많은 시간과 노력이 들거나. 갈등이 파괴적이거나, 갈등이 국지적 집단이기주의 때문에 발생한 경우에는 갈등을 축소하고자 노력하여야 한다. 반면에 리더들은 구성원들이 무사안일하거나, 너무 쉽게 의견에 동조하거나 집단이 보수적이고 창의적이지 않아 변화와 자극이 필요할 경우에는 갈등을 조장할 필요가 있다.

상황 A

- 갈등해결에 너무 많은 시간과 노력이 든다.
- 갈등이 파괴적이다.
- 갈등이 조직목표가 아닌 국지적 집단이기주의 때문이다.

↓

갈등축소

상황 B

- 구성원들이 무사안일하다
- 너무 쉽게 의견에 동조한다.
- 집단이 보수적이고 창의적이지 않다.
- 변화와 자극이 필요하다.

↓

갈등조장

↓

갈등관리

읽어보기

1. 싸움과 연애만족도

- 매일 서로 잡아먹을 듯이 싸우는 커플이 있다. 그런데 신기하게도 꾸준히 연애 중이다. 비결이 뭘까? 영국의 심라학자 던컨 크레이머 교수의 연구결과를 보면 답이 나온다. 던컨 교수가 연애 중인 대학생 199명에게 물었다.

'싸우는 횟수가 연애 만족도에 어떤 영향을 미치는가?'	VS.	'싸움을 해결하는 방식은 연애 만족도에 영향을 미치는가?'
상관관계 없음		상관관계 있음

문제는 '싸운 뒤에 어떻게 해결하느냐?'

2. 침묵하는 자와 불평불만 제기하는 자

직원들은 상사나 회사와 한두 번 부딪히다가 부딪치면 쉽게 포기하고 침묵하고 속으로 불만과 갈등의 골만 깊어져 결국 직원 자신 및 회사의 경쟁력약화를 초래한다. 불만은 세상을 바꾼다. 걷는 것에 불만을 품어서 자동차를 만들었고, 땅을 탈피하고 싶어서 창공을 나는 비행기를 만들었다. 계단이 귀찮아서 엘리베이터를 만들었고 팩스가 불편해서 인터넷이 생겼다. 세상을 움직이는 것은 불만을 품은 이들이다. 불평을 짜증나고 귀찮은 것으로 치부할 것이 아니라 문제의식으로 승화시키고 개선지점으로 전환하는 리더가 능력있는 리더이다.

3. 갈등조장

갈등을 부추기는 기업이 많은데, 인텔이 대표적인 예다. 인텔의 전(前) CEO 앤디 그로브는 인텔의 성공 원인을 '격렬한 논쟁과 갈등'이라고 단언한다. 회사에 갈등이 있을 때 이를 덮어두지 않고, 열띤 논쟁을 거쳐 발전적 아이디어가 나왔다고 한다. 지금도 인텔은 이런 '건설적 대립(Constructive Confrontation)'을 조직 문화의 가장 큰 원칙으로 삼고 있다. 제대로 '관리되는' 갈등은 오히려 조직의 생산성을 높인다.

3) 갈등관리 모형

갈등을 관리하는 방식에 관해서 Thomas & Kilmann(1975)은 Blake & Mouton(1964)의 갈등격자모형을 재해석하여 2차원적인 갈등관리모형을 제시하였다. 이 모형은 다른 사람의 관심사를 충족시켜 주기를 원하는 정도인 협조성(cooperativeness)과 자기 자신의 관심사를 충족시켜 주기를 원하는 정도인 독단성(assertiveness)의 두 차원을 결합한 모형으로서, Ruble & Thomas(1976)가 제시한 2차원적 갈등관리모형과 대동소이하다.

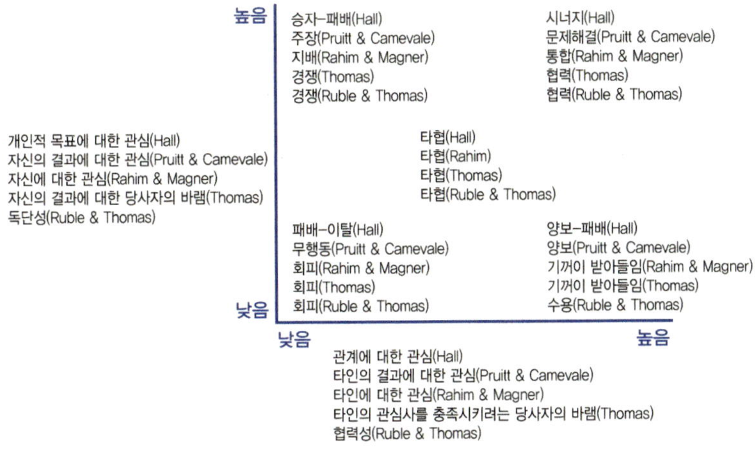

자료 : 심준섭, 개인 간 갈등관리의 2차원 모형에 대한 검증, 「국가정책연구」 제29권 제4호, p. 6.

[그림 2-6] 2차원 갈등관리 모형 : 이중관심모형

Thomas & Kilmann은 협조성과 독단성이라는 두 차원에 따라 조직 내 갈등을 관리하는 방식을 경쟁(competition), 협력(collaboration), 타협(compromise), 회피(avoidance), 순응(accommodation)으로 분류하였다. 협력성이란 갈등 당사자 한편에서 상대방의 관심사를 충족시켜 주려는 정도를 말하며 독단성이란 갈등 당사자 입장이 자신의 관심사만을 충족시키려는 시도를 말한다.

(1) 회피형

회피형(LOSE-LOSE)은 갈등이 있다는 것조차 외면하거나 피하는 것이다. 자신의 생각을 적극적으로 이야기하려는 의지도 없고 협력하려는 의지도 없어 갈등에 대하여 무책임하고 소극적인 태도를 유지하는 형이다.

'회피형'은 갈등의 주된 쟁점이 사소하고, 관계가 그다지 중요하지 않고 시간도 없고 결정이 꼭 필요하지 않을 때 적합한 전략이다. 모든 갈등에 회피만 한다면 관계도 안 좋아지고 얻는 것도 없어지고 갈등에 대한 부정적인 경험만 쌓인다. 회피형의 사람에게 갈등에 적극적으로 대처하도록 하기 위해서는 지속적으로 정보를 제공하고, 스스로 감정과 생각을 정리할 시간을 주어 편한 시간에 대화를 하도록 하거나 회의시에 회의록을 작성하도록 하고 따로 의견을 묻는 방법이 유용하다. 한편 회피형은 갈등이 고조되어 진정할 시간이 필요한 경우에는 갈등을 해결하는 방법으로 유용하다.

(2) 경쟁대립형

경쟁대립형(WIN-LOSE)은 자신의 주장이 받아들여지지 않는 것은 자신의 존재 자체에 대한 도전으로 받아들이는 경향이 있기 때문에 자신의 주장을 위해서 상대방과의 관계는 깨져도 상관없다는 식으로 말하고 행동하여 자신의 뜻을 관철시키는 방식이다.

이 형태는 갈등상황이 응급상황이거나 사소해서 다른 사람들이 크게 신경쓰지 않을 때 또는 자신이 관찰시키고자 하는 내용이 모두에게 도움이 된다고 확신할 때 사용된다. 하지만 다른 구성원들의 협력이 중요한 경우에는 최악의 전략이 될 수 있다.

이 형태의 갈등해결방식으로는 자기주장만 쏟아내는 것을 막기 위하여 간단한 의사소통 규칙을 정하는 것이 필요하다. 즉, "박 대리님은 이런 생각을 가지고 계시군요. 하지만 제 생각에는 …요"라는 식으로 상대방의 의견을 요약한 후 자신의 의견을 말하도록 하고, 강제적으로 다른 동료들의 의견을 경청하도록 하는 방법이 필요하다.

(3) 양보순응형

양보순응형(LOSE-WIN)은 예스맨(Yes man)같은 사람으로, 상대방과의 관계를 우선시하여 원만한 갈등 해결을 위해 다른 사람의 의견에 순응하고 양보하는 방식이다. 양보순응형은 자신이 갈등쟁점에 대해 그다지 신경쓰고 싶지 않거나 힘도 없지만 남을 제지하고 싶지 않거나, 자신이 주장하던 입장이 잘못되었다는걸 깨달았을 때 적합한 전략이지만 자신의 주장에 확신이 있고 상대방이 잘못 알고 있는 경우에는 최악의 전략이 된다.

또한 이런 유형으로 오래 반응하다보면 자신도 모르게 분노가 쌓이거나 좌절과 자존감 상실로 이어질 수 있다. 따라서 이러한 형태의 사람과 함께 일을 할 때는 관계가 아닌 쟁점 자체에 초점을 두고 이야기할 수 있도록 지속적인 관심과 인정이 필요하다.

'예(yes)'의 이면에 있는 의견을 끄집어 내 갈등을 해결하기 위하여 특정 사안에 대하여 개인적 의견을 단순히 질문하는 것보다는 A, B, C 대안 중 어느 것이 왜 좋은지? 또는 이미 동의한 부분에 대하여 '내가 생각하기엔 … 보완할 방법이 없을까?' 식으로 세심한 질문을 통해 의견을 이끌어내는 것이 바람직하다.

(4) 타협절충형

타협절충형은 성공적인 갈등해결보다는 해결속도에 초점을 맞춰 갈등을 해결하는 형태이다. 이는 업무와 인간관계 모두 중요하지만 시급하게 결정을 내릴 때 서로 공평하게 양보해 해결하는 형태이다. 서로 대화할 시간이 많지 않지만 문제 해결을 위한 협력이 중요할 때는 '타협절충'으로 행동하는 것이 적합하다. 최선은 아니지만 문제가 더 악화되는 것을 막는 것이 더 중요할 때도 적합한 전략이다. 즉, 이 방식은 성공적인 갈등해결보다 '속도'에 초점을 맞추어 최선책이 아닌 '차선책을 선택할 확률이 높다. 하지만 가까스로 찾은 타협점이 스스로도 수용하기 힘든 결과라면 최악의 전략이 될 수 있다.

이런 유형의 사람이라면, '적당히'는 최선이 아니다. 빨리 답을 찾으려다가 최선의 방법을 놓칠 수 있고 시간을 들여 문제를 해결할 때 더 근사한 방법과 더 나아진 관계를 만들 수 있음을 상기시켜주는 것이 필요하다. 또한 사안의 중요성을 강조하여 보다 진지하고 적극적으로 자세를 갖도록 유도하여야 한다.

(5) 협력형

협력적 갈등해결
고부 협정 맺으며 '평화 모드 돌입'

창의적 갈등해결
'문 반만 달기'로 극적 타결

협력형(WIN-WIN)은 자신이 주장하는 것과 상대와의 관계 모두 중요하고, 협력을 통해서만 문제해결이나 창조적인 해결이 필요한 경우에 적합한 전략이다. 하지만 시간이 충분하지 않고 문제 자체가 사소하거나 다른 시급하고 중요한 일들이 많거나 서로의 신뢰도가 다른 경우에는 적합하지 않다.

협력형으로 갈등을 해결하기 위해서는 공동체 구성원들 사이의 신뢰도와 애정의 정도는 서로 다를 수 있음을 상기시키고, 각자의 의견을 취합하고 조정하는 의사소통방식인 'yes~ and~ 화법(당신의 생각에 동의하며, 그 안에 담긴 속상함에 대해도 잘 알 것 같다는 이중 쿠션 장치를 말함)'이나 '브레인라이팅(brain writing)'회의 방식을 활용하는 것이 필요하다.

사례 **갈등관리 5가지 유형**

1. 회피형-전자기기 AS센터.

화가 난 고객이 뭐가 안 된다고 하며, 사용설명서대로 다 했는데도 안 된다고 불만을 제기하고 직원의 입장에서 아주 간단한 문제인 경우.

직원은 고객과 "이 절차는 하셨어요? 이걸 하지 않으시면 잘 안 되는데…" 하며 논쟁할 필요도 없이 그냥 고객 앞에서 올바른 절차대로 제품을 다루고 정상적으로 작동한다는 것을 보여주기만 하면 된다. 고객 실수라는 것을 말이 아닌 행동으로 보여준다면 고객은 순순히 물러날 가능성이 크다.

2. 경쟁대립형-홍보마케팅

홍보마케팅을 할 때 논란이 있는 모델, 유머, 밈(meme, 재미있는 말과 행동을 온라인상에서 모방하거나 재가공한 콘텐츠들을 통칭하여 부르는 용어) 등을 사용하려 하거나 유해한 성분을 원가가 저렴하다는 이유로 첨가하려 하는 상황.

윤리적 가치에 맞지 않거나 회사 경영에 문제가 될 것이 분명한 것에는 타협하지 말고 끝까지 경쟁해서 이겨내는 것이 필요하다.

3. 양보수용형-화가 난 환불요구 고객을 다룰 때

매장에 긴 줄이 있고 화가 난 고객이 환불을 하러 오면서 상표도 떼놓고 영수증도 가져오지 않았지만 해당 제품은 우리 것이 맞고, 당장 환불하라고 소리를 치고, 다른 소비자들은 매우 불편해하는 상황.

이 경우 환불 정책에 맞지 않아 환불이 어렵겠지만 과연 그렇게 하는 것이 회사에 이득인지를 고려하여 판단하여야 한다. 소리치는 불편한 고객이 있을 때, 다른 소비자들은 매장을 떠나고 싶어한다. 안 좋은 간접경험은 기업이미지를 손상시키기 때문에 매니저는 화난 고객을 설득할 것 없이 '수용'하여 100% 환불해주고 빨리 매장에서 그 사람을 쫓아내는 것이 가장 현명한 방법이다.

4. 타협절충형-미용실에서 원하는 대로 머리스타일이 안 나온 경우

미용실에서 고객이 원하는 머리스타일이 제대로 안 나온데다가 복구도 안 되는 상황.

고객은 화가 나도 어쩔 수 없이 그 머리로 당분간 지낼 수밖에 없고, 미용실에선 1회 무료이용권을 주거나 고급 헤어제품 제공 등으로 타협을 하여 수습을 하는 것이 좋다. 양쪽 다 손해를 보면서 갈등을 해결하는 것이 현명한 방법이다.

5. 협력형-연봉협상

직원의 연봉협상에서 갈등이 발생한 상황.

이 경우는 성과에 따른 인센티브를 주는 방식으로 합의를 유도하는 것이 필요하다. 왜냐하면 판매액에 따른 일정 비율을 직원에게 그대로 준다면, 직원은 판매 성과를 높이려 노력할 것이고 기업도 성과를 높일 수 있기 때문이다.

자료 : https://intent-raise-money.tistory.com/123

생각해보기 2-1 세대간 갈등(가치관 차이)

직장 내 세대 간 의식차이

세대 간 의식차이	주요현상	이슈(부작용)
권위주의 VS 수평주의	• 개인주의, 자율/창의 중시 • 수평적 팀제 조직 확산	• 직급 · 세대 간 갈등 • 신세대 부적응 이직 이슈
결과중시 VS 과정중시	• 실패 용납 않는 문화 • 과정중심 평가 증가	• 단기성과주의 · 협력저해 • 창의성 없는 교육
조직중심 VS 개인주의	• 사회응집/갈등지수 상위권 • 기업 내 소통 협력 미흡	• 조직 간 장벽 비효율 • 조직 상하 간 협력 부족

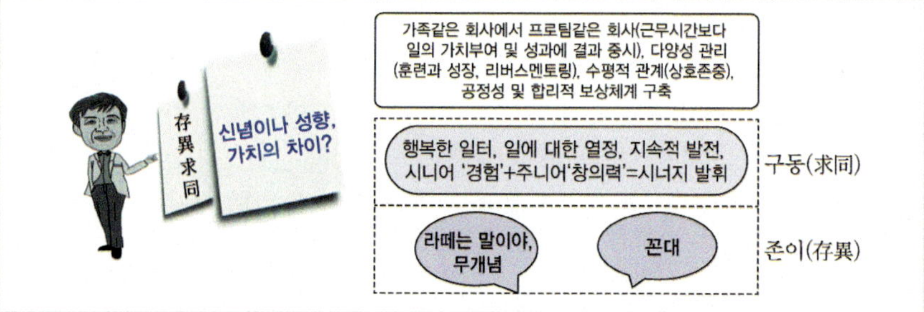

세대 간 갈등을 해결하기 위해서는 선진국의 발전모형을 답습하여 조직의 미션에 따라 지시와 명령에 순응하여 일사불란하게 행동하여 한강의 기적을 이룬 기성세대의 성공법칙과 변화무쌍한 VUCA시대를 맞이하여 그때그때 상황에 따른 민첩한 행동이 필요하다. 상황변화에 따른 토론과 합의를 도출해야하는 MZ세대의 성공법칙은 다르다는 점을 인식하고, 공동으로 조직의 발전을 위하여 시너지효과를 낼 수 있는 방안을 모색하는 것이 필요하다.

생각해보기 2-2 택배기사와 아파트 주민 갈등

갈등 당사자들이 만족스럽게 갈등을 해결하는 방법으로 쟁점을 나누거나 붙이는 방법이 있다. 먼저 쟁점을 분리하는 방법으로는 택배 차량의 이동 동선을 정해두거나, 주민이 직접 찾아가는 '택배 보관소' 설치, 아이의 등교 시간대와 연계하여 택배차 진입 허용 및 택배차량의 속도를 최대한 낮추는 방법 등을 생각해 볼 수 있다. 쟁점을 붙이는 방법으로는 손수레 대신 전동 카트 활용, 단지 내 노인을 활용한 실버택배를 통해 효율성을 추구하거나, 비용적인 문제를 해결하기 위하여 장기적으로 택배사 저탑차량구입지원, 지하주차장 높이를 법으로 상향조정하는 방법 등을 생각해 볼 수 있다. 갈등이 생겼을 때는 함께 토론하여 공동의 이익을 모색하여 대안을 찾고자 하는 노력이 필요하다.

제 2 절 무역계약과 클레임

1 무역계약의 개념

1) 무역계약의 의의

무역계약은 격지자간 거래와 지리적 여건, 민족, 언어, 법률, 풍속 등 상이한 환경 속에 있는 당사자들이 상품을 매매하기 위하여 합의하는 계약이다. 무역계약은 매도인이 약정한 물품에 대한 인도를 이행함으로써 소유권과 점유권을 매수인에게 이전하고, 매수인은 대금지급을 약속함으로써 체결되는 매매계약이다.

무역거래의 당사자 간에 체결되는 매매계약의 내용에는 계약상품의 명세 외 품질(quality), 수량(quantity), 가격(price), 포장(packing), 선적(shipment), 보험(insurance), 결제(payment)조건 등 6대 조건과 계약의 불이행에 따른 불가항력조항, 클레임조항, 중재조항, 준거법조항, 재판관할조항 등 분쟁구제조항 등의 모든 조건이 확정되어야 한다.

무역계약은 국내 물품거래계약과는 달리 거리와 환경차이로 인하여 많은 위험을 갖고 있다. 당사자들은 위험을 최소화하면서 이익을 극대화하기 위하여 자신들이 의도하는 바를 명확하게 의사표시를 하여야 하고 이를 확인한 계약서를 작성하는 것이 필요하다. 또한 장래 발생할지도 모르는 분쟁을 사전에 예방하는 것이 중요하다. 당사자들은 계약체결과정에서 청약, 반대청약 및 승낙이라는 협상과정의 결과로 합의가 이루어지면 계약서 2통을 작성하고 서명을 한 후 2통 모두 상대방에게 송부하여 그 중 상대방이 서명한 1통을 돌려받게 된다.

① 계약서 작성의 유리한 점

무역협상의 결과인 무역계약서를 작성할 경우 작성한 당사자가 유리하다. 그 이유는 무역계약은 가격, 수량, 품질, 인도, 대금결제조건과 같은 계약서

표면조건 못지않게 이면의 일반거래협정서에 있는 불가항력, 준거법, 관할재판권, 중재조항 등 계약이행이나 불이행에 대비한 조건들도 매우 중요한 조건들이 있기 때문이다. 따라서 상대방이 계약서의 몇몇 중요한 조항의 수정을 요구하여 이를 수정하더라도 나머지 유리한 조건들이 남게 되어 유리한 조건으로 계약을 체결할 수 있다.

② 계약서의 주요 내용

매매계약에서 기본적으로는 물품의 수량과 가격만을 합의하면 계약은 체결될 수 있다. 그렇지만 대금결제를 어느 방식으로 할 것인지, 물건을 보내는 시점은 언제를 기준점으로 할 것인지 등의 문제로 계약이 결렬될 위험도 존재한다.

국제계약의 체결을 위한 협상을 하는 과정 중, 향후 분쟁이 생길 경우 어떤 방식으로 그 분쟁을 해결할 것인지는 그리 중요한 쟁점으로 생각하지 않는 경우가 많다. 구체적인 사항들은 실제로 분쟁이 발생할 경우 분쟁발생 이후에 생각해 보아도 상관없겠지만, 계약체결 단계에 당사자들이 분쟁해결에 관하여 논의하고 동의한 내용이 그 후 분쟁발생시 그 해결을 위한 절차상의 기본적인 틀과 방향을 정하게 되고, 그에 따라 분쟁해결의 본질적인 방향이 크게 영향을 받을 수도 있다는 점에서, 분쟁해결에 관한 주요 사항은 계약의 체결 단계부터 심각하게 고려되어야 한다.

계약의 종류마다 고려해야 하는 사항이 다르기 때문에 계약을 체결하기 전에 미리 체크리스트를 작성하여 고려요소를 추출하고 그에 따라 모든 사항이 검토되었는지 여부를 확인하는 것이 필요하다.

읽어보기 **계약 협상 중간에 보고서 작성의 중요성**

□ 질문요지

계약서에 명시되지 않았는데 구두로 서로 합의할 내용이 계약의 내용을 구속하는지 여부

□ 질문

우리 회사는 A사와 계약을 체결하고 현재 협업을 하고 있었다. 그런데 A사는 계약서에는 명시하지 않았지만 우리 회사가 매출자료를 정기적으로 A사에 제공하기로 약

속했다고 하면서 이를 요구하고 있고, 우리 실무 책임자는 그런 이야기를 한 것 같긴 하다고 한다. 이런 상황에서 계약서에 명시되어 있지 않으니 상대방의 요구를 거부할 수 있는지?

□ 답변

계약서에 명시되어 있지 않더라도 어떤 내용에 대해 실무책임자 간에 합의가 되었고, 그 합의사항이 입증될 수 있다면 그 내용은 계약의 내용이 되어 당사자를 구속할 수 있다.

□ 해설

계약서에 없는 내용에 대해서는 전혀 책임지지 않아도 된다고 생각하는데, 우리나라 민법의 '낙성계약(諾成契約)의 원칙'은 굳이 서면계약이 아니더라도 계약 쌍방의 '의사표시의 합치'만으로 계약은 성립한다고 본다는 원칙이다. 따라서 계약서에 명시하지 않더라도 계약 협상 중에 특정한 사항에 대해 서로 충분히 합의가 이루어졌다면 그 부분에 대해서는 서로를 구속하게 된다.

2) 무역계약과 갈등

① 계약체결

매도인과 매수인은 청약과 승낙의 의사표시를 하는 과정에서 많은 의견, 해석 및 욕구 차이로 갈등이 발생한다. 매도인은 가급적 높은 가격에 판매하고자 하고, 제품의 품질이나 수량조건에서 선적품질조건을 원하며, 가능한 물품 인도시점도 여유가 있기를 바라며 대금결제도 선지급을 원한다. 그리고 준거법과 재판관할권도 자국법과 자국에서 중재나 소송을 통해 해결하고자 할 것이다.

반면에 매수인은 가급적 질 좋은 제품을 낮은 가격에 구매하고자 하고, 제품의 품질이나 수량조건에서 양륙품질조건을 원하며, 대금결제는 후 지급을 원할 것이다. 그리고 매수인도 매도인과 마찬가지로 준거법과 재판관할권도 자국법과 자국에서 중재나 소송을 통해 해결하고자 할 것이다.

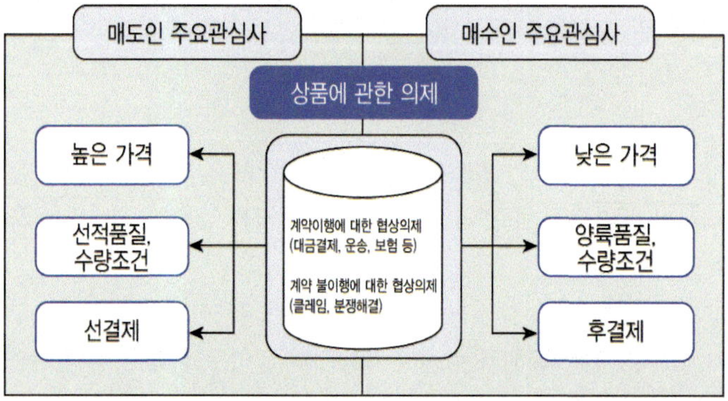

[그림 2-7] 매도인과 매수인 욕구 차이

② 클레임 해결

매도인과 매수인은 체결된 계약을 이행하는 과정에서도 계약내용의 해석차이로 인한 갈등이 발생할 뿐만 아니라 합의 내용의 불이행으로 인한 갈등으로 클레임이 발생하게 된다. 이러한 클레임을 당사자 간 원만하게 타결하지 못할 경우 법적 소송이나 중재절차를 진행함으로써 당사자들은 정신적으로나 시간적으로 많은 손해를 입게 되며, 기존 거래처와 거래관계가 단절되고 새로운 거래처를 찾는 거래비용이 발생하기도 한다.

따라서 매도인과 매수인은 무역절차 중 청약과 승낙을 통한 계약을 체결하는 과정뿐만 아니라 클레임을 해결과는 과정에서 상호 신뢰를 바탕으로 한 원만한 합의가 필요하다. 이러한 상호 만족스러운 합의를 위하여는 협상에 대한 올바른 개념정립과 상호 만족스러운 합의를 도출하고자 하는 통합적 협상방법을 습득하여야 한다.

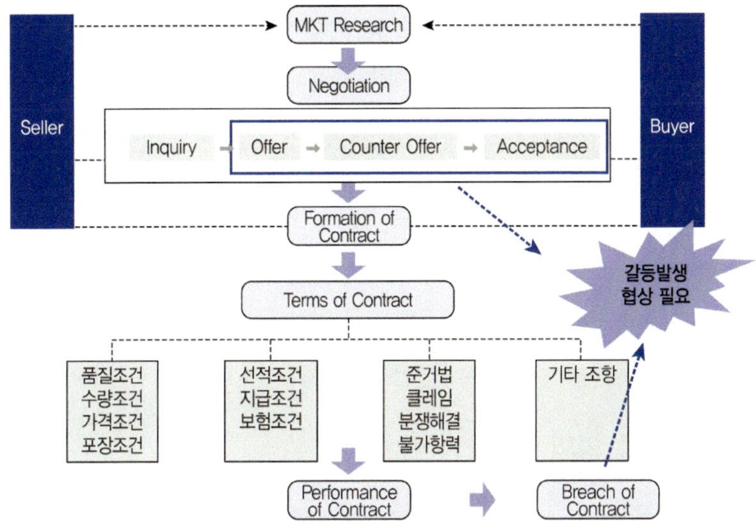

[그림 2-8] 무역절차 중 갈등과 협상

3) 계약 협상

협상에서 실제로 가장 중요한 건 바로 계약서 작성이다. 아무리 협상을 잘 해도 계약서에 잘 반영이 되어 있지 않으면 소용이 없다. 계약서 조항 하나하나 문구 하나하나가 중요한 의미를 지니기 때문에 계약서를 완벽하게 이해하고 정확하게 반영해야 한다.

계약서 조항 중 협상 시 가장 중요한 조항은 진술 및 보장, 손해배상 조항이다. 실제로 협상을 하면서 가장 많이 논의되는 조항이다. 이들 조항은 추후 위험을 누가, 어디까지 부담하는지에 관한 사항이므로 양 당사자 모두에게 매우 중요하다.

매수인 입장에서는 최대한 넓게, 그리고 실사 과정을 통해 인지한 위험이 있는 경우에는 그 위험을 헷지할 수 있도록 구체적으로 진술 및 보장 사항을 정할 필요가 있다. 손해배상책임도 추후 입증의 어려움을 해결하기 위해 손해배상액의 예정 조항을 두고, 중요한 위험 요인에 대비하기 위해서는 위약금 조항도 두는 것이 좋다.

매도인 입장에서는 최대한 좁게 정하는 것이 좋다. 진술 및 보장의 범위를 합리적으로 제한하기 위해, "중요한 부분에 한해서", "매도인이 인지하고 있는 범위 내에서" 진술 및 보장을 하는 것이 좋고, 사전에 인지하고 있는 위반 사항이 있으면 공개목록을 활용하여 면책될 수 있도록 할 필요가 있다. 나아가 손해배상 책임 기간을 제한하고, 한도를 설정하는 등 가능한 손해배상책임의 범위를 줄일 수 있도록 협상할 필요가 있다.

2 무역클레임 발생원인

1) 무역클레임의 의의 및 발생원인

클레임은 포괄적으로 단순한 불만이나 불평을 상대방에게 제기하는 것을 포함하나 일반적으로는 매매당사자 중 일당사자가 매매계약의 일부 또는 전부를 불이행하거나 불완전하게 이행함으로써 상대방에게 손실을 입혔을 때 손해를 입은 당사자가 상대방에 대하여 손해배상을 청구하거나 계약이행을 청구하는 것을 말한다. 계약이 성립된 후 이행되는 과정에서 문제가 발생한 경우 계약 당사자간에 주장과 요구가 달라 갈등이 있을 수 있는데, 이러한 갈등의 해소를 위한 첫번째 과정이 곧 클레임이라고 할 수 있을 것이다.

무역은 격지자간의 거래로 상호 신용을 바탕으로 이루어진다. 무역거래 당사자 간 신뢰에 문제가 발생한다든지, 계약시점과 이행시점의 차이로 인한 상황변화가 발생한다든지, 또는 운송인이나 은행 등 제3자와의 문제로 클레임이 발생할 수 있다. 무역클레임은 매도인 또는 매수인 중 어느 당사자도 제기가 가능하지만, 일반적으로 매도인의 클레임 제기보다는 매수인의 클레임 제기가 압도적으로 많다. 무역거래시 손해를 입은 당사자는 손해를 유발시킨 당사자에게 무역클레임을 제기하고 구상권을 행사할 수 있다. 무역클레임은 쌍무적이고 객관적 타당성을 가져야 하며 세심한 절차 없는 클레임 처리는 법률적 효력을 보장받을 수 없다.

클레임은 무역계약의 불이행이나 이행지체에 따라 발생되는데 통상 기본계약조항 중 상품자체에 대한 약정인 품질조건, 수량조건 또는 포장조건 등의 위반이 클레임의 원인이 된다. 또한 계약의 이행에 대한 약정인 선적조건, 보험조건 및 결제조건의 경우는 부수계약인 운송계약, 보험계약 및 환거래계약 조건의 위반 여부 등이 클레임의 원인이 되기도 한다.

클레임을 예방하기 위한 가장 좋은 방법은 신뢰할 수 있는 당사자의 선정, 무역실무에 대한 기본지식 습득 및 상대방 국가의 환경적 요인에 대한 지속적인 모니터링 등이 있다. 농산물의 경우처럼 품질을 특정하기 어려운 제품의 경우에는 사전 계약사에 품질에 대한 명확한 기준을 설정하여 놓는 것이 매우 중요하다.

클레임을 예방하기 위한 조치를 취해도 물리적·시간적 차이로 인한 상황변화로 항상 클레임이 발생할 가능성이 존재하게 된다. 이러한 경우에는 클레임 발생 원인을 파악하고 그 원인에 따른 대응방안을 마련하여야 한다. 무역클레임 원인에 따른 예방책과 대응방안은 〈표 2-1〉과 같다.

〈표 2-1〉 무역클레임 원인에 따른 예방책과 대응방안

발생원인	종 류	예방 및 대처방안
간접적 원인	• 사용언어의 차이, 국내 상관습과 국제 상관습의 차이, 준거법의 차이. • 도량형의 차이, 격지자간 거래에 따른 운송상 위험, 국제시장 환경의 변동 등. • 가장 중요한 사항은 거래 상대방에 대한 신용조사의 불완전이 원인	• 철저한 신용조사 : 마켓클레임, 의도적 클레임, 계획적 클레임 예방 • 무역실무(국제 통일상관습 및 협약 포함) 기본 지식습득 • 통상환경(국제, 자국 및 상대방)에 대한 모니터링
직접적 원인	• 무역계약서의 계약내용이 불완전 • 계약이행의 불완전 내지는 의도적인 계약 불이행 • 무역계약 체결과정에서의 과실, 착오, 오해, 부주의 등	• 계약에 대한 이해 : 이행가능성 검토 • 구두계약 지양 • 가능한 표준계약서를 토대로 작성 (클레임과 중재조항확인)

2) 무역클레임의 유형

무역클레임이 발생하는 형태는 매수인이 제기하는 클레임과 매도인이 제기하는 클레임으로 크게 나눌 수 있다. 매수인이 제기하는 대표적인 클레임으로는 품질불량, 수량부족, 선적 등이 있으며, 매도인이 제기하는 대표적인 클레

임은 대금미지급, 대금지연 등이 있다.

[그림 2-9] 무역클레임의 유형

3 무역클레임 제기 및 해결절차

무역클레임 제기 시 세심한 절차를 무시한 무역클레임은 법률적인 보장을 받을 수 없기 때문에 제기기간 내에 타당한 절차에 따라 제기하여야 한다. 무역계약 체결 시 당사자 간에 클레임을 제기하는 방법을 약정한 경우에는 약정한 바에 따라 클레임을 제기하고, 약정이 없는 경우에는 국제상거래 관습이나 규칙 또는 국내법상의 규정에 따른다.

일반적으로 무역클레임을 제기할 때 절차는 먼저, 누가 클레임 당사자인지를 확정하고 신속하게 통지한다. 그 후 거래사실과 주장사실에 대한 입증자료를 마련하여 정식클레임 서한을 작성하여 거래사실을 입증할 수 있는 계약서, B/L, L/C 등과 함께 메일로 송부한다. 만약 물품의 하자가 발생된 경우에는 객관적인 제3자의 검사보고서(Survey Report) 등을 마련하고, 손해액과 비용(운송료, 관세, 창고료, 은행이자, 검사료 등)을 산정한 청구액에 대한 손해명세서(객관적인 제3자가 발행한 증빙이 있어야 한다.)와 함께 첨부하여야 한다.

한편 클레임을 제기받으면 제일 먼저 클레임 제기내용을 검토하고 상대방에게 신속하고 설득력 있게 클레임 제기내용에 대한 입장과 해결방안에 대한 답변을 전달해야 한다. [그림 2-10]은 클레임 제기절차 및 대응방법에 대한 과정이다.

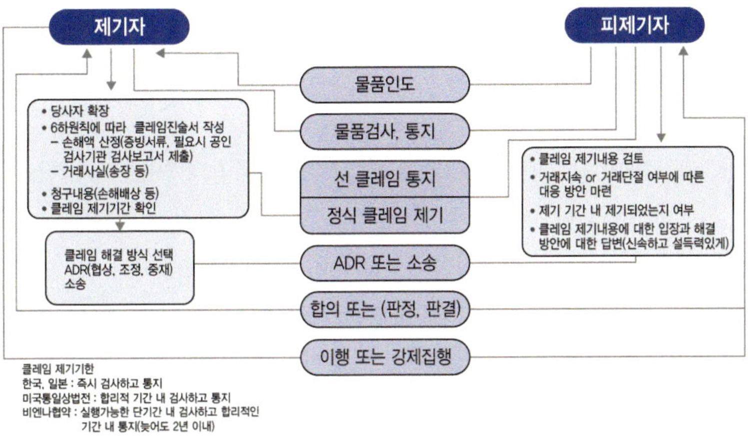

[그림 2-10] 무역클레임 제기, 대응방안 및 해결절차(매수인 입장)

제3절 무역클레임 해결방법과 ADR

1 클레임 해결방법

1) 당사자간 직접 해결

무역클레임의 해결방법으로는 당사자 간 직접 해결방법과 제3자에 의한 해결방법이 있다. 당사자 간 직접 해결방법으로는 청구권의 포기와 우호적인 해결이 있다.

① 청구권의 포기

청구권의 포기(Waiver of Claim)는 피해자가 가해자에게 제기한 클레임을 철회하는 것을 말한다. 이러한 경우는 상대방이 다른 조건을 제안하여 만족시켜 준다든가 또는 클레임을 제기할 만한 가치가 없는 경우나 또는 향후 있을 거래에 대한 주의를 환기시키는데 그 의의가 있다.

철회를 하는 이유는 먼저 신청인 스스로 클레임이 자기 자신의 과실과 오해에 기인되는 것임을 인정하고 자진하여 철회하는 경우가 있다.

둘째, 피 신청인이 신청인에게 반증을 들어 클레임의 부당성을 지적하였기 때문에 부득이 철회하는 경우가 있다.

셋째, 무역클레임을 거절하는 경우가 있다. 클레임의 거절이라 함은 피 신청인이 신청인으로부터 제기당한 클레임을 거절하는 것을 말한다. 클레임을 거절하기 위하여서는 그 부당성을 충분히 입증할 만한 증거와 이유가 제시되어야 한다.

넷째, 무역클레임의 수락이 있다. 클레임의 수락은 피 신청인이 신청인으로부터 제기당한 클레임을 수락하는 것을 말한다. 클레임의 수락에는 전면적 수락과 부분적 수락이 있다. 따라서 청구권의 포기는 향후 양 당사자 간의 지속적이고 안정적인 거래관계 유지에 대하여 보장받을 수 있다.

② 우호적 화해

우호적 화해(amicable settlement)는 당사자 간의 협상, 즉 자주적인 교섭과 양보를 통하여 해결되는 것을 화해 또는 협상이라고 한다. 당사자 간에 협상에 의하여 직접적인 협의를 통하여 상호평등의 원칙에 따라 타협점이 모색되면 화해가 이루어지는데, 이 경우 대체로 화해 계약의 체결로 클레임을 종결한다. 이것이 가장 바람직한 해결방법이고, 대부분의 클레임은 이 방법으로 해결된다.

무역클레임을 화해에 의해 해결되는 경우는 첫째, 손해 내용을 지급하는 경우이다. 손해배상금의 지급이라 함은 신청인이 손해를 피 신청인에게 금전으로 변상하는 것을 말한다.

둘째, 대금의 감액이 있다. 대금의 감액이라 함은 수출업자가 수입업자로부터 품질, 포장의 불량, 계약물품과의 상위 및 견본과의 상위 등을 이유로 계약가격의 감액을 요청받고 이를 승낙하는 것을 말한다.

셋째, 계약물품의 반송이 있다. 이는 물품의 인수를 거절하고 이것을 다시 선적지로 보내는 것을 말한다. 반송의 대상이 되는 물품은 계약과 다른 물품, 품질 불량품, 규격 상위품, 포장 불량품 손상품 및 상표 위반품 등이 있다. 매수인이 물품을 반송할 때는 대체품의 공급이나 대금의 반환을 요구할 수 있다. 대체품의 공급을 요구할 때는 매도인은 매수인이 지급한 반송 비용과 대체품이 도착할 때까지 시가의 변동으로 입은 매수인의 손해를 보상해야 한다.

넷째, 계약의 이행이다. 무역클레임 가운데 신청인이 피 신청인에 대하여 계약상의 의무를 이행할 것을 요구하는 것을 말한다. 그러나 피 신청인이 계약의 이행을 불완전하게 할 경우 손해배상금의 청구나 대금의 감액을 수반하는 경우도 있다. 대표적인 계약의 이행 방법에는 신용장의 조건 변경과 조속한 선적의 요구가 있다.

2) 제3자에 의한 해결

제3자에 의한 해결방법으로는 알선, 조정, 중재 및 소송이 있다. 알선(intercession)은 공정한 제3자적 기관이 당사자의 일방 또는 쌍방의 의뢰에 의하여 사건에 개입하여 해결을 위한 조언을 하는 것을 말한다.

조정(conciliation, mediation)은 양당사자가 공정한 제3자를 조정인(conciliator, mediator)으로 선임하고 조정인이 제시하는 구체적인 해결안에 대하여 합의함으로써 클레임을 해결하는 것을 말한다. 중재(arbitration)는 당사자가 공정한 제3자를 중재인(arbitrator)으로 선임하고 선정된 중재인의 판정에 복종함으로써 최종적으로 해결하는 방법이다. 소송(litigation)은 국가기관인 법원의 판결에 의해 클레임을 강제적으로 해결하는 방법을 말한다.

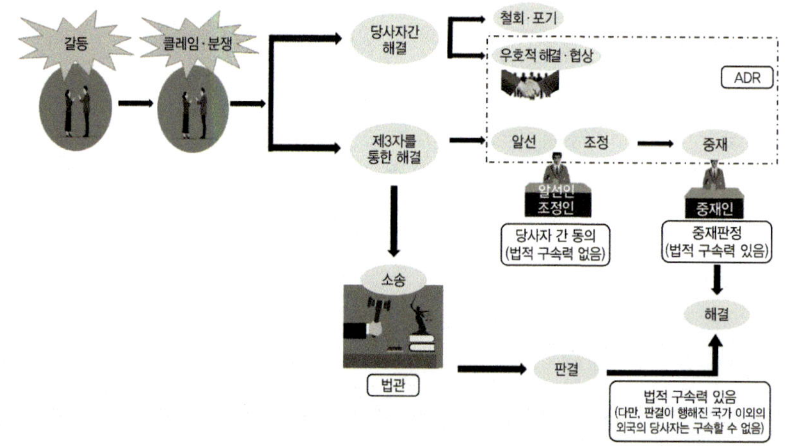

[그림 2-11] 무역클레임과 해결 관계

2 ADR

1) ADR의 의의

ADR은 미국에서 가장 다양하게 논의가 진행되어 왔고, 실제로 다양한 분야에서 활용되어 왔다. ADR(대체적 분쟁해결, Alternative Dispute Resolution)이란 형식적으로는 법원의 소송 이외의 방식으로 이루어지는 분쟁해결방식을 말하며, 실질적으로는 법원의 판결 형태가 아니라 화해, 조정, 중재와 같이 제3자의 관여나 직접 당사자 간에 협상과 합의로 이루어지는 분쟁해결 방식을 말한다.

분쟁을 해결하는 방법 중 법원의 판결을 통하여 해결하는 소송이 가장 전통적이고 궁극적인 방법이다. 그러나 모든 정치·경제·사회적인 분쟁을 법원을 통해 해결하려고 하는 것은 절차의 복잡성과 최종판결까지 장기간의 시간 소요 등으로 말미암아 법원에 과중한 부담이 될 뿐만 아니라 변호사 선임료, 감정·검증비 등 과도한 비용으로 사회적 비용이 들어 비효율적이다. 따라서 신속하면서도 비용이 적게 드는 자율적인 분쟁해결절차가 필요하게 되었다.

ADR은 소송에 비하여 다음과 같은 장점이 있다.

첫째, 간이한 절차, 신속한 해결, 저렴한 비용, 전문성 및 합의 지향성 등으로 인해 소액 분쟁에서도 쉽게 이용할 수 있다.

둘째, 당사자들이 자신들의 분쟁해결에 적합한 방법을 선택할 수 있다.

셋째, 전문가에 의한 해결로 새로운 형태의 분쟁에 적합하다.

넷째, 당사자의 양보를 유도할 수 있다. 당사자 간 감정의 골이 깊을 경우 제3자의 개입은 분쟁자로 하여금 체면 상실의 위험을 최소로 하면서 양보를 유도할 가능성이 커지게 된다.

마지막으로, 기업의 경우 분쟁을 원만하게 해결함으로써 거래관계를 지속시켜 안정적인 성장에 기여할 수 있다. 엄격한 법률적 판단에 의한 전부(全部)인가 전무(全無)인가를 결정하여 당사자 간의 지속적인 관계를 파괴하는 소송과는 달리 ADR은 증거제시를 위한 시간낭비를 최소화하면서 우호적으로 분쟁을 해결함으로써 상호 신뢰를 쌓을 수 있다.

ADR은 제3자가 개입하지만 원칙적으로 당사자 간의 직접 협상단계를 우선으로 하고 있다. 만약 직접 협상에서 합의를 이루지 못할 경우, 공정한 제3자인 조정인의 조력으로 협상을 진행하는 조정(mediation) 단계가 있고, 조정단계에서도 합의가 이루어지지 않을 경우에는 제3자에게 판정을 위임하는 중재(arbitration) 단계로 진행된다.

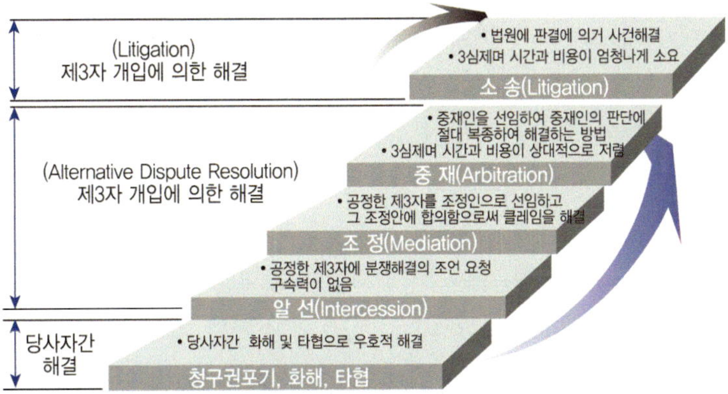

[그림 2-12] 분쟁해결과정의 복잡성

2) ADR의 종류

① 협상

협상(negotiation)은 당사자가 직접 의사소통을 통하여 상호평등의 원칙하에 납득할 수 있는 타협점을 찾는 것이다. 이 경우 대체로 화해계약을 체결하고 ㉠ 당사자가 서로 양보할 것, ㉡ 분쟁을 종결할 것, ㉢ 그 뜻을 약정할 것 등 3가지 요건을 필요로 한다.

② 조정

ADR 개념 이해
주임검사 자리
제3자(지검장)에
의한 해결

조정(conciliation, mediation)은 양 당사자가 공정한 제3자를 조정인으로 선임하고, 조정인이 제시하는 해결안(조정안)에 양 당사자가 합의함으로써 분쟁을 해결하는 방법이다. 조정은 그 형태가 다양하다. 일반적으로 조정은 쌍방의 합의에 의해서 행해지므로 일방이 조정을 신청하더라도 상대방이 이에 응하지 않으면 조정절차를 진행할 수 없다. 더욱이 당사자의 제시된 조정안을 수락할 의무가 없으므로 만약 어느 일방이 조정안에 불복하면 결국 조정은 실패로 돌아가 매우 불완전한 해결 방법이라고 할 수 있다.

우리나라의 경우 전자거래기본법에 근거하여 설립된 전자거래분쟁조정위원회 및 콘텐츠산업진흥법에 근거하여 설립된 콘텐츠분쟁조정위원회가 전자상거래와 관련된 분쟁조정을 직접적으로 담당하고 있다. 또한 소비자기본법에 의하여 설립된 소비자분쟁조정위원회도 전자상거래와 관련된 분쟁조정을 부분적으로 하고 있으며, 온라인 광고협회에서 제공하는 온라인광고분쟁조정은 온라인 광고에 특화된 분쟁조정을 제공하고 있다.

상거래 분쟁과 관련하여 대한상사중재원은 중재규칙상 중재 신청 후 양당사지가 요청할 경우 상호협의 하에 조정인을 선정하여 조정을 시도할 수 있다. 법원에 의한 민사조정(民事調停, Civil Mediation)은 민사상의 분쟁을 법원의 판결에 의하지 않고 법관이나 조정위원의 권유에 의하여 양 당사자가 서로 양

민사조정이해
판사가 효도소송을 조정으로 해결

보하여 당사자의 합의로서 해결하는 자주적 분쟁해결제도이다.

민사조정은 두 가지 유형이 있다. 하나는 조정담당판사 1인에 의한 조정이고 다른 하나는 조정위원회에 의한 조정이다. 조정위원회는 판사인 조정장 1인과 법학 교수 등의 조정위원 2인으로 구성된다.

③ 중재

중재(arbitration)란 당사자 간의 합의[중재합의(arbitration agreement)]로 사법상의 법률관계를 법원의 소송절차에 의하지 아니하고 제3자인 중재인(arbitrator)을 선임하여 그 분쟁을 중재인에게 맡겨 중재인의 판단에 양 당사자가 절대 복종함으로써 최종적으로 해결하는 방법이다(중재법 제3조).

〈표 2-2〉 협상, 조정, 중재의 차이점

구분	협상	조정			중재
		알선	중재규칙상조정	행정조정	
기본 개념	당사자간 우호적 해결방법 모색	당사자간 우호적 해결방법 모색	제3자(조정위원회)가 분쟁해결 주도	제3자(조정위원회)가 분쟁해결 주도	소송의 권리포기, 제3자(중재판정부)가 분쟁해결 주도
제3자	없음	통상 1인의 조정인	조정위원회	조정위원회	중재판정부
절차의 요식성	심문 개최 등 요식적 절차 불필요	심문 개최 등 요식적 절차 불필요하나, 당사자 회의가 필요	당사자 참석하는 심문 (조정회의)등 요식적 절차 필요	좌동	좌동
공공성 정도	사적 절차	좌동	좌동	좌동	사적 절차이나, 이의가 있을 경우 국가가 개입
절차중 주장	무제한적 주장 신뢰를 통한 감정적 호소	좌동	좌동	좌동	중재약정에 따른 주장, 입증, 증거주의채택
해결 방법 및 집행력	당사자간 합의로 해결, 법적 구속력 없음	당사자간의 합의로 해결, 법적 구속력 없음	당사자간 합의로 조정 성립, 화해판정	당사자간 합의로 조정 성립, 법적 구속력 없음	합의시 화해판정, 불합의시 중재판정부에 의한 중재판정, 법적 구속력
수수료	불필요	우리나라의 경우 불필요	필요	필요	필요
법적 근거	없음	대외무역법 시행령 제75조	국내중재규칙 (39조)	대외무역법 제44조	중재법 제37조-제39조

중재는 당사자 간 중재합의에 의하여야 하고, 중재인의 판정에 절대 복종하여야 하며, 그 결과는 강제성을 가질 뿐만 아니라 그 효력도 당사자 간에는 법원의 확정판결과 동일하다(중재법 제35조). 또한 중재에 관한 뉴욕협약에 가입한 외국에서도 집행을 보장해 주고 승인해 주므로 소송보다도 더 큰 효력이 있다(중재법 제39조, 우리나라는 1973년도에 42번째 회원국으로 New York 협약에 가입).

3) 소송

소송(Litigation)은 개인 간의 분쟁을 국가기관인 재판소의 판결에 의하여 강제적으로 해결하는 방법이다. 국제간의 거래에 있어선 상대방이 법역을 달리하므로 우리나라의 재판권이 상대국에까지 미치지 못한다는 장애가 있으므로 외국과의 사법협정이 체결되어 있지 않는 한 소송에 의한 판결은 외국에서의 승인 및 집행이 보장되지 않는다.

4) ADR의 절차적 특성 비교

협상, 알선, 조정 및 중재 등 ADR의 절차적 특성으로는 제3자의 개입여부, 개입정도 및 합의결과에 대한 강제성 부여 등에 따라 다음과 같은 차이점을 가지고 있다.

첫째, 협상과 알선은 당사자 간의 우호적인 해결을 모색함과 동시에 합의내용에 자율권을 부여하는 반면에 조정과 중재는 합의내용에 대하여 보다 강제력을 부여하기 위한 제도이다. 협상에서 중요한 것은 당사자 간의 신뢰이며, 서로에 대한 신뢰감이 없이는 협상은 진행할 수 없게 되어 결렬되거나 자신의 몫을 최대로 갖고자 하는 분배적 협상이 된다.

알선의 기본취지는 당사자 간의 협상이 결렬되었을 경우 제3자의 개입을 통해 당사자들이 신뢰감을 회복하고 협상을 계속함으로써 분쟁을 해결하는 제도이다. 조정과 중재는 제3자에 의한 해결안에 보다 권위를 부여하는 해결방법으로서 조정은 양당사자가 제3자의 해결안을 수락할 경우에만 강제성을 부여하고, 중재는 제3자의 해결안에 대하여 무조건적으로 강제성을 부여하는 해결제도이다.

둘째, 제3자의 개입여부 및 권한에 차이가 있다. 협상은 제3자의 개입이 필요없는 반면에 알선, 조정, 중재는 제3자의 개입에 의한 해결방법이다. 알선은 통상 제3자로서 1인이 개입하는 반면에 조정과 중재는 조정위원회, 중재판정부 등 3인으로 구성된 합의부를 두는 것이 일반적이다.

제3자의 역할에 있어서도 알선과 조정은 당사자 간 협상을 통한 합의를 도출하는데 주 목적이 있는 반면에, 중재는 당사자 간 합의 도출 이외에 최종적인 결정을 내릴 수 있는 권한을 부여받고 있다.

셋째, 협상과 알선은 당사자가 만나서 자신들의 주장을 펼치는 심문과정을 형식과 절차에 구애받지 않고 진행할 수 있는 반면에 조정과 중재는 일정한 형식과 절차를 갖고 진행된다. 이러한 절차는 당사자의 합의가 우선시 되며, 대부분의 조정이나 중재를 행하는 기관들은 자체적인 조정규칙이나 중재규칙을 갖고 있으며, 이 규칙에 의하여 진행된다.

넷째, 협상과 알선은 자체적인 분쟁해결수단으로서 별도의 수수료를 징수하지 않는 반면 조정과 중재는 형식적인 절차를 진행하기 위한 최소한의 필요경비를 수수료로 징수한다.

다섯째, 최종적인 합의에 대한 법적 구속력 여부에 차이가 있다. 협상과 알선은 당사자들의 합의내용에 대하여 전혀 법적 구속력을 부여하지 않는 반면에 조정과 중재는 제3자의 도움을 통해 당사자들이 자신들의 분쟁을 적극적으로 해결하려는 시도로 행해지기 때문에 일정한 법적 구속력을 부여한다.

제3자의 개입을 통해 당사자들이 신뢰감을 회복하기 위해서는 첫째, 조정인이 먼저 당사자들로부터 신뢰감을 얻어야 하며, 둘째, 협상과정에 대한 교육을 시켜, 협상과정에 대한 신뢰감을 갖도록 하며, 셋째 당사자들이 서로 신뢰를 갖도록 설득하는 것이 조정인의 역할이다.

영국의 Schmitthoff(1980)는 "중재는 소송보다 좋고, 조정은 중재보다 좋으며, 분쟁의 예방은 조정보다 좋다"라고 평가하였다. 따라서 무역업체들은 분쟁이 발생하지 않도록 사전에 예방하는 것이 중요하며, 이미 발생된 분쟁은 분쟁의 성격, 당사자 간의 관계, 경제적 손익 등을 고려하여 상황에 맞는 해결방법을 찾아내는 것이 중요하다.

5) 조정과 중재 선택시 고려사항

무역분쟁을 조정이나 중재로 해결할 때 다음과 같은 점을 고려하여야 한다.

첫째, 비금전적 분쟁해결을 원할 경우에는 조정으로, 금전적 청구를 원할 경우에는 중재로 해결하여야 한다.

둘째, 조정은 엄격한 법적 권리·의무보다는 사업상의 이해관계(interest-based procedure)에 바탕을 둔 분쟁해결방법에 유용하며, 중재는 소송과 마찬가지로 법적 권리·의무(right-based procedure)를 고려하여 해결하고자 할 경우에 유용한 해결방법이다.

셋째, 분쟁해결절차 및 결과에 통제권을 원할 경우는 조정을, 절차 및 결과 모두를 제3자에게 맡기고자 할 경우는 중재에 의한 해결방법을 선택하여야 한다. 조정에서는 제3자인 조정인은 최종 결정권이 없어 당해 분쟁에 대한 책임과 절차 및 결과에 대한 통제권을 당사자가 갖는 반면, 중재는 당사자에게 그러한 통제권이 없고 제3자인 중재인이 당해 분쟁의 결정권을 갖는다.

넷째, 당사자를 직접 설득하고자 할 경우에는 조정을, 제3자를 설득하고자 할 경우에는 중재가 유용한 해결방법이다. 조정에서는 상대방 당사자를 설득하고 상대방과 협상하며, 조정인은 양당사자가 의사소통을 하도록 하는 도관(conduit)으로서 역할을 한다. 반면에 중재에서는 상대방 당사자를 설득하는 것이 아니라 상대방을 무시하고, 중재인을 설득한다. 따라서 조정에서 조정인은 분쟁의 쟁점사항 이외에도 당사자 간 인간적인 측면도 고려하여 분쟁해결을 도와주는 반면에 중재에서 중재인은 당사자 간 인간적인 측면보다는 분쟁의 쟁점사항에 보다 비중을 두는 해결제도이다.

3 중재제도

1) 중재의 의의

(1) 중재제도의 의의

중재란 당사자 간의 중재합의[仲裁契約]로 사법상의 분쟁을 법원의 재판에 의하지 아니하고 중재인의 판정에 의하여 해결하는 절차를 말한다. 그러므로 중재는 사인간의 분쟁을 법원의 판결에 의하지 아니하고 당사자 간의 합의로 사인인 중재인(arbitrator)에게 부탁하여 구속력있는 판정을 구함으로써 최종적인 해결을 구하는 방법이다.

중재는 분쟁당사자가 스스로 법원의 소송이 아닌 중재에 의하여 그들의 분쟁을 해결하겠다는 중재합의가 있어야 중재절차의 진행이 가능하며, 중재인이 내린 중재판정에 당사자가 복종함으로써 분쟁을 최종적으로 해결하는 당사자 자치에 의한 분쟁해결제도이다. 중재는 일반적으로 계약 당사자 간의 명시적인 합의에 의하여 당사자의 합의로 선정한 중재인의 판정에 맡겨지는 것이므로 분쟁을 자주적으로 해결하는 방법이라는 점에서 그 의미가 있다.

(2) 중재의 대상

중재의 대상은 당사자가 자유로이 처분할 수 있는 사법(私法)상의 법률관계로 제한된다. 당사자가 처분할 수 있는 사법상의 법률관계란 재산권상의 분쟁 및 당사자가 화해에 의하여 해결할 수 있는 비재산권상의 분쟁을 법원의 재판에 의하지 아니하고, 재산상 권리에 관한 법률관계로서 당사자 간에 화해로써 해결할 수 있는 것을 말한다(중재법 제3조).

〈표 2-3〉 적합한 중재분야와 부적합한 중재분야

적합한 중재 분야	적합한 중재 분야
• 분쟁이 복잡하고 전문적인 판단이 필요한 분야 (건설, 금융, 합작투자 등) • 신속한 해결이 사업에 핵심적 영향을 미치는 분야 (IT, 지식재산권, 노사 등) • 외국인이 관련된 국제투자 및 국제거래 (무역, 해사, 해외투자 등) • 영업비밀 보호가 중요한 분야 (첨단기술, 방위산업, 엔터테인먼트 등) • 일반 대중이 자주 사용하며, 저렴하고 신속한 해결이 필요한 경우 (부동산, 도소매 및 판매, 인테리어, 광고 등)	• 가사심판사건(금치산 선고, 실종선고, 이혼, 입양 등) • 형사사건 • 행정사건 • 비송사건(경계확정, 공유물 분할, 등기 등) • 집행사건 • 보전소송사건(가압류, 가처분 등)

사법상 분쟁에는 민사(民事), 상거래, 건설, 해운, 금융, 용역, 유통, 보험, 노사, 특허 관련 계약 분쟁 및 동 계약 관련 불법행위(고의나 과실에 의하여 법을 어기는 행위로 타인에게 손해를 입히는 행위)에 따른 분쟁을 포함하며 사법상 분쟁이면 국내분쟁이든 국제분쟁이든 모두 중재 대상이 된다.

(3) 중재의 종류

중재는 임의중재(ad hoc arbitration)와 기관중재(institutional arbitration)로 구분된다. 대부분 국가의 중재제도는 임의중재를 원칙으로 하고 있는 반면 중국은 기관중재만을 인정하고 있다.

임의중재는 당사자들이 중재기관, 중재인의 수, 중재판정부의 구성방법, 증거조사를 위한 방법, 심리개최 장소 등 중재절차에 대한 구체적인 사항들을 합의해서 중재절차를 진행하는 것이다. 하지만 이미 분쟁 상황에 놓인 당사자들이 이러한 절차 내용을 합의하는 것은 쉽지 않다. 따라서 임의중재합의에서는 중재절차에 관한 구체적인 절차를 계약체결 시에 반드시 합의하는 것이 중요하다.

기관중재(institutional arbitration)는 당사자가 합의한 해당 기관의 중재규칙에 따라 절차를 진행한다. 기관중재로 중재할 경우에는 당사자들이 중재인 선정을 비롯한 중재절차를 일일이 합의할 필요가 없으며, 일방 당사자의 비협조에 따른 절차지연을 예방한다. 다만 중재기관의 중재비용을 부담하여야 한다는 단점이 있다. 기관중재로 중재를 할 경우에는 중재합의과정에서 지정된 중재기관이 실제로 존재하는지, 중재와 소송이 선택적으로 규정된 것은 아닌지, 지정된 중재기관의 중재판정에 집행력이 보장되는지, 중재재판부의 권한을 어디까지 인정했는지, 지정된 중재기관과 지정된 중재규칙이 합리적이고 공정한지 등에 대해 주의를 하여야 한다.

2) 중재제도의 특성

(1) 단심제

중재는 중재인의 판정으로 분쟁을 최종적으로 해결하는 단심제로서 법원의

3심제와 비교된다. 단심제라 함은 당사자들이 중재인의 판정에 대하여 불복할 수 없음을 의미한다. 중재법에 의하여 중재판정은 당사자 간에 있어서 법원의 확정판결과 동일한 효력을 가진다(중재법 제35조). "확정판결과 동일한 효력"이라 함은 불복신청을 할 수 없어 당사자에게 최종적 판단으로 구속력을 갖는다는 뜻이다. 즉, 판정에 불만이 있어도 재판처럼 2심 또는 3심 등 항소절차가 없다.

(2) 저렴한 중재비용

중재제도는 단심제이고 신속성에 중점을 둔 분쟁해결제도로서 소송비용보다 저렴하다. 대한상사중재원은 외국중재기관보다 저렴한 비용으로 해결한다.

(3) 신속한 분쟁해결

소송은 평균 대법원까지 2-3년이 걸리지만, 중재는 국내중재가 약 4개월, 국제중재가 약 6개월 정도 소요된다. 대부분 중재기관들은 신속성을 극대화하기 위하여 1회 구술심리를 원칙으로 하는 신속절차를 도입하였다.

(4) 국제적인 효력

「외국중재판정에 관한 승인과 집행에 관한 유엔협약(Convention on the Recognition and Enforcement of Foreign Arbitral Awards, 1958; 일명 뉴욕협약)」에 가입한 체약국 간에는 외국중재판정을 상호 간 승인하고 강제집행도 보장된다. 따라서 국적을 달리하는 기업인 간의 분쟁인 무역분쟁의 해결제도로서 각광받고 있다.

(5) 전문가에 의한 판단

중재에서는 당사자들이 분쟁사안에 전문적인 식견과 경험을 가진 사람을 중재인으로 선정하여 동 중재인으로 하여금 분쟁을 판단하도록 함으로써 분쟁의 진실을 정확하게 파악하고 거래실정에 맞는 해결을 할 수 있다. 즉, 분쟁내용에 전문지식을 가진 사인의 경험과 식견에 의한 판단으로서 사건의 진실관계를 보다 실정에 맞게 규명할 수 있다. 특히 변호사의 법률지식, 기업인의 사업경륜, 교수의 학문적 이론 등이 종합될 때 정확한 판단이 가능하다.

(6) 분쟁당사자가 중재인을 직접 선임 또는 배척

중재는 당사자들이 자유의사로 합의한 분쟁해결방법에 근거하여, 당사자들이 선정한 중재인에게 분쟁의 해결을 부탁하고, 당사자가 합의한 절차에 따라, 중재인이 내린 판정을 당사자들이 자발적으로 이행하는 제도이므로 당사자들이 중재법이 허용하는 범위 내에서 자신들의 실정에 맞게 중재인 선정절차와 기타 중재절차를 합의하고 그 합의한 절차에 따라 분쟁을 해결할 수 있다. 중재는 분쟁당사자들이 공정성의 보장을 위하여 당사자에게 스스로 중재인을 선임할 권리를 부여하며 동시에 중재인 후보를 배척할 수도 있다.

(7) 충분한 변론기회의 부여

중재는 단심제로 운영하기 때문에 일단 내려진 중재판정은 변경될 수 없다. 따라서 분쟁당사자는 중재인에게 충분한 변론기회와 변론시간 그리고 증인 또는 증거물 제출기회를 요구할 수 있다.

(8) 심리의 비공개

중재심리는 당사자간의 분쟁발생 책임소재에 대한 공격·방어과정에서 실체적 진실을 파악하는데 있다. 따라서 당사자가 허락하지 않는 한 사건과 무관한 제3자의 심문과정 참여를 허용하지 않으며 그 절차도 공개하지 않는다.

(9) 민주적인 절차 진행

중재인은 당사자와 평등한 위치에서 상하 격식 없이 심리를 진행한다. 증인선서를 요구하지 아니하며 관계 당사자의 인격을 최대한 존중한다.

〈표 2-4〉 중재제도와 소송의 비교

중 재	소 송
자발적 합의에 의해 자신들이 선정한 중재인에게 분쟁해결을 의뢰	일방에 의해 제소되어 국가가 임명한 재판관이 분쟁을 해결
절차가 비공식적으로 진행되므로 대외신용의 지속 및 유지 보장	법적 절차에 따라 공식적으로 진행되어 기밀의 누출, 대외신용의 저하가 우려됨
가능한 신속하게 해결	일반적으로 중재에 비해 많은 시간이 걸림
중재인을 법조계, 학계, 실무전문가 중에서 선임하므로 판정의 전문성을 기할 수 있음	참고인, 감정인 등의 전문가의 출두가 필요
신속성과 전문성에 기인하여 중재비용이 저렴	소송비용이 많이 소요
한국은 뉴욕협약의 가입으로 외국 중재판정이 구속력이 있으므로 집행의 보장이 가능	외국의 민사판정에 대해서는 집행이 보장되지 않음

중재판정의 국제적 효력

① 「외국중재판정의 승인 및 집행에 관한 국제연합협약(the United Nations Convention on the Recognition and Enforcement of Foreign Arbitral Awards : 일명 뉴욕협약)」이 UN 경제사회이사회의 주도 아래 1958년 6월 10일 미국 New York에서 채택됨으로써 각 체약국내에서는 외국중재 판정의 승인 및 집행을 보장받게 되었다(2020년 11월 가입국 수 : 166당사국).

② 우리나라도 1973년 2월 8일 가입, 동년 5월 9일부터 그 효력이 발효됨에 따라 국내 유일한 상설중재 기관인 대한상사중재원의 중재판정도 본 협약 체약국간에서는 그 승인 및 집행을 보장받게 되었다.

3) 중재계약

중재제도는 사인 간의 분쟁을 법원의 판결에 의하지 않고 '당사자의 합의'로 중재에 의하여 신속하게 해결을 목적으로 한다. 따라서 당사자의 합의는 중재제도의 기초가 되는 계약의 성격을 가져 이를 중재계약이라 한다.

중재계약의 형식적 요건은 반드시 계약서나 메모지 등에 쓰는 서면에 의한 합의이어야 한다. 중재에 의해 분쟁을 해결한다는 합의에는 2가지가 있다. 하나는 계약서에 미리 중재조항을 삽입하는 경우이고, 다른 하나는 현존하는 분쟁을 중재에 의해 해결하기로 하는 합의이다. 전자를 arbitration agreement(중재합의)라 하고, 후자를 arbitration submission(중재부탁합의 또는 중재부탁계약)이라고 한다.

이와 같이 중재에 의하여 해결할 것을 쌍방이 합의하여야 한다는 점에서는 조정과 같지만, 조정의 경우에는 조정안을 수락할 것인지의 여부는 당사자의 자유의사에 속하는데 반하여 중재에 있어서는 당사자는 중재판정을 거부할 수 없을 뿐만 아니라 그 결과에 승복하여야 한다.

중재계약의 효력은 직소금지, 최종해결, 국제적 효력을 갖는다.

〈표 2-5〉 중재계약의 효력

직소금지의 효력	중재계약이 있는 경우 법원에 직접 소송을 제기할 수 없는 효력
최종해결이 효력	중재는 단심제로 중재판정에 대해 불복하여 법원에 항소할 수 없는 효력
국제적 효력	뉴욕협약(한국 포함 122개국 가입)에 따라 우리나라에서 내려진 중재판정이 외국에서 강제 집행이 절대 보장되는 효력. 반대의 경우도 동일

사례 직소금지효력-부산-김해경전철MRG 대한상사중재원의 중재판정 취소 소송

경남 김해시가 경전철최소운영수입보장(MRG) 분담비율을 조정해 달라며 부산시를 상대로 낸 상사중재 신청이 기각됐다. MRG는 경전철승객이 협약에 정한 애초 예측치에 못 미쳐 발생하는 민간사업자의 손해를 김해시와 부산시가 예산으로 지급해야 하는 돈을 말한다.

대한상사중재원은 그리스·로마법이래 계약법의 원칙인 '약속은 지켜져야 한다(Pact Sunt Servanda)'에 따라 신청인(김해시)과 피신청인(부산시)은 그 의무를 부담해야 한다며 김해시의 신청을 기각하는 판정을 내렸다.

김해시는 법원에 대한상사중재원의 중재판정을 취소해달라는 소송을 냈지만 대법원 재판부는 "부산시와 김해시 양측의 합의 없이 계약 내용을 변경하는 절차가 없었기 때문에 계약은 여전히 유효하다"며 대한상사중재원의 기각 판정이 정당하다고 판결했다.

자료 : 김해일보, "김해시, 부산김해경전철 소송에서 연이어 패소", 2014.07.31.

우리나라 상설중재기관인 대한상사중재원의 표준중재조항의 예는 다음과 같다.

<국제계약서>

"All disputes, controversies or differences which may arise between the parties, out of or in relation to or in connection with this contract, or for the breach thereof, shall be finally settled by arbitration in Seoul, Korea in accordance with the Commercial Arbitration Rules of the Korean Commercial Arbitration Board and under the Laws of Korea. The award rendered by the arbitrator(s) shall be final and binding upon both parties concerned."

<국내계약서>

"이 계약으로부터 발생되는 모든 분쟁은 대한상사중재원의 중재규칙에 따라 중재로 최종 해결한다"

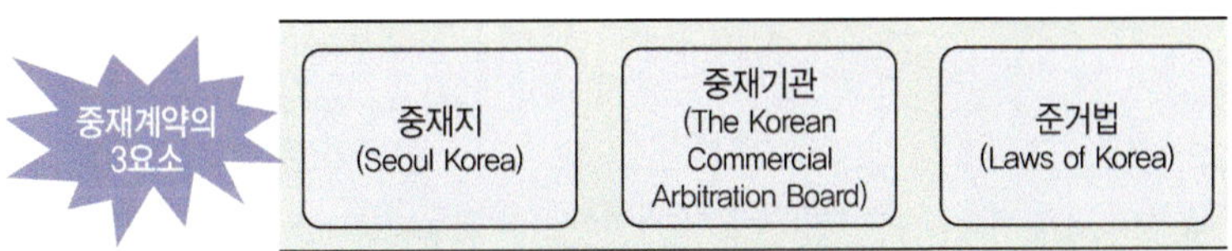

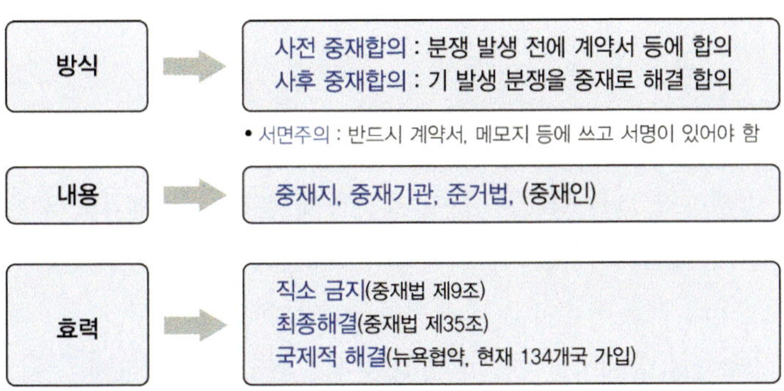

[그림 2-13] 중재계약 방식 내용 및 효력

4) 신속절차

당사자 간에 신속절차에 따라 분쟁을 해결하기로 하는 합의가 있는 사건이나 국내 중재인 경우에는 신청금액이 1억원 이하인 경우 국제 중재인 경우에는 5억원 이하 사건인 경우 신속절차가 적용된다. 신속절차가 적용되는 경우, 별도의 합의가 없는 한 중재 사무국이 중재인명부에서 중재인 1인을 선정하여 그 중재인으로 중재판정부를 구성한다. 판정기간은 국내중재인 경우는 판정부 구성통지를 수령한 일로부터 100일 이내에 국제 중재인 경우는 판정부 구성일로부터 6개월 이내로 정하고 있다.

◆ 신속절차의 특징 ◆

	국내중재	국제중재
요건	별도의 합의 혹은 1억원 이하 사건	별도의 합의 혹은 5억원 이하 사건
중재인 선정	별도의 합의가 없는 경우 사무국이 중재인명부 중에서 중재인 1인 선정	별도의 합의가 없는 경우 사무국이 중재인 1인 선정
심리 방법	1회 구술심리 원칙	1회 구술심리 원칙. 단, 5천만원 이하 사건의 경우 서면심리 원칙
판정기간	중재판정부가 구성의 통지를 수령한 날로부터 **100일 이내**	판정부 구성일로부터 **6개월 이내**

5) 중재절차

분쟁이 발생하였으나, 당사자 간에 원만하게 분쟁이 해결되지 않은 경우 일방 당사자는 중재합의가 있으면 대한상사중재원에 중재를 신청한다. 중재신청 시에는 중재신청서를 제출하고 중재비용을 예납하여야 한다.

대한상사중재원 중재사무국은 중재신청서를 접수하면 양측에 중재인 후보자 명단(신청금액 5억원 이하는 5인의 후보, 5억원 초과는 10인의 후보. 단, 신속절차의 경우 중재원 사무국에서 선정)을 송부한 후 당사자 합의 또는 중재규칙에 따라 중재판정부 구성을 진행하여야 한다. 중재판정부는 당사자의 의견을 청취하고 증거를 제출받는 중재심리를 진행한다. 중재판정부가 심리를 마치면 최종판정을 내리는 순서로 절차가 진행된다.

◆ 신속절차의 특징 ◆

중재합의
- 계약서상 중재조항 또는 별도 중재합의가 있는 경우 중재 신청 가능

▼

중재신청
- 대한상사중재원에 중재신청서 제출
- 중재비용 예납
- 중재절차 개시

▼

중재판정부 구성
- 별도합의 또는 신청금액(5억원 기준)따라 1인 또는 3인의 중재판정부 구성

▼

중재심리
- 중재인이 당사자 주장 청취
- 증거 조사(필요 시 감정 · 검증 실시)
- 심리는 비공개로 진행
- 통상 2~4회 개최(신속절차는 1회)

▼

중재판정(화해판정)
- 중재인이 최종판정
- 당사자합의 시 화해판정(화해권고안 송부 가능)
- 중재판정 및 화해판정은 분쟁의 종국적 해결을 의미하며, 법원의 확정판결과 동일한 효력

자료 : 대한상사중재원, 2020 중재를 통한 분쟁해결, 2020.

[그림 2-14] 증제잘차 진행

제3장

협상의 이해

제 3 장 협상의 이해

제 1 절 협상의 개요

1 협상의 개념

1) 협상의 의의

협상(協商, Negotiation)의 어원은 한자어로 힘력(力)자가 세 개 모인 협(協)과 비즈니스를 뜻하는 상(商)으로 구성되어 있다. 이는 서로 힘을 모아 비즈니스를 통해 시너지 효과를 가져온다는 뜻으로, 서로 협력하여 좋은 비즈니스 결과를 만들어낸다는 의미이다. 영어의 negotiation은 'nec(without)'과 'otium (leisure; free time)'이 합쳐서 된 'negotium(여가가 없음, 일)'의 의미와 라틴어 'negotiatus'에서 '비즈니스를 계속하다'는 함의를 내포하고 있다.

어원으로 볼 때 협상은 어떤 거래를 하는 단순 행위만을 의미하지 않고 서로 협력하여 상호 이익을 추구하는 지속적인 행위이다. 우리는 거래하는 것 외에도 다른 사람들과 살면서 발생한 갈등을 해결하기 위한 합의를 이끌어내기 위해 협상 기술을 사용한다.

비즈니스 협상은 기업이 지속적인 성장을 유지하기 위한 적정한 이윤 추구를 위해 기업을 둘러싸고 있는 관계자들과의 상이한 이해관계 속에서 원만한 합의를 이끌어 내기 위해 토론, 정보교환 등의 상호작용을 통하여 서로가 이익이 될 수 있는 대안을 도출해 나가는 의사소통 과정이다.

협상에 대한 정의는 두 가지 형태로 나누어 정리할 수 있다.

첫째는 둘 이상의 당사자들이 그들의 상반된 이해를 해소하고자 서로 대화하는 의사 결정의 한 형태이고, 둘째는 당사자들 상호간의 이해가 불일치함으로써 발생되는 갈등 상황에서 공동의 관심 문제에 대해 공동의 결과에 도달하고자 시도하는 문제 해결 과정의 한 형태이다. 그러므로 협상은 본질적으로 다수의 이해 당사자들이 그들 간의 어떠한 관계 및 정보를 교환, 창출, 양보함으로써 가능한 복수의 대안들 중 당사자 모두가 수용할 수 있는 특정 대안을 찾아 가는 의사 결정 과정을 말하며, 그러한 과정을 통하여 문제를 공동으로 해결하려는 것이다.

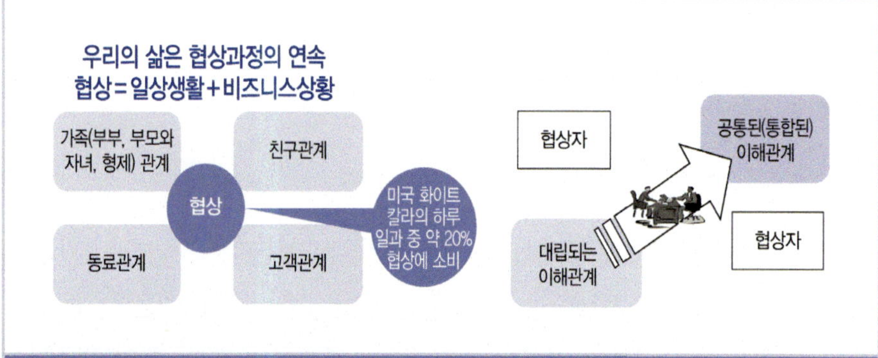

[그림 3-1] 일상 속의 협상

비즈니스 협상은 둘 이상의 당사자 간 공통적 관심사(common interests)와 상충적 관심사(conflicting interests)를 모두 포함한다. 협상은 쌍방이 그들 간의 공통적이고 상충적인 양면의 관심사에 대한 차이점을 이해하고 타협할 수 있다는 전제하에 성립될 수 있다. '이해관계(利害關係)'란 '이익(利益)과 손해(損害)가 병존하는 개념으로서 특정 쟁점에 대하여 정보교환과 양보를 통해 서로 간의 이견을 좁혀나가 합의를 이룸으로써 상호 이익을 얻거나 현재보다 나은 상태로 만드는 과정이다. 따라서 비즈니스 협상은 상호 이익(win-win)을 추구하고 좋은 관계(good relationship)를 만드는 과정이라 할 수 있다.

예로서 매도인과 메수인은 계약을 체결할 때 가격을 높이고자 하는 매도인과 가격을 낮추려고 하는 매수인 간 상충적 이해관계가 존재함과 동시에 합의를 통해 거래가 성사될 경우 상호 이익을 얻을 수 있다는 공통의 이해관계를 갖고 있을 때 협상에 참여하게 된다.

협상은 당사자 간 합의를 목적으로 하고 있으며 상호 만족스러운 합의를 달성하기 위해서는 수평적인 관계에서의 교환을 필요로 한다. 수평적 관계에서의 교환은 지시・명령과 같은 일방적 의사소통 방식이 아니라 대화와 같은 쌍방향 의사소통을 필요로 한다.

① 협상과 흥정

협상(negotiation)을 흥정(bargaining)과 동일하다고 오해하는 경우가 많은데 이 둘 사이에는 차이가 존재한다. 협상은 쌍방의 이익을 추구하는 반면에 흥정은 자신만의 이익을 크게 만들고자 한다는 점에서 큰 차이가 있다.

협상은 쟁점에 대한 입장보다는 이해관계(욕구)에 관심을 갖고, 쟁점을 늘려 교환하며 상호 이익을 통한 연속적인 관계형성을 목표로 한다. 반면에 흥정은 일회성 거래에서 볼 수 있듯이 각 당사자들이 자신의 입장에만 초점을 맞추고, 특정 쟁점에 대하여 밀고 당기는 힘겨루기를 하며 자신의 이익 극대화를 목표로 한다. 따라서 흥정은 일방이 이익을 본 만큼 상대방은 손해를 입는 제로섬(zero sum) 형태로 이루어진다.

이러한 차이로 협상은 상대방으로부터 배려와 양보를 받기 때문에 서로 존중하고 신뢰하는 관계가 형성되나, 흥정은 나와 상대방이 줄다리기를 통해 최종 입장을 정하는 것으로 최선의 합의는 중간지점밖에 없으며, 이 중간지점마저도 어느 쪽도 만족스러운 상태가 되지 못하는 경우가 많다.

매매상황에서 가격이라는 쟁점을 가지고 상호 밀고 당기는 과정은 흥정이라 하고, 가격 이외에 수량, 대금결제 등의 쟁점을 추가하여 서로의 이익을 위해 의견 차이를 조정하는 과정은 협상이라고 한다. 무역거래는 격지자간의 거래로 상호 신뢰가 매우 중요하다. 따라서 협상 시 가장 민감한 부분인 가격에만 집중하여 서로 조금이라도 자신의 이익만을 추구하는 흥정방식보다는 가격 이외 조건들을 종합적으로 고려하여 상호 만족스러운 합의를 이끌어 내는 방식으로 협상을 하여야 한다.

〈표 3-1〉 협상과 흥정의 비교

구 분	협 상	흥 정
공식화수준	공식적	비공식적
중점(초점)	이해관계(욕구)	입장(요구)
시간	지속성	일회성
쟁점	다수	하나
합의기준	다양(욕구충족, 객관적 기준)	타협(즉흥적 판단)
분석수준	높은 분석활동	낮은 분석활동

읽어보기 **숙련된 딜러와 신입딜러 차이**

거래가가 1,800만 원으로 정해진 중고차를 팔아야 하는 두 명의 중고자동차 딜러가 있다. 신입 딜러와 노련한 딜러의 차이점은 무엇인가?

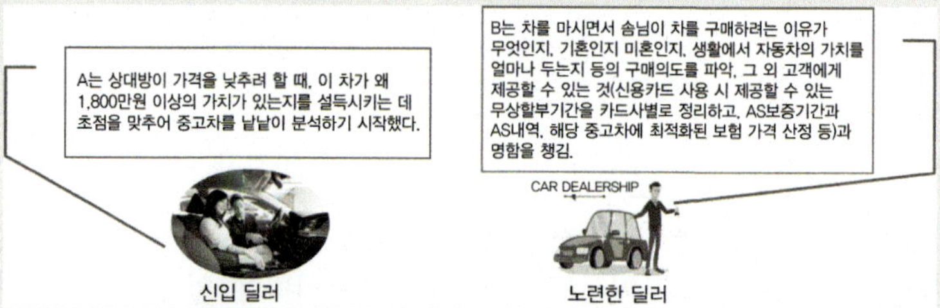

같은 중고차를 파는 상황에서, 신입 딜러 A는 가격요인에만 집중함으로써 제로섬 게임으로 귀결되는 거래를 준비했다. 반면 동일한 상황에서 노련한 딜러 B는 본인이 제공할 수 있는 비가격적인 혜택들을 검토하고 이를 고객에게 제시함으로써, 고객 입장에서도 비록 가격은 낮추지 못했지만 그 이상의 것들을 얻었다고 평가할 수 있는 거래를 준비했다.

숙련된 협상가는 협상에 투입한 시간의 40%를 상호 공통 이해 관심사, 상호 보완적 관심사, 충돌 회피 협상 영역에 할애하여 양보를 받을 수 있고, 양보를 할 수 있는 협상 조건의 중요도 차이와 숨은 이해관계를 통찰하는 능력이 뛰어나다.

② 협상과 설득

다른 사람을 인격적으로 인정하면서 자신의 의견에 따라오게 하는 방법으로 협상과 설득이 있다. 협상과 설득은 상호 합의를 도출한다는 점에서 동일하지만 다음과 같은 점에서 차이가 존재한다.

첫째, 협상은 상대방의 의도와 나의 의도가 균형적으로 의견을 조정해 상호 만족스러운 합의를 이끌어 상호 이익(win-win)을 추구하는 방법인 데 반하여 설득은 상대방을 잘 이해시켜 나의 의도대로 상대방을 이끄는 방법을 말한다.

둘째, 협상은 상호 이익과 인간관계라는 2가지 목적을 갖고 있지만 설득은 자신의 주장이나 요구를 상대방에게 관철시키는데 있다.

셋째, 협상은 정보교환을 통해 신뢰를 중요시 여기며, 상황에 따라 결론이 다른 반면에 설득은 상대방이 정보를 몰라야 하기 때문에 정보교환이 불필요하며, 이미 결론을 내놓고 상대방이 자신의 뜻에 따르도록 한다.

넷째, 협상은 빠르고, 설득은 느리다.

다섯째, 설득은 말로 하는 것이니 공짜(No cost)지만 협상에는 어느 형태로는 양보(Concession)라는 비용이 들어간다.

마지막으로 협상은 매우 명확한 언어(목표나 제안, 양보 등)를 사용해 상대방에게 '당신의 목표를 달성하기 위해서 나에게 기대하는 바가 무엇이냐'고 물어볼 수 있지만 설득은 상대방이 무엇을 기대하는지에 관심을 갖지 않는다.

〈표 3-2〉 협상과 설득의 차이

	협 상	설 득
목표	상호 승리	일방적 승리
목적	상호 이익과 인간관계라는 2가지 목적	자신의 의지 상대방에게 관철
정보교환과 결과	정보교환 필수, 상황에 따라 다른 결과	일방적 정보제공, 고정된 결론
시간	빠름	느림
비용	양보라는 비용 필요	비용발생이 없음
기대치	상대방이 원하는 것에 문의가능	상대방이 원하는 것에 관심없음

2) 협상의 특징

협상은 당사자들에게 현재보다 나아지고자 원만하게 타협하고자 하는 의지와 이를 위해 상호 양보를 필요로 하고 있다. 당사자 어느 누구도 협상을 통하여 자신이 원하는 모든 것을 얻을 수 있다고 기대할 수는 없다. 이러한 측면에서 협상은 다음과 같은 특징을 가지고 있다.

① 둘 이상의 당사자

협상은 상호의존관계에 있는 둘 또는 그 이상의 당사자를 필요로 한다. 반드시 의사결정 주체로서 둘 이상의 당사자가 존재한다. 당사자는 개인, 기업, 정부 또는 국제기구일 수 있다. 당사자들의 상호의존성이 어떠하냐에 따라 협상의 향방은 달라진다.

② 현 상태보다 나은 결과 기대

협상에서 당사자가 서로 협상테이블에 앉았다는 것은 현 상태보다 나은 성과를 얻기 위한 자발적 행위이다. 협상 당사자들은 보통 이해관계가 상반되지만 전체적으로는 협상을 통해 공동관심사를 해결하는 것이 당사자 모두에게 현재보다는 나은 결과를 기대하고 협상에 임한다.

③ 상호작용

협상은 협상자 간의 상호작용이 요구된다. 협상관계는 자원의 배분과 교환을 둘러싸고 형성된다. 그 가치는 경제적인 유형의 가치뿐만 아니라 자존심, 명예, 신뢰와 같은 무형의 가치도 포함된다. 협상은 상대방과 밀고 당기는 쌍방향 행위로서 각자가 갖는 협상결과는 상대방의 동의에 의존한다. 이는 협상전략을 아무리 잘 짜더라도 상대방의 대응에 따라 전혀 다른 결과가 나올 수 있기 때문이다.

④ 협상력

협상에서는 상대방이 자신이 바라는 방향으로 다가오도록 만드는 협상력이 매우 중요한 요소로 작용한다. 상호작용과정에서 협상당사자는 자신의 이해관계와 관련된 정보를 통제하면서, 자신이 의도한 방향으로 상대방의 판단을 유도하는 힘이 필요하다.

⑤ 정보 노출

협상과정은 상대방의 협상목표, 의도, 전략, 최대양보선 등에 대한 정보를 탐색하면서 자신과 관련된 정보의 노출을 적절히 통제하는 것을 기본활동으로 한다.

⑥ 갈등해소

협상은 갈등해소과정이다. 국제간 협상은 매매거래와 환율변동에서 오는 불확실성, 상대국 정부의 자의적 정책변화에서 오는 불확실성, 문화적 차이, 법률제도의 다원성, 정치・외교적 다원성, 현지국 정부의 존재 등의 위험이 존재한다. 이와 같은 위협을 현명하게 대처하기 위한 갈등과정으로서 협상은 중요하다.

2) 협상개념의 진화

상대방으로부터 자신이 원하는 것을 얻어 내기 위한 협상은 시대변화에 따라 분배적 협상, 통합적 협상 및 가치협상으로 개념이 진화되었다.

① 분배적 협상

분배적 협상(win-lose negotiation)은 '상대방은 나의 적'이라고 보는 소송적인 관점에서 본 협상이다. 협상 당사자들은 몫(파이)이 고정되어 있다고 보고 서로 자신의 몫을 많이 갖고자 한다. 분배적 협상은 한정된 자원을 협상자들이 나누기 때문에 협상 당사자에게 돌아가는 이익의 크기는 상대방 이익의 크기와 반비례하게 된다.

협상 해결안이 한쪽에는 이익을, 다른 쪽에는 손실을 가져다주기 때문에 분배적 협상은 자신의 이익을 극대화 하거나, 손실을 극소화 하려는 고정-합 협상(fixed-sum negotiation)으로서 영합게임(win-lose, Zero-sum Game) 결과를 초래한다. 분배적 협상은 파이가 고정되어 있다고 가정하여 자신의 몫을 최대한 많이 얻는 것이 목적이기 때문에 당장은 승리한 것 같지만 관계단절을 가져올 수 있다.

② 통합적 협상

통합적 협상(integrative negotiation)은 '상대방은 나의 파트너'라고 보고 상호 이익을 위해 협상하는 방식으로서 경영학적 관점에서 본 협상이다. 경영학에서 기업들은 지속적인 거래를 원하기 때문에 분배적 협상을 할 경우 모두 패자(loser-loser)가 될 수 있어 통합적 협상을 원하게 되었다.

통합적 협상에서는 당사자들이 협력해서 더 큰 피자를 만들면(larger pizza-cooking) 양 당사자에게 돌아가는 몫이 커지는 윈-윈 협상(win-win negotiation)을 할 수 있다고 생각한다. 통합적 협상에서는 원활한 정보 교환을 통해 상호 신뢰관계를 구축하면 당사자들은 도덕적이고 협력적으로 행동하게 되어 상호 승-승의 협상결과를 유도할 수 있다.

통합적 협상은 자신들이 공통된 이해관계를 가지고 있거나 완전히 상호 보완적인 욕구와 자원들을 지니고 있어 당사자들 모두 공동이익을 극대화하는 해결책을 찾기 위해 노력하고, 협상의제들을 다양한 시각에서 바라보며, 여러 의제들을 동시에 고려함으로써 몫을 나누기보다는 몫을 키우기 위해 노력하게 된다.

이를 위하여 당사자들은 쟁점에 대하여 협상자들이 입장을 가지고 협상을 하는 것이 아니라 상대방이 왜 그런 생각을 갖고 있는지, 자신과 상대방이 진정으로 원하는 것은 무엇인지 등을 충분히 분석해, 상대방과 자신의 욕구(이해관계)를 동시에 만족시킬 수 있는 다양한 대안을 공동으로 모색하면서 쟁점들을 풀어가는 것이다. 통합적 협상은 당사자들의 욕구 또는 이해관계가 부합될 경우에는 서로 승자가 되는 협상이 될 수 있지만 이해관계가 없을 경우에는 관계가 단절되는 모순을 갖고 있다.

③ 감성협상

감성협상(emotional negotiation)은 '상대방은 나의 가족'이라고 보고, 상대방의 마음을 얻어 상호이익뿐만 아니라 이해관계가 부족한 상태에서도 관계의 지속을 위해 협상하는 방식으로 심리학적 관점에서 본 협상이다. 심리학에서는 상대방의 가치를 인정해줌으로써 상대방의 인식과 감정의 만족도까지 높여줘 마음까지 얻는 감성적 협상이 진정한 협상이라고 보았다.

감성협상에서 상대의 심리적 만족감을 극대화하기 위해서는 내 감정에 휩쓸리지 않으면서 상대방이 처한 상황에 공감하도록 상대방에 집중하고, 상대방의 감정에 신경을 써야 하며, 차이를 인정하고, 절대 거짓말을 하지 않아야 한다. 또한 왜 협상을 하는지, 얻고 싶은 가치가 무엇인지 먼저 생각하고 상대방의 이야기를 충분히 들어주는 '감정적 지불'의 과정이 필수다.

다이아몬드(Diamond)는 "협상은 힘과 논리가 아니라 상대방을 이해하는 데서 출발한다면서, 협상이 성공하는 결정적인 계기는 호감이나 신뢰처럼 사람

관계에서 비롯된 경우가 전체의 55%에 이르며 전문 지식은 8%에 불과하다"고 하였다.

통합적 협상과 감성협상은 이러한 상황적 요인들을 함께 토의하여 협상자 모두가 쟁점들을 원만하게 타결할 뿐만 아니라 상호 인간적인 신뢰까지 쌓아 가며 지속적인 거래를 기본으로 한다는 자세를 협상시 취하여야 한다.

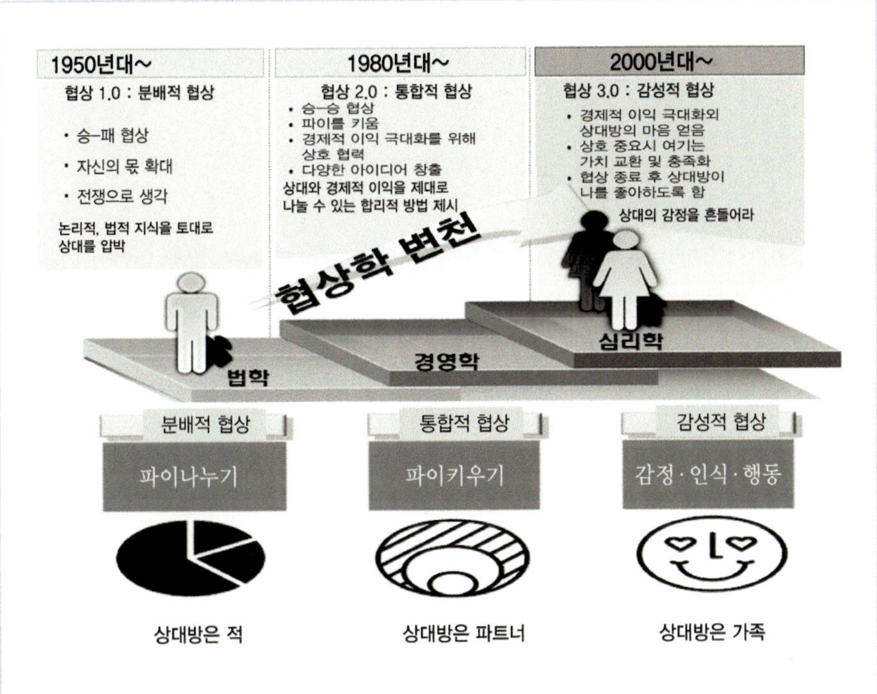

[그림 3-2] 협상개념의 변천

2 주요 협상용어

1) 합의와 합의가능범위

합의(Agreement)란 넓은 의미에서 "협상측들 간에 뜻을 같이 하는 상태"라고 정의할 수 있으며 어떤 계약이나 조약이 될 수도 있지만 그저 고개를 끄덕이는 것으로도 성립될 수 있다. 무역거래에서 이러한 합의는 청약에 대한 상대방의 승낙에 의해서 성립된다.

무역협상에서 당사자들은 합의 가능한 범위(ZOPA : Zone of Possible Agreement)가 존재할 때 협상에 임하게 된다. 합의 가능한 범위란 "협상자들 간에 합의가 가능한 범위"를 뜻하며, 협상자들의 최대 목표점과 최대 양보점이 겹치는 부분을 말한다. 최대 목표점(Maximum Target Point)이란 협상측이 성취하기를 바라는 수준을 말하고, 최대 양보점(Maximum Resistance Point or Minimum Disposition)은 자신이 받아들일 수 있는 가장 불리한 수준으로 더 이상 양보할 수 없는 수준을 말한다.

읽어보기 **ZOPA 이해**

매도인은 1켤레당 원가 FOB 미화 70달러인 신발을 마진을 붙여서 미화 100달러에 팔기를 원한다. 하지만 상황에 따라서 값을 깎아 줄 수도 있지만 공급업자로부터 구입한 가격과 경비를 감안하여 미화 80달러 이하로는 절대로 팔지 않으려고 한다. 한편 매수인은 운송비를 고려하여 가급적 미화 70달러에 신발을 사고 싶어 한다. 그러나 매수인은 신발의 품질이 맘에 들 경우 최대 미화 90달러까지 지불할 용의가 있지만 그 이상의 가격을 주고는 절대로 신발을 사지 않겠다고 생각을 하고 있다. 이 경우 매도인과 매수인이 이 신발의 거래와 관련해서 생각하는 가격은 다음과 같이 정리할 수가 있다.

- 협상목표가격(Target price)
  - 매수인 구매희망가격(FOB 미화 70달러)
  - 매도인 판매희망가격(FOB 미화 100달러)

- 최대양보가격(Reservation price)
  - 매수인 최대지불가격(FOB 미화 90달러)
  - 매도인 최대할인가격(FOB 미화 80달러)

- ZOPA(합의가능영역) : FOB 미화 80달러와 미화 90달러 사이
  합의는 신발가격 FOB 미화 80달러와 미화 90달러 사이에서 형성

ZOPA 이해

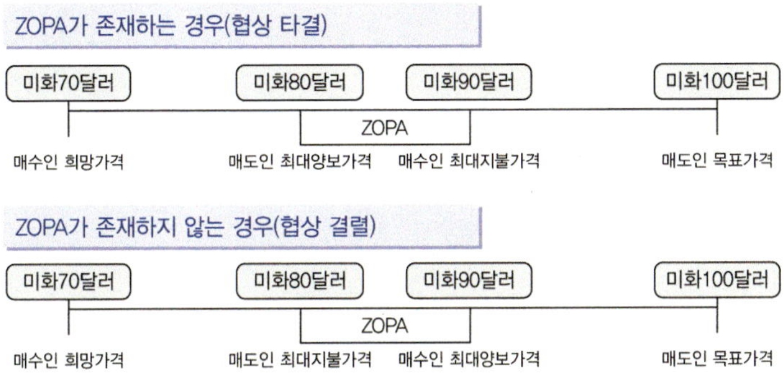

2) 쟁점, 입장 및 이해관계

쟁점(의제, Issue or agenda)이란 "협상에 있어서 갈등의 중심이 되는 문제점"으로서 협상을 통해 분배되어야 하는 자원 또는 해결되어야 할 사항들을 의미한다. 성공적인 협상의 핵심적인 조건은 바로 쟁점들을 정확히 파악하는 것이다. 쟁점이 복잡하고 많은 협상이 쟁점이 단순하고 적은 협상에 비하여 모든 당사자들에게 더 바람직한 합의를 유도한다.

입장(요구, Position)은 "협상자가 협상의 쟁점에 대해 갖고 있는 마음의 자세나 주장"이라고 정의할 수 있다. 이해관계(욕구, interest)는 "협상자가 쟁점에 대하여 가지고 있는 진정으로 원하는 것(욕구)"이다. 당사자들은 협상 상대방이 진심으로 원하는 이해관계를 파악하기보다는 입장중심으로 협상하기 때문에 쉽게 합의에 이르지 못하거나 힘의 논리에 의해 합의가 되는 경우가 많다. 협상자들의 입장은 상충적 관계가 있어 쉽게 양보할 수 없지만, 공통적 이해관계인 욕구는 상황에 따라 달라, 변할 수도 있어 주고 받음을 통해 조정하기가 상대적으로 쉽다.

성공적인 협상이란 가격이나 합의조건과 같이 눈에 보이는 유형의 문제들을 풀어가는 것만이 아니라 눈에 보이지 않는 무형의 문제들을 함께 풀어가는 것을 의미한다. 여기에서 무형의 요소란 협상이 진행되는 동안 상대방에게 직·

간접적으로 영향을 줄 수 있는 잠재적인 심리적 동기를 포함하는데, ① 상대방에게 잘 보이려고 하는 필요성, ② 조직에서 인정받고자 하는 욕구, ③ 협상결과로 인해 새로운 선례를 만들어놓을지 모른다는 두려움 등등 개인에 따라 협상 상황은 각기 다르다.

무형의 요소에는 핵심적인 가치나 신념도 포함된다. 이러한 무형의 요소는 협상의 과정과 결과에 많은 영향을 미치므로, 협상을 진행할 때 이를 한발 앞서서 잘 관리할 필요가 있다.

읽어보기 **입장과 욕구**

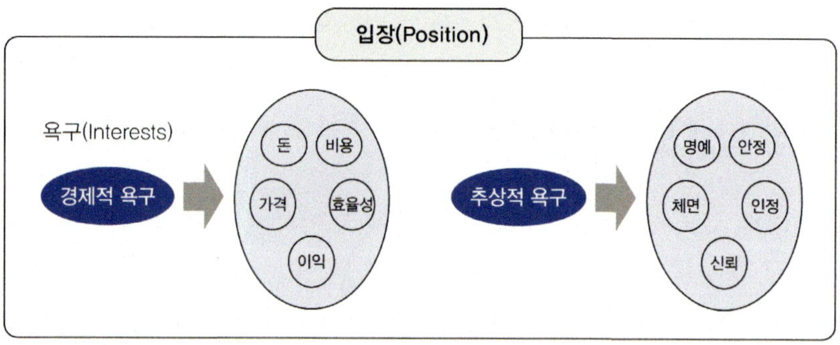

협상 테이블에서 상대방이 제시한 입장(요구)에만 집착할 경우 협상은 결렬된다. 예로서, 목이 말라 시원한 청량음료를 마시고 싶은 사람이 가게에 와서 "콜라 한 병 주세요"라고 했는데 마침 콜라가 떨어지고 사이다밖에 없는 상황을 고려해보자.

이러한 상황에서 손님이 콜라를 달라는 것과 콜라가 다 떨어졌다는 주인의 대답은 모두 입장(요구)이다. 입장을 가지고 협상을 하게 되면, 협상은 결렬된다. 하지만 협상 테이블에서 입장(요구, position)이 아닌 욕구(이해관계, interest)에 초점을 맞춘다면 손님의 욕구는 갈증을 해소하겠다는 것이고 주인의 욕구는 이익을 남기는 것이어서 주인이 "콜라는 없지만 시원한 사이다는 있습니다"라고 대답을 하였다면 상황은 어떻게 될까? 손님은 사이다로도 충분히 목을 축일 수 있기 때문에 기꺼이 이를 받아들일 가능성이 높다.

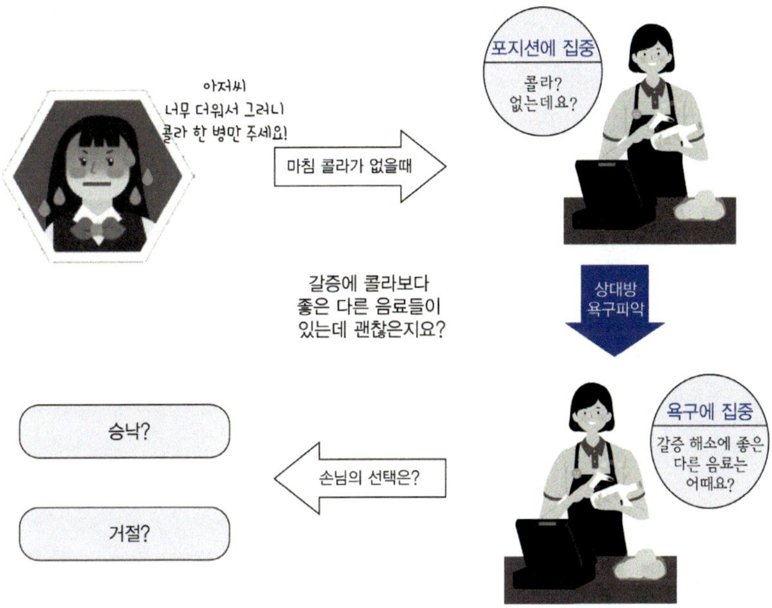

협상을 이해하는 데 가장 중요한 것은 '사람은 요구를 만족시키기 위해 요구하는 게 아니라 욕구를 만족시키기 위해 요구한다'는 점이다.

일반적으로 이해관계(욕구)는 대립의 이해관계, 공통의 이해관계 및 별도의 이해관계가 있다. 대립의 이해(Opposed Interest)는 물건 가격을 흥정하는 거래나 임금 인상률을 줄다리기 하는 노사협상에서 가격이나 인상률과 같이 한쪽의 이익은 상대방에 손해를 가져오는 이해관계를 말한다. 공통 이해(Shared Interest)는 협상자 서로가 원하는 동일한 욕구로 비즈니스 협상에서 서로에게 도움이 되는 좋은 파트너 관계로 발전하고자 하는 욕구, 협상이 원만하게 타결되고 서로에게 이익을 발생시키는 이해관계를 말한다. 별도 이해(Different Interest)는 자신에게는 비용이 발생하지 않거나 적은 비용만 발생함에도 불구하고, 상대방에게는 가치 있거나 중요한 사항을 충족시켜주는 이해관계를 말한다.

사례 미국의 퍼스트 유니온 은행의 코어스테이츠 파이낸셜 인수합병

미국의 퍼스트 유니온 뱅크의 인수합병 때의 일이다. 유니언 은행은 코어스테이츠 파이낸셜을 160억 달러에 인수 합병하기로 결정하고 상대방의 재무적 요구를 모두 다 들어 주었음에도 불구하고, 코어스테이츠 파이낸셜은 합의서에 사인하지 않고 주저하고 있었다. 코어스테이츠 파이낸셜이 매각을 주저한 것은 지역사회에 약속한 자선활동을 포기해야 하며, 또 지역사회를 팔아넘긴다는 비난이 일어날 것을 의식하고 있었기 때문이다. 유니언 은행은 코어스테이츠 파이낸셜에게 1억달러 규모의 지역사회재단을 별도로 설립하겠다고 제안하여 합의를 얻어냈다.

위의 사례처럼 성공적인 협상은 단순히 '누가 돈을 더 많이 갖고 가는가' 등 금전적인 기준 이외에 개인의 가치, 사회・문화적 요소 등 다양한 요인에 따라 협상 성공 여부가 결정되는 경우도 많다.

출처 : 협상과 설득, 그 찰나의 심리를 이용하라

3) 대안, 최상대안 및 창조적 대안

① 대안

대안(Alternative)이란 "협상에서 합의가 이루어지지 않았을 경우 협상자가 취할 수 있는 또 다른 선택"을 뜻한다. 협상에서 대안은 해결이 필요한 각 의제에 대해 당사자들이 취할 수 있는 선택들을 의미한다.

무역거래에서 매도인은 진출하고자 하는 국가를 달리하거나 협상을 행하고 있는 매수인 이외의 다른 매수인을 찾는 행위, 반대로 매수인의 경우 다른 매도인을 찾거나, 가격협상에서 가격조건 이외에, 품질이나 대금결제 또는 계약기간 등의 변경을 요구하거나, 분쟁해결장소인 관할재판권을 자신의 국가로 요구하는 행위도 대안들이 될 수 있다. 당사자들은 쟁점들을 확인하는 것처럼 대안들을 확인하고 개발해야 한다. 대안들이 많으면 많아질수록 협상이 성공적으로 진행될 가능성은 커진다.

② 최상대안

최상대안(BATNA : Best Alternative to Negotiated Agreement)이란 협상에서 여러 선택안 중 협상자 자신을 가장 만족시킬 수 있는 최상의 선택안으로서 더 이상 양보할 수 없는 마지노선을 말한다. 협상자는 현재보다 나은 가치를 얻을 수 있을 경우 협상을 계속하게 되지만, BATNA보다 못한 가치만을 준다면, 더 이상 협상을 진행할 필요가 없다.

피셔, 유리 및 패톤(Fisher, Ury & Patton, 1991)은 ① 합의에 이르지 못할 경우 취할 수 있는 행동 목록을 작성하고, ② 가능성 있는 아이디어를 개선해서 그것들을 실용적 대안으로 전환시키고, ③ 시험적으로 최고의 대안을 고르는 3가지 단계로 BATNA를 개발할 것을 제시하였다. 협상에서 자신에게 유리한 대안들을 많이 확보하는 것은 상대방에게 영향력을 행사할 수 있는 힘(power)이 된다.

사례 1 **대안의 중요성(영국 대 몰타)**

지중해에 몰타라는 아주 조그만 섬나라가 있다. 이 나라는 1971년 그 섬의 기지 사용권을 재계약하는 일로 영국과 협상을 하게 되었다. 영국은 제2차 세계대전 이후부터 나토와 더불어 몰타의 기지를 사용해왔다. 그러나 그 이후 여러 현대무기의 개발로 몰타의 군사적 필요성이 많이 감소되었기 때문에 영국은 그 협상에서 힘으로 보나 상황으로 보나 유리한 위치에 있었다. 즉, 최초 계약보다도 더 싼 비용으로 재계약 될 것으로 예상되었다. 그러나 결론적으로 얘기하면 오히려 협상은 영국이 아닌 몰타에게 아주 유리하게 끝났다.

몰타의 성공 원인은 대안 확보였다. 몰타는 여러 가지 불리한 조건들 속에서 자기에게 유리한 상황을 만들기 위해, 구 소련(러시아)에 접근하여 기지 사용에 대한 의사를 타진하였고 또 리비아와 타 아랍국들에게도 상당한 액수의 원조금을 내면 기지 사용의 허가를 해주겠다는 제의를 하였다. 이런 움직임에 대해 영국과 나토는 그들만을 위해서 볼 때는 몰타의 군사 기지로서의 중요성은 감소되었더라도, 구 소련이나 리비아가 그 기지를 사용한다는 것을 가정하면, 몰타의 중요성은 아주 큰 것이기 때문에 몰타의 요구를 상당한 부분 받아들이지 않을 수 없었다.

사례 2 **중고자동차 구매**

협상의 대가인 로저 피셔 하버드대학교 교수는 도요타 회사의 '코롤라'를 사겠다고 마음먹었다. 같은 차를 파는 딜러들이 제시하는 가격은 대체로 비슷한 상황에서 어떻게 하면 딜러로부터 좀 더 좋은 가격 조건을 이끌어낼 수 있을지 고민하던 피셔 교수는 시카고의 자동차 딜러 7명에게 다음과 같이 제안하였다.

"도요타 코롤라 자동차를 한 대 사려는데, 다음 세 가지 조건만 충족하는 자동차가 있으면 구매를 하겠다고 하면서 자신에게 최저 가격을 봉투에 제시해달라고 하였다. 첫째로 에어컨이 있어야 하고, 둘째로 CD 플레이어가 있어야 하며, 셋째는 자주색이 아니어야 한다.

피셔 교수가 7명의 도요타 딜러로부터 받은 견적에는 공장도 가격에도 미치지 않을 만큼 파격적인 가격도 있었다.

피셔 교수가 이 협상에서 이런 결과를 얻을 수 있었던 것은 자신에게 좋은 BATNA가 있을 뿐 아니라, 그것을 적극적으로 행사할 의사가 있음을 확실히 알려주었기 때문이다. 이처럼 협상할 때는 "다른 곳에서 얼마에 살 수 있으니까(나의 BATNA)를 보여주면 상대방입장에서 거래를 성사시키기 위해서는 나의 BATNA보다 좋은 조건을 제시해야만 하기 때문에 협상에서 BATNA는 매우 중요하다.

출처 : 전자신문 2014.02.19.(http://www.etnews.com/20140219000013)

③ 창조적 대안

창조적 대안(Creative Option)이란 양 당사자의 욕구를 파악한 후 양 쪽 모두 만족할 수 있는 대안을 말한다. 창조적 대안 부분에서 주목해야 할 것은 '나'와 '상대'의 영역을 구분하기보다는 공동의 이익 또는 결합적 이익을 찾아내는 것이다.

사례 3 1979년 이스라엘-이집트의 평화협정

1979년 3월 26일 미국 워싱턴에서 이집트의 사다트 대통령과 이스라엘의 베긴 수상은 미국 대통령 카터가 지켜보는 가운데 역사적인 평화협정에 서명을 하였다. 이 협정의 체결과 함께 이스라엘은 1967년 이집트와의 6일 전쟁에서 획득한 시나이반도를 이집트에 반환하기로 하였다.

시나이 반도는 모세가 십계명을 받은 성산이자 반도의 동쪽 끝인 아카바만은 이스라엘이 인도양으로 가는 유일한 길목으로서 전략적 요충지이면서, 유전도 많이 존재하여 안보나 경제적으로도 아주 중요한 지역이다.

이렇게 중요한 땅을 이집트에 그냥 돌려준 것은 이스라엘이 거의 일방적으로 양보한 것으로 비칠 수도 있지만 다음과 같이 양측의 이해관계가 서로 확실하게 차이가 있었기 때문에 서로 합의가 가능하였던 것이다. 이집트는 조상대대로 수천년 동안 자국의 영토였던 시나이반도에 이집트 국기를 다시 꽂고 주권을 행사하고자 하는 욕구를 가졌다. 반면에, 이스라엘은 그 땅을 자국의 영토로 만들기 위해 점령한 것이 아니라 이집트의 침략에 대한 자국의 안전보장을 위해 시나이반도를 소유하고 있었던 것이다. 창조적 대안으로서 시나이 반도에 UN군을 정착시키는 안이 제시되면서 합의를 도출하였다. 즉, 이집트는 자국의 영토를 되찾을 수 있었고, 이스라엘은 자국에 대한 안전 보장이라는 양쪽의 이해관계의 차이를 모두 충족시킬 수 있었기에 그 역사적 합의가 가능했던 것이다.

Q

3-1 오렌지와 두 자매

오렌지 하나를 놓고 두 어린 자매가 서로 가지려고 말다툼하고 있다. 오랜 시간이 지나도 서로 양보하지 않아서 결국 반씩 나누어 갖기로 하였다. 오렌지를 반으로 잘라 나눠 갖자마자 언니는 껍질을 까서 알맹이를 입에 넣고 껍질을 버렸다. 그러나 동생은 언니와는 반대로 껍질을 까서 알맹이는 버리고, 껍질만 갖고 부엌으로 달려갔다. 동생은 오렌지를 먹기 위함이 아니라 껍질을 이용해 케이크를 만들기 위해 그 오렌지를 원했던 것이다.

위의 예를 토대로 다음을 작성해보자.

쟁점은?

두 자매의 입장은?

두 자매의 이익은?

합의 가능 범위는?

합의는? 실제 도출된 합의와 이상적인 합의는?

이 사례가 주는 협상의 교훈은?

3-2 마다가스카르 정부의 선택

아프리카 대륙 남동 해안 앞바다에 있는 인도양 남서부의 마다가스카르 섬에만 자생적으로 자라는 희귀한 풀이 있었다. 스위스의 한 제약업체가 이 풀의 풀잎을 이용하여 인간의 고질병을 치료하는 세계최초의 신약을 개발하였다. 이 스위스 업체는 마다가스카르 정부에 이 풀을 독점적으로 채집하게 해 달라고 하면서 거액을 제시하였다. 이외 비슷한 시기에 미국 화장품회사가 이 풀의 뿌리를 이용하여 노화방지 화장품을 개발했으니 독점권을 달라고 요청하였다. 마다가스카르 정부는 결국 두 회사 중 더 큰 금액을 제시한 스위스 업체로 풀의 독점 채집권을 주기로 결정했다. 1년 후 마다가스카르를 다시 방문하게 된 미국 화장품 회사는 스위스 회사가 풀을 채취하고는 풀잎을 사용하기 위해 필요 없는 뿌리부분을 잘라서 쓰레기로 잔뜩 쌓아놓아 썩어가고 있는 것을 발견하고 깜짝 놀라 아연실색하였다. 마다가스카르 정부의 결정에 문제점은 무엇인가?

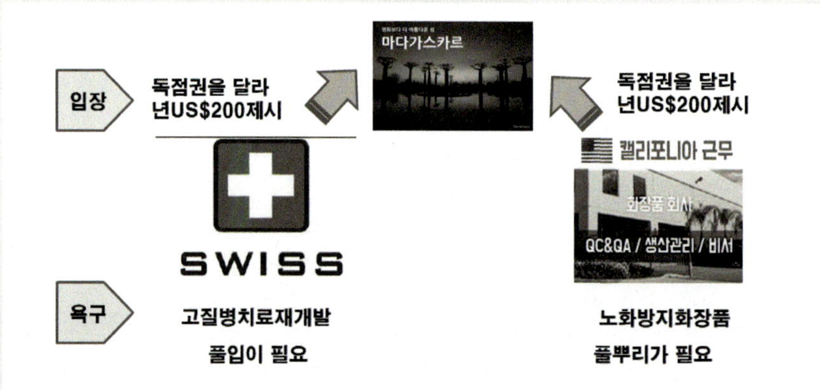

출처 : 협상과 설득, 그 찰나의 심리를 이용하라

제 2 절 설 득

1 설득의 개념

1) 설득의 의의

협상은 협상당사자들이 동등한 입장에서 상호 간에 좀 더 좋은 결과를 얻기 위한 대화 과정의 일부라고 한다면 설득은 세일즈나 판매처럼 설득자와 피설득자 간 관계가 명확하다는 특징이 있다. 설득(persuasion)은 비즈니스 하는 사람뿐 아니라 우리 모두 익혀야 할 생존기술이다. 설득은 세일즈맨에게는 영업활동이고, 협상가들에게는 협상과정의 일부이며, 마케팅 활동에서 설득은 잠재고객을 향한 광고가 될 수도 있다.

설득이란 이희승의 편저 '국어 대사전'에서는 '여러 가지로 설명하여 납득시킴'이라고 했으며, 미국의 '웹스터 대사전'에서는 '의논이나 탄원 또는 충고에 의하여 행동의 과정이나 위치, 믿음을 움직이는 것'이라고 했다. 베팅하우스와 코디(Bettinghaus& Cody, 1987; 김영석, 2005)는 '어떤 메시지를 전달하여 다른 개인이나 집단의 태도, 신념, 행동을 변화시키려는 지속적인 시도'로 보았다.

이와 같은 설명을 통하여 설득에 대한 정의를 내리자면 '설득이란 인간의 행동을 결정하는 여러 가지 요소를 동원하여 상대방을 이해, 납득, 공감시켜서 사고나 행동에 변화를 일으키는 언어적 수단이다'라고 정의할 수 있다. 한편 협상에서 중요한 것은 협상 상대방의 협상에 대한 '기대'를 바꾸는 것이다. 그런 기대를 자기에게 유리하게 바꾸기 위해서는 협상과 관련된 내용을 전달하고 표현하는 설득능력이 중요하다.

인간은 설득과 관련하여 다음과 같은 특성을 가지고 있다.

① 인간판단의 70~80%는 빠르고 자동적으로 이루어진다.
② 이성의 감성통제력보다 감성의 이성통제력이 강하다.
③ 사람은 불확실성과 위험을 피하려 하고, 확실성과 안전을 선호한다.
④ 사람은 익숙하고, 편안하고, 안전한 환경을 선호한다.
⑤ 사람은 손실과 후회를 피하고 자부심을 추구한다.
⑥ 사람은 신뢰성과 정서를 읽는 뛰어난 능력을 가지고 있다.
⑦ 사람은 불공정한 결과에 분노하고 자신을 희생해서라도 보복하려고 한다.
⑧ 몸짓언어는 표정보다 정직하고, 표정은 말보다 정직하다.
⑨ 사람들은 공감하는 사람에게 친근감을 느끼고, 공감하는 사람에게 마음을 연다.

2) 설득의 역설

우리의 눈은 1/50초로 스쳐 지나가는 표정에도 반응한다. 이성적 판단이 이루어지기 전에 감정이 행동지시를 내리는 것이다. 따라서 설득에서 가장 중요한 것은 신뢰와 공감이다. 불신으로 가득 차있고 공감하지 않는 사람은 절대 자신의 마음을 열지 않아 이들을 설득하는 것은 불가능하다. 다음과 같은 설득의 역설을 잘 이해하면, 관계에서 생길 오해와 무리수를 줄일 수 있을 것이다.

첫째, 설득이란 '말로 원하는 것을 얻는 것'이다. 문제는 설득자가 자신이 원하는 것을 얻을려고 애를 쓰고, 그 티를 낼수록 얻기가 어려워진다는 것이다. 상대방은 내가 얻으려고 노력을 많이 하고 있다는 것이 눈에 보이면 왠지 주기 싫어지는 심리가 발동하기 때문이다.

둘째, 설득을 하려는 사람은 자신의 급한 마음만 헤아리지 말고, 상대방이 무엇을 줄 수 있는지, 그 수준과 마음먹음의 정도를 먼저 민감하게 판단하는 것이 더 중요하다. 예로서 전세자금 올려 줄 2천만 원이 급하게 필요한 경우 친한 친구들에게 전화해서 다짜고짜 2천만 원을 빌려달라고 하기보다는 자신과의 관계의 친밀 정도와 친구의 경제적 여유를 감안해서 가능한 수준의 소액의 돈으로 쪼개서 부탁과 설득을 하는 것이 보다 효과적이다.

셋째, 설득은 책임(responsibility)이다. 잘되면 공을 같이 나누고, 잘못되면 그 결과를 설득한 사람이 안고 가겠다는 자세가 필요하다. 예로서, 물건을 판 사람이 구매자에게 반품을 받아줄테니 안심하고 사라고 설득을 하는 자세가 필요하다.

3) 설득의 일반원리

설득은 상대방의 마음을 움직여 생각이나 행동을 수정하도록 하는 말하기 행위이다. 다양한 설득 심리학 과정은 이전보다 훨씬 더 크고 빠르게 사람들의 마음을 움직일 수 있는 효과를 볼 수 있는 방법들을 구상해냈다.

설득은 어디까지나 상대방을 하나의 인격체로 인정하고 이야기해야 한다. 상대방을 수단시하는 설득은 얄팍한 처세술에 불과하여 언젠가는 그 부작용을 되돌려 받는다. 설득은 그 목적이나 과정, 수단에 있어서 윤리적으로 타당해야 한다. 수단을 가리지 않는 설득은 남을 속이는 일종의 '사기행위(詐欺行爲)'이다. 따라서 설득은 '합리적으로 내 생각을 이해시킨다'는 대전제를 지켜야 한다. 직장에서 상급자가 일방적 우격다짐으로 자기 생각을 주입하는 것은 진정한 설득과 거리가 멀다. 이른바 설득의 결과는 마음으로 복종하는[心服] 상태를 가져와야 하는 것이다.

설득은 합리적이어야 한다. 이때 합리성은 논리적 토대를 갖추어야 함을 의미하는데, 중요한 것은 '논리학적 형식'으로서 의리보다 폭넓은 '삶의 논리'를 바탕으로 한 합리성을 갖추도록 설득의 메시지를 마련하는 것이 바람직하다. 또한 설득에서 요구되는 논리 가운데는 '상황의 논리'도 중요하다.

설득은 일종의 게임의 구조를 갖는데 상대방과의 이기고 지는 구조를 가지기 때문이다. 그러나 승패를 지나치게 의식하는 설득 행위는 설득의 본질을 손상시킬 수도 있다. 따라서 설득은 싸우지 않고 이기는 정신을 살려야 한다.

2 설득의 법칙

로버트 치알디니, 노아 골드스타인, 스티브 마틴(Cialdini Robert B. Martin Steve J. Goldstein Noah J.)은 상대방들로 하여금 내 의견에 좀 더 긍정적으로 다가설 수 있도록 하는 과학적인 근거로 다음의 6가지 법칙을 제시하였다.

1) 사회적 증거의 법칙

사회적 증거(social proof) 법칙은 사람들이 어떠한 결정을 내리는 상황에서 정확한 정보나 확신이 없을 때 다른 사람들을 살펴보거나 비슷한 예가 많을 경우(사회적 증거; Social Proof) 그대로 따라하는 경향을 말한다. 새로운 장소에 방문해서 맛있는 음식점을 찾고자할 때 사람들이 많이 있는 음식점을 선택하거나 쇼핑몰에서 물건을 구입하고자 할 때 후기를 보고 선택하거나 베스트셀러 제품을 구매하거나, 다단계판매, 사이비종교와 같은 경우에 빠지는 것도 사회적 증거의 대표적인 예이다.

이러한 사회적 증거의 법칙 역시 이를 이용하는 이들에게는 상대방의 행동이 예측되기 때문에 소위 불로소득을 쉽게 취할 수 있다.

2) 상호성 법칙

상호성(reciprocity) 법칙은 설득·협상의 기본 메뉴이다. 상호성의 법칙은 사람들은 다른 사람으로부터 사사로운 도움을 받은 경험이 있다면 그대로 되갚아야 한다는 일종의 심리적 압박을 갖게 된다는 것이다. 한국과 같이 '정

(情)'을 중요시 하는 관계주의 문화일수록 상호성의 법칙이 작용하는 경우가 많다. 일례로 경조사비를 주고받는 품앗이 관습을 꼽을 수 있다.

상호성 법칙의 예로 대형마트의 시식코너, 화장품 가게의 샘플 제공, 고객에게 유용하면서도 통찰력 있는 정보를 무료로 제공하는 콘텐츠 마케팅 등을 둘 수 있다.

상호성 법칙은 협상의 분배적 전술 중 하나인 "미끼전술", 처음에는 무리한 부탁을 해서 거절하게 한 다음, 처음 부탁보다 더 작은 부탁을 하여 상대방의 양보를 얻는 '면전에서 문 닫기 기법(door-in-the-face technique)' 및 상대방이 양보하면 우리도 양보해야 한다는 부담감을 이용하여 "일보후퇴, 이보전진" 전술로도 활용되고 있다. 상호성의 법칙은 단독으로 사용되기도 하지만 다른 전략들과 병행하여 보다 강력한 협상·설득의 도구로도 이용된다.

읽어보기 **심리학자 데니스 리건(Dennis Regan) 상호성의 법칙에 대한 실험**

1971년 데니스 리건은 공짜로 따뜻한 원두커피를 주면서 자선 모금을 위한 티켓을 판매하면서 공짜 커피를 마신 집단과 그렇지 않은 집단 간의 판매실적을 비교하였다.

1. 리건은 대학생들(피험자) 중 한 명에게 실험실 앞의 '공짜 콜라'를 권했다.
2. 실험이 끝난 후 리건은 학생들에게 기숙사 자선모금을 위한 행운권 구입을 권유했다.
3. 공짜 콜라를 마신 학생은 그렇지 않은 학생보다 행운권을 두 배 이상 더 많이 구입했다.

이 실험의 결과, 상대방을 빚지게 하면 더 많은 대가를 받을 수 있다는 것이 증명되었다. "세상에 공짜는 없다"라는 말처럼 상대방을 설득하려면 먼저 상대방을 빚진 상태로 만들어라.

출처 : 네이버 포스트(https://post.naver.com/viewer/postView.nhn?volumeNo=16682130&memberNo=1017552)

3) 일관성 법칙

일관성(consistency) 법칙은 어떤 선택의 상황에서 일단 어떤 입장(선택)을 취하게 되면, 그 결정에 대한 일관성을 가져야 한다는 심리적 압력을 갖게 되어, 사람들은 자신의 감정이나 행동들을 합리화·정당화하려는 방향으로 나간다는 법칙이다. 브랜드 충성도를 이용한 마케팅 전략으로 부담이 적은 요구부터 시작해서 큰 요구를 하여 원하는 것을 얻는 기법인 '문간에 발 들여놓기 기법(foot-in-the-door technique)'과 협상에서 조그마한 미끼를 이용해서 특정 사안에 동의하도록 요구하고, 상대방이 이를 동의하면 일관성의 근거를 그 후에 전부를 요구하여 동의하도록 하는 낮은 공 전술(low-ball technique)은 일관성 법칙을 활용한 예이다.

4) 호감의 법칙

호감(liking)의 법칙은 상대방에게 주는 긍정적 이미지가 크면 클수록 설득하기 쉽다는 것이다. 호감은 신체적 매력이 될 수도 있고, 사소한 공통점이 될 수도 있다. 그리고 사소한 칭찬으로도 호감을 유발할 수 있다. TV 광고에 잘생기고 예쁜 연예인을 활용하는 것도 이 법칙의 예이다.

호감을 유발시키는 방법에는 다음과 같은 것이 있다.

① 접촉이론 : 익숙해지면 좋아진다. 절친처럼 '꾸준한 접촉'은 어떤 표현이나 말보다 아주 깊은 호감을 주는 요소이다.

② 상호협력 : 공통된 목표를 가지고 서로 협력하는 상황에서 공감대를 형성하게 되어 서로에게 더 큰 호감을 가진다.

③ 연상작용 : 긍정적인 이미지와 자신을 결부시킨다. 이는 만찬기법이라고도 하는데 식사시간에는 사람의 마음이 편해지기 때문에 같이 식사를 하게 되면 긍정적인 이미지를 유발할 수 있다는 것이다. 또한 특정인에 대한 긍정적인 이미지는 그 사람에 대한 다른 분야에까지 미친다는 후광효과도 있다.

읽어보기 **호감을 가질 수 있도록 하는 3가지 요소**

사람들은 1. 자신과 비슷한 사람, 2. 자신을 칭찬하는 사람, 3. 자신과 협력해서 공통의 목표로 나아가는 사람에게 호감을 갖는다.

MBA 학생들을 대상으로 협상에 대한 연구를 진행하였다.

첫 번째 집단에는 '시간은 돈이다'라는 말을 하며 협상을 바로 시작하라고 지시했고, 두 번째 집단에는 협상에 앞서 '개인적 정보교환, 서로의 공통점을 찾아내고 협상을 시작하라'고 지시한 후 합의에 도달한 결과를 비교하였다.

그 결과 첫 번째 집단은 55%, 두 번째 집단은 90%가 성공적 합의에 도달했다.

이 호감의 원칙을 잘 활용하려면 다른 사람과의 공통점을 찾아내고 진실된 칭찬을 건낸 후 비즈니스 협상에 임하여야 한다는 점을 보여주는 예라 할 수 있다.

출처 : https://infomon.tistory.com/43 [인포몬의 마케팅 여행:티스토리]

5) 희귀성 법칙

희귀성(scarcity) 법칙은 사람들은 갖기 힘든 것을 더 좋아한다는 법칙이다. 사람들은 어떤 품목이 희귀하거나 희귀해지고 있는 중이라면, 그 제품의 가치를 더욱 높게 보고 가지려 노력한다. 이는 선택의 자유를 빼앗긴다는 두려움으로 특정 품목을 가지려는 욕구가 더욱 강해지는 심리를 이용한 것이다. 마케팅에서 '한정판매' '시간제한판매' 등은 희귀성의 법칙을 활용한 예이다. 이러한 심리에서 벗어나기 위해서는 흥분하지 말고 '허허실실'을 따져가며 선택해야 한다.

'로미오와 줄리엣 효과(Romeo & Juliet Effect)'는 사람들은 남이 자신의 자유를 제한하려 한다는 판단이 서게 되면 무작정 반발부터 하는 심리를 말한다. 아무리 상대가 하는 말이 합당하다 하더라도 그가 자신의 행동을 통제하려 한다는 생각이 들면 상대방이 원하는 방향과 반대방향으로 움직이게 되는데 이러한 심리를 반발심리라고 한다.

6) 권위의 법칙

권위(authority)의 법칙은 사람들로 하여금 전문성 또는 권위에 맹목적으로 순종하게 하는 설득법칙이다 자신의 말을 믿게 하고자 할 경우 그 분야의 전문가이고 권위가 높은 사람의 말을 인용할 경우 더욱 효과가 있다.

예를 들어 인기리에 방영된 드라마 속 주인공이 '의사' 역할로 나왔다면, 드라마에서 나온 역할과 어울리는 광고로 이어지는 경우가 많다. 이는 주인공이 맡은 역할로 인해 사람들에게 무의식적으로 신뢰감을 주어 해당 제품이 잘 팔리는 효과로 나타난다. 또한 원조 맛집을 찾거나, 전문분야 블로거의 리뷰나 전문 기자의 인터뷰 등을 신뢰하는 것도 이 원칙에 따른 행위이다.

실제적 권위가 아니더라도 권위의 상징물로 인해서 영향력을 유발할 수 있다. 권위의 상징물로는 직함이나 큰 키, 제복, 고급차, 옷차림 등의 예를 들 수 있다. 이러한 권위의 법칙에 속지 않기 위해서는 전문가가 맞는지 전문가의 전문성이 믿을 수 있는지 확인하는 과정이 필요하다.

〈표 3-3〉 설득의 법칙 개념과 사례

	개 념	사 례
사회적 증거의 법칙	• 다수의 행동이 '선' • 사람들은 확신이 없는 경우, 다른 사람의 행동을 보고 자신의 의사를 결정	사람들이 많이 있는 음식점을 선택하거나 쇼핑몰에서 물건을 구입하거나 베스트셀러 구매
상호성의 법칙	• 호의는 호의를 부름 • 내가 선택한 물건이 최고라는 믿음 • 샘플을 받아 본 상품은 사게 될 가능성이 높음 • '면전에서 문 닫기 기법 (door-in-the-face technique)'	대형마트의 시식코너, 화장품 가게의 샘플, 콘텐츠 마케팅
일관성의 법칙	• 하나로 통하는 기대치를 만들기 • 마지막보다 처음에 거절하는 것이 오히려 더 쉬움 • '문간에 발 들여놓기 기법 (foot-in-the-door technique)'	브랜드 충성도를 이용한 마케팅 전략
호감의 법칙	• 끌리는 사람을 따르고 싶은 이유 • 사람들은 자신이 호감을 갖고 있는 타인에게 "Yes"라고 답할 확률이 높아짐.	TV 광고에 잘생기고 예쁜 연예인

희귀성의 법칙	• 부족하면 더 간절해짐 • 로미오와 줄리엣 효과: 하지 말라고 하면 더 하고 싶어 하는 소비자들의 심리	한정판매, 타임 세일, 로미오와 줄리엣 효과
권위의 법칙	• 전문가에게 의존하려는 경향 • 불확실한 상황에서 사람들은 신뢰할 수 있는 전문가의 의견을 따르게 됨	원조 맛집의 권위 전문분야 블로거의 리뷰나 전문 기자의 인터뷰 등

3 무역협상의 개념

1) 비즈니스 협상

① 비즈니스 협상의 개념

비즈니스 협상은 상이한 이해관계에서 양당사자가 적정한 이윤을 추구하고 지속적인 관계를 유지하기 위하여 합의를 도출하는 협상이다. 비즈니스 협상은 지속적인 관계를 유지해야 하기 때문에 갈등적인 상황에서 쌍방의 이익과 인간관계 유지라는 두 가지 목적을 동시에 달성하여야 하며, 협상 당사자 이외에 주주, 종업원 등 많은 이해관계자에게 영향을 미친다. 따라서 협상자는 이러한 상황을 모두 이해하고 원하는 것을 얻기 위해서는 쟁점에 대한 토론, 정보교환을 통해 숨은 욕구를 찾고 창조적인 대안을 마련하기 위해 상호 신뢰하고 의사소통하는 과정이 중요하다.

비즈니스 협상에서 가장 중요한 것은 거래 이전에 관계를 형성한 후 다음에 공통의 이해관계를 통해 가치를 창출하는 것이다. 비즈니스 관계의 형성은 상호간의 신뢰와 교환에 의한 상호작용으로 이루어지며, 중요한 거래의 성공을 위해 필수적이다. 또한 당사자들이 동일한 입장을 선호하거나 반드시 거래를 성사시켜야 하는 공통이해관계가 존재한다면 공동의 가치창출이 가능하다.

협상은 전략적 제휴나, 해외직접투자, M&A, 무역거래를 위한 매매계약 등에 활용되면서 단발적이고 당사자 간의 거래적인 합의 이외에 장기적인 관계 형성이 매우 중요하다.

② 기업과 협상

협상은 경영에 있어서 핵심적인 경쟁요소가 될 수 있다. 효과적인 협상기술은 다음과 같은 이유로 기업 경영자, 리더, 관리자에게 더욱 중요해지고 있다.

첫째, 역동성이다. 뷰카시대를 맞이하여 기업들의 경영환경은 민첩성, 유동성과 융통성을 요구한다. 역동적이고 변화무쌍한 경영의 본질은 사람들로 하여금 직장생활 전반에 걸쳐 줄곧 조직에서 일어나는 그들의 생활에 대한 협상과 재협상의 반복을 필요하게 한다.

둘째, 수평적인 조직문화이다. 글로벌화의 확산으로 기업활동의 영역이 전 세계로 확산되면서 조직 구성원들 간의 수평적·수직적 상호의존성이 더욱 확산되었다. 상호의존성 확산은 각 부서 구성원들이 다른 사람들과 함께 일을 하면서 조직의 이익과 자신의 이익 모두 증진시킬 필요성을 증대시켰다.

셋째, 무한경쟁시대의 도래이다. 글로벌 환경은 무한경쟁과 승자만이 살아남는 승자독식의 시대를 낳았다. 기업들이 무한 경쟁시장에서 살아남기 위해서는 세계 유일의 전문기업으로서 위상과 자신의 약점을 보완해줄 수 있는 기업과의 협업능력이 중요해져 승-승의 협상은 필수적이다.

넷째, 정보기술의 발전으로 인한 4차산업 혁명의 시대이다. 4차산업 혁명시대는 경영자에게 특별한 기회와 경쟁력을 제공한다. 예를 들면, 컴퓨터기술은 고객들에게 가치를 더 부여하는 데 따른 기업의 의무와 능력을 향상시키며 전 세계 어디서든지 의사소통을 할 수 있는 여건을 제공한다. 정보통신 기술의 발전으로 경영자들은 직접 만나지 않고서도 비대면으로 협상할 수 있어야 하며, 정보의 홍수 속에서 기업목표와 관련된 정보를 선택하여 사용할 수 있는 판단력을 가져야 한다.

마지막으로, 종업원들의 다양성을 들 수 있다. 경영자들이 국적·성장과정·의사소통 스타일이 각기 다른 종업원들과 성공적인 협상을 하기 위해서는 협상 기술을 체득할 필요가 있다.

2) 무역협상

① 무역협상의 개념

무역협상은 공동적이며 갈등적인 상업적 이해관계를 갖고 있으며, 서로 다른 문화적 배경을 갖는 당사자들이 그들의 공동의 목표를 달성하기 위해 조건을 주고받는 과정을 통해 합의에 도달하는 일련의 서면 또는 구두의 의사소통 과정이라고 정의할 수 있다.

무역협상은 무역계약을 체결하기 위하여 청약, 반대청약, 승낙의 의사표시를 교환하거나 클레임을 해결하기 위하여 상호 조정안을 제시하여 합의에 도달하는 과정을 말한다. 이러한 과정을 통해 ① 계약을 통하여 달성하고자 하는 목표가 무엇인지를 스스로 명확히 하고, ② 상대방 당사자가 그와 같은 목표를 달성할만한 이행 능력이 있는지를 조사한 후, ③ 계약의 기본조건인 계약의 목적, 가격, 수량, 인도, 대금의 지급 시기 및 방법, 준거법, 중재조항 등에 대한 합의를 도출한다.

또한, 무역협상은 계약을 이행하는 과정에서 클레임이 발생할 경우 당사자들 간의 우호적인 해결을 위해 협상을 하게 된다. 협상은 논의된 거래 조건을 이행하는데 있어서 강행법규 또는 당사자인 기업의 정책을 위반하거나 당사자의 능력을 초과하는 등 법률적·현실적 장애가 없는지를 지속적으로 점검하며 가능한 계약서를 작성하고 서명 또는 날인으로 체결을 완료할 때까지 계속되는 것이 보통이다.

② 무역협상의 특성과 중요성

무역협상은 국내 협상과는 달리 협상자들이 서로 다른 문화적 배경을 갖고 있다는 인식에서부터 출발하여야 한다. 문화영역은 기업 철학과 스타일과 같은 미시적 문화와 국가, 정치, 언어, 문화와 같은 거시적 문화들을 의미한다. 이러한 문화적 영역은 기업과 국제 고객 사이의 의사소통에 있어 방해물로 작용하여 갈등이 많이 발생하며, 계약이행의 담보가 어려워 국내협상에 비해 성과를 내기가 매우 어렵다.

무역협상은 협상에 참여하는 당사자들이 서로 다른 가치관이나 기준에 따라 협상을 진행하기 때문에 협상당사자 간의 관습, 문화, 상행위 등의 차이가 크면 클수록 이에 따른 불확실성이 증대되고, 협상과정에서 많은 문제점들을 노출시키게 된다.

무역협상이 어려운 점은 크게 세 가지로 나눌 수 있다.

첫째, 서로 다른 문화 간 상이한 가치체계로 인하여 협상자들 간의 정보처리에 문제가 있어 원활한 정보교환을 저해한다.

둘째, 무역협상에서는 오랜 기간 동안의 사회 경제적인 배경과 지리적인 여건의 결과인 문화적인 가치 차이로 상호간 수렴(convergence)이 어렵다.

셋째, 상대방 외국어를 아무리 잘한다 해도 완벽하게 이해하거나 정확하게 의사를 전달할 수 없어 결합이득(협상성과)은 낮아지게 된다.

무역협상능력은 이러한 어려움에도 불구하고, 계약을 체결하기 위해서는 협상에 대한 전문기술을 습득하고, 기초훈련이나 경험축적을 요구한다. 무역협상자는 어학능력, 실무 능력 이외에도 협상에 관한 지식과 문화차이에 대한 대응능력 등을 모두 갖추어야 하며, 자신이 체결한 계약이 기업의 손익에 직접 영향을 미침을 명심하여야 한다.

무역협상은 다음과 같은 점에서 그 중요성을 갖는다.

- 어떻게 협상을 하느냐에 따라 계약의 체결여부가 결정된다.
- 체결된 계약이 기업의 손익에 직접적으로 영향을 미친다.
- 계약의 이행과정이나 종료시 발생할지도 모르는 클레임을 예방할 수 있다.
- 발생한 클레임을 효과적이고 효율적으로 해결할 수 있다.
- 우리나라 기업들은 신용장, 인코텀즈와 같은 무역실무에 대한 지식과 더불어 협상력을 갖춘 협상전문가가 무엇보다도 필요하다는 점이다.

결국 기업이 협상력을 증진시킨다는 것은 곧 국제경쟁력을 갖추어 해외판매능력을 제고시키는 것이라고 할 수 있다.

무역협상은 무역실무에 대한 전문지식 못지않게 상대국 및 상대방에 대한 철저한 이해가 중요하다. 예를 들어 포르투갈 매수인과 상담하는데 있어서 스페인어를 사용한다면 협상이 실패할 가능성이 크다. 스페인에 대해 혐오감을 품고 있는 포르투갈 사람들의 성향을 미리 파악해 두지 않았기 때문이다. 이처럼 외국 매수인과 상담시 상대국의 문화 및 성향, 상관습에 대한 폭넓은 이해는 결코 소홀히 해서는 안 될 부분이다.

3) 클레임과 무역협상

매도인과 매수인은 계약을 이행하는 과정에서 클레임이 발생하게 된다. 클레임이 발생할 경우 상호 대화를 통해 해결하는 방법이 가장 효과적이면서 효율적인 해결방법이어서 대부분의 클레임은 협상을 통해 해결된다. 클레임을 해결하기 위한 협상은 거래를 성사시키기 위한 협상과 협상의 기본 원리는 같지만 운용기술에 있어서는 차이가 난다.

클레임 협상은 분쟁 발생 초기부터 재판을 진행하는 동안 그리고 판결이 내려지기 전까지, 그 어느 때에도 할 수 있다. 심지어 판결이 내려지고 난 뒤에도 강제집행에 따르는 비용과 시간을 절약하기 위해서 협상을 통한 합의를 시도하기도 한다. 클레임을 해결하기 위해서 협상을 하는 경우에는 항상 재판을 염두에 두고 대화나 이메일의 교환을 행해야 한다. 협상과정에 있었던 대화나 이메일 내용이 나중에 재판 결과와 비용을 누구에게 부담시킬지 결정할 때 고려 사항이 되기 때문이다. 클레임 해결을 위한 협상에서 지속적인 관계를 원할 경우에 통합적 협상방법에 초점을 맞추어 해결방안을 모색하여야 하는데, 발생된 클레임에만 초점을 맞출 경우에는 분배적 협상으로 행해질 수 있음을 유의하여야 한다.

4) 무역협상의 복잡성

무역거래에서 매도인과 매수인은 물품매매를 위한 협상 이외에도 이를 이행하는 과정에서 기타 당사자들과도 협상을 수없이 하게 된다. 매도인은 조직 내 관련부서뿐만 아니라 매수인과 체결한 계약을 토대로 제조업자, 원부자재 공급업자들과 협상을 하여야 한다. 매수인 또한 수입된 물품을 유통업체에게 공급하기 위하여 협상을 하여야 한다. 이외에도 매도인과 매수인은 매매계약 조건에 따라 운송업자, 보험회사, 은행, 수출입승인·허가기관 등등 제3자와도 협상을 하게 된다.

이러한 협상의 결과로 물품의 인도와 대금회수가 가능하며 이익의 발생여부를 알 수 있게 된다. 매도인과 매수인은 직접적 교환이 아닌 방식으로 물품과 대금이 교환되기 때문에 매도인은 안전한 대금회수, 매수인은 안전한 물품인도라는 욕구를 충족시켜야 하는 거래방식을 합의하여야 한다.

즉, 안전한 거래를 통한 상호발전이라는 매도인과 매수인의 욕구나 이해관계를 충족시키기 위해서는 상호 신뢰라는 기반이 구축되어야 한다. 따라서 매도인과 매수인은 자신의 이익을 크게 하는 분배적 협상보다는 상호 이익을 크게 하는 통합적 협상을 추구해야 한다.

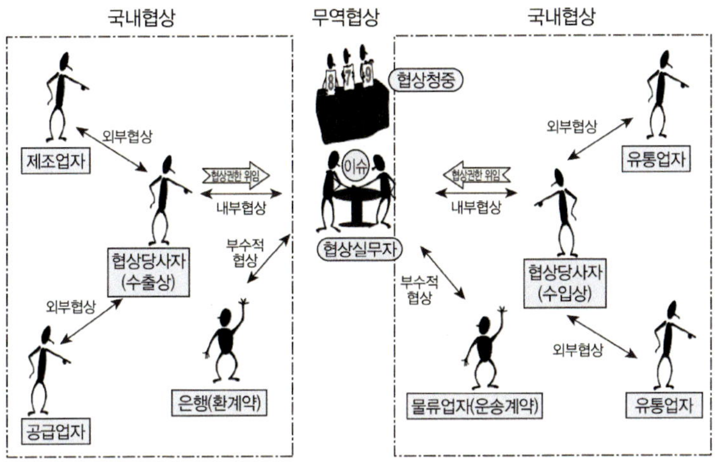

[그림 3-3] 무역협상의 복잡성

4 무역협상의 진행 과정

협상의 진행과정은 학자들마다 달리 규정하고 있다. 그라햄(Graham)은 다음과 같이 4가지 단계로 협상의 진행과정을 나누었다.

1) 비사무적 탐색단계

비사무적 탐색단계(Non-task sounding stage)는 날씨나 여행같은 간단한 대화(small talk)로 공감대를 형성하면서 상대방을 먼저 파악하고 상호간 신뢰를 구축하면서 상대방에게 적합한 협상계획을 수립하는 단계로 협상 전 연회, 골프회동 등을 갖는 것을 말한다.

영국의 래캠(Rackham)은 협상을 잘하는 사람과 못하는 사람의 대표적인 차이점 가운데 하나가 바로 이 공감대 형성 역량이라고 지적하였다. 협상을 잘하는 사람이 못하는 사람보다 실제 협상에서 4배나 더 많은 시간과 수고를 들여 강한 공감대 형성을 위해 애쓴 반면, 못하는 사람일수록 공감대 수립은 무시하고 곧장 협상 본론으로 들어가는 경향이 강하다는 것이다. 굴브로와 허빅(Gulbro & Herbig, 1998)은 집단주의문화인 중국, 일본, 라틴아메리카인들은 비사무적 탐색활동에 보다 많은 시간을 소비하는 반면에 서구인들은 사전준비에 최소한의 시간을 소비한다고 하였다.

2) 정보교환단계

정보교환단계(Task related exchange of information stage)는 협상 당사자들이 자신의 욕구와 선호도 또는 여러 대안 등에 관한 당사자들의 주관적인 기대효용에 관한 정보를 교환하는 단계이다. 이 단계에서는 협상자들이 각자 자신들이 원하는 것, 상대방이 원하는 것, 숨은 의도가 무엇인지를 상호 정보교환을 통해 알아내는 과정이다.

리처드 쉘(shell, R)은 정보시그널을 보낼 때 협상력이 약한 경우에도 주눅들지 말고 상대방의 행동에 따라 다음과 같은 전력을 구사하여야 한다고 하였다.

정보교환 중의 시그널(Sending Signals)은 ① 협상력이 강하고 단호하게 행동하고자 할 때는 Hard Signal을, ② 협상력이 약하나 단호하게 행동하고자 할 때는 Bluffing Signal을, ③ 협상력이 강하나 유연하게 행동하고자 할 때는 Soft Signal을, ④ 협상력이 약해 유연하게 행동하고자 할 때는 Blank check Signal을 행하여야 한다.

정보교환단계에서는 내가 얻고자 하는 만큼, 아니 그 이상으로 상대방도 얻고자 할 것이기 때문에 사람들이 필요로 하는 것에 대한 의사소통 과정이 필요하다. 의사소통시 떠벌이는 것은 금물(Never Blabbermouth)이며, 경청하고, 가능한 한 열린 질문을 하고, 자신의 정보를 공개하는 3단계 전략이 필요하다. 그 중 경청의 기술이 가장 중요하다.

〈표 3-4〉 협상력과 상대방에 대한 태도에 따른 정보교환

상대에 대한 태도 \ 협상력	강함	약함
단호함	Hard Signal • 협상력이 강하고 단호하게 행동하고자 할 경우 • 강한 협상력을 과시하며 자신의 주장을 끝까지 주장 • 가능한 많은 요구를 하며 위협을 서슴지 않음	Bluffing Signal • 협상력이 약하나 단호하게 행동하고자 할 경우 • 협상력이 약한 것을 상대에게 숨기고 자신이 강한 것처럼 행동함 • 바이어가 보는 앞에서 여러 곳으로부터 문의가 쇄도하는 모습을 보여줌 • 상대가 비 숙련 협상가일 경우 효과 있으나 숙련 협상에게는 역효과
유약함	Soft Signal • 자신이 우월한 협상력이 있으나 이를 행사하지 않겠다는 관대함을 상대에게 보여주는 전략 • 미래의 관계 형성에 투자하는 전략 • 이 경우 상대에게 자신이 힘이 있다는 것을 분명하게 보여주어야 함	백지수표 Signal • 협상력이 약해 유연하게 행동하고자 할 경우 • 협상력이 약함을 상대방에게 자인하고 상대의 동정에 호소하는 전략 • 당신이 나처럼 난처한 입장에 있으면 어떻게 하겠는가?로 상대방에게 호소하는 전략

읽어보기 **정보를 얻는 질문**

질문은 상대방 정보를 얻을 수 있는 가장 좋은 방법이다.
"당신의 의견은 어떻습니까?"
"이것에 대하여 어떻게 생각하고 계십니까?"
"당신의 견해를 설명해 주시지 않겠습니까?"
"이것은 어떨까요?"

이러한 질문을 통해 상대방은 답변을 통해 나에게 필요한 정보를 제공하거나, 자신의 속내나 전략을 노출할 수도 있다.

한편, 상대방의 욕구는 질문을 통해 알아내게 된다. 좋은 질문을 위한 첫 번째 방법은 상대방의 생각을 고정시키는 닫힌 질문은 가능한 한 피해야 하는 것이다. 닫힌 질문이란 상대가 'Yes/No'로만 답할 수 있는 질문을 말한다. 닫힌 질문은 상대방의 생각을 고정시키는 역할을 하여 협상에 부정적인 영향을 미치게 되고, 상대방의 입장이 강해지면 협상의 분위기가 더 나빠질 수도 있

다. 굴브로와 허빅은 집단주의문화에서는 협상 과정 중 입장을 정리하는 데 더욱 많은 시간을 보낸다고 하였다.

3) 설득단계

설득단계(Persuation stage)에서는 여러 가지 설득전술을 사용함으로써 상호 간의 주관적 효용을 수정하도록 하는 당사자의 노력과정이다.

이 단계에서는 호혜적인 대체안을 창안하는 것이 중요하다. 호혜적인 대체안이라는 것은 협상 당사자 쌍방이 실제적인 관심사, 가치 및 욕구의 이해, 상호 간의 유사성과 차이성에 대한 인식 그리고 상호 간의 주요 차이점에 근거하여 합의가능한 범위(ZOPA : Zone of Possible Agreement)와 창조적 대안을 발견하려고 노력을 하게 된다. 협상자 쌍방 중 어느 한 쪽에 의하여 보다 높게 평가되는 관심사를 인식하고 그러한 차이점을 유용한 차원으로 이용하는 것은 상호 호혜적인 대체안을 창출하는데 기초가 된다.

굴브로와 허빅은 보다 높은 권력을 가진 문화의 협상자인 중국, 일본, 프랑스 및 멕시코인들은 타협을 하는데 시간을 덜 보내는 반면에 미국인들은 설득과정을 매우 강조한다고 하였다.

4) 양보 및 합의단계

양보 및 합의단계(Concession and Agreement stage)는 일련의 양보과정 또는 소규모 합의 집합체로서 전체적인 타협을 이루는 단계로 당사자들이 유념할 점은 일단 약속한 것은 뒤집지 못하는 금반언(禁返言)의 원칙이다.

타협과정에서 어려운 점은 누가 먼저 타협안을 제시하느냐 하는 점인데 이는 먼저 타협안을 제안하는 협상자가 협상결과에 만족을 하지 못하는 경향이 있기 때문이다. 협상자들은 협상과정에서 항상 상호 양보를 통하여 협상을 진행한다. 그러나 양보의 시기와 중요성에 대해서는 문화에 따라 많은 차이를 나타낸다.

예를 들면, 미국인 협상자들은 협상을 일련의 순서에 입각한 문제 해결 과정으로 인식하고, 이들은 일정한 시간적 배분을 통하여 한 문제씩 순서대로 토론하고 합의를 이루고자 노력한다. 그래서 미국인들은 협상의 전 과정을 통하여 계속 조금씩 양보를 하며, 상대방도 역시 그러한 양보에 보답해 주기를 바란다. 미국인들의 이러한 협상 스타일은 그들의 원칙에 입각한 또는 과업지향적인 관계수립 방식을 반영하는 것이라고 볼 수 있다.

그러나 미국인과는 달리 많은 다른 문화권의 사람들은 그들의 상대방에게 어떠한 양보를 하기 전에 먼저 모든 쟁점을 일괄적으로 협의하기를 바라며, 그들은 양보를 상대적인 것으로 생각하고, 쌍방 간 최종 합의에 도달할 경우에만 양보를 행한다.

무역협상에서 합의를 번복한다는 것은 협상의 전체적인 합의에 치명적인 불신감을 조성할 수 있기 때문에 사전 합의 사항도 일정 범위 내에서는 구속력을 갖는다고 생각해야 한다. 굴브로와 허빅은 불확실성회피성향이 높은 문화의 협상자인 프랑스, 중국 및 일본인들은 합의하는 데 시간을 많이 보내며, 이들은 위험을 감소시키기 위하여 합의안에 사소한 부분까지 중요하게 여긴다고 한다.

〈표 3-5〉 협상과정에 대한 미·일 간의 차이

단 계	미 국	일 본
비업무적 탐색	인간관계를 형성하는데 거의 시간을 보내지 않는다.	인간관계를 구축하는데 상당한 시간과 노력을 들이며, 선물을 제공한다.
정보 교환	정보는 간결하고 직접적으로 주어지며 솔직한 첫 번째 정보가 보다 중요하다.	가장 중요한 단계로 자신의 정보를 제공하지 않고 모호한 반응을 보이면서 상대방에게는 무한한 질문을 행한다.
설득	가장 중요한 단계로 협상 테이블에서 의견이 변할 수도 있으며, 공격적인 설득 전술이 쓰이기도 한다.	설득은 주로 장외에서 이루어지며 자발적인 정보 제공 및 침묵의 수단을 사용한다.
양보 및 합의	양보와 합의는 연속적 의사결정의 일환으로 전반적으로 이루어진다. 서면계약을 선호	양보는 맨 마지막 의사결정 단계에서 이루어지고, 그 진행 국면을 상대방이 측정하기 어렵다. 구두계약을 선호

자료 : Graham, J. L. "A Hidden Cause of America's Trade Deficit With Japan", The Columbia Journal of World Business, Fall, 1991. p. 14.

A

3-1 오렌지와 두 자매

쟁점은?	오렌지를 누가 갖는가?
두 자매의 입장은?	두 사람 모두 오렌지를 내가 갖겠다.
두 자매의 욕구는?	언니 : 알맹이를 먹는 것 동생 : 껍질을 사용하는 것
합의가능한 범위(ZOPA)는?	언니 : 최소반, 최대 모두 가짐 동생 : 최소반, 최대 모두 가짐
합의는?	실제 도출된 합의 - 반으로 쪼개 나눠 갖기 이상적 합의 - 알맹이 전부 언니, 껍질 전부 동생

본 사례를 통해 입장중심의 협상보다는 욕구중심의 협상을 통해 모두 승자(win-win)가 되는 합의를 도출할 수 있음을 알 수 있다. 두 자매 중 한명이라도 상대방의 욕구를 파악하기 위해 '왜, 오렌지가 필요한지?'를 물어보았더라면 한 개를 서로 만족스럽게 분배할 수 있었음을 알 수 있다.

3-2 마다가스카르 정부의 선택

마다가스카르 정부는 먼저, 스위스 업체(풀)와 미국업체가 원하는 것(뿌리)가 다르다는 것과 양 회사로부터 독점권에 대한 대가를 확인한 후 정부가 채취한 후 스위스 업체에게는 풀을 그리고 미국 업체에게는 뿌리를 제공하는 방식으로 결정하였다면 마다가스카르 정부, 스위스 업체 및 미국 업체 모두가 이익을 얻는 합의가 되었을 것이다.

제4장

협상과 의사소통

제 4 장 협상과 의사소통

제 1 절 조하리의 창

1 조하리의 창

1) 조하리의 창의 개념

'내가 만나는 사람이 나의 인생이다'라는 말이 있다. 사회 구성원들은 자의든 타의이든 다른 사람들과 '관계의 홍수' 속에서 살아가지만 자신과 타인 간에 서로 얼마나 알고 있는지를 모르고 관계를 맺는다. 인간관계는 타인은 나를 비춰주는 사회적 거울(social mirror)이라는 말이 있듯이, 내가 타인을 어떤 시선과 프레임(frame)으로 보느냐에 못지않게 다른 사람의 반응 속에서 자신의 모습을 비쳐보는 것도 중요하다.

조하리의 창(Johari's window)은 심리학자인 러프트(Joseph Luft)와 해리 잉햄(Harry Ingham)이 나와 타인과의 관계 속에서 내가 어떤 상태에 처해 있는지를 보여주고 의사소통의 어떤 면을 개선하면 좋을지를 보여주는 데 유용한 분석틀이다. 조하리 창은 의사소통의 필요성 및 의사소통을 할 때 자신의 부족한 면과 그에 대한 해결방안을 제시해주고 있다. 조하리의 창은 의사소통 분석 틀을 다음과 같이 네 가지 관계로 나누었다.

① 나는 상대를 잘 알고 상대방도 나를 잘 알고 있는 관계
② 나는 상대를 잘 아는데 상대방은 나를 잘 모르는 관계
③ 나는 상대를 잘 모르는데 상대방은 나를 잘 알고 있는 관계
④ 나도 상대를 잘 모르고 상대방도 나를 잘 모르고 있는 관계

2) 조하리의 4가지 창

개인이 인간관계에서 나타내는 자기 공개와 피드백의 정도에 따라 마음의 창을 구성하는 4영역의 넓이가 달라진다. 자기공개와 피드백에 따라 다양하게 나타나는 창모양은 어떤 영역이 가장 넓은가에 따라 크게 4가지 유형으로 구분될 수 있다. '나와 나의 주변 사람들과의 관계를 이 분석틀에 넣어본다면 내가 알고 있다는 자만과 편견이 얼마나 많은지 알 수 있다. 사람에 따라 이 각각의 창 크기는 다르며, 이 창의 크기가 고정되어 있지 않고, 개인의 삶 속에서 언제든지 변할 수 있다.

		피드백 정도	
		내가 알고 있는 정보	내가 모르고 있는 정보
자기공개 정도	타인이 아는 정보	① 개방영역(개방형)	② 맹인영역(자기주장형)
	타인이 모르는 정보	③ 사적영역(신중형)	④ 미지영역(고립형)

[그림 4-1] 조하리 창

① 개방영역(Open area, Public area)

개방영역은 공공영역이라고도 하며, 나도 알고 너도 아는 '열린 창(open area)'을 말한다. 자신과 남에게 잘 알려져 있는 부분을 의미하는 개념이다. 예로서, 이름, 나이, 성별, 사는 곳 등이 있다. 개방의 영역이 넓을수록 구성원들이 서로에 대해 정확한 판단을 내릴 가능성이 커진다. 정확한 판단은 서로에 대해 보다 현실적인 기대를 갖는데 도움을 준다. 기대가 충족되면 상호간에 신뢰가 증대되고 우호적인 관계가 유지된다.

내가 상대방에게 마음을 열고 이야기를 하기 시작하면 '숨겨진 창'의 크기가 줄어들고, 상대방이 나에게 마음을 연다면 '보이지 않는 창'의 크기가 줄어들게 된다. 따라서, 상대방과 내가 공유하고 공감하는 부분을 늘려감으로써 서로간의 '열린 창'을 키워야 우리는 비로소 상대방과 신뢰할 수 있는 '소통'을 할 수 있다.

② 사적영역(Private area, Hidden area)

사적 영역은 나는 알고 너는 모르는 '숨겨진 창(hidden area)'을 말한다. 이 영역은 자기 노출과 피드백으로 공공영역으로 바꿀 수 있는 부분이다. 예로서, 개인의 욕망, 감정, 꿈, 기호 등이 있다. 자신의 약점이나 비밀처럼 다른 사람에게 숨기는 자신의 부분을 뜻한다. 의도적으로 상대방에게서 숨기고자 하는 것도 있겠지만 스스로 나타내지 않기 때문에 깊은 관계가 아니면 알지 못하는 자신의 모습이기도 하다. 이 영역이 넓은 사람은 신중형으로 타인에 대해 수용적이며, 자신에 대해서는 함구하는 형태를 취한다. 현대인에게 많이 발생하는 유형으로 내면적인 고독감이 있다.

③ 맹인영역(Blind area)

맹인영역은 다른 사람은 잘 알지만 본인은 잘 모르는 '보이지 않는 창(blind area)'을 말한다. 사람은 이상한 행동습관, 특이한 말버릇, 걸음걸이 및 독특한 성격과 같이 '남들은 알고 있지만 자신은 모르는 자신의 모습'이 있는데, 이를 맹인 영역이라고 한다. 사적영역과 맹인영역이 많으면 서로 간에 낯선 사람을 만났을 때처럼 불편함과 거리감을 느끼게 된다. 불필요한 오해나 불협화음 등 갈등이 발생할 가능성도 높아진다. 이 영역이 큰 사람은 상대방의 말을 잘 경청하고 이해하고 배우려는 노력이 필요한 영역이다.

④ 미지영역(Unknown area)

미지(未知)영역은 나도 모르고 너도 모르는 '미지의 창(unknown area)'을 말한다. 예로서, 무의식, 소망, 콤플렉스 등이 있다. 이 영역은 본인이 알기란 매우 어렵다. 이 영역이 넓은 사람은 고집이 세고 주관이 강하며, 삶에 부정적인 경향이 많아, 인간관계에 소극적이고, 혼자 있는 것을 즐긴다. 미지영역은 가장 높은 수준의 잠재적 갈등이 존재한다.

2 조하리의 창과 협상

조하리의 창은 협상자가 알아야 할 모든 것을 이미 알고 있다고 잘못 가정하는 것을 방지하며, 좋은 인간관계란 어떤 것인지와 개방영역을 넓힐수록 협상자간 신뢰를 쌓을 수 있다는 점을 제시하고 있다. 협상자가 발생된 갈등을 원만하게 해결하기 위해서는 자신과 상대방이 서로에게 관심과 배려를 가지고 상호 정보교환이 필요하다. 또한 조하리의 창은 서로 유용한 정보(관점, 감정 또는 가치 등)를 공유하면 할수록 더 창의적이고 포괄적인 해결책을 찾을 수 있다는 점을 제시하고 있다.

협상은 근본적으로 서로 간에 공유가 잘 안 되는 정보의 갭을 좁혀나가는 과정이다. 협상과정에서 정보의 교환은 매우 중요하며, 정보의 주고받기(give and take)는 합의도달을 용이하게 한다. 정보의 주고받기는 협상자들 사이에 미지의 창이 닫히고 개방의 창이 열리게 함으로써 상호 이해를 높인다. 정보교환을 통한 열린 영역을 크게 하기 위하여 협상 당사자들은 가벼운 대화(small talk)를 준비하여야 한다, 가벼운 대화를 통해 이야기를 풀다보면 상대방에 대한 적개심을 줄일 수 있을 뿐만 아니라 개방영역을 넓혀 신뢰관계를 구축할 수 있다.

만약 협상자가 자신의 정보는 제공하지 않고 상대방의 정보만을 수집할 경우에는 사적영역인 비밀의 창이 커져 상대방에 의한 불신을 받게 된다. 협상 당사자 모두 정보를 제공하지 않는 경우에는 미지의 창이 열리게 되고 상호 불신으로 인해 합의에 도달할 수 없게 된다. 따라서 협상자들이 서로 열린 마음으로 자기노출, 적극적 경청과 피드백을 위한 대화를 자주 갖는 것이 바람직하다. 자기에 대해 알리는 노력을 진지하게 하게 되면 상호 신뢰가 형성되면서, 자신이 모르는 개선점에 대한 진심어린 충고를 들을 수 있는 기회도 많아지게 된다.

협상자가 자기중심적 해석에 의한 인지적 오류를 극복하기 위해서는 협상자 자신의 진정한 욕구에 대한 정보를 상호 교환하여 공유하고 정직하고 개방적인 자세로 협상에 임하여야 통합적 협상을 이룰 수 있다. 보이지 않는 불통의 창을 열어 소통의 창으로 전환하기 위한 유일한 방책은 진정성 담긴 '경청'이다. 또한 자신이 알지 못하는 정보일 때 알고 있는 사람으로부터 피드백을 받음으로써 의사소통을 효과적으로 수행할 수 있다. 이상적인 소통은 자신과 다른 사람이 서로 정보를 공유하는 '열린 창'의 확대를 통해서만 가능하다.

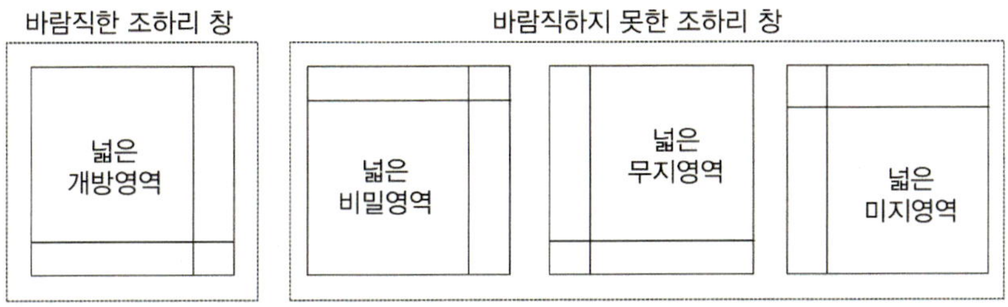

[그림 4-2] 바람직한 조하리 창

나의 마음의 창 진단	[전혀 맞지 않다(1) 꼭 들어 맞다(5)]
1. 내가 생각하고 있는 바를 자신있게 말한다.	( )
2. 상대방이 나를 비판할 때 자기 변호를 하기보다는 귀를 기울이는 편이다.	( )
3. 어떤 일에 대하여 잘 모르는 것은 잘 모른다고 확실히 말한다.	( )
4. 다른 사람의 말에 몸짓과 표정, 눈길로 관심을 나타낸다.	( )
5. 자기 자신을 솔직히 표현한다.	( )
6. 남이 무엇인가를 표현하려고 애쓸 때에는 그것을 도와 준다.	( )
7. 나는 나의 잘못에 대해서 변명하기보다는 잘못을 인정하는 편이다.	( )
8. 나의 의견에 대해서 상대방이 어떻게 생각하는지 물어보고 경청하는 편이다.	( )
9. 별로 좋은 일이 아닐지라도 남들이 알아야 할 일이라면 알려 준다.	( )
10. 토의를 독단적으로 운영하지 않으며 아이디어를 자유스럽게 제기할 수 있도록 알려준다.	( )
11. 대인관계에 있어서 정직하다.	( )
12. 다른 사람의 감정을 존중한다.	( )
13. 처음 만나는 사람에게도 자신을 솔직하게 드러내는 편이다.	( )
14. 이야기를 독점하여 상대방을 짜증나게 하는 일이 거의 없다.	( )
15. 나는 다른 사람에 비해 비밀이 적은 편이라고 생각한다.	( )
16. 관심을 갖는 체하거나 경청하는 체하지 않는다.	( )
17. 본대로 솔직하게 이야기하며 거짓말을 하지 않는다.	( )
18. 다른 사람이 내 말에 찬성하지 않는다고 화내거나 푸대접하지 않는다.	( )
19. 자신의 본성을 그대로 나타내며, 가장하지 않는다.	( )
20. 다른 사람의 조언이나 충고를 고맙게 받아들인다.	( )

21. 다른 사람이 이해할 수 있는 말과 용어를 쓴다. ( )
22. 중요한 토의를 할 때 토의에 방해되는 일이 일어나지 않도록 사전에 예방조치를 한다. ( )
23. 다른 사람이 잘못을 했을 경우 잘못한 사람에게 솔직하게 이야기 한다. ( )
24. 대화나 토의를 할 때 다른 사람이 그들의 생각을 발표하도록 권장한다. ( )

점수 합계 : 홀수문항 (   )점, 짝수문항 (   )점

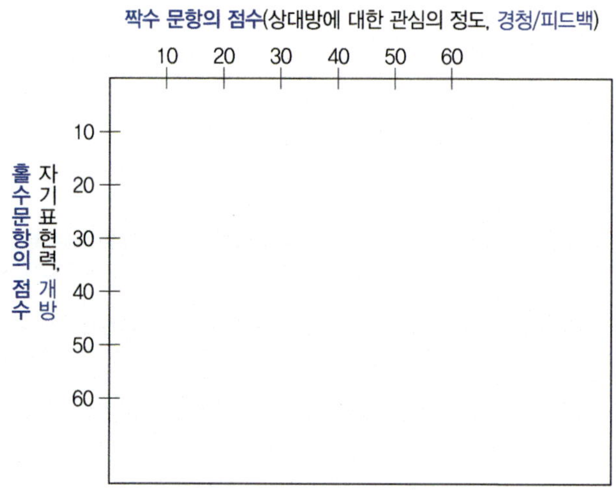

제 2 절 의사소통의 이해

1 의사소통의 개념

1) 의사소통의 의의

우리는 일상의 대부분을 타인과 대화하고 의견을 교환하며 지낸다. 의사소통은 생명체들(living beings) 사이에서 감정, 태도, 사실, 신념, 생각 등을 전달하는 과정(Process)이다. 의사소통은 사람 사이의 관계를 전제로 인간상호

간 정보의 교환이며 언어로 전달되는 내용뿐만 아니라 몸짓, 신체언어, 음색, 자세, 침묵까지도 포함한다. 영어단어 커뮤니케이션(Communication)의 어원은 공동(common)의 것으로 만든다는 라틴어 코무니스(communis, Communicare)에서 유래되었다.

사람들은 상호의존관계에 있기 때문에 의사소통을 통해서 타인들에게 영향을 미치고 또 영향을 받는다. 의사소통 없이는 집단이나 구성원이 존재할 수 없으며 특히 조직에서의 의사소통은 공동의 목표를 달성하고, 연결시키며 이를 통해서 구성원의 근무 의욕을 증진하고 사기를 고양하며 협동심을 고취하고 생산성을 향상시킬 수 있다. 또한 의사소통기술을 익히게 되면 나와 상대방의 욕구를 알아차리고, 서로의 욕구를 인정해주고 충족시켜 주는 방법을 연습함으로써 대인갈등을 줄일 수 있다.

2) 의사소통의 과정

의사소통은 발신자(개인, 집단, 조직)가 수신자(개인, 집단, 조직)에게 어떤 유형의 정보를 전달할 뿐만 아니라 정보나 아이디어, 감정 등 어떤 의미를 송신자와 수신자 간에 피드백을 통하여 교환하거나 공유하는 것이다. 의사소통과정은 발신자가 전하고자 하는 메시지를 단어나 시그널을 통해 암호화하면, 수용자는 전달자의 의사소통 코드를 자기 나름대로 이해함으로서 암호화된 메시지를 해독하는 과정으로 이루어진다.

메시지는 채널이나 미디어를 통해 전달되며, 의사소통의 완결은 수신자가 전달자의 의도대로 메시지를 이해할 때 비로소 이루어진다. 수신자는 시선교환, 메시지의 요약, 질문 등을 통해 메시지를 옳게 이해했는지 여부를 표현한다. 이러한 식으로 피드백 과정이 이루어지며, 이 과정과 함께 메시지를 전달하는 의사소통 과정이 종결된다.

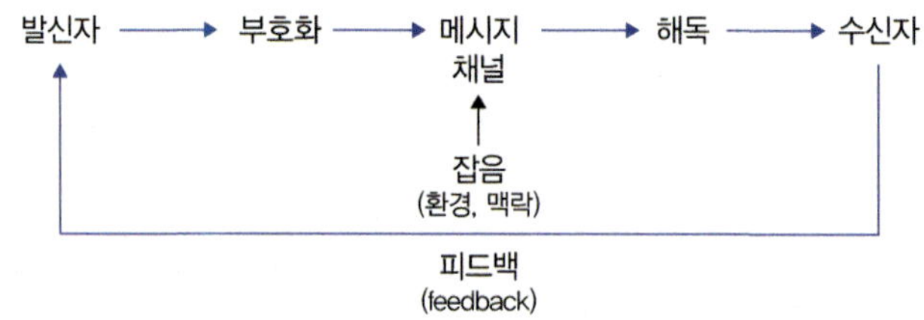

[그림 4-3] 의사소통의 과정 및 구성요소

발신자의 생각이나 감정이 수신자에게 전달되는 과정에는 여러 가지 잡음이 개입된다. 잡음으로 인한 방해요인에는 발신자의 미숙하고 부적절한 표현 방식, 전달매체의 불완전성 및 방해요인(작은 목소리, 불분명한 발음, 중간전달자의 왜곡, 소음 등), 수신자의 왜곡된 해석 방식 등이 있다. 따라서 양방향적인 의사소통이 잘 되기 위해서는 피드백 과정이 반드시 필요하다. 이때 상대방의 말을 들으면서 그 말을 자기 자신의 말로 의역하고 자신의 말에 반영하는 능력을 계발하고, 자신에 대한 개방적 인식의 영역을 넓히고 새로운 통찰을 얻도록 노력하는 것이 필요하다.

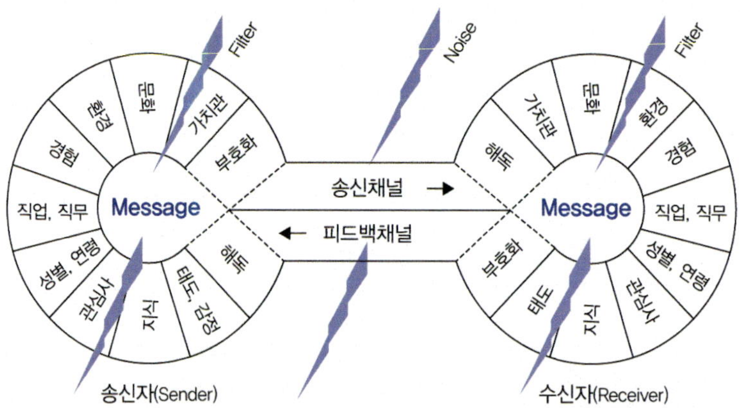

[그림 4-4] 의사소통 장애요인

협상은 공동의 목표를 달성하고자 하는 2인 또는 그 이상의 당사자 간에 양방향 의사소통을 통하여 최선의 이익을 얻고 상호 만족할 만한 대안을 도출하기 위해 서로의 생각과 의견을 주고 받으면서 공동의 결정을 내리는 과정이다. 협상은 서로의 이익을 위하여 협의하고 의논하는 과정과 태도를 전제로 하고 있어, 의사소통은 협상역량에 크게 영향을 미친다.

3) 의사소통과 인식차이

협상이 실패하는 가장 큰 원인은 의사소통의 실패다. 협상과정에서 의사전달이 제대로 되지 않는 것은 다음과 같은 3가지 이유 때문이라고 할 수 있다.

첫째는 말하는 사람이 상대방이 이해할 수 있는 방법으로 이야기하지 않는다는 것이다. 둘째는 한 당사자가 의제에 대해 정확히 이야기하고 있다고 해도 상대방이 그 말을 경청해 주지 않는다는 것이다. 셋째는 상대방의 말을 듣기는 했으나 잘못 해석하고 있는 것이다. 세 번째 이유는 사람마다 관심사와 가치관 그리고 감성이 다르기 때문에 발생하는 인식의 차이 때문이다. 예로서, 같은 내용을 다르게 표현한 다음 두 문장에 대하여 상대방이 받아들이는 것은 차이가 존재한다. “1. 저는 뉴욕 갑니다. 어디로 가세요?, 2. 어디로 가세요? 저는 뉴욕 갑니다.” 후자가 상대방의 주의를 환기시키기에 보다 효과적이다. 이는 협상에서 상대방이 내 말을 들을 준비가 되어 있는지를 먼저 확인하는 것이 필요하다는 것을 보여준다.

상대방과 갈등을 해소하기 위해서는 초점이 내가 아닌 상대방에게 맞춰야 상대방이 나의 이야기에 관심을 갖게 된다. 실질적인 합리적 사상과 이해관계보다는 상대방의 인식과 감정을 파악하여 상대방이 내 말을 들을 준비를 하게 하는 것이 우선이다.

‘근본적 귀속오류’는 다른 사람들도 어떠한 일에 대하여 자신과 같은 방식으로 반응할 것이라고 가정하는 것이다. 나는 더운데 다른 사람이 추워한다고 해서 그 사람이 틀린 것은 아니라 나와 다르다고 인식하여야 한다. 협상에서 서로 다른 인식의 차이를 줄이는 의사소통을 하기 위해서는 자신이 전달한 의미보다는 상대방이 받아들이는 의미가 더욱 중요하기 때문에 상대방의 보조에 맞추는 의사소통을 해야 한다.

읽어보기 효율적인 의사소통의 기본

* 언제나 대화를 통해 문제에 접근한다.
* 상대방의 말을 듣고 난 다음 질문을 한다.
* 상대방을 비난하지 않고 존중한다.
* 오고가는 대화 내용을 자주 요약한다.
* 감정을 배제한다.
* 목표를 자세하게 밝힌다.
* 관계를 손상시키지 않는 선에서 확고한 태도를 취한다.
* 작은 신호를 놓치지 않는다.
* 인식 차이를 논의한다.
* 결정하기 전에 논의한다.
* 내가 통제할 수 있는 부분에 집중한다.
* 누가 옳은지 논쟁하지 않는다.

자료 : 스튜어트 다이아몬드(김태훈 옮김), 「어떻게 원하는 것을 얻는가」, 8.0,, 2011, p.75.

4) 의사소통과 질문

의사소통과정인 협상에서 쌍방 모두 통합적 결과를 얻기 위해서는 질문을 통한 신뢰감 형성과 상대방의 진의와 욕구를 파악하는 소통이 갈력한 힘을 발휘한다. 통합적 협상의 전제조건은 신뢰이다. 신뢰는 상호간 원활한 정보교환을 통해 쌓을 수 있다. 정보교환을 위한 소통을 할 때 상대방의 말을 먼저 듣고 질문한다는 것은 상대방을 존중한다는 뜻이다. 그럼에도 불구하고 협상자들이 정보를 공유하려고 하지 않으려고 하는데, 이는 정보가 노출되면 이용당할지도 모른다는 두려움 때문이다.

두려움은 거부감을 불러일으키거나 상대방이 방어적인 자세를 취하게 만들어 오히려 생산적인 협상에 방해가 될 수 있다. 이를 극복하기 위해서는 우선 상대방에게 질문의 의도를 명확히 설명하고, 닫힌 질문보다는 열린 질문을 해서 정보 공유의 정도를 상대방이 스스로 정하게 하며, 후속 질문을 던지거나 조용히 기다려서 추가 답변을 이끌어 내거나, 질문을 중립적으로 던지는 것이 필요하다. 또한, 상대방에게 자신의 주장이나 논거에서 틀린 부분이 있으면 지적해 달라고 상대방에게 직접 요청하거나, 상대방의 도움을 구하는 식으로 질문을 함으로써 상대방에게 신뢰감도 줄 수 있고, 내가 원하는 것을 얻을 수 있다.

협상의 소통방식으로 질문은 상대방의 숨은 욕구를 파악할 수 있다. 상대방의 진정한 욕구를 알게 되면 자신에게 덜 중요하지만 상대방에게 중요한 것은 내주고 상대방에게는 덜 중요하지만 자신에게는 중요한 것을 가져오는 교환이 가능하다.

읽어보기 **1. 질문이 주는 이익**

1. 질문은 상대방의 욕구나 정보를 파악할 수 있게 한다.

협상이란 상대방의 욕구를 파악하여 만족시키거나 자극하는 기술인데 질문은 상대방의 욕구를 알아내는데 도움을 준다. 또한 질문은 상대방의 답변을 통해 나에게 필요한 정보를 얻을 수 있는 기회가 된다.

2. 질문은 협상에 합리성과 논리를 불어넣는다.

협상에는 숫자만 가지고 하는 협상인 저차원적인 협상과 질문을 통해 합리성과 논리에 입각한 협상인 고차원적인 협상이 있다. 질문은 상대방의 논리를 파악하고 그 논리를 공략함으로써 합리성도 갖게 되는 고차원적인 협상을 가능하도록 한다.

3. 질문은 긍정적이고 진지한 인상을 준다.

협상에서 서로 자기 주장만 하면 상호 간에 야속한 마음이 들게 하여 부정적인 영향을 미친다.

4. 질문을 하면 상대방의 입장에 대해서도 진지하게 관심을 가지고 있다는 인상을 주어 상대방에게 호의적 감정을 유발한다.

5. 질문은 상대방의 논리적 허점을 효과적으로 드러내는 수단이다.

협상은 논리의 싸움이다. 상대방에게 논리적 허점, 모순이 있거나 일관성이 부족할 때에 직접적으로 적나라하게 지적하는 것은 협상을 대립 국면으로 몰아넣을 위험이 있으나, 질문을 통해서 논리적 허점이 자연스럽게 나타나도록 하면 상대방이 스스로 모순을 깨닫고 자신의 입장을 바꿀 수 있다.

2. 질문의 순서

사람들에게 첫 번째 "얼마나 행복한가?"라는 질문을 하고 이어서 "최근 몇 번의 데이트를 했는가?" 물었을 때와 두 번째 "최근 몇 번의 데이트를 했는가?"라는 질문을 먼저 던지고 이어 "행복한가?"를 물었을 때 사람들의 답변은 완전히 달랐다.

첫 번째 두 질문의 답변에서는 데이트 횟수와 행복은 서로 어떤 상관관계도 보여주지 않은 반면 두 번째 질문의 답변에서는 데이트를 많이 한 사람들은 그렇지 않은 사람들보다 자신의 행복도를 매우 높게 평가했다. 똑같은 질문을 순서만 바꿨을 때 사람들의 답변은 완전히 달라졌다.

질문의 순서는 기분이 판단에 미치는 영향을 보여준다. 첫 질문으로 행복의 여부를 생각할 때는 이성적 사고가 개입해 숙고해야 답할 수 있다. 감정보다는 이성적으로 판단하기 위해 노력을 하게 되고 뒤이어 데이트 경험을 떠올린다고 해도 앞 질문과 별개의 문제로 인식된다. 두 번째 첫 질문으로 데이트 횟수를 떠올리게 되면 머릿속에 연상기억이 활성화되어 데이트 당시의 분위기나 좋아하는 사람의 표정 등이 떠오르고 순간 기분이 좋아진다. 이어 "행복한가?"를 물으면 좋은 기분의 영향을 받아 즉각적으로 "그렇다."고 판단하는 것이다. 이때는 뇌에서 감정적으로 즉시 답변을 하게 된다.

읽어보기 **좋은 질문법**

1. 상대방의 생각을 고정시키는 닫힌 질문을 피하고 열린 질문을 하라.

"YES/NO"로 답할 수 있는 질문을 닫힌 질문이라고 하며, "왜 3년은 안되나요?", "어떻게 해서 그 가격을 생각하셨죠?" 식으로 '왜'나 '어떻게'를 붙여 상대방의 생각 등을 말하도록 유도하는 질문을 열린 질문이라고 한다. 열린 정보는 상대방의 숨은 욕구나 진의에 대한 정보를 얻게 해준다.

2. 꼬리에 꼬리를 무는 질문을 하라.

"어떤 가격 조건을 바라십니까? 왜 그 가격이 나왔습니까? 어떻게 하면 그 가격이 될까요?" 식으로 질문을 하게 되면 상대방의 마음을 더 정확히 알 수 있고 구체적으로 현실적인 대안을 마련할 수 있다.

3. 상대방을 인정하며 긍정적으로 질문하라.

상대방이 달성하기 힘든 제안을 한 상황에서

- 지금 그 제안이 현실적으로 말이 되는 내용이라고 생각하십니까? (나쁜 예)
- 지금 제안하신 내용이 어떤 면에서 좋다고 생각하시나요? (잘된 예)

하는 질문 중 후자는 상대방의 제안 설명 가능성을 높인다.

4. 협상의 막바지에는 "다른 대안이 있으신가요?"라는 질문을 하라.

상대방이 자신이 선택할 수 있는 옵션에 대해 솔직히 자백하게 만든다는 데 있다. 만약 다른 대안이 없는 것으로 밝혀지면, 이쪽은 굉장히 강력한 협상력을 갖게 된다.

2 이(異)문화 의사소통

1) 의사소통의 맥락적 요소

의사소통은 상호의존관계로 말하기, 듣기 및 상황 공유라는 일정한 맥락(Context)적 요소를 갖고 있다. 맥락은 말하는 사람과 듣는 사람 간의 지식, 경험 및 거리적 차이와 같은 환경적 요인과 문화적 배경, 의사소통의 주제 등에 의해 형성된다.

발신자의 부정확한 인식, 부적절한 코드화, 수신자의 부정확하거나 왜곡된 해석 등 맥락적 요소의 잡음은 어디에서나 발생하여 의사소통을 왜곡시킬 수 있다. 특히 문화가 다르면 서로 사고방식이 달라져 행동, 말의 표현, 해석의 차이 때문에 서로 오해를 하게 되는데, 이를 '이문화 의사소통 차이'라고 한다. 예를 들어 프랑스인은 대화의 형식을 매우 중시하기 때문에, 다른 나라에서보다 더욱 격식과 형식을 갖추어 소통을 해야 한다. 프랑스인을 식사에 초대할 경우, 고급 레스토랑에 테이블을 예약해두고, 식사 중에 사업 얘기보다는 프랑스 철학자나 작가를 인용해 가며 고상한 대화를 하는 것이 효과적이다.

이문화 의사소통 차이는 글로벌 비즈니스 협상에서 많은 오해를 불러 일으켜 협상을 결렬시킨다. 이문화 요인은 다른 나라의 거래처와 계약을 체결하거나 무역분쟁 해결을 위해 필요한 협상의 주요 수단이다. 다른 나라 거래처와 계약을 체결하거나 무역분쟁 해결을 위해서 이문화 의사소통이 원활하게 이루어져야 하며, 긍정적인 협상결과를 기대하기 위해서 문화별 의사소통의 차이점을 아는 것이 중요하다. 문화적 차이로 오해가 발생했을 때 협상자는 상대방을 자신이 속한 문화의 관점으로 상대방의 게으름, 무관심, 회피적인 태도를 탓하는 자민족 중심주의(ethnocentrism)에 빠질 가능성이 높다.

2) 이문화 의사소통과 협상

의사소통의 문화적 차이에 대해 갖는 폐쇄적인 견해는 협상 상대방에 대한 편견으로 이어져 협상 테이블에 앉기 전에 긍정적 또는 부정적 태도로 나타나 의사소통을 방해한다. 관계중심 문화에서는 협상자의 배경이나 계층출신에 대하여 관심을 갖는 반면에 과업중심의 문화에서는 학연 및 혈연과 같은 인간지향보다는 상대방이 하는 일이 무엇인가 하는 것에 관심을 갖는다.

격식을 중시하는 한국, 중국, 일본에서는 상대방의 나이와 지위 등에 민감하게 반응하고, 이메일을 통한 소통을 격식 없는 개인적 의견의 교환 창구가 아니라 팀 또는 부서 전체의 합치된 의견을 전달하는 수단으로 인식하는 반면에 미국과 같은 비격식 문화권 사람들은 나이, 성, 지위, 신분의 차이와 상관없이 언어를 평등화하려고 하고, 이메일을 통해 요청이나 문의를 받으면 현재 알아보는 중이라는 간단한 답변만 보내거나, 아니면 상대방이 물어본 것 중 현재 답할 수 있는 일부만 우선 답하고 나머지에 대해서는 나중에 회신한다.

한편, 이문화의 가치나 규범을 지나치게 존중함으로써 문제가 발생하기도 한다. 트롬피나스(Trompenaars)는 대화자 쌍방 모두 서로 상대방의 문화를 지나치게 의식할 경우에도 문제가 발생할 수 있다는 점을 지적하였다. 이런 경우에는 서로가 상대방의 문화에 과도하게 적응한 나머지 '의사소통상의 충돌'이 발생한다.

이문화간 의사소통이 원활하게 이루어지기 위해서는 대화자 쌍방이 자신의 가치관과 규범을 성찰할 준비가 되어 있어야 한다. 또한 열린 마음으로 항상 상대방을 포용하며 긍정적으로 임하려는 자세를 가지는 것이다.

읽어보기 **이문화 의사소통상의 문제 사례**

1. 관점차이

미국 모토롤라 대학의 대표가 중국의 기업인/관리들을 만났다. 그는 중국인들과 인적 관계를 맺기 위해 중국식 경제건설에 대한 자신의 관심과 지지를 열심히 설명했다. 중국인들은 예의상 그의 말을 경청해주었지만, 정작 그들이 듣고 싶었던 말은 미국식 성과급 제도에 관한 설명이었다. 즉, 그들은 이미 미국식 가치에 심취되어 있었던 것이다. 양 당사자들은 상대방의 문화적 가치를 너무 의식하여 원활한 소통이 이루어지지 않았다.

2. 지나친 상대방 배려

1990년대 초 네덜란드 수상 루버스(Ruud Lubbers)는 중국 방문을 앞두고 중국인의 문화에 대한 정보를 자세하게 수집했다. 그는 중국인들에게 줄 선물을 준비해 갔으며, 중국인들은 선물을 받으면 그 자리에서 풀어보지 않는다는 사실을 알고 있었다. 그러나 유럽의 선물 문화를 잘 알고 있던 중국인들은 선물을 받자마자 그 자리에서 풀어보았던 반면, 루버스 수상은 중국 측이 준 선물을 풀어보지 않아 중국인들을 실망시켰다. 상대방 문화에 대해 서로를 지나치게 배려해서 생긴 사건이었다. 양측은 모두 상대방을 배려하고자 자신의 가치를 버렸던 것이다.

도식화된 생각에 빠져있는 사람은 이문화에 대한 편견을 갖고 종종 상대방을 섣불리 재단하는 우를 범한다. 유럽에는 일반적으로 다음과 같은 문화적 편견이 존재한다.

즉, "이탈리아인은 창조적이며 혼란스럽다", "벨기에인은 인생을 즐길 줄 알며 매사에 느리다", "폴란드인은 재즈를 좋아하며 사업을 정직하게 하지 않는다" 등. 이러한 판에 박힌 편견이 다행히도 긍정적이면 적어도 갈등은 일어나지 않지만, 그렇지 않을 경우에는 문제가 발생한다.

자료 : 윤용선, "이문화간 의사소통 이론에 관한 연구", 「국제지역연구」 제10권 제2호, 한국외국어대학, 2006.

3 경청과 협상

1) 경청

의사소통은 협상의 가장 중요한 매개수단이다. 효과적인 의사소통의 제1법칙은 '상대방의 말을 잘 들어 주는 것'이다. 협상에서 '자기 의사를 논리적으로 잘 설명하는 것'은 그 다음의 일이다. 인간의 행동 동기 가운데 이해받고자 하는 욕구가 매우 강하며, 상대방에 대한 이해는 상대방의 말을 잘 듣는 데서부터 시작되기 때문이다.

내 말에 귀 기울인다는 것은 상대방이 나를 진지하게 받아들이고, 나의 생각과 감정을 알아주며, 무엇보다 내 말을 중요하게 여긴다는 뜻이다. 상대방이 내 말을 듣고 이해해 주기 바라는 마음은, 그 사람과의 거리를 좁히고 싶어 한다는 의미이다. 우리는 속마음을 털어놓음으로써 거리감을 극복하려 하지만 이해를 구하기란 생각처럼 쉽지 않다.

경청(傾聽)은 몸과 마음을 기울여(傾), 상대방을 왕(王)처럼 존중하며 그가 하는 말을 귀(耳)와 눈(目)으로 집중하여(一心) 듣는 것(聽)을 말한다. 경청은 상대방을 존중하는 것으로서, 우리 자신의 관심과 욕구와 편견을 한쪽으로 밀어 놓고 상대방을 진정으로 이해하고 공감하겠다는 의지의 표현이며, 상대방이 말하고자 하는 모든 메시지에 반응하는 매우 적극적인 과정이다. 또한 경청은 상대방에게 관심을 집중시키고, 열심히 말을 듣는 아주 능동적인 과정으로서 하나의 예술이며, 기술이고 훈련이다.

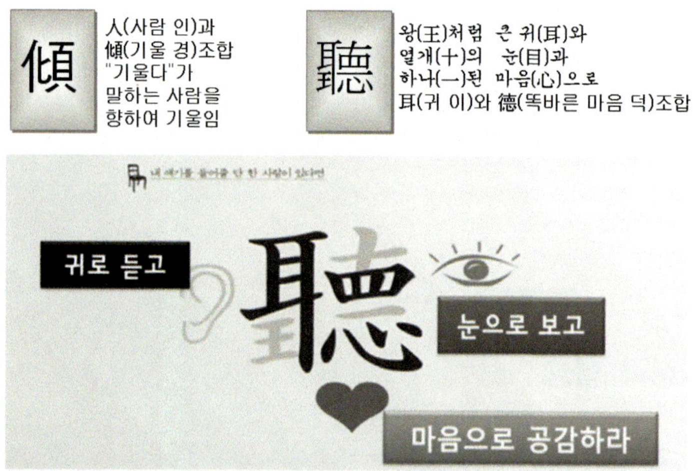

[그림 4-5] 경청의 의미

2) 경청의 5단계

대부분의 사람들은 상대방을 이해하려 하기보다는 자신이 대답할 의도를 갖고 듣는다. 타인과 의사소통할 때 말하는 것보다 듣는 것이 더 중요한데, 이는 상대방 말에 집중해서 경청해야 상대방의 진심, 마음, 의도를 잘 들여다볼 수 있기 때문이다.

리더십의 대가인 스티븐 코비는 경청의 방식을 다음과 같이 5단계로 나누었다.

1단계는 '무시하기'이다. 상대방의 이야기를 아예 무시하는 단계로, 상대가 말하는 것조차 허용하지 않는다.

2단계는 '듣는 척하기'이다. 상대방의 이야기를 겉으로 듣는 척만 하고 속으로는 전혀 다른 생각을 하고 있는 상태이다.

3단계는 '선택적 듣기'이다. 듣는 사람이 자기가 듣고 싶은 내용만 듣기 때문에 나중에 대화 내용을 다시 확인했을 때, 그런 말을 했는지조차 기억하지 못하는 상황이 생길 수 있다. 이는 자신의 이야기를 마친 후 다른 사람이 이야기할 때, 혹은 대화 주제에 관심이 없거나 자신과 관련 없는 대화를 할 때 흔히 발생한다.

4단계는 '귀 기울여 듣기'이다. 상대방이 한 이야기의 의미를 생각해 보면서 제대로 들으려고 노력하고 최대한 이해하려 하는 단계이다.

마지막 5단계는 '공감적 경청'이다. 상대방의 이야기를 귀 기울여 듣기에서 더 나아가 말하는 사람의 의도와 본심을 이해하려고 노력하는 단계이다. 공감적 경청은 상대방이 하는 말을 상대방의 관점에서 이해하고 상대방의 감정을 함께 느끼며, 자신이 느낀 바를 상대방에게 전달하는 것이다. 협상장에서 각자의 주장이 아닌 '논의'를 하려면 상대방의 주장을 공감하며 듣는 것이다. 감성적 협상자는 협상 상대방의 말에 공감하는 능력이 탁월하다.

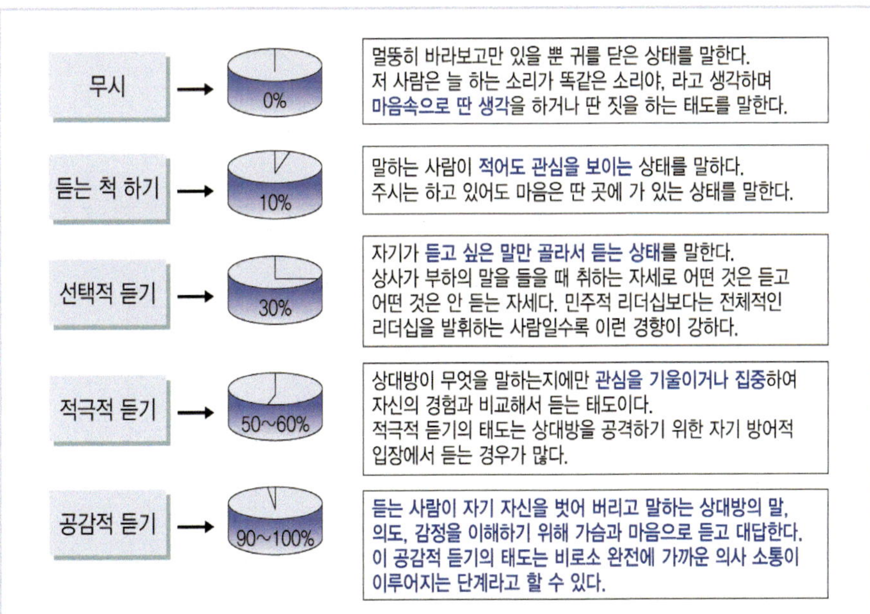

[그림 4-6] 경청의 5단계

3) 적극적 경청

적극적 경청(active listening)은 상대방이 전달하고자 하는 말의 내용은 물론 그 내면에 깔려 있는 동기나 정서에 귀를 기울여 듣고 이해한 바를 자신의 언어로 상대방에게 피드백해주는 것이다. 다시 말해 이것은 평가 · 의견 · 충고와 분석 · 의문을 전달하는 것이 아니라 상대방이 의미하는 것 그 자체가 무엇인가를 이해하며 듣는 것을 의미한다.

예를 들면, 상대방이 한 말 중에서 불확실하거나 이해가 되지 않는 부분에 대해서 질문을 하거나 자신이 이해한 내용을 상대방에게 확인하는 발언을 하거나 상대방이 한 말 중에서 불확실하거나 이해가 되지 않는 부분에 대해서 질의를 하거나 자신이 이해한 내용을 상대방에게 확인하는 발언을 하거나 때로는 상대방의 발언내용과 감정에 대해 공감하는 발언을 할 수도 있다. 뿐만 아니라 상대방의 눈을 응시하고 상대방 쪽으로 몸을 기울이며 상대방의 이야기 중 중요한 부분에 대해서 고개를 끄덕이는 비언어적 행동은 주의를 집중하여 열심히 듣고 있다는 행동적 표현이 된다.

적극적 경청은 또한 상대방에 대한 대응 수준을 높일 수 있다. 훌륭한 판단은 진지한 경청으로부터 비롯된다는 점을 깨달아야 하며, 적절한 대응 역시 진지한 경청으로부터 시작된다는 점을 인식해야 한다.

읽어보기 **공감적 의사소통 원칙 : 'S.O.F.T.E.N 법칙'과 '1-2-3 법칙'**

'S.O.F.T.E.N 법칙'

1. 은은하고 여유가 담긴 미소(Smile)를 지으면서 대화한다.
2. 개방적인 손동작과 몸짓(Open posture)이 대화를 부드럽게 만들어준다.
3. 몸을 약간 앞으로 숙이는(Forward posture) 자세가 개방적이면서도 자연스러운 느낌을 준다.
4. 상대방에게 거부감을 주지 않는 범위 안에서 터치(Touch)를 부드럽게 하는 것도 좋다.
5. 상대방의 눈을 바라보면서(Eye contact) 이야기한다.
6. 상대방의 말을 들으면서 반응을 보이고, 고개를 끄덕이면서(Nod) 이야기한다.

이상의 여섯 가지 S.O.F.T.E.N은 '부드럽게 하다', '마음을 누그러뜨리다'의 의미를 가지고 있다. 대화에 있어 부드러운, 상대방의 마음을 누그러뜨리는 대화는 말을 잘하려고 애쓰기보다 상대의 말을 잘 들어주는 것이 좋다.

'1-2-3 법칙'

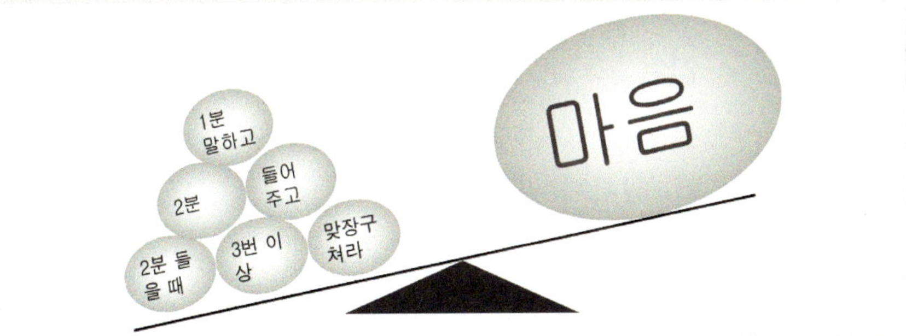

자료 : http://cafe.naver.com/eetu/17

4) 경청과 협상

협상에서 일방적인 자기 주장의 관철로는 합의를 얻을 수 없다. 협상은 상대방와 함께 문제를 풀어나가는 과정이다. 상대방의 의견을 경청하는 것은 협상을 잘 진척시켜 나가기 위한 기본 태도이다.

협상에서 상대방의 말을 잘 경청하는 것을 인정하지만 감정이 고조되거나 시간에 쫓기는 협상상황에서 그것은 쉽지 않은 일이다. 더구나 어떤 경우에는 상대방의 주장에 별로 주의를 기울이지 않고 상대방 주장의 정당성을 무시하는 것을 좋은 협상전술로 생각하기도 한다.

그러나 유능한 협상자는 상대방의 말을 성심껏 들어준다. 상대방의 이야기에 귀를 기울여 경청하다보면 자신이 알지 못했거나 잘못 알고 있었던 상대방에 대한 정보를 얻을 수 있고 상대방 메시지 속에 숨은 요구와 필요를 좀 더 잘 알 수 있으며, 상대방의 사정이나 문제점 등을 잘 듣고 파악하다보면 상대방을 움직이도록 할 수 있는 방안이나 합의를 할 수 있는 대안을 마련할 수도 있다.

협상의 성공적 타결을 위해 반드시 필요한 것 가운데 하나는 상대방의 의견에 적극적으로 귀를 기울이는 것이다. 진지한 경청태도는 상대방과 상호 이해의 폭을 넓혀 나갈 수 있고, 또한 상대방으로부터 신뢰를 얻는 데에도 크게 도움이 된다. 상대방의 진술과 주장을 진지하게 경청하는 자세가 협상을 성공으로 이끌어 갈 수 있다.

4 대화법과 협상

1) 나-메시지와 너-메시지

인간관계에 있어서 서로 갈등이나 불만이 있을 때 그것을 표현하는 언어적인 방법으로 나-메시지(I-message)와 너-메시지(You-message)가 있다.

나-메시지는 상대방의 자존심을 상하지 않게 하면서 나의 감정을 전달하는 효과적인 방법으로 상대방의 행동 자체를 문제삼고 그에 따른 책임을 상대에게 넘기는 대신에, 그의 행동에 대한 나의 반응을 판단이나 평가없이 알려줌으로써 반응에 대한 책임을 내가 지는 것이다.

너-메시지는 상대방을 비난, 지시, 명령, 판단(평가), 무시, 충고함으로써 상대방의 자존심을 상하게 할 뿐만 아니라 문제의 책임을 상대방에게 떠넘기는 말이다. 책임소재와 관련하여 나-메시지는 나의 책임으로 받아들이는 것이지만 너-메시지는 상대방에게 책임을 지우는 것이다.

〈표 4-1〉 나-메시지와 너-메시지

구분	나-메시지	너-메시지
정의	나를 중심으로 상대방의 행동에 대한 내 생각과 느낌을 표현	너를 중심으로 상대방의 행동을 표현
사례	"네가 그런 식으로 행동을 하니(행동/상황) 여러 사람들에게 욕을 먹게 될 것 같아(결과) 내가 속이 상하는구나(감정/반응)."	"너는 형편없구나"
	"네가 그런 일도 제대로 처리 못하고 실수를 하니(행동/상황) 앞으로 더 힘든 일을 제대로 처리 못하고 그르칠 것 같아(결과) 걱정이 된다(감정/반응)."	"나이 값을 좀 해라"
	"당신이 나의 일에 일일이 참견을 하니(행동/상황) 내가 일을 하는데 방해가 되고, 또 나를 무시하는 것 같아(결과) 기분이 나쁘고 화가 납니다(감정/반응)."	"당신 일이나 신경쓰세요"
결과	- 상대방에게 나의 입장과 감정을 전달함으로써 상호이해에 도움. - 상대방에게 개방적이고 솔직하다는 느낌을 전달함. - 상대방은 나의 느낌을 수용하고 자발적으로 자신의 문제를 해결하고자 하는 의도를 지니게 됨.	- 상대방에게 문제가 있다고 표현함으로써 상호관계를 파괴. - 상대방에게 일방적으로 강요, 공격, 비난하는 느낌을 전달. - 상대방은 변명하려 들거나 반감, 저항, 공격성을 보이게 됨.

다양한 협상을 진행하다보면 터프한 상대방을 만나서 어려움을 겪을 수 있다. 이 경우 자칫하면 상대방과 감정싸움을 하거나 나의 입장을 포기하게 될 수도 있다. 협상가들이 화가 난 상태에서 흔히 저지르는 실수가 있다. 바로 '너-메시지'를 쓰는 것이다. 즉, 상대의 '행동'이나 '정체성'에 대해 내가 평가를 내리는 대화법으로. "당신은 너무 이기적인 것 같아", "그런 제안을 하다니, (당신은) 너무 비상식적이네요"라고 말하는 것이다. 그러나 비즈니스 협상은 지속성을 원칙으로 하고 관계 중심의 협상을 하여야 한다.

협상이나 설득이 어려운 상대방과 대화를 할 때 전문 협상가들이 권하는 방법은 '나-메시지로 말하기'이다. 즉, 상대방을 평가하지 않고 상대방의 제안에 대한 '자신'의 느낌을 표현하는 나-메시지를 사용한다.

통합적 협상이나 앞으로 지속적인 비즈니스 기회가 남아 있는 '관계 중심'의 협상에선 협상자는 협상 시 나-메시지는 다음의 5단계로 사용한다.

첫 단계는 Labeling(상대방 마음 준비시키기)이다. "듣기에 껄끄러운 이야기일 수도 있는데 솔직하게 말해도 될까요?"라는 식으로 상대방에게 대뜸 내 주장을 얘기하는 게 아니라 상대방이 '마음의 준비'를 한 후 얘기를 들을 수 있도록 하는 단계다. 질문을 통해 상대방의 동의를 이끌어 냈으므로 앞으로 이어질 대화 분위기도 우호적으로 가져갈 수 있다.

두 번째는 Fact(사실을 말하기)를 말하는 단계다. 협상 상대방의 주장 중 사실과 다른 부분을 언급하거나 내가 이런 제안을 할 수밖에 없는 통계수치 등 근거를 제시하는 것을 의미한다.

세 번째는 Feeling(감정 말하기)이다. 협상 상대의 부정적인 태도나 무리한 제안에 대해 내가 느끼는 감정을 솔직히 말하는 단계이다. 주의할 점은 상대방의 제안에 대해 평가하거나 비난해서는 안 된다는 것이다.

네 번째는 Intention(의도 말하기)이다. 궁극적으로 내가 주장하는 내용이 무엇인지 밝히는 단계다.

마지막으로 Feedback(상대방 답변받기)이다. "너무 제 입장만 말씀 드린 거 같습니다. 제 의견에 대해 어떻게 생각하시는지요?"라는 식으로 자신의 제안에 대해 어떻게 생각하는지를 질문하는 단계다. 이는 상대방과의 진솔한 대화를 원한다는 인식을 전달하게 된다.

2) YB화법과 Yes And화법

① YB(Yes…, But…)화법

우리의 뇌는 똑같은 강도의 자극이 와도 그 자극이 긍정적이냐 부정적이냐에 따라 기억하는 정도가 완전히 달라진다. 즉, 긍정적 감정과 기억은 쉽게 잊지만 부정적 감정은 쉽게 마음을 떠나지 않는다. 이를 '쾌락의 불균형'이라고 말한다. 자신의 의견에 대해 "맞습니다"는 말을 들었을 때의 반응보다 "그렇지 않습니다"라고 반박하는 말에 훨씬 더 강하게 반응하고 기억한다. 그래서 반박하는 상대방을 설득해 자신의 입장을 인정하도록 노력하게 된다. 협상에서 단호하게 'NO'만 외쳐서는 안되는 이유이다.

YB화법은 긍정적 대화법으로 상대방의 무리한 요구 사항에 대해서도 일단 '알겠다'고 말하고 들어준 후 반문하는 방식이다. 이는 상대방의 공격을 부드럽게 받아들이고, 그것을 반발 에너지로 바꾼다는 점에서 유도의 낙법과도 비슷하다. 즉, 처음부터 상대방의 의견에 반하는 의견을 먼저 이야기하면서 반발심을 일으킬 수 있으므로 먼저 상대방의 입장을 충분히 이해하고 나서 그에 상반된 입장을 이야기하는 것이다.

특히 상대방의 입장을 이해해 주는 'Yes부분'에서는 상대방이 하고 싶은 이야기들을 정확히 정리해 주는 것이 무엇보다 중요하다. 상대방은 그 이야기를 들으며 '어, 내가 생각하고 있는 것을 이미 잘 알고 있네'라고 생각하며 괜한 반발심이나 거리감을 버리고 그 다음에 이어지는 새로운 제안이나 상반된 이야기에 쉽게 마음을 열 것이다. 또 자신의 생각과 다른 부분이 있다면 그 부분에 대해 자신의 생각을 다시 이야기할 것이기에 서로 간의 오해가 더 커지기 전에 바로잡을 수 있다.

YB 화법은 다음과 같은 장점을 갖고 있다.

첫째, 상대방에게 거절에 대한 두려움을 반감할 수 있다. 무리한 부탁을 하는 사람은 상대방이 거절할 것에 대한 막연한 두려움을 갖는데 "Yes"를 듣는 순간 반감된다. 그 다음에 "But"이라고 말하면서 거절하면 훨씬 이성적으로 듣게 될 것이다.

둘째, 상대방에게 거부감을 주지 않고 자신이 처한 상황을 자세히 설명할 기회를 마련할 수 있다. 처음부터 변명을 하면 상대방이 '알았어'라고 하며 말문을 막을 수 있지만 'Yes'라고 먼저 말하면 거절할 수밖에 없는 상대방의 사정을 끝까지 듣게 해준다.

읽어보기 **Yes But화법**

석가모니와 건달

석가모니가 제자와 함께 길을 가는데 건달들이 시비를 건다.
"야, 이 거지같은 놈들아. 까까중들아!"
석가모니는 빙그레 웃기만 한다. 제자들이 웃는 연유를 물으니
"제자야, 이 금덩어리를 자네가 내게 주면 내 것이지만, 내가 필요 없다고 하면 도

로 자네 것이 되네. 마찬가지로 저 젊은이가 내게 욕한 것이야 저들 자유지(Yes) 허나 내가 안 받았으니(But) 그 욕이 누구에게 갔겠는가?"

이 말을 들은 건달은 석가모니의 10대 제자가 된다. 석가모니의 유머센스가 갈등 대신 화합과 설득이라는 결과를 가져온 것이다.

출처 : http://ask.nate.com/knote/view.html?num=361105

받아들이기 어려운 요구에 대한 응대 예시

받아들이기 힘든 가격 조건을 요구하는 상대방의 제안에 맞서 "말씀하신 가격 조건은 받아들이기 힘듭니다"라고 말하는 건 부정적이다. 대신 상대방에게 "가격 조건만 합의가 된다면 좋은 거래가 될 수 있을 것 같습니다"라고 말하면 상대방은 나의 가격 조건이란 이슈를 '거래 성사를 위한 해결해야 할 공통의 문제'로 인식하게 된다.

상대방이 갑자기 "납품 일정을 일주일 앞당겨 달라"고 요구한다면? 납품 일정을 당기기 위해선 생산직의 야근이 필수적이고 이렇게 되면 생산 단가가 올라갈 수밖에 없다. 이때 '그건 힘듭니다'라고 말하기보다 "이번 거래에서 납품 단가를 조정해 주시면 납품 일정을 앞당기는 것도 가능할 것 같습니다"라고 말하는 것이 효과적이다.

② Yes And화법

Yes And화법은 상대방의 의견에 대하여 "당신의 의견에 공감합니다" 거기에 "ooo 생각을 추가하면 좋겠습니다"라는 식으로 상대방의 의견에 공감을 표시하고 추가로 자신의 의견을 덧붙이는 대화법이다.

YB화법은 대화나 협상에서 논쟁을 통해 상대방을 설득시키는데 유용한 방법이라면 Yes And화법은 상대의 의견도 존중하고 인정하면서 자신의 의견도 제시하거나 추가하는 대화법을 말한다. YB화법은 종종 대화를 하다가 적대감을 낳고 갈등의 골을 깊게 하는 경향이 있지만 Yes And화법은 갈등을 예방하거나 공감을 얻는데 유용한 대화법으로 활용된다.

〈표 4-2〉 Yes But화법과 Yes And화법

YB(Yes…, But…)화법	Yes And 화법
'문서를 훌륭하게 잘 만들었네. 하지만 여기 이런 질문을 더 넣도록 하게'	'문서를 훌륭하게 잘 만들었네. 그리고 여기 이런 질문을 더 넣어주면 어떨까?'

이 일을 처리하는데 15분이면 충분하다고 제가 말했던 건 맞습니다. 하지만 아직 마무리가 되지 않아 조금만 더 기다려 주십시오.	'이 일을 처리하는데 15분이면 충분하다고 제가 말했던 건 맞습니다. 그리고 시간을 초과하게 되어 죄송합니다. 곧 마무리 하겠습니다.

5 비언어적 의사소통

비언어적 의사소통은 인간의 의사소통 과정에서 구두나 문서로 표기된 말을 초월한 모든 요소로써, 내재적 의미의 의사소통, 메타 의사소통, 침묵언어 및 행동의 언어 등으로 정의할 수 있다.

심리학자인 앨버트 메라비언(Mehrabian, 1968)박사가 주장한 '메라비언의 법칙'은 사람이 직접 의사소통을 할 때, 내용 7%, 목소리 38%, 표정 35% 그리고 태도가 20%를 차지한다는 것이다. 메시지전달의 90%가 얼굴표정, 몸동작, 목소리의 크기 등과 같은 비언어적 의사소통에 의해 이루어지고 있다고 강조하면서, 내재적 의미의 의사소통은 주로 감정이나 태도에 대한 전달과정이라고 정의하고 있다.

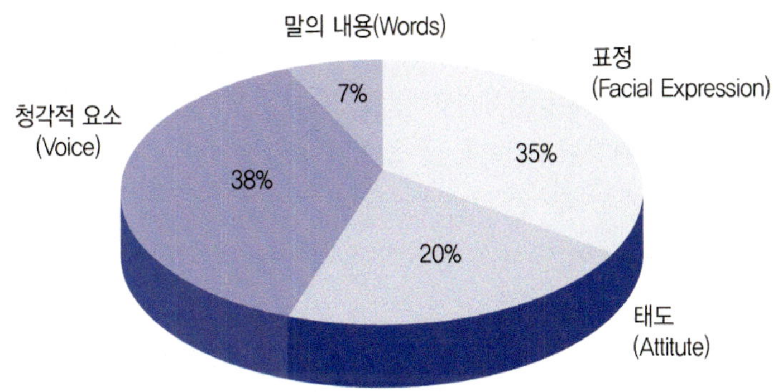

[그림 4-7] 메라비언의 법칙

의사소통에서 보디랭귀지의 중요성은 미국의 인류학자 홀(Edward T. Hall)이 1930년대 나바호 원주민 연구를 통해 밝힌 바 있다. 원주민 언어에 능통한 연방 정부의 관리들조차 원주민과의 대화에 어려움을 겪거나 오해를 사는 경우가 많았는데, 언어와 연관된 표정・몸짓 등 보디랭귀지를 체득하지 못했기 때문이라는 것이다.

홀은 사람의 감정・태도・평가 등을 전달하는 데는 언어보다 그 언어권의 보디랭귀지가 더 중요한 역할을 한다고 하였다. 사람들은 특별한 학습 없이도 다른 사람의 보디랭귀지(몸짓언어)를 이해하는 능력을 갖추고 있다. 그러나 동일한 보디랭귀지라고 하더라도 문화에 따라 달리 해석되는 경우가 있으므로, 무역협상을 준비하는 사람들은 사전에 각 문화의 보디랭귀지를 익혀야 한다.

1) 악수

무역계약을 체결하거나 갈등해결을 위한 협상을 하고자 할 때 당사자들은 서로 만나 인사를 나누고 의사소통을 하게 된다. 각 문화마다 인사방식은 다르지만 일반적으로는 악수를 나누게 된다. 중세시대까지만 해도 악수는 손에 무기가 없으며 적의가 없음을 확인시키기 위한 수단이었으나 현재는 상대방을 신뢰한다는 표시이다.

오늘날 악수는 전 세계에서 가장 보편적으로 나누는 비즈니스 인사법이다. 서로 대등한 관계에서 나누는 수평적 인사인 악수에도 예의와 격식이 있기에 악수 또한 제2의 인격이라고 할 수 있다. 즉, 악수는 어떻게 하느냐에 따라 당사자가 느끼는 편안함이 다르다. 손을 너무 꽉 쥐거나, 장시간 흔들거나, 맥없이 느슨하게 잡거나, 두 손을 잡는 등의 악수는 부정적 인상을 초래한다. 특히 남성과 여성 간 악수에서 남성이 여성의 손을 너무 꽉 쥐는 행동은 상대방 여성에게 불쾌한 느낌을 줄 수 있다.

	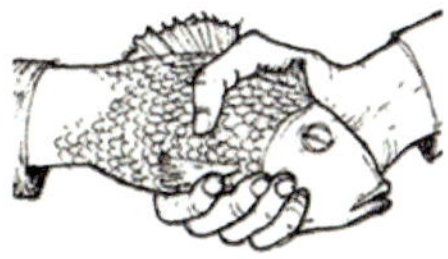	
올바른 자세 (손을 잡을 때 엄지와 검지가 시작되는 부분까지 깊숙이 잡는다)	Dead fish shake (힘없이 축 늘어지게 잡는 법은 좋지 않은 방법)	장갑형악수 (허리를 꺾어서 두 손으로 감싸는 형-서양인이 기피하는 방법임)

[그림 4-8] 악수법

2) 시선처리 및 손짓언어

협상테이블에서 언어로 대화를 나눌 때에는 얼굴표정과 시선 처리(eye contact)가 중요하다. 상대방과 대화를 나눌 때 직접적인 시선 처리는 문화차이로 건방져 보인다는 인상과 거짓을 말한다는 상반된 인상을 보여줄 수 있다. 전자의 경우는 동양에서 상대방에 대한 도전의 의미로 받아들여 정중하지 못한 것으로 취급되는 반면에 후자의 경우는 서양에서 대화중인 상대방의 눈을 똑바로 응시하는 것이 상대방의 이야기를 주의깊게 듣고 있다는 표시로 정중한 것으로 간주한다.

협상테이블에서 당사자들이 의사소통할 때 말하지 않고 침묵하는 상황이 종종 발생한다. 이때 동양문화에서는 상대방이 언급한 내용에 대해 신중함을 의미하지만, 서양에서는 거부나 반대의 표시로 본다. 또한 협상시 손에서 스마트폰을 놓지 않고 만지작거리면서 나를 쳐다보지도 않으면서 말을 하는 상황은 '나와 대화하기 귀찮은가'라는 느낌을 줄 수 있다.

대부분의 사람들은 대화를 하면서 자신의 손을 사용한다. 말이 부적절한 것처럼 보일 때, 즉 어떤 것을 묘사하거나, 강조하거나, 자신이 갖고 있는 의미를 설명하려 할 때 손을 필요로 한다. 엄지손가락을 위로 드는 손짓은 우리에겐 '최고' 혹은 '좋았어'라는 의미이지만 과테말라, 나이지리아, 러시아, 아프가니스탄, 우크라이나 등에서는 절대 쓰면 안 되는 표현이다. 우리의 최고가 다른 나라의 경우에는 그 반대의 의미가 될 수 있기 때문이다.

이외에도 사람들은 몸짓언어로 자신들의 감정이나 의견을 표시하기도 한다. 〈표 4-3〉은 몸짓언어에 대한 문화적 차이를 보여주고 있다.

〈표 4-3〉 손짓언어 국가별 의미

표시	각국의 의미
	• 한국 : OK 사인, 돈 • 일본 : 돈 • 미국, 서유럽, 중국 : OK 사인 • 브라질, 지중해 연안과 러시아, 터키 : '성적 모욕('동성애자', '구멍')'의 의미 • 프랑스, 튀니지, 벨기에 : 숫자 '0' 또는 '형편없다'
	• 한국 : '승리', '숫자 2' 및 사진 찍을 때 '김치~'의 의미 • 미국 : 승리 • 프랑스 : '평화'를 뜻함 • 영국, 뉴질랜드, 호주, 몰타 : 욕설 또는 '죽어라'라는 뜻
	• 한국, 동양 : 숫자 '1'을 의미 • 유럽과 서양 국가 : '1'뿐 아니라 '실례합니다', '안 돼', '하늘이 내려다보고 있다'라는 의미
	• 대부분 국가 : '최고다', '좋다' • 일본 : '남자'와 숫자 '5 • 호주 : 손 모양을 위로 치올리면 '엿 먹어라!'라는 뜻 • 그리스 : 앞으로 찌르듯 내밀면 '엿 먹어라!'라는 뜻
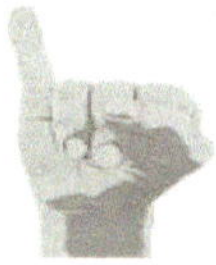	• 한국, 일본 : '여자, 애인' • 남아메리카 : '얇다' • 프랑스 : '허튼수작 하지 마라' • 발리 : '나쁘다' • 지중해 연안 국가 : '남자의 성기가 작다'

〈표 4-4〉 몸동작 및 표정형태에 따른 국가별 의미

부 문	형 태	의 미	해당국가
얼굴을 이용한 제스처	눈 깜박이기(blink)	무례한 행동	대만
	눈꺼풀 잡아당기기	주의 하십시오 나는 주의하고 있다	유럽, 라틴아메리카
	귀를 움켜잡는 것	후회나 진실의 표시 감사의 표시	인도 라틴아메리카
	코를 가볍게 치는 것	비밀의 표현 호의적 경고	영국 이탈리아
	엄지손가락을 손에 대고 흔드는 제스처	비웃음	유럽지역국가
	뺨 쓰다듬기(check strokes)	매력 성공	그리스, 이탈리아 유고슬라비아
	손끝 키스(fingertip kiss)	아름답다는 뜻의 감탄	유럽, 라틴아메리카
	턱을 가볍게 때리는 것 (chin flick)	관심 없음 나는 모자람	이탈리아 브라질, 파라과이
	귀 근처에 손가락으로 동그라미를 그리는 것	미쳤다는 표시 전화 왔다는 표시	대부분의 국가 네덜란드
	머리 끄덕이기(head nod)	부정적인 의미(no) 긍정적인 의미(yes)	불가리아, 그리스 대부분의 국가
	머리를 가볍게 두드리는 것 (head tap)	생각한다, 생각하시오 미쳤다는 의미	아르헨티나, 페루 기타 국가
손과 팔을 이용한 제스처	뿔을 세운 모양	행운의 신호	브라질, 라틴아메리카
	손짓하며 부르기(beckon)	모욕적인 의미	중동, 극동지역
	손가락 교차(cross fingers)	보호나 행운을 의미 공격적인 의미	유럽국가 포르투갈
	엄지손가락을 위로 세움 (thums up)	무례한 제스처 좋다는 의미(OK)	호주 기타국가
	손 흔들기(waving)	심각한 모욕, 위험	그리스, 나이지리아
	팔짱끼기	오만과 자만 무례함	핀란드 피지
	팔꿈치를 가볍게 두드리는 것	믿을 수 없다 인색하다	네덜란드 콜럼비아

자료 : 손태빈, 「세계의 상관습」, 대한상공회의소, 1991, pp. 28~30.

3) 공간 및 자리배치

사람들은 저마다 편하게 느낄 수 있는 자신들만의 특정한 거리를 가지고 있다. 사람들은 자신의 공간이 침해받게 될 경우에 긴장하고, 경계심을 갖고, 당황하게 되어, 자신과 타인 사이에 거리를 두고자 할 것이다. 그리고 자신이 타인과 어떤 형태의 인간관계를 가지느냐 하는 것은 자신이 바라는 거리의 형태를 결정하는 데 있어 중요한 요인이 될 것이다.

문화와 개인적 성향에 따라 어떤 사람에게는 적절한 거리가 다른 사람에게는 달갑지 않게 느껴져 상호작용 과정에서 오해를 낳기도 한다. 홀(Hall)은 '사적인', '일상적인' '공적인' 거리라고 세 가지 형태로 대인간의 거리를 구분하였다. '사적인' 거리는 매우 가깝고[3에서 6인치(대략 8-15센티) : 낮은 속삭임, 아주 비밀스럽거나 사적인 의사소통], 근접하고[8에서 12인치(대략 15-30센티) : 허물없는 내용], 가깝다[12인치에서 20인치(대략 30-50센티) : 낮은 soft한 목소리]. '일상적인' 거리는 20인치에서 5피트(대략 50-150센티)이고, '공적인' 거리는 6피트에서 대략 100피트(대략 18-20미터)이다.

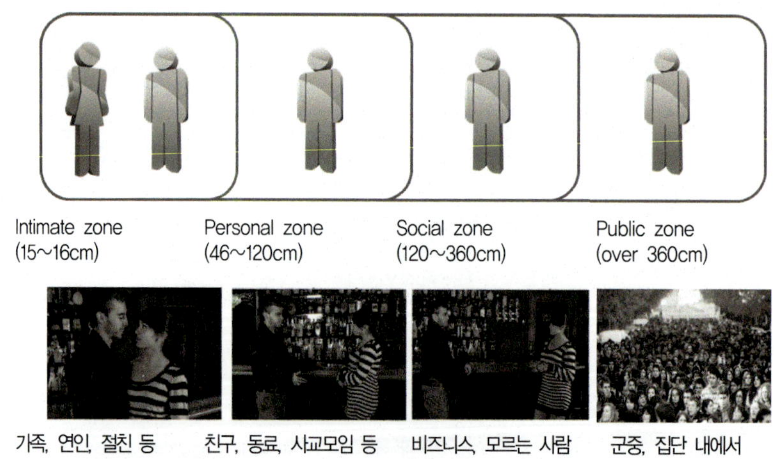

[그림 4-9] 대인 간의 거리

협상테이블에서 좌석의 배치도 매우 중요하다. 미국의 경우는 협상 당사자들이 서로 마주보고 이야기하려는 경향이 있어 상대방 맞은편에 앉는 경향이 있지만, 중국의 경우 협상 당사자가 서로 마주보는 배치는 당사자들의 불안감을 야기할 수 있으므로 세심한 주의가 필요하다.

4) 시간

세계인의 70% 이상은 시간관념이 희박하다. 중국, 인도, 동남아, 중남미, 아랍권의 나라들에는 낙천적인 국민성에 시간관념이 희박한 상태를 드러내는 말들이 많다. 예를 들면 중국의 '차뿌뚜어(差不多 : 큰 차이 없고)', '메이관시(관계없어)', 타이의 '마이펜라이(문제없어)', 중남미의 '마냐나(Manana : 내일)' 그리고 아랍권의 '인샬라(insha'Allah : 신의 뜻대로)' 등과 같은 말이다. 우리나라는 'korean time'이라는 것이 있어 약속시간에 '15분' 정도 늦는 관행이 있다.

각각의 문화마다 '기다릴 수 있는 인내의 한계'가 전부 다르기 때문에 상대방에 대한 무한한 존중과 이해는 특히 비즈니스 사회에서 통용될 수 없다. 시간을 철저히 지키는 일은 단순히 비즈니스에서만 중요한 것이 아니라 일반적인 약속에까지 확대되며, 이런 약속 엄수의 파이가 얼마나 큰가가 그 나라, 그 사회, 그 조직의 정신문화적 수준을 말해준다. 독일인들은 약속한 시간에서 1분도 더 기다리지 않기로 유명하며, 스위스나 노르웨이 사람들 역시 시간약속이 철저하다. 물론 직장에서의 퇴근 시간도 정확하다. 가까운 일본도 시간을 잘 지키기로 손에 꼽히지만 퇴근시간은 잘 지키지 않는 사람이 많다.

〈표 4-5〉 시간개념에 대한 문화적 차이

시간개념이 강한 문화권	시간개념이 약한 문화권
• 독일, 스위스, 영국 등 북유럽, 캐나다, 미국, 일본 • 지역별 표준시간의 구분 등으로 복잡한 시간 체계로 인해 시간에 대한 강박관념이 강한 성향 • 기후조건이 열악하거나 계절의 구분이 명확한 경우가 많음 • 계획에 따라 시간분배, 한번에 한 가지 일만 처리 • 약속을 지키지 않는 것은 타인의 시간을 강탈하는 행위로 간주 • 시간을 아끼는 것은 경제효율성을 높이는 것으로 인식 • 급행증후군, 여유없는 생활로 이어질 가능성 • 각종 전자제품이나 컴퓨터 등의 속도기능이 강화됨	• 스페인, 포르투갈 등 서유럽/남유럽 일부 국가, 필리핀 동남아, 중남미, 중동, 아프리카 • 시간분배에 무관심, 한번에 여러 가지 일을 동시에 처리 • 과거지향성 문화권 • 단일표준시간대의 국가가 많으며 계절의 구분이 명확하지 않거나 혹은 기후여건이 농작물 생육에 비교적 유리한 경우가 많음 • 시간보다 인간관계가 더 중요(그 사람을 처음 만난 날 등) • 시간보다는 사안이나 사건위주로 기억(내가 결혼하던 날, 내가 젊었을 때 등) • 시간은 서로 필요와 목적에 따라 달라질 수 있음 예 좌석이 다 차야 버스가 출발, 해가 질무렵에 만남 등

5) 체면

체면은 남을 대하기에 떳떳한 도리나 얼굴을 뜻하는 말로, 한국에서 가장 중요한 고유 문화요소 중 하나이며, 서양의 페이스(face)와는 다른 개념이다. 페이스가 개인적인 자아에 대한 이미지인 반면 체면은 사회적인 자아와 보다 관련되어 있고, 페이스가 사회적 상호작용을 통해 주장되고 강화되는데 반해 체면은 대부분 사회에 의해 거의 일방적으로 부과되는 것이다.

체면이나 페이스는 갈등과 같은 불확실한 상황에서 문제가 되는데 대부분의 문화권에서는 협상을 할 때 이를 유지하려고 한다. 동양과 남미 국가들에서는 체면을 매우 중요시 여겨 갈등 상황에서 자신 혹은 자신이 속한 집단의 잘못을 인정하는 것은 큰 수치로 다가올 수 있다. 이 경우 개인과 조직은 스스로의 체면을 유지하기 위해 소통 자체를 회피하거나 상당히 공격적인 소통 전략을 사용하여 갈등을 심화시키기도 한다.

〈표 4-6〉 서양의 페이스(face)와 한국 체면의 비교

페이스(face)	체면
개인차원	개인차원과 사회차원
평등성	지위 중심
보이는 상대	보이는 상대와 보이지 않는 상대
상황 특수성	보편성
상호 작용성과 경쟁성	현상 인정 및 위계성
가변성	지속성
커뮤니케이션 역할 확대	커뮤니케이션 역할 축소

자료 : 김영욱, 「위험, 위기 그리고 커뮤니케이션 : 현대 사회의 위험, 위기, 갈등에 대한 해석과 대응」, 이화여자대학교출판부, 2008.

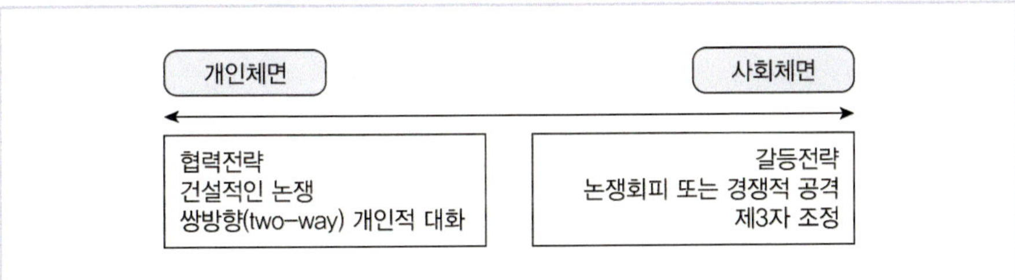

[그림 4-10] 체면의 특성과 갈등해소전략과의 조합(matching) 관계

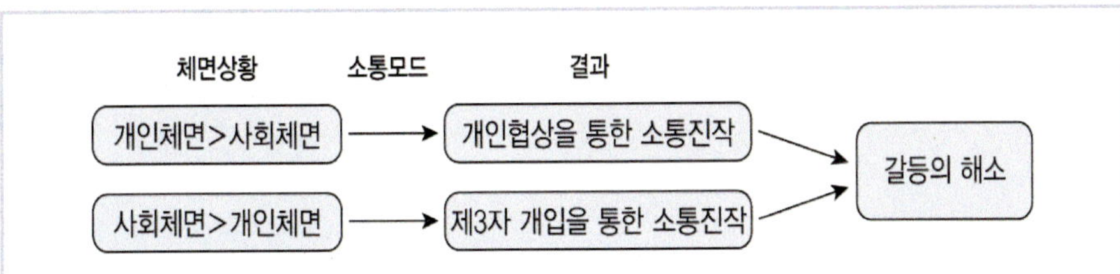

[그림 4-11] 체면-소통 모델과 갈등해소의 연결

자료 : 김영욱 · 양정은, "체면, 소통 그리고 갈등해소 : 체면-소통모델과 소통의 가능성 모색", 한국언론학회심포지엄 및 세미나, 한국언론학회, 2011, p. 334, p. 338.

Q

생각해보기 **매너 있는 빌 게이츠 VS 몰상식한 엘리자베스 여왕?**

1. 핑거볼의 물을 마신 몰상식한 여자

맛있는 만찬을 먹던 중 레몬 한 조각이 띄워진 물이 근사한 볼에 담겨 나왔다. 초대된 중국 고위관리자는 그 물을 시원하게 들이켰고 그 광경을 목격한 영국 고위관리자들은 순간 당황하며 속으로 손가락질을 했다. 왜냐하면 그 물은 마시는 물이 아니라 손가락을 씻는 핑거볼이었기 때문에 그들의 눈에는 그 물을 마신 이는 서양 테이블 매너를 전혀 모르는 몰상식한 사람이었던 것이다.

하지만 영국의 엘리자베스 여왕은 주저하지 않고 그 핑거볼의 물을 함께 마셨다. 핑거볼의 물을 마신 엘리자베스 여왕은 과연 몰상식한 것일까?, 아니면 다른 문화를 제대로 이해하지 못하고 적응하지 못했다는 이유로 손가락질을 한 영국 고위관리자들이 몰상식한 것일까?, 그것도 아니면 방문할 나라의 테이블매너를 사전에 익히지 못한 중국고위관리자가 몰상식한 것일까?

2. 한 손으로 악수하는 매너 있는 남자

청와대에서 박근혜 대통령과 만나면서 왼손을 주머니에 넣은 채로 악수를 해 논란이 일고 있는 마이크로소프트(MS) 공동창업자인 미국 테라파워 빌 게이츠 회장의 사진이 공개되자 네티즌 사이에서 의견이 분분하다. 일부 네티즌은 "국가 원수를 만나는 자리에서 결례다"며 빌 게이츠 회장의 태도를 비난했고, 다른 네티즌은 "문화적 차이일 뿐이다"라고 반박하는 등 반응이 다르다. 빌 게이츠의 습관을 넓은 마음으로 이해하지 못하는 우리 네티즌들이 몰상식한 것일까? 아니면 방문할 나라의 악수매너를 사전에 익히지 못한 혹은 알면서도 안한 빌 게이츠가 몰상식한 것일까?

자료 : 한국경제 Snaker(2013-4-24, 박영실, "매너 있는 빌게이츠 VS 몰상식한 엘리자베스여왕", 한경닷컴, 2013.4.24., http://snacker.hankyung.com/worker/1773)

A

생각해보기 **매너 있는 빌게이츠 VS 몰상식한 엘리자베스 여왕?**

테이블 매너에는 어긋나지만 상대방의 입장을 헤아리는 '역지사지'의 마음으로 핑거볼의 물을 함께 마셔준 엘리자베스 여왕의 매너는 좋았다.

반면에, 빌 게이츠는 상대방의 입장을 헤아리기보다는 자신의 습관을 고수하였다. 빌 게이츠의 왼손은 메르켈 독일 총리, 프랑수아 올랑드 프랑스 대통령, 클린턴 전 미국 대통령, 후진타오 전 중국 주석, 이명박 전 대통령과 악수할 때도 주머니 속에 있었다. 김대중 대통령이나 시진핑 주석을 만났을 때처럼 왼손이 나와 있는 사진은 몇 안 되기에 그의 반쪽 악수를 습관으로 생각하는 이들도 없지 않다. 하지만 그 몸가짐 즉 매너는 있되, 좋은 매너는 아니다.

그렇기 때문에 비즈니스매너 전문가들은 보통 매너를 있다・없다로 표현하기보다는 매너가 '좋다! 나쁘다!'로 표현한다. 보는 입장의 시각에 따라 몰상식한 주인공의 판도가 달라지기 때문이다.

제5장

협상과 문화

제 5 장 협상과 문화

제 1 절 문화

1 문화의 개념

세계화 시대는 정보통신, 교통의 발달로 다른 나라 사람들과 접촉이 빈번해지고 있다. 다른 나라 사람과의 교류 증대로 다른 문화를 접하기가 쉬워지는데, 타 문화에 대한 이해부족과 그에 따른 의사소통의 실패는 이문화 집단간 충돌과 갈등을 불러오곤 한다. 따라서 세계화 시대에서는 문화적 차이에 따른 다양성을 인정하고 각 문화를 존중해야 한다.

문화(文化, culture)는 사회의 주요한 행동 양식이나 상징 구조를 말한다. 문화란 말은 가치관, 행동 양식 등의 차이 등 관점에 따라 여러 가지 정의가 존재한다. 영국의 인류학자 타일러(Tylor, Edward B.)는 『원시문화』(1889)에서 문화는 '지식, 신앙, 예술, 법률, 도덕, 관습 그리고 사회의 구성원으로서의 인간에 의해 얻어진 다른 모든 능력이나 관습들을 포함하는 복합총체'라고 정의하였다.

문화는 빙산에 비유되기도 한다. 문화인류학자 홀(Edward T. Hall)은 "문화는 빙산의 일각과 같다"고 하였다[그림 5-1] 참조). 문화에서 우리가 볼 수 있는 것은 관찰·측정이 가능한 행동, 객관적인 지식으로서, 이것은 빙산의 일각에 불과하며, 내부의 사람 또는 관계에서 생겨나는 태도, 의미(가치관), 의지와 같은 보이지 않는 주관적인 측면이 포함되어 있다. 즉, 문화는 총체적인 사람 사는 모습을 담고 있는 개념이기 때문에 보이는 것과 보이지 않는 것으로 구분된다.

표면적 문화는 음식, 언어, 의복, 건축물, 관습 등은 눈에 보이는 문화의 부분이다. 표면 바로 밑에는 특정 집단 간에 뿌리 깊은 행동양식이 있다. 예의, 시간관념, 개인적 공간, 행위규칙, 얼굴표정 등과 같은 비언어적 의사소통 및 관계적 대화 패턴 등이 이에 속한다. 가장 밑바닥에는 무의식적 규칙으로서 가치관, 가정, 신념, 철학, 종교와 같은 보이지 않는 요소가 있다. 문화적 차이로 인한 갈등은 보이지 않는 요소 때문에 발생하여 해결하기 더 어렵다.

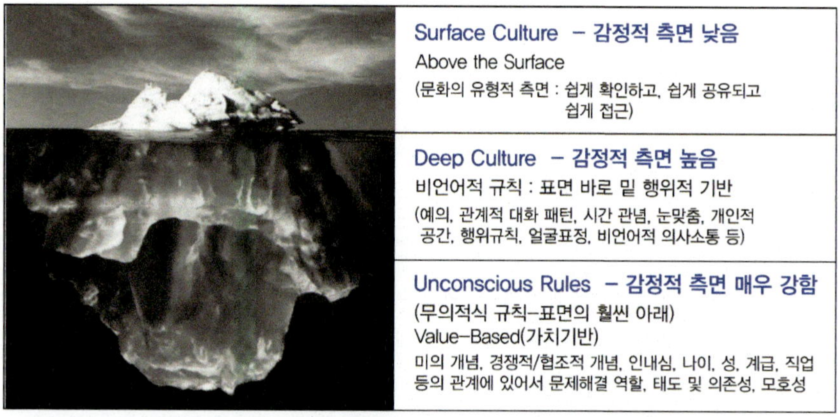

[그림 5-1] 문화의 빙산

세계화로 지구촌 국가간 교류가 활발해짐에 따라 문화에 대한 이해와 문화에 대한 교육이 더욱 강화되고 있다. UNESCO 보고서(1996)의 네 가지 교육목표에 따르면 문화 간 교육(Intercultural Education)은 다른 언어를 사용하는 사람을 접하거나 다양한 지식 분야에 대한 대화 상황에서 의사소통할 수 있으며(Learning to know), 광범위한 국가나 국제적 맥락 속에서 일어나는 다양한 상황을 처리할 수 있고(Learning to do), 과제를 수행하고 갈등상황을 다루는 데 있어서의 상호 의존성을 이해하고 서로를 존중하며(Learning to live together), 자신에게 배움의 의미와 자아 정체성을 강화시키고 개인의 인지적 역량을 키우게 하는 문화적 잠재력을 함양(Learning to be)할 수 있다고 하였다.

2 무역 협상에서 문화의 중요성

모든 인간관계의 상호 작용은 문자, 언어, 비언어적 표현 등의 전달없이는 이루어지지 않는다. 무역 협상은 지역적·공간적 영역을 달리하는 사람들이 상호 의사소통으로 합의에 도달하는 과정이다.

문화적 차이는 협상자들로 하여금 쟁점을 이해하고 쟁점 해결을 접근하는 방법에서 큰 차이를 보이게 한다. 협상에서 문화적 차이를 인식하고 다른 문화의 전통을 이행하는 것은 서로가 알아가는 협상의 시작단계에서 더 중요하다고 볼 수 있다. 국제협상학자 포스터(Foster, 1992)는 "비즈니스는 협상될 수 있지만, 문화는 가치를 내포하고 있어 협상될 수 없다"라고 하였다.

수입국의 문화가 수출국의 문화와 다르다면 글로벌비즈니스협상 전략은 다를 수밖에 없다. 살라쿠스(Salacuse, 1998)는 국제협상은 국내협상과 달리 ① 정치적·법률적 다원화, ② 국제적인 경제요인, ③ 외국정부와 관료제도, ④ 불안정성, ⑤ 의식형태, ⑥ 문화 6가지로 설명하고 있다.

무역 협상은 다음 2가지 이유로 더욱 복잡하다.

첫째, 협상환경이 매우 다양하다. 무역은 지역적 차이로 인하여 상대방 기업이나 협상 당사자를 잘 모르는 면도 있지만, 이외에 언어, 통화단위, 법률, 정치 및 제도, 경제적 수준, 사람들의 욕구, 문화 등이 너무 달라서 관련 정보를 쉽게 기억할 수 없다.

둘째, 협상자가 구할 수 있는 정보에 불확실성이 존재한다. 무역 협상은 개인 간의 협상보다 더 복잡하며, 모든 정보를 다 얻을 수 없으며, 얻은 정보도 불확실한 경우가 많다. 따라서 무역 협상자는 상대방이 갖고 있는 정치, 경제, 문화, 사회적 배경을 충분히 이해하고 개인적인 유대관계를 맺는 것이 무엇보다 중요하고, 자기문화 우월주의, 개인적 이해관계, 정치적·문화적 협상 태도 등에 관하여 세심한 주의를 기울일 필요가 있다.

사례 **문화적 차이로 인한 갈등사례-소니와 MCA(유니버설 영화사의 모기업)**

1976년 소니와 MCA(유니버설 영화사의 모기업)는 비디오디스크를 공동으로 개발하고 있었다. 비디오디스크란 재생은 되지만 녹화 기능은 없는 원반 모양의 장치로 개발 협상이 한창이던 당시, MCA는 소니가 VCR을 독자적으로 개발하고 있다는 정보를 입수했다. MCA의 쉐인버그 회장은 녹화 기능이 있는 VCR은 미국의 저작권법에 위배될 수 있다는 사실에 착안, 소니의 모리타 회장에게 이렇게 말했다. "VCR 개발을 계속한다면 소송할 수밖에 없습니다".

MCA의 쉐인버그 사장은 이런 '기습적 공격'을 통해 앞으로 VCR 개발도 함께 하고, 협상에서 좀 더 유리한 위치를 차지하려는 노림수를 쓴 것이었다. 하지만 결과는 참담했다. '소송'이라는 말에 화가 난 모리타 회장은 즉시 MCA와의 모든 비즈니스 관계를 중단했다. 결국 두 회사는 장장 11년이나 소송을 진행하며 수백만달러를 날렸다. 상대방의 문화적 차이를 이해하지 못해 벌어진 낭비였다. 글로벌 비즈니스 협상에서 상대방의 제안에 대해 'Hopefully yes'라는 표현은 미국인들은 '아마 괜찮을 겁니다'라는 긍정적 의미로 받아들이는 반면에 같은 영미권인 영국 사람에겐 '거의 불가능한데….'라는 부정적 의미로 이해된다. 상대의 문화적 배경이 무엇이냐에 따라 전혀 다르게 해석되는 셈이다.

출처 : 김한솔, "유리했던 협상이 말 한마디 잘못해 쩔쩔매는 협상으로 바뀐다", 조선일보, 2009. 6.13.

Q

생각해보기 5-1 **협상과 문화 1-사우디아라비아인과 협상**

계약서에 도장만 찍으면 최종적으로 일을 마무리하게 된 모기업의 A과장은 기분좋게 일을 마치고 한국에 돌아갈 기대에 부풀었다. 최종 계약을 하는 날에 사우디아라비아의 담당직원을 만난 A과장은 부인이 무척 아름다웠기에 부인은 잘 계시냐는 말로 시작하면서 부인에게도 안부를 전해달라고 하고 다리를 꼬면서 대화를 하기 시작하자 상대방 담당자는 점점 굳은 표정으로 바뀌더니 결국은 계약을 할 수 없다는 부정적 답변을 했다. 왜 그랬을까?

출처 : 강희선, "글로벌 시대의 글로벌 에티켓", 매경-휴넷 차세대CEO스쿨 5월 석찬특강, (http://www.hunet.co.kr/files/public/090605150104.pdf)

Q

생각해보기 5-2 협상과 문화 2-중국인과 협상

중국 비즈니스 파트너와 중요한 계약을 추진하던 박 모씨는 상대방과 코가 비뚤어질 때까지 술을 마셨다. 술 자리에서 계약조건을 들은 중국 거래처 직원이 '좋다'라고 말을 했기 때문에 계약 성사에 대하여 의심하지 않았다. 계약서에 사인만 하면 된다는 생각으로 본사에 관련 내용 보고까지 마친 상태였다. 문제는 분명 계약 조건들에 '좋다'라고 말했던 중국 직원이 '나중에 다시 이야기 하자'라고 나왔다. 어디서 문제가 된 것일까?

출처 : 박영실, "밤새 통음하고 부탁했더니 "다음에…" 중국인과 서둘러 맺을 수 있는 관계는 없다", 「DBR」 142호, 2013.12.

Q

생각해보기 5-3 협상과 문화 3-독일인과 미국인 협상

미국인 로버트 브랙큰리찌(Robert Breckenridge, 32세)는 독일 비즈니스맨 크라우스 하트만(Klous Hartmann, 55세)과 비즈니스 협상을 하였다. 로버트는 독일어를 구사할 수 있으나 실제 독일인과 비즈니스 협상을 한 경험은 없었고, 하트만도 국제 비즈니스 협상 경험이 없었으며 영어도 아주 제한적으로 말하는 수준이다.

하트만이 로버트의 사무실에 들어섰을 때 그는 독일어로 그를 환영했다.

"안녕하십니까? 저는 로버트 브래큰리찌입니다. 그러나 모든 사람들이 '밥'이라고 부른답니다. 크라우스! 당신을 만나 뵙게 되어 무척 흥분됩니다. 우리가 함께 좋은 비즈니스를 할 수 있으리라 확신이 드네요(Hallo, wie geht's? Ich bin Robert Breckenridge,aber alle nennen mich Bob. ich freue mich, Sie zu treffen und bin sicher, Klaus, dab wir zusammen arbeiten werden.)"

로버트는 하트만에게 의자를 권하고 자신들의 미래 비즈니스 관계에 허심탄회하게 토의하자고 제안하면서, 그의 발을 테이블위에 얹고 껌을 씹으며 "실제로 이 자리에서 만족할만한 협정을 맺을 수 있겠군요"라고 말했다. 그러면서 "남의 나라 사람과 비즈니스 협상을 하는 것이 그렇게 까다롭게 이루어지는 것이 아니구나"라고 내심 생각했다.

그러나 로버트는 하트만이 이 거래에 자신은 더 이상 흥미를 갖고 있지 않다는 통보를 받고 놀라지 않을 수 없었다. 도대체 무슨 일이 생겼을까?

Q

생각해보기 5-4 **협상과 문화 4- 인도네시아인과 협상**

계약성사 직전 마무리하는 역할을 부여받고 인도네시아로 출장 온 박과장은 생각지도 못한 복병을 만났다. 인도네시아 현지에서 약속시간보다 20분이나 늦게 나타난 바이어는 사과를 하기는 커녕 천연덕스럽게 "목욕했어요?"라는 말을 건냈다. 예상하지 못한 첫마디에 적당한 대답이 생각나지 않은 박 과장의 대답은 "그건 왜요?"였다. 박 과장은 자신의 대답 후 뭔가 분위기가 잘못돼가고 있음을 직감했다. 바이어의 표정이 순간 일그러졌기 때문이다.

하지만 다행히 현지 바이어 집에 저녁초대를 받은 박과장은 실수를 만회할 각오를 다졌다. 바이어의 귀여운 딸을 소개받자마자 박과장은 호감의 표현하기 위하여 자신의 왼손으로 바이어 딸의 머리를 쓰다듬었다. 순간 바이어 표정은 더욱 일그러지면서 "이번 계약 건을 생각해보겠습니다."라고 하였다. 어디서 문제가 된 것일까?

출처 : 박영실, "목욕했어요?" 인도네시아의 인사 한국에서는 "밥 먹었어요?", 「DBR」 154호, 2014.6. http://news.chosun.com/site/data/html_dir/2016/01/11/ 2016011103654.html

제 2 절 문화분류

1 홉스테드의 모형

홉스테드의 IBM연구(Hofstede, 1980; 1995; 2005)는 국가 간의 문화차이를 설명하는데 많이 인용된다. 홉스테드는 전세계 10만 명이 넘는 IBM의 종업원들에게 그들이 갖고 있는 태도와 가치관에 대한 자료를 수집하여 다음과 같이 문화를 분류하여 정리하였다.

1) 권력거리

권력거리(power distance : large vs. small)는 "한 나라의 국민이 정상적으로 생각하는 사람들 사이의 불평등 정도"로 정의된다. 이 지수가 높은 나라는 구성원간의 권력배분의 차이가 크다. 리더의 권위를 인정하고 복종하는 경향이 강한데, 한국은 60으로 평균보다는 높다. 중국(80), 말레이시아(104), 멕시코(81) 같은 아시아, 중남미 국가가 높고, 북미・서구 국가들이 낮은 경향을 보인다.

2) 불확실성회피

불확실성회피(uncertainty avoidance)는 "한 문화권에 속한 구성원들이 애매하거나 모르는 상황으로 인해 위협을 느끼는 정도"로 정의된다. 불확실성회피 지수가 높은 사회는 안정성, 미래에 대한 예측 가능성을 추구하고 불확실한 미래에 대한 두려움이 존재한다.

불확실성회피가 높은 문화에는 거의 모든 상황에서 적절한 행동을 하도록 안내하는 명확한 규정과 규율이 많다. 한국은 85점으로 세계에서 가장 불확실성회피 경향이 높은 사회이다. 한국에서 학벌, 스펙이 중요한 이유는 미래의 불확실성을 최소화하는 중요한 수단이기 때문이다.

3) 개인주의 · 집단주의

개인주의(individualism vs collectivism) 지수는 개인이 집단으로부터 얼마나 독립적으로 행동하는가를 나타내는 지수이다. 이 지수가 높으면 개인이나 가족의 이익과 안녕에 집중하고 지수가 낮으면 사회전체, 소속집단에 비치는 자신의 모습에 관심도가 높다. 개인주의 사회는 집단이익보다 개인이익을 우선시하여 자기 자신을 '나'라고 생각한다. 개인주의 사회에서는 개인 간의 연계가 느슨하다. 반면 집단주의(collectivism) 사회는 개인이익보다 집단이익을 우선시하여 자기 자신을 '우리'라는 집단의 일부라고 생각한다.

개인주의 문화에서는 정면 대결과 갈등을 순기능적으로 생각하고 갈등상황에서 토론하는 것을 유익한 것으로 간주하며 체면의식은 희미하다. 집단주의

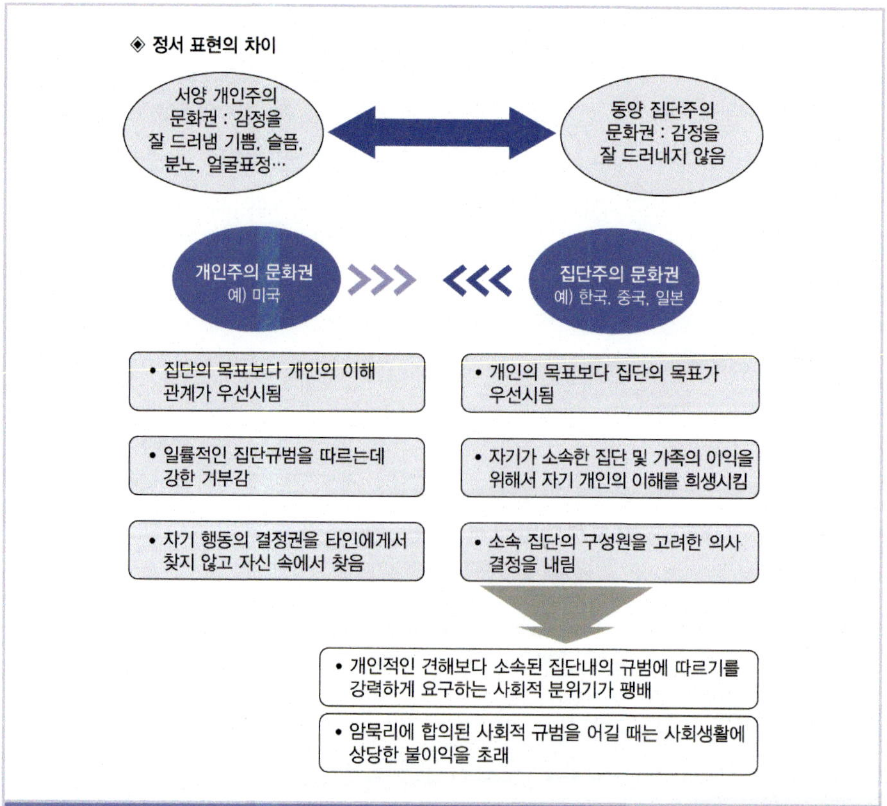

[그림 5-2] 개인주의 문화와 집단주의 문화

문화에서는 조화와 체면유지가 매우 중시된다. 대결과 갈등은 되도록 피하거나, 피할 수 없다면 체면이 손상되지 않도록 해야 한다. 그래서 집단주의 문화에서는 나 자신보다는 타인과 집단을 의식하는 체면(face)과 수치심(shame)의 속성이 부각된다. 개인주의 지수도 아시아 국가들이 낮고 북미·유럽국가들이 높은데 미국이 91로 가장 높고, 같은 아시아권인 일본이 41인 반면에 한국은 18로 가장 낮은 편이다.

4) 남성다움·여성다움

남성다움·여성다움(masculinity vs feminity)은 사회 내에서 지배적인 가치가 어느 정도로 '남성다운가'라는 것을 나타내는 것이다. 남성주의 지표가 높은 국가는 경쟁, 성취, 승리가 중요한 덕목이며 성취를 이룩하는 사람이 존경을 받는다. 또한 의사결정이 명확하고 객관적인 경향을 보인다. 이 지표가 낮은 국가에서는 인간관계, 삶의 질을 중요시하되 표면적인 성공이 큰 존경을 받지 못한다.

남성과 여성의 사회적 역할의 구분을 극대화하는 사회를 '남성다운' 것으로 보고, 상대적으로 그것을 극소화시키는 사회를 '여성다운' 것으로 보았다. 남성성이 강한 사회는 권위적인 위계질서, 남성우월주의적 특성, 가부장제를 중심으로 한 대가족제도와 함께 도전적인 성향과 공격적인 성향을 지니고 있다. 반면에 여성성이 높은 문화에서는 삶의 질, 서비스, 남에 대한 배려 및 양육성, 순종성, 자기희생, 의존감, 민감성, 동정심, 질투심 등에 높은 가치를 부여한다. 한국의 경우 39점으로 낮으며 일본은 90점으로 우리와 강한 대조를 보이고, 미국, 독일, 영국 등도 높은 편이고, 스웨덴, 노르웨이, 덴마크 등은 매우 낮은 경향을 보인다.

읽어보기 **남성·여성주의 문화 대 갈등해결방식**

갈등을 다루는 방식에서 남성적 문화와 여성적 문화는 서로 다르다. 미국·영국·아일랜드·호주·뉴질랜드 등 남성적 앵글로색슨 문화에서는 갈등은 열심히 싸워서 해결해야 한다는 정서가 있다. 반면 네덜란드·스웨덴·덴마크 같은 여성적 문화에서는 타협과 협상으로 갈등을 해결하는 길을 선호한다.

1917년 핀란드가 러시아에서 독립하면서 올랜드 군도의 영유권을 놓고 스웨덴과 핀란드 간에 분쟁이 일어났으나 국제연맹의 중재로 이뤄진 협상을 통해 평화적으로 해결했다. 이에 비해 1982년 아르헨티나와 영국 간에 발생한 포클랜드 군도 분쟁은 결국 전쟁 발발로 확대됐다. 두 나라는 군사적 희생과 함께 엄청난 재정 손실을 입었다. 영국과 아르헨티나 모두 남성성 지수가 높은 국가다.

출처 : 김세원, "영국은 투쟁, 스웨덴은 협상으로 해결", 「중앙시사메거진」, 2013.10.28.

5) 장기지향성

장기지향성과 단기지향성(long-term and short-term Orientation)은 유교적 역동성(confucian dynamism)이라 불린다. 이는 인생에 있어서 장기지향-단기지향을 가리킨다. 장기지향은 장기적인 성취를 위해 더딘 결과를 기꺼이 인정하는 문화이다. 또한 개인에 대해 조직이 우선시되며 지위에 의한 인간관계서열과 이 질서의 존중을 중시한다.

이에 반해 단기적 지향은 한 사회가 성취나 사회적 위치 등을 위한 사회적 요구를 쉽게 수용하는 사회로써 빠른 결과를 기대하는 문화이다. 이념이나 신앙, 전통적인 관습보다는 실제 생활에 유용한 덕목과 장기적인 관점에서의 이익을 추구한다.

한국은 100점으로 93개 조사국 중 1위이다. 한국과 같이 장기지향성이 높은 사회는 어떤 일을 할 때 자유, 권리, 성취, 독자적 사고보다는 통합, 정직, 적응, 책임, 자기 절제와 같은 가치를 중요하게 여긴다. 선과 악은 보편적 지침보다는 상황에 따라 구분되기 때문에 A가 옳더라도 A의 반대인 B도 옳을 수 있다고 믿는다.

미국은 26으로 한국보다는 더 이념적이고 단기적인 이익에 집중하는 사회라고 할 수 있다. 이는 미국 국민의 높은 애국심, 종교, 낙태, 동성결혼과 같은 이념적인 이슈와 함께 단기이익을 중요시하는 기업경영의 경향에서 볼 수 있다.

6) 쾌락추구 · 억제

쾌락추구(Indulgence)는 사회구성원의 자신의 욕구와 충동에 따라 행동하는 경향을 나타내는 지표이다. 억제(self-restraint)는 욕구충족이 엄격한 사회적 규범에 의해 규제되고 억제되는 경향을 나타내는 지표이다. 한국은 29점으로 세계에서 쾌락추구의 경향이 가장 낮은 국가이다. 이 점수가 낮은 사회는 비관적이고 냉소적인 경향을 보이고 여가생활이나 취미활동에 대한 욕구가 낮고, 심지어 이런 활동에 대한 죄의식을 느끼기도 한다.

이 지수가 높은 국가들은 대체로 낙관적이고 삶을 즐기려는 경향을 보인다. 이 사회에서 여가생활과 휴가는 매우 중요하게 인식된다. 아시아와 동구권의 국가에서 낮고, 서구 국가들은 중상위 수준을 보인다.

〈표 5-1〉 각 차원에 따른 사회구분과 사회의 주요 특성

개인주의 사회	집단주의 사회
• 각 개인의 독특성이 최고의 가치를 지니며 개인의 주체성, 흥미, 독립성이 강조된다. • 인간관계가 아닌 경쟁을 통한 개인의 능력 발휘, 자아실현, 개인의 행복을 최고의 미덕으로 생각한다.	• 자신을 '우리'라는 한 집단의 일부로 여기며 집단의 관점, 목표, 요구에 민감하다. • 자신이 속하지 않는 집단에 대해서는 배타적이며 자신이 속한 집단에는 충성심이 강한 반면 그에 따른 의존도도 강하다. • 개인의 쾌락보다 집단의 사회적 규범이 우선시되는 경향이 있으며 업무보다 인간관계에 우선을 둔다.
높은 권력거리의 사회	**낮은 권력거리의 사회**
• 위계조직을 인정하는 것은 당연하고 지위는 권력을 보여주는데 중요한 의미를 가진다. • 위계질서가 뚜렷한 만큼 상하 간의 결속력과 의존성이 높으며 집단주의적 특징이 있다.	• 권리와 기회의 평등이 강조되고 모든 인간은 평등하다는 기본전제를 가진다. • 위계질서는 편의상 설정된 역할의 구분이다. 상호간의 독립성이 존중된다. • 상사와 부하직원간에는 협의를 통한 일처리가, 직장 밖에서는 서로 독립된 개인으로 사생활, 자유가 보장된다.
남성성 사회	**여성성 사회**
• 자기주장이 강하고 경쟁을 좋아하는 특징을 가진다. • 돈과 재물 획득에 관해 관심이 있으며 물질적인 성공을 추구한다.	• 인간관계 및 생활환경에 더 큰 관심이 있다. • 삶의 질에 가치를 부여하는 사회를 지향하며 타인에 대한 애정, 겸손, 부드러움의 특징을 가진다.

높은 불확실성회피성향의 사회	낮은 불확실성회피성향의 사회
• 안전을 중요한 가치로 여기며 형식적·관료적 규칙, 전문가의 충고에 많이 의존한다. • 상이함과 모호함에 대해 견디지 못하며 새로운 것에 대한 두려움이 있다.	• 모험이나 변화를 수용하며 최소한의 규칙을 바람직한 가치로 본다. • 경쟁이나 갈등은 당연한 것으로 받아들인다. • 개방적인 학습 분위기와 자유로운 토론을 중시하며 삶의 가변성을 수용한다.
장기지향 사회	**단기지향 사회**
• 절약, 자원을 아끼는 경향이 있으며 높은 저축률을 보임. • 먼 미래를 내다보면서 꾸준히 노력 가족 중심의 가부장적 문화 • 교육과 인재개발 우선시 • 근면 성실함을 중요시 • 체면에 대한 관심	• 현재 삶을 중요시하여 낮은 저축률을 보임 • 당면한 문제 해결을 위한 노력 • 창의적 교육을 지향하고 토론 중시 • 빠른 결과를 기대하는 결과 지향적 • 체면보다는 자신의 위신을 보호
쾌락주의	**억 제**
• 매우 행복하다고 말하는 사람들이 많다. • 개인의 삶에 대한 제어력에 대한 인식 • 여가를 중요하게 생각한다. • 좀 더 긍정적인 감정을 상기하려 한다. • 좀 더 많은 사람들이 활동적인 운동을 한다. • 충분한 식량이 있는 국가에서 비만율이 높게 나타난다.	• 매우 행복하다는 사람들이 적다. • 무력함에 대한 인식 : 자신이 하지 않은 일이 자신에게 일어남. • 여가를 중요하게 생각하는 비율이 낮다. • 긍정적인 감정을 상기시키는 비율이 낮다. • 활동적인 운동을 하는 사람들이 더 적다. • 충분한 식량이 있는 국가에서 비만율이 낮게 나타난다.

출처 : 이경원, "한국의 문화가치 변화-Hofstede 문화차원을 중심으로 한 경험적 연구", 「사회학대회 논문집」, 한국사회학회, 2013.12, pp. 1099-1100.

2 홀의 모형

홀(Edward T. Hall)은 문화를 묵시적인 언어, 즉 상징을 통해 이루어지는 의사소통의 수단으로 인식하고 5가지 묵시적인 언어를 제시하였다. 문화에 따라 시간, 공간, 재물, 우정, 계약 등 5개의 묵시적인 언어를 사용하고 인식하는 방법이 다르다고 주장하였다

Hall(1997)은 문화를 고배경문화(high-context culture : HCC)와 저배경문화(low-context culture : LCC)로 구분하였다.

고배경문화는 의사소통을 비언어적 요소에 주로 의존하는 문화로서 한국,

중국, 일본 등 동양권의 국가와 중동국가 등이 이에 속한다고 하였다. 저배경문화는 의사소통을 주로 언어적 표현에 의하여 의존하는 문화로서 미국, 독일 및 스칸디나비아국가 등이 속한다. Kopelman & Olekalns(1999)은 저배경문화의 협상자는 비언어적 의사소통이나, 인간관계를 중요시 여기지 않는 반면에, 고배경문화의 협상자는 당사자 간 관계구축을 중요시 여기며, 비언어적 의사소통을 중요시한다고 하였다.

고배경문화와 저배경문화의 차이점은 다음과 같다.

① 고배경문화에서는 간접적 의사소통 방식을 사용한다. 의사전달자의 배경, 연상, 기본적인 가치관 등에 더 많은 정보가 포함되어 있기 때문에 실제로 구두로 나타나는 메시지에는 정보가 적게 포함된다(중국, 일본 및 아랍문화). 반면에 저배경문화에서는 직접적인 의사소통 방식을 사용하여 메시지가 명백하며, 대화를 통하여 대부분의 정보가 교환된다(미국 또는 독일의 문화). 고배경문화에서는 협상을 할 때도 직설적으로 '아니오'라고 말하지 않고, '검토해보겠습니다'라는 식으로 우회적으로 표현하는 반면에 저배경문화에서는 직접적으로 '예'와 '아니오'를 표현한다.

② 고배경문화에서는 법률적인 서류보다 개인의 말을 더욱 신뢰하지만, 저배경문화에서는 법률적인 서류가 더욱 중요하다.

③ 조직에서의 책임문제가 발생했을 때, 고배경문화에서는 조직의 최고위층에 있는 사람에게 그 책임이 주어지나 저배경문화에서는 될 수 있는 한 그 책임과 관련된 최하위층에게로 옮겨진다.

④ 다른 문화권에 속해 있는 사람들은 공간을 인식하고 구분하는 각각의 방식을 가지고 있다. 예를 들면 고배경문화의 민족인 아랍인들은 서로 이야기를 나눌 때 매우 가깝게 접근하여 상대방을 향해 숨을 내쉬는 반면에, 저배경문화 국가인 미국은 여타의 국가들과 비교하여 볼 때 상대방과의 지나친 접근은 피하고 45cm~1.2m 정도 떨어져서 대화한다.

⑤ 고배경문화에서는 관계지향적 특성 때문에 갈등과 마찰을 회피하고 조화를 위해 배려와 협력을 중시한다. 저배경문화에서는 업무중심적이고 성과주의적 성격으로 인하여 적당한 갈등은 경쟁과 성과를 유발한다고 보며, 갈등 발생보다는 해소에 중점을 둔다.

⑥ 이 외에도 고배경문화에서는 입찰의 대상이 되는 작업을 가장 잘 수행할

수 있고 가장 통제하기 쉬운 응찰자에게 일거리를 주는 반면에, 저배경문화에서는 입찰조건을 명시하여 낙찰자가 작업을 수행함에 있어 그 요건을 위반하지 못하게 한다.

〈표 5-2〉 고배경문화와 저배경문화 비교

	고배경문화 (High context culture)	저배경문화 (Low context culture)
주요특성	상황에 대한 이해가 필요하며, 언어 의존도가 낮음	명시적·객관적 표현이 중요하며, 언어 의존도가 높음
법률 또는 법률가	덜 중요함	매우 중요함
개인의 말	매우 중요하며, 개인의 비공식적인 의사표시가 보증의 역할을 함	서면으로 보증함
공간개념	서로 어울리는 공간을 중요시함	개인적 공간을 중요시하고, 침해받는 것을 싫어함
실책에 대한 책임	조직의 최고위층이 짐	조직의 최하위층이 짐
시간관념	시간관념이 분명하지 않음	'시간은 돈이다'라는 관념이 강함
협상	오래 끄는 것이 보통	매우 신속히 진행됨
경쟁입찰	빈번하지 않음	일반적임
국가/지역 예	일본, 중국, 한국, 사우디아라비아	미국, 독일, 동유럽 등

제3절 무역 협상과 문화

1 무역 협상과 문화

무역 협상에 대한 연구는 1970년대부터 비롯되었다. 1970년대의 연구들은 실무자들을 중심으로 이루어졌으며, 문화적 차이에 따른 외국인의 협상스타일을 규명하는 데 그 목적이 있었다. 미국의 많은 연구자들은 미국이 우수한 상품을 갖고 있음에도 불구하고, 일본과의 거래에서 무역수지의 적자원인이 무엇인가?를 확인하는 과정에서 협상스타일의 차이에서 그 해답을 찾았다.

미국인 협상자들은 매도인과 매수인 간 매매협상 시 평등한 관계에서 '주고받음'을 통해 합의에 도출하는 형제 간의 협상스타일을 갖고 있다. 반면에 일본인 협상자들은 매수인은 높은 지위로 매도인은 낮은 지위로 인식하는 부자 간의 협상 스타일을 갖고 있었다. 이러한 협상스타일 차이로 미국인 매도인이 자신의 스타일로 일본인과 협상할 때는 계약이 체결되지 않는 반면에, 일본인 매도인은 낮은 자세로 미국인 매수인과 협상을 하여 계약이 체결되었고, 이로 인해 무역불균형이 발생하였다고 하였다.

텅(Tung)은 협상관행에 관한 문화적 차이를 인식하는 것이 성공을 위한 충분조건은 아니지만 필요조건이 된다고 하였다. 즉, 문화적 차이는 협상의 성공에 절대적인 결정요인은 아니지만, 협상이 결렬되는데 있어서는 중요한 요인으로 작용된다.

무역 협상에서 협상자들을 이해하기 위해서는 협상자가 속한 문화를 알아야 한다. 돈이 우선적 가치인 문화가 있는가 하면 종교가 우선인 문화가 있고, 법이 우선인 문화가 있는가 하면 인간이 우선인 문화가 있기 때문이다. 종교국가에서 종교적 규율을 무시하고 살 수는 없다. 법치주의 문화에서 인치주의 사고로 살아갈 수는 없다. 집단주의 문화에서 개인주의 가치관을 갖고는 편하게 살아가기 힘들다.

즉, 문화적 가치, 관습, 규범, 이데올로기는 협상자의 관심사와 우선순위에 영향을 주고, 협상전략의 적절성과 부적절성에 대한 판단에 영향을 주어, 협상상황에 대한 해석과 상대방의 행동에 대한 해석에 영향을 미칠 수 있다. 또한 무엇이 서로의 입장을 충분히 반영된 합의인가에 대한 관점도 문화적 관습, 가치관에 따라 달라질 수밖에 없다. 즉, 협상의 주체인 개인은 자신이 속한 문화에 영향을 받아 가치관이 형성되며 가치관은 협상자의 태도 및 행동에 영향을 미친다.

손자병법 모공 편에서 지피지기, 백전불태, 부지피이지기, 일승일부, 부지피부지기, 매전필태(知彼知己, 百戰不殆, 不知彼而知己, 一勝一負. 不知彼不知己, 每戰必殆 : 적을 알고 나를 알면 백번 싸워도 위태롭지 않으며, 적을 모르고 나를 알면 승부가 반반이며, 적도 모르고 나도 모르면 싸울 때마다 위태롭다.)라는 구절처럼 협상이라는 새로운 형태의 전쟁에서 이기기 위한 조건으로 상대방을 이해하는 것과 나를 아는 것이 매우 중요한 요소이다.

이는 협상이라는 상황이 자신의 팀에 의해 모든 것이 결정되는 것이 아니라, 상대방 팀과의 상호의존성에 따라 결과가 달라짐을 인식하고 있어야 함을 강조하고 있는 것이다.

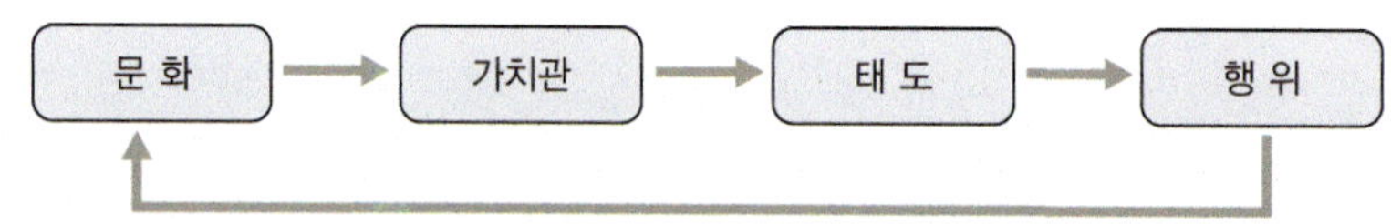

[그림 5-3] 행위에 대한 문화의 영향

Janosik(1987)과 Hawrysh & Zaichkowsky(1990)에 의하면, 상대방 문화에 대한 이해는 상대방 협상자의 행위의 방향을 미리 예측(pre-determinate)하고 이에 대응하는 전략을 마련하는 데 도움을 준다고 하였다. 국제경쟁력은 이문화(異文化)에 대한 대응력이다. 그러므로 개인이든 기업이든 국가든 이문화에 대한 대응력이 향후 국제화시대의 핵심능력이라고 말할 수 있다.

따라서 외국인과 각종 계약을 체결하거나 분쟁을 해결하고자 하는 무역 협상자들은 외국인과 협상을 효율적으로 하기 위해서는 먼저 문화적 차이에 따른 상대방의 협상전략을 파악하고 이에 대응하는 협상전략을 마련하는 것이 중요하다.

외국인과 협상에 임하는 협상자가 "해야 되는 것"과 "해서는 안 되는 것"은 다음과 같다.

〈표 5-3〉 무역 협상시 해야 되는 것과 해서는 안 되는 것

해야 되는 것	해서는 안 되는 것
• 자신의 본질을 알고 철저한 준비 • 명확한 목표 설정과 최대 양보범위 설정 • 개인적 관계 개발 • 비공식적 모임 • 자신과 상대방의 역할 내지는 지위관계 인식 • 상대방의 국가적 문제에 대한 이해 • 상대방의 어려운 점에 대한 이해 • 상대방 의사결정 과정에 대한 이해 • 구체적 협상내용을 정확히 파악	• 자신의 결정이 합리적이고 과학적이라는 자기중심적 사고방식 • 준비가 안된 상대방에 대하여 강요 • 상대방의 정치적 문제에 대한 지나친 언급 • 상대방의 우선순위를 무시한 채 자신의 의제에 대한 집착 • 의사소통시 방언사용 • 위임된 권한 밖의 의사결정 • 공적인 자리에서 팀원 간의 다툼 • 극단적인 입장 표현

2 무역 협상에 관한 문화적 접근법

1) 학습된 행위로서의 문화

협상자들이 어떠한 생각을 갖고 협상에 임하느냐보다는 협상테이블에서 어떠한 행동을 보이느냐에 관심을 갖고 분석한 것으로, 주로 외국인과 협상시 '해야되는 것'과 '해서는 안되는 것'을 제시하였다. 예를 들면 반 쟌트(Van Zandt, 1970)는 일본인의 협상관행의 특징을 13가지로 분류하였으며 일본인과의 협상시에는 무엇보다도 협상테이블에서의 인간관계를 돈독히 하는 것이 중요하다고 하였다.

2) 공유된 가치관으로서의 문화

문화적 환경으로부터 형성된 사고패턴으로 인하여 행동의 차이가 발생한다고 보고, 이질문화 간 또는 집단 간 가치관이나 규범의 차이를 밝히고자 하였다. 이 접근법에서는 서로 다른 문화를 갖고 있는 협상자들은 가치관의 차이로 인하여 다른 협상스타일을 갖는다고 하였다. 그라함과 산노(Graham & Sano, 1984)는 일본인의 협상스타일은 일본인 문화에 잠재되고 있는 가치관의 집합

체라고 하면서, 주요 가치관으로서 "amae", "화(和)", "신용"이라고 하였다.

3) 변증법으로서의 문화

동일문화는 동일한 행동양식을 갖는다는 앞서 두 접근법과는 달리 협상자 개인적 특질의 차이로 인하여 동일 문화내에서도 협상자마다 다른 행동양식을 보인다고 하여 특정 문화의 양면성을 밝히고자 하였다. 예로서 블레커(Baker, 1977)는 일본인들은 "조화로운 협력" 및 "전사적인 윤리"를 모두 가지고 있어 일본인의 협상스타일은 "낙관주의적", "운명주의적" 및 "실용주의적"인 특징을 갖고 있다고 하였다.

4) 맥락적 측면에서의 문화

인간의 행동양식은 단순히 한 가지 원인만을 가지고 설명할 수 없으며 개인의 개성, 문화적 차이 및 사회적 환경 등 3가지를 복합적으로 고려하고자 하였다. 이 접근법에서는 사회심리학자인 소이어와 쿠츠노우(Sawyer & Guetzknow)가 제시한 모델과 켈리(Kelly)가 개발한 모의실험을 통해 이들 요인들을 찾고자 하였다. 특히 이 연구들에 의하면 국가 및 문화적 차이에 따라 협상행위의 차이가 존재하기 때문에 문화는 협상을 성공적으로 마치는 데 결정적인 요인은 아니지만 협상을 결렬시키는 주요 원인이 된다는 것이었다.

3 범세계적 협상 틀

1) 범세계적 협상 틀

Stephen & Stripp는 국가간 문화적 차이에 대한 협상스타일을 규명하고자 방침, 대화, 토의 및 결과 등 4가지 과정의 범세계적 협상 틀을 제시하였다.

첫째, 방침은 협상의 핵심이 되는 협상자의 철학, 욕구 및 선발기준 등을 말한다.

둘째, 대화는 협상자들이 요구 및 대안을 제시하면서 정보를 교환하는 과정이라고 정의하였다.

셋째, 토의는 교환된 정보를 토대로 상대방을 설득시키면서 상호간의 요구 및 대안을 조정하는 과정이다.

넷째, 결과는 토의 결과로 도달한 합의의 내용 및 형태라고 정의하였다.

〈표 5-4〉 범세계적 협상 Framework

고려 요인		협상의 프로필
방침	1. 기본자세 2. 협상자의 선정요소 3. 개인의 역할 4. 협상에티켓 5. 협상쟁점	협조적 ↔ 경쟁적 능력 ↔ 자질 조직우선 ↔ 개인우선 형식적 ↔ 비형식적 실익중시 ↔ 인간관계중시
대화	6. 의사소통 7. 설득수단 8. 시간의 가치	언어적 ↔ 비언어적 논리적 ↔ 감정적 엄격함 ↔ 느슨함
토의	9. 신용의 가치 10. 위험선호경향 11. 의사결정	법 ↔ 신뢰관계 회피 ↔ 선호 권위적 ↔ 합의적
결과	12. 합의의 형태	명시적 ↔ 묵시적

자료 : 電通異文化間コミュニケーション研究所 譯, 「國際ビジネス交涉術」, 勁草書房, 1991, p. 141.

2) 범세계적 협상 틀에 의한 협상관행 비교

(1) 한국인

한국인들은 농경문화와 유교사상의 영향으로 인해 집단주의적 성향이 강하여 협상에서 조화를 중요시 여기고 개인보다는 자신이 속한 집단을 우선시 한다. 또한 한국인은 예를 중요시 여기며, 상대방을 호칭할 때는 퍼스트네임(first name)을 부르지 않는다. 그리고 오랜 신분사회로 인해 지위관계를 중요시하여 '부자지간의 협상'으로 비유되며, 이러한 지위관계로 의사소통에 경칭어가 발달하였다는 특징이 있다.

또한 몬순(Monsoom) 기후지대의 벼농사로 한국인들은 10년이나 20년 후의 보다 큰 이익을 위해 현재의 작은 이익을 포기하지 못하며, 매사 모든 일에 서두르는 경향이 있어 과정을 무시한 채 결과에 집착하는 결과주의 성향을 낳아, 무슨 일이든 빨리 끝마치는 것을 미덕으로 삼았다.

(2) 미국인

미국인들은 유럽대륙에서 신대륙으로의 이주, 서부개척의 역사적 배경 등으로 무(無)에서 유(有)를 창조하고(made something out of nothing), 광활한 대지에서 살아남기 위하여 개인주의적인 독립성을 강조하는 가치관이 형성되었다. 따라서 미국인들은 거의 모든 인간관계가 '평등의 원칙' 하에 형성되어 '형제지간의 협상'으로 비유되며, 경칭어가 없고, 다른 사람과의 관계는 자신의 이익과 자신의 보호라는 기준에서 이루어진다.

또한 미국인들은 주입식 교육이 아닌 토론식 교육으로 인하여 객관적 증거자료를 제시하면서 논리적으로 상대방을 설득하는 학생이 동료학생들로부터 존경을 받았고, 높은 학점을 받는 교육과정으로 인하여 협상시 설득과정을 중요시하였다.

(3) 이슬람인

이슬람인들은 이슬람이 곧 종교임과 동시에 법이고 가치기준이며, 경전 코란 및 이슬람교도의 일상생활 및 언행에 대한 준칙을 제시한 무함마드의 언행록인 "하디스(Hadith)"에 생활의 구속을 받으며, 종교적 의무의 실천을 지상과제로 하는 특이한 사회이다. 또한 사막이라는 지형적 특성과 유목생활로 자연과 꾸준히 투쟁하여 왔으며, 지형적 고립주의로 부족이 위험에 직면하였을 경우 이를 극복하기 위하여 혈족내부의 단결이 무엇보다도 필요하여 개인의 역할이 무시되었다.

이슬람 문화에서는 고립주의에 의하여 연장자를 '현명한 사람'으로서 존경하는데, 이와 같은 연장자에 대한 존경의 관념이 가정 안에서는 부친에 대한 외경(畏敬) 및 부친이 없는 경우에 맏아들이 가족의 생활과 안전을 지키는 대리인의 역할을 하도록 하는 관행으로 나타나고 있다.

(4) 인도인

인도인들은 삶에서 철학과 종교를 중요시 여기며, 이 둘이 혼용되면서 문화를 형성하였다. 인도문화는 종족, 종교 및 언어적 영향요인들의 복합체로서 형성되어 있기 때문에 인도문화는 곧 힌두문화라고 하는 것은 잘못된 인식이다. 인도인들은 4계절이 순환한다는 원리를 통해 윤회사상이라는 철학을 갖고 있으며, 시간에 대하여 매우 관대하다.

인도인들은 행동이 느리지만 영리하고 말주변과 문장실력이 뛰어나다. 문화적, 종교적으로 자부심이 대단한 인도인들은 보수적인 성향을 띠지만 실리를 매우 중요시 여기며, 식민지를 경험했기 때문에 새로운 제도를 도입하는데 신중하다.

〈표 5-5〉 주요 국가의 협상관행

		한국인	미국인	이슬람인	인도인
방침	기본자세	유교의 영향 자연에 순응 집단주의	기독교의 영향 자연과 투쟁 개인주의	이슬람교의 영향 자연과 문화 집단주의	종교적 다양성과 윤회사상 자연에 순응 집단주의와 집단주의의 혼재
	협상자의 선정	자질 중시	능력 중시	자질 중시	자질 중시
	개인의 역할	조직 우선	개인 우선	조직 우선	조직 우선
	협상에티켓	예(禮) 중시	소탈함(비형식적)	예(禮) 중시	역사와 문화에 높은 자존심
	협상쟁점	인간관계구축	실익 중시	인간관계구축 (접촉횟수 중시)	인간관계구축 (돈, 이익 및 상업적 활동 부정적)
대화	의사소통	비언어적 수단발달 (눈치)	언어적 수단발달 ('예' '아니오'가 분명)	비언어적 수단발달 (직접적 감정표현)	비언어적 수단발달 (간접적 감정표현)
	설득수단	감정적 호소 (명분중시)	객관적 증거	흥정선호, 상대방과의 관계중시	대화와 협상 선호 (논리와 정보 중시)
	시간의 가치	느슨함, 서두름	엄격함, 서두름	느슨함, 서두름이 없음	느슨함, 서두름이 없음

토의	신용의 가치	인간관계	계약관계	인간관계, 종교적 의무중시	인간관계
	위험선호경향	위험기피	위험선호	위험기피	위험선호
	의사결정	상의하달 (집중적 의사결정)	상의하달 (분산된 의사결정)	상의하달 (집중적 의사결정)	상의하달 (집중적 의사결정)
결과	협의의 형태	구두계약선호	서면계약선호	구두계약선호	서면계약선호

4 Sawyer & Guetzknow의 무역 협상 모델

사회심리학자인 소이어와 쿠츠노우(Sawyer & Guetzknow)는 개인적 특성과 상황적 제약조건이 협상 전략과 결과에 미치는 영향을 종합적으로 분석하기

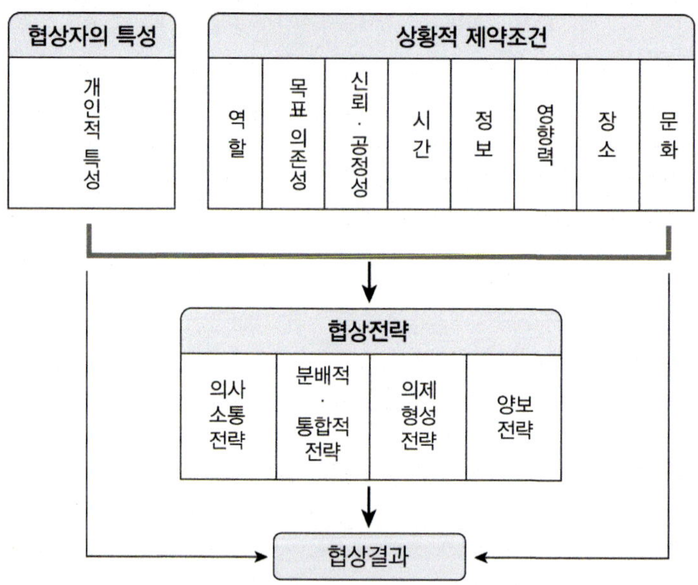

출처 : 신군재, 글로벌비즈니스협상 성과의 결정요인에 관한 실증적 연구, 한양대학교 대학원 박사학위논문, 1995.12, p. 43.

[그림 5-4] Sawyer & Guetzknow 글로벌비즈니스협상 모델

위한 협상모델을 개발하였다. 대부분의 연구에서 개인적 특성과 상황적 제약조건이 협상전략에 영향을 미치는 것으로 나타났다. 협상자들이 협상에서 성과를 크게 하기 위해서는 자신 및 상대방의 개인적 특성 및 상황적 제약변수들을 종합적으로 검토하여 전략을 수립하고 협상에 임하여야 한다.

1) 개인적 특성

소극적이지만 자기자신에 대해 자긍심을 갖는 협상자는 분배적 전략을 행하며, 적극적이면서 외향적인 협상자는 이해적 의사소통전략을 행사한다. 이는 지속적인 거래를 요구하는 무역거래에서는 자신의 이익보다는 상호 이익을 추구하는 것이 필요하다. 따라서 협상자를 선발하고자 할 경우에는 적극적이면서 외향적인 성격을 갖는 자를 선발하여야 할 것이다.

타협적 성향을 갖는 협상자는 통합적 전략을 사용함으로써 협상결과에 대해 만족하나, 자기중심적인 협상자들은 분배적인 협상을 행하는 경향이 있다고 하였다. 경험많은 협상자는 상대방과의 자신 및 상대방의 선호와 욕구수준을 파악하는 시간 및 기회비용을 감소시킴으로써 경쟁적 행위보다는 양보적 행위를 행한다.

워커(Waker, 1971)는 협상자가 상대방과의 협상경험을 쌓아감에 따라 보다 합당한 제안을 하고 이익을 더 많이 얻고자 다투지 않으려는 통합적 전략을 행한다고 하였다. 트리안디스(Triandis, 1972)는 협상과 문화와의 관계를 밝히려는 연구에서 협상은 개인의 개성과 인생경험에 의해 영향을 받는다고 하였다.

협상자가 지위가 높고, 의사결정의 책임자일 경우 협상의 결과로 얻어진 합의사항을 실행할 수 있는 능력을 보유하므로 협상시 통합적 협상전략을 행사함으로써 협상의 성과를 높일 수 있다. 여성은 관계를 중시하여 통합적 협상을, 남성은 지위나 경쟁을 중시하여 분배적 협상을 선호한다.

2) 상황적 요인

① 매도인과 매수인

Graham(1980)과 Campbell, Graham, Joliber, and Meissner(1988)는 무

역계약협상에서 매수인은 일반적으로 매도인에 비하여 유리한 입장에 있으며, 매수인은 매도인보다 큰 이익을 얻는다고 하였다. 그라햄(Graham, 1985)은 미국인과 브라질, 일본인을 대상으로 한 모의실험을 통해 협상자의 역할은 일본인에게 협상 전략과 성과에 영향을 미치는 주요 요인이라고 하였다. 이 연구결과로 일본인 매수인은 자기 자신의 정보에 대하여는 알리지 않으면서 매도인의 정보를 요구하는 도구적 의사소통전략을 사용하는 반면, 미국인들은 상호 정보를 교환하는 이해적 의사소통전략을 사용하는 것으로 나타났다.

② 목표 · 의존성

마커드와 바저만(Margart and Bazerman, 1985)은 적당히 높게 설정된 목표는 이익을 증진시키는 반면에 매우 높은 목표는 이익을 감소시킨다고 하였다. 즉, 매우 높은 목표는 합의가 이루어질 경우 이익을 크게 하지만 실질적으로는 협상자의 상호간 이익이 되는 거래수행능력을 감소시켜, 결과적으로 적당히 높게 목표를 설정한 협상자보다 적은 이익을 얻는다고 할 수 있다. 당사자들 간의 의존성이 클 경우에는 통합적 협상을 추구하지만 의존성이 약한 경우에는 분배적 협상을 취한다.

③ 신뢰 · 공정성

협상자는 상대방이 신뢰할 수 있고, 공정한 사람이라고 할 경우 자신의 욕구수준 및 이해에 관한 정보를 상대방에게 제공하는 이해적 의사소통전략을 이용하여 통합적 합의의 가능성을 높이고자 한다. 협상목표를 높게 설정하거나 상대방이 자신의 중요한 고객이어서 향후 지속적인 거래를 원하는 협상자는 통합적 협상전략을 행하는 것으로 나타났다. 그라햄(Graham)은 상대방의 신뢰성은 협상성과인 협상자의 이익과 상대방의 만족 전체에 정의 관계를 갖는다고 하였다.

④ 시간

시간적인 여유가 있는 협상자는 분배적 협상을 통해 자신의 이익을 극대화하고자 하는데, 협상에서 시간을 유리하게 활용하려면 다음과 같다.

첫째, 협상의 시간을 최대한 확보해야 한다.

둘째, 인내심을 필요로 한다. 협상에서 이루어지는 합의의 대부분은 막바지에 결정되기 때문에 먼저 포기해서는 안 된다.

셋째, 협상 시한을 연장할 수 있도록 유연성을 확보해야 한다. 즉, 상대가 협상시한 압력을 행사할 수 없도록 준비해야 하고, 또 시간에 쫓기는 느낌을 협상 내내 보여서도 안된다.

넷째, 협상 일정을 결정할 때 과연 어느 쪽이 시간을 더 많이 가지게 되는가를 예측하고 가능하다면 일정을 조정한다. 일반적으로 사전에 협상 일정에 대해서는 상대의 양보를 얻어내기가 쉽기 때문이다.

⑤ 정보

정보를 많이 갖고 있는 쪽이 더 유리한 고지를 차지하는 것이 협상의 일반적인 법칙이다. 성공적인 협상에 임하기 위해서는 그다지 중요해 보이지 않는 정보까지도 소홀하게 다룰 수 없다. 성공적인 협상을 위해서 수집하거나 확보해야 할 정보는 크게 협상상대방, 협상 주제, 이해 관계자, 자신에 대한 정보 등으로 나눌 수 있다.

첫째, 협상 상대방에 대한 정보는 최대한 많이 수집하고 파악해야 한다. 상대방의 권한, 상대방의 스타일, 가족관계, 취미 등 필요 여부에 관계없이 파악해야 한다.

둘째, 협상의 주제는 폭넓게 가져갈수록 유리하다. 가끔 비즈니스에서 가격이 쟁점이 되는 협상을 진행할 때 대부분 가격 같은 한 가지 쟁점만을 주제로 삼게 되는데, 이런 경우는 흥정이 되어 서로 만족한 협상을 이루어 내기가 어렵다. 서로 만족스러운 결과를 내기 위해서는 주요 쟁점을 보완하거나 대체할 만한 여러 가지 쟁점을 협상의 주제에 포함시키는 것이 좋다.

셋째, 협상에 이해관계자를 포함시키는 것을 소홀히 하면, 가끔 협상에서 이루어 낸 합의가 뒤집히거나 무의미해지는 경우가 발생할 수 있다.

⑥ 영향력

영향력(power)이란 협상자가 상대방을 대상으로 자신의 협상목표를 달성하기 위하여 사용할 수 있는 여러 가지 수단(힘)이다. 협상자가 상대방보다 많은 BATNA를 갖고 있을수록 협상력이 커지며, 상대방에 대한 의존성이 클수록 협상력은 약해진다. 즉, 시장에서 매도인이 독점적 지위에 있는 경우 매도인이 매수인보다 협상력이 높으며, 기술력 우위를 갖고 있는 중소기업은 협상력에 있어 대기업보다 크다.

다이어와 워커(Dwyer and Waker, 1981)는 상호 영향력이 균등하다고 인정될 때 당사자들은 협상으로부터 최상의 결과를 얻고자 상호 공정한 양보를 요구하는 상호성을 중시한다고 하였다. 또한 이들은 상대적으로 강한 영향력을 갖고 있는 협상자는 상대적으로 약자의 입장에 있는 협상자보다 더 많은 이익을 얻고자 분배적 협상을 행한다고 하였다.

협상력에 영향을 미치는 요인들은 다음과 같다.

첫째, 경쟁의 힘이다. 많은 사람들이 어떤 목표를 위해 경쟁하게 되면 그 목표는 가치가 올라가게 되고, 결국 그 목표에 근접한 사람은 다른 사람보다 협상할 때 우월한 위치에 있기 때문에 자기에게 유리한 방향으로 협상을 이끌 수 있다.

둘째, 합법성의 힘이다. 사람들은 대체로 인쇄된 문구, 서류, 표지들에 대하여 신뢰감을 갖게 되어 인쇄물에 대해 이의를 제기하지 않는다.

셋째, 위험을 감수해서 얻는 힘이다. 위험을 감수하기 위해서는 상식에 덧붙여 용기가 필요하다. 어떤 일에 도전하기 전에는, 먼저 승산이 있는지 계산하고 이성적으로 행동하되 충동적이어서는 안 된다. 또한 절대로 자존심, 성급함 또는 일을 성급하게 처리하려는 욕구 때문에 위험을 감수하지 않아야 한다.

넷째, 동참에서 얻는 힘이다. 여러 사람의 동참을 유도하면 내가 감수해야 할 위험을 분산시킬 수 있어 협상에서 유리하게 작용하게 된다.

다섯째, 전문 지식의 힘이다. 자신이 전문지식을 갖고 있는 사람으로 보이기 위해 자신의 자격을 상대방에게 보여주면 상대방을 설득하기 쉽다. 협상에 필요한 전문지식으로 재치있는 질문을 하고 상대방이 올바른 대답을 하는지를 알아차릴 수 있는 능력을 갖추는 것이 필요하다.

여섯째, 투자의 힘이다. 어떤 물건을 살 때 판매원이 자신에게 더 많은 시간과 노력을 투자하게 한다면, 결국 가격협상에서 자신에게 더 유리한 방향으로 유도할 수 있게 된다.

⑦ 장소

협상자들이 자신의 장소에서 협상을 할 경우 협상에서 유리한 고지를 차지하게 된다. 이러한 장소 못지않게 좌석배치를 원탁의 형태로 하느냐 대립형으로 하느냐에 따라서도 협상결과에 영향을 미칠 수 있다. 원탁형은 대체로 통합적 협상을 원할 경우에 배치하는 방법이라면 대립형은 분배적 협상을 할 경우에 배치되는 형태라고 할 수 있다.

3) 협상전략과 협상성과

협상전략은 문화의 차이에 따라 달라질 수 있다. 예를 들면, 미국인들은 협상상대방을 타인이라고 보고 협상테이블에서 상대방을 이기기 위하여 철저한 준비와 적극적인 설득전략을 행하는 반면에, 일본인들은 자신과 상대방은 공동체라고 생각하여 협상테이블에 들어가기 전에 사전협상을 통하여 먼저 공통의 이익을 추구하는 전략을 행한다.

협상쟁점의 중요도에 있어 우선순위가 다를 경우 매수인은 매도인보다 협상쟁점을 하나씩 하나씩 합의하는 의제형성전략 중 순차적 협상을 하는 것으로 나타났다. 이는 통상 매매협상에서 협상력의 우위가 있는 매수인은 매도인에게 각 협상쟁점에 대해 영향력을 행사하여 보다 큰 이익을 취한다는 것을 의미한다.

협상결과는 협상전략에 영향을 받는 것으로 나타났다. 협상자들이 협상테이블에서 양보를 할 경우 협상자는 만족하는 것으로 나타났다. 또한 복수의 협상쟁점을 하나씩 하나씩 합의해나가는 순차적 협상을 할 경우에는 중요하지 않은 쟁점부터 합의해가는 것이 협상자들을 만족시키는 것으로 나타났다. 이 결과로 미루어 볼 때 연속성을 요구하는 사업관계에서는 양보를 통하여 상호 신뢰감도 형성되고 또한 쌍방 모두 만족하는 협상 결과를 초래한다는 것을 알 수 있다.

제4절 무역 협상과 문화적 요인

1 비즈니스관습

무역 협상의 효율적인 수행을 위해서는 협상 상대국의 독특한 비즈니스관습을 이해해야 협상시 필요한 협상전략을 적절히 구사할 수 있으며 바람직한 성과를 이끌어낼 수 있다. 이에 대한 구체적인 내용은 다음과 같이 구분할 수 있다.

첫째, 무역 협상과 관련된 시간관념은 협상의 성과에 영향을 미치는 중요한 요소이다. 북미지역 협상자들은 시간을 공간개념으로 파악하여 과거, 현재 및 미래로 생각한다. 따라서 시간은 상품과 마찬가지로 절약되거나 소비되고, 투자되거나 사용되는 것으로 생각한다. 무역 협상에 있어 일본 협상자들은 마감일이나 선적일에 대한 압력을 싫어하지만 협상시간에 대해서는 철저하다. 하지만 일본인들은 집단주의 성향이 강하여 협상에 대한 결정은 느리다. 따라서 무역 협상에 있어서 시간관념은 민족 및 국가의 특성에 따라 차이가 있기 때문에, 각 국가에 따른 시간관념의 아는 정도가 협상성과에 영향을 미치는 요소로 작용한다.

둘째, 색상에 대한 차이를 들 수 있다. 무역 협상을 위해 고려되어야 할 요소 중의 하나가 해당 국민들의 감각적 취향이다. 협상사항 중 제품에 대한 포장이나 개별적인 선물 수수 등과 관련된 부분에 대해서는 각 문화에 따라 선호하는 색상이나 금기(taboo)색상 등이 다를 수 있기 때문에, 이러한 색상들에 대한 이해가 선행되어야 한다.

따라서 무역 협상에 있어서의 시간의 관념은 민족 및 국가의 특성에 따라 차이가 있기 때문에 각 국가별 시간관념은 무역 협상에서 상당한 영형을 미치고 있다.

2 언어

무역 협상에 영향을 미치는 언어적 요인은 구두나 문서로 표현되는 성음언어의 의사소통과 비언어적 의사소통으로 구분된다. 무역 협상에서 협상자들은 언어적 의사소통의 중요성을 잘 알고 있다.

〈표 5-6〉 한·미간의 사고 유형의 차이에 따른 언어표현

한국인	미국인
(1) 집단주의 : We-feeling, 인간의존성, 이름 : 성+이름, 부정의문문에 대한 대답(상대방 위주)	(1) 개인주의 : I-feeling, Hometown의 의미, 이름 : 이름+성, 부정의문문에 대한 대답(화자 중심)
(2) 계층주의 : 직함사용, 나이에 대한 존경	(2) 평등주의 : 이름사용, 남녀평등 표현
(3) 간접성 : 우회적인 표현	(3) 직접성 : Yes/No의 사용
(4) 형식주의 : 직책사용	(4) 실용주의 : 인칭대명사
(5) 감정주의 : 정의적 표현	(5) 이성주의 : 합리적 표현

자료 : 이상혁, 언어적 및 비언어적 문화차이로 인한 의사소통장애에 관한 연구, 「영어영문학연구」 제38권 제2호, 2012, p. 273.

브래드쇼(Martha Ellen Bradshaw, 1991)의 연구에 의하면 미국의 무역 협상자 5천명을 대상으로 설문 조사한 결과 협상자의 언어적 의사소통에 대한 요건들은 첫째, 명확한 논제를 제시할 것, 둘째, 개방적인 협상 자세를 보일 것 등으로 나타났다. 이는 개별적인 협상자들의 구두대화기법에 대한 향상이 필요함을 제시하고 있다.

읽어보기 **문화와 언어**

문화는 언어의 개념과 관념상의 차이를 만든다. 예컨대 시간의 가치와 관념에서 문화의 차이가 나타난다. 이탈리아 사람들이 도마니(Domani)나 스페인 계통 사람들이 사용하는 마나마(manama)는 모두 내일이라는 의미이나 실제 생활에 사용되는 의미는 "후일 또는 언젠가"라는 미래적 의미를 담고 있다. 또한 중국인들은 영어의 커뮤니케이션(Communication)이라는 단어를 갖고 있지 않다. 그들은 서신 교환이나 운

송 수단이라는 뜻으로만 사용한다.

미국이나 영국인들이 즐겨 사용하는 공정한 게임(fair play)이라는 말은 여러 분야에 응용되어 사용되나 다른 나라에서는 같은 의미로 해석되거나 사용되지 않는다. 프랑스에서는 단어와 개념이 "le fer pl'e"로 함께 사용되고, 스페인에서는 "juego limpio"로 스포츠에서 주로 사용된다.

중국말에는 영어의 프라이버시(privacy)라는 단어가 없다. 가장 가까운 말로 일본인은 "individualism"라는 단어를 갖고 있는데, 이 말을 자기본위 또는 이기주의라는 의미로 해석한다.

제 5 절 한국의 협상문화

1 한국인과 협상

한국인이 협상에 약하다는 사실은 이미 알려져 있다. 2007년 미국 노스웨스턴대학교가 세계 각국 최고경영자(CEO)들의 협상능력을 조사한 결과 한국은 조사대상 16개 국가 중 16위를 차지하였다.

그리핀과 다가트(Griffin and Daggatt, 1990)는 한국을 비롯한 동양문화권의 나라들은 개인 간의 거래나 흥정을 하는 경우 대체로 인간관계를 우선시 한다. 자신의 목표와 이해관계가 변경되었을 때는 필요에 의해서 합의조건을 변경하는 것이 당연하다고 여겨 이미 작성된 합의문서나 서면약정도 수정을 요구하는 경우가 있다. 협상과정에서 자신이 잘못이나 실수를 하였을 때, 이를 자신의 잘못보다는 운명의 탓으로 돌리는 경향이 있어 계약 또는 합의가 성립되었다 할지라도 상호 부담이 발생되었을 경우 이를 서로 나누어 가져야 한다고 주장하기도 한다.

한국인의 협상과정에서 양보는 곧 자기 체면의 손상이라고 여겨 일방적인 양보를 하지 않는 경향이 있다. 이는 자신을 남보다 뛰어나다고 과시하고자 하는 한국인들의 의식구조에서 비롯되었다. 또한 한국인들은 권력간격이 큰 문화적 특성으로 인하여 협상과정에서 폐쇄적이고 고압적 행태를 보이며, 혈연·지연·학연 등의 일차집단(primary group)적 요인을 매우 중요하게 여긴다. 즉, 협상에서 상대방의 역할과 행동보다는 상대방의 지위, 친밀성 정도와 만남의 횟수 등이 협상결과에 영향을 미치며, 토의주제에 대한 분석이나 논쟁보다는 상대방에 대한 감정이나 행동에 더 민감하게 반응을 보이는 경향이 있다.

〈표 5-7〉 16개국 경영인 협상 스타일 평가항목별 순위

	이기심	사회적 책임감	협상주도력	계급의식
1	**한국**	태국	팔레스타인	팔레스타인
2	팔레스타인	팔레스타인	이스라엘	홍콩
3	이스라엘	인도	남미	태국
4	스페인	일본	인도	중국
5	미국	홍콩	프랑스	러시아
6	프랑스	남미	스페인	남미
7	독일	미국	태국	**한국**
8	태국	스페인	미국	이스라엘
9	홍콩	중국	브라질	인도
10	중국	프랑스	중국	스페인
11	스웨덴	브라질	러시아	일본
12	남미	이스라엘	독일	브라질
13	일본	**한국**	홍콩	프랑스
14	인도	러시아	일본	독일
15	브라질	스웨덴	스웨덴	미국
16	-	독일	**한국**	스웨덴

자료 : 서울신문, "한국, 협상력 꼴찌 … 이기심은 최고", 2007.12.12.

2 한국인 협상문화의 특성

1) 유교의 영향

유교는 조화를 중시하여, 순응이 미덕이고, 'No'를 잘 하지 못하며, 타협이나 협상에 의한 실리를 추구하기보다는 명분이나 체면에 의해 의사결정이 이루어진다. 한국인들은 협상 미 타결 시 자신이 무능하다는 평가가 두려워 타협하고자 하는 성향이 있으며, 상대방이 알아서 해 줄 것이라는 유교적 겸양의 미덕을 갖고 있기 때문이다. 협상은 서로의 만족도를 높이는 과정이어서 상대방의 권력을 무조건 인정하고 타협하는 방식은 바람직하지 않다.

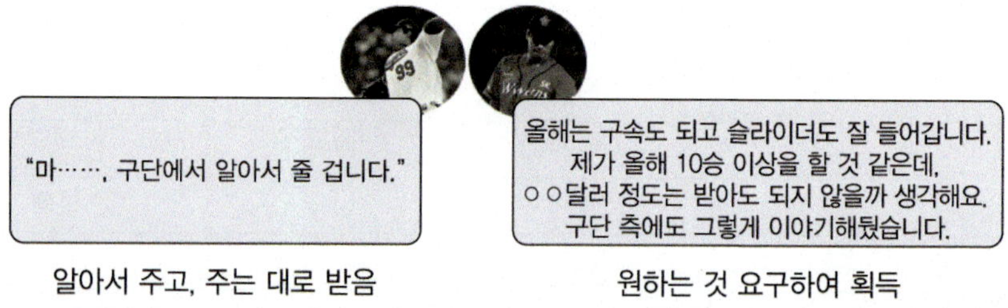

[그림 5-5] 프로선수 연봉협상에서 한·미 차이

2) 한국인의 기질

외국인들이 한국인의 특성으로 꼽는 것이 조급성과 즉흥성이다. '빨리빨리' 문화로 인한 조급함 때문에 준비를 별로 하지 않고 무계획적으로 협상테이블에 나가기도 하며, 분위기가 좋으면 협상테이블에서 쉽게 양보하기도 한다. 또한 협상테이블에서 정을 앞세우거나, 권위적인 태도 등 비논리적으로 문제를 해결하려고 하며, 감정조절능력 역시 부족하여 감정적으로 대립하는 양상을 보이기도 한다. 이러한 성향의 결과로 한국인 협상은 대체로 마지막에 가서 극적으로 타결되든가 아니면 결렬상태로 끝나는 경우가 많다(Tung, 1991).

3) 준비부족

한국인은 협상에서 준비 없이 얻으려 한다. 한국인은 인간관계를 중시하여 지나치게 과신한다. 협상 시 인간관계는 물론 중요하지만 이해관계가 복잡하게 얽힌 협상은 상대방을 안다는 사실만으로 그 성공을 보장받지 못한다. 협상의 결과를 결정하는 것은 힘의 크기가 아니라 그 힘을 활용하기 위해서 얼마나 치밀하게 준비했느냐에 달려 있다. 협상실패의 원인을 분석하면 대체로 준비부족 또는 잘못된 준비 때문이었다.

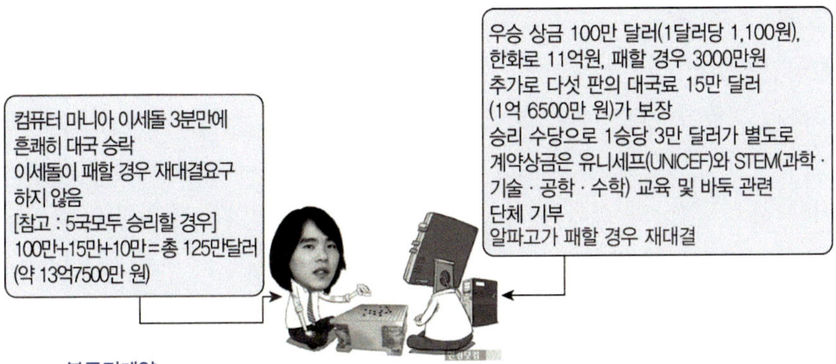

불공정계약

알파고와 이세돌의 대결이 사기가 아닐 수 있으나 알파고와 이세돌의 대결 협상은 사기다.

[그림 5-6] 이세돌과 알파고 대국계약협상-준비부족

4) 협상에 대한 인식

한국인은 협상을 협상(協商 화합할 협, 장사 상)이 아닌 협상(脅相 : 위협할 협, 서로 상)으로 보아 힘을 합쳐 장사를 잘 하는 것이 아닌 서로 위협하여 자신의 몫을 확대하려고 한다. 협상은 '강자에 의한 협박'이라고 생각하는 경향이 있다. 따라서 협상의 목표는 '가능한 희생을 적게 하는데 있다'라고 생각한다. 특히 전통적으로 힘의 열세에 있다고 생각되는 편에서 힘이 있는 상대방에게 무엇인가를 요구하는 것은 대단한 위험을 감수하는 것으로 여겨졌다.

5) 계급의식

한국의 장유유서 가치관은 협상에서도 '갑을 문화를 낳았다. 한국을 포함한 아시아 문화권에서는 기업이나 개인의 지위에 따라 협상의 방향과 결과가 좌우된다. 지위에 따른 갑을 문화로 지위가 높은 협상자는 강하게 밀어붙이고, 약자는 이를 수용하는 분배적 협상 형태를 취하고 있다. 반면 서구 문화권에서는 해당 협상이 결렬됐을 때 즉각 대응할 수 있는 대안들을 얼마나 많이 갖고 있는가를 중시한다.

6) 이기심

한국인의 이기심은 상대방의 입장과 이익을 고려하지 않고 자기 이익만을 추구하는 경향이 어느 나라보다 강하다는 것이다. 자존심을 지키기 위해 최후의 순간까지 준비를 미루고 협상을 지연시키며, 언제나 남과 비교해서 우위에 있어야 하고, 협상의 결과 내가 상대보다 더 많은 이익을 얻었다고 확인되어야만 마음이 편안해진다.

7) 전문적 교육 부족

한국인은 일방적 주입식 교육에 익숙해져 상대방과 대화를 할 때 표면적으로 나타난 것만을 전부로 알고 이해하고자 한다. 통합적 협상은 열린 질문을 통해 상대방의 숨은 의도(욕구)를 파악하여 달성할 수 있음에도 불구하고, 쟁점에 대하여 상호 주장하는 입장으로만 협상하여 분배적 협상을 하게 된다.

또한, 한국에서는 학교의 정규 교과목에 협상에 대한 과목이 거의 없어 협상에 대한 교육을 받을 기회가 없다. 최근 협상과목이 일부 대학의 교과목으로 개설되고 있고, 전문 교육기관이 생겼지만 전체적으로 볼 때 매우 미약한 수준이다.

3 한국인 우수 협상사례

1) 서희 협상

서기 993년, 거란의 장수 소손녕이 80만 대군을 이끌고 고려로 쳐들어왔다. 당시 거란은 만주와 중원을 장악한 대제국이었다. 소손녕은 고려를 향해 이렇게 말했다. "만일 강변까지 나와서 항복하지 않으면 섬멸할 것이니, 고려의 군신들은 우리의 군영 앞에 나와 항복하라."

대군의 위세에 놀란 조정은 거란에 즉각 항복해야 한다는 '투항론'과 평양 이북 땅을 거란에 넘겨주자는 '할지론'으로 의견이 분분했다. 그때 서희가 나서서 "도대체 거란이 '왜' 침입했는지 이유도 알아보지 않고 항복부터 하자는 것은 말이 안된다"며 "우선 이유를 알아보는 것이 순서"라고 주장하고 직접 소손녕과 담판 협상에 참여했다.

서희는 거란의 침략 목적이 영토를 넓히려는 목적이 아니고 송과의 전쟁에 앞서 고려가 걸림돌이 되지 않도록 하기 위한 것이라는 의도를 파악하고, 송과의 단교를 국왕께 건의하겠다는 것과 거란과 교역을 할려고 해도 여진족 때문에 왕래를 할 수 없다는 이유로 소손녕을 설득하여 피 한 방울 흘리지 않고 거란군을 철수시킨 데다 압록강 이남의 '강동 6주'를 새로 얻는 놀라운 성공을 거두었다.

〈표 5-8〉 서희의 협상과정

구 분	내 용	서희의 성공요인
예비협상	상견례에서 기선잡기	• 당당한 태도(적진 앞에서 말에서 내림, 대등한 예법 주장) • 타당한 논리[군신(君臣) 아닌 대신(大臣) 간 예법]
본 협상	1단계 : 침략이유를 둘러싼 공방	• 부가조건(거란의 영토 침범)과 핵심조건(송과 국교)을 구분하여 파악(경청의 힘) • 상대방의 핵심조건 수용 가능성 제시

본 협상	2단계 : 핵심조건 수락을 위한 밀고 당기기	• 제3의 조건(여진 땅)을 제시해 협상의 교착상태에서 벗어남 • 최종결론(거란과 국교) 유보로 고려 국내정쟁을 피하면서, 상대방의 결단 촉구(협상카드)
	3단계 : 상호조건의 교환과 끝내기 수순	• 상호 핵심조건 교환(거란 : 국교수립으로 후방 안전 확보/고려 : 전쟁 종결, 영토회복) • 상대방의 퇴로 개방(거란 임금 비준) • 강개한 말투[사기강개(辭氣慷慨)]
후속협상	상대방과 인간적 신뢰 쌓기	• 위로잔치 초대에 처음엔 사양 : 공인의 모습 확인 • 나중에 참여해 즐김 : 강화에 대한 쐐기

자료 : 박현모, 서희의 협상리더십 연구 : 993년 안융진 담판을 중심으로, 「국제정치논총」, 제49집 제2호, 한국국제정치학회, 2009, p. 91.

2) 임상옥 협상

수권물량 포기
인삼교역에 매진

임상옥의 무역인삼권 독점

조선 후기 경쟁력을 갖춘 전근대 우리나라의 수출품은 자연산 인삼이었다. 그러나 자연산 인삼이 절종되자 재배 인삼을 쪄서 만든 홍삼(紅蔘)은 조선시대판 '반도체칩'이라 불러도 좋을 만큼 수출 효자 상품이었다. 홍삼을 중국으로 가져가 팔면 3배에서 7배의 이익을 봤고, 그 돈으로 중국 물건을 다시 수입해 팔면 적어도 2배에서 3배는 남았다. 홍삼은 중국 상인들이 조선 상인들의 상품 중에서 가장 탐내는 것이기 때문에 홍삼 무역의 성패는 중국 무역의 성패와 직결됐다.

조선시대 최고의 장사꾼으로 불리는 임상옥(林尙沃)이 개성 인삼을 갖고 중국 연경에 도착한 후 인삼 값을 종전 시세보다 대폭 올려서 공시했다. 중국 상인들은 조선 상단이 중국에 머무를 기간은 정해져 있으니 떠날 때 쯤해서 값을 흥정하고자 중국 상인들이 담합을 하여 조선 상인들의 인삼을 사지 않겠다고 나섰다. 이에 임상옥은 제 값을 받지 못할 바에야 모두 불태워버리겠다고 마음을 먹고 인삼더미에 불을 질렀다. 처음에 설마 했던 중국 상인들은 불길이 점점 인삼더미로 번져갈수록 사색이 되었다. 중국 상인 입장에서는 1년에 겨우 한번 오는 개성 인삼을 사지 않으면 자신들의 장사도 망칠 수 있기 때문에 허겁지겁 달려가 임상옥을 말렸으나 임상옥은 막무가내였다. 결국 두 손을 번쩍 든 중국 상인들은 인삼 값을 작년의 두 배로 쳐서 계산을 했다.

3) 정주영 협상

고(故) 정주영 현대그룹 창업주는 조선회사의 창업을 계획·수립하고, 1971년 설립 자금 차입을 위해 영국 런던의 바클레이즈 은행을 방문하였으나, 기술력을 입증하지 못해 문전박대를 당하였다. 기술협력 계약을 맺고자 영국의 A&P 애플도어 엔지니어링의 롱바톰 회장을 방문하였으나 처음에 롱바톰 회장도 한국의 조선 기술에 대해 걱정하면서 기술제휴를 꺼렸다.

이때 정주영 회장은 500원짜리 한국 지폐를 꺼내 보여주면서 한국은 이미 1500년에 세계 최초의 철갑선인 거북선을 만든 기술국가로서 근대적 조선기술 국가인 영국보다 300년 앞선 기술을 보유할 정도로 조선 기술에 대한 잠재력을 가진 민족이라고 하면서 그를 설득하여 기술제휴 계약을 체결하였다. 이어서 정주영 회장은 롱바톰 회장의 추천으로 바클레이즈 은행 부총재를 만나 보증을 받고, 그리스 선박왕 리바노스 회장을 만나 울산 미포만의 모래사장 사진과 5만분의 1 지도를 보여주고 26만t급 유조선 2척을 수주하였다. 어려운 상황에서 기지를 발휘하여 세계 조선 역사상 처음으로 조선소 건설과 선박 건조를 동시에 진행하는 '신화'를 이뤘다.

A

생각해보기 5-1~4 **협상과 문화 1~4**

1. 사우디아라비아인과 협상

영문을 몰라서 발을 동동 구르던 과장님은 나중에 그 이유를 알았다. 중동 사람들에게 부인의 안부를 묻는 것은 결례가 된다는 것과 다리를 꼬는 자세로 앉았을 때 상대방에게 자신의 신발 밑창이 보이는 것은 상대방에 대한 모욕을 나타내는 자세이다. 또한 대화를 하면서 자신이 상대방을 똑바로 시선을 마주하지 않는 행동이 중동사람들에게는 남을 속이거나 회피하는 것으로 해석된다. 우리나라 사람의 정서는 상대방을 어떻게 똑바로 쳐다 볼 수 있느냐고 반문하지만 중동이나 프랑스, 이탈리아 사람들은 상대방과 대화를 할 때 눈을 마주치며 말을 한다. 반면에 아시아권에서는 상대방을 똑바로 쳐다보는 것은 결례라고 생각한다.

2. 중국인과 협상

중국인들은 상대방이 시간에 쫓길 때는 만만디(느리게), 그리고 자신이 유리할 때는 콰이콰이(빠르게)로 비즈니스하는 특징을 갖고 있다. 중국에서는 협상 상대방과 화끈한 술자리에서 서로 다 합의한 것처럼 분위기가 형성되더라도 절대 계약은 쉽게 이루어지지 않는다. '좋다(好, 하오)'도 때로는 그저 그 상황 자체가 좋은 것에 불과한 의미로, '두고보자(看看, 칸칸)'는 두고 봐도 호전될 가능성이 없는 경우에, '나중에 다시 이야기합시다(再說, 짜이숴)는 완곡히 거절할 때 사용한다.

이 사례를 통해 얻을 수 있는 교훈은 한국인들의 '빨리빨리' 관행은 협상에서 좋지 않은 결과를 낳을 수 있어 항상 사전에 미리미리 준비하고 상대방의 반응에 즉각적인 반응을 보이기보단 한 템포 느리게 나아가는 인내심을 길러야 한다.

3. 독일인과 미국인 협상

로버트는 아주 정확한 독일어로 말을 했다, 그러나 그는 문화적 접근에서 큰 잘못을 저질렀다. 초면인 클라우스에게 처음부터 이름(first name)을 부르고, 발을 테이블 위에 얹어 놓고 껌을 씹는 행동을 하여 보수적이고 형식적인 독일인 클라우스에게 자신을 무시하고 무례한 행동을 하는 것으로 비춰졌던 것이다. 아무리 좋은 단어를 골라 자신의 비즈니스 목적을 설명했다 하더라도 상대의 문화적 인식을 이해하지 못하는 접근을 했다면 비즈니스 쟁점은 2차적 쟁점이 되고 만다.

4. 인도네시아인과 협상

인도네시아에서 목욕이라는 의미를 갖는 만디(Mandi)는 더운 날씨라는 기후와 종교로 인해 아침저녁에 샤워를 하는 관습을 말하며, “목욕했어요”라는 말은 우리나라 말의 “식사하셨어요?”라는 의미를 가진다. 점심 인사는 한국과 비슷한데 저녁 인사는 식사 인사 대신 ‘목욕하셨어요?’라고 물어 보며, “밤에 샤워를 하면 밤바람이 차가우니까 추운 밤이 되기 전에 샤워를 해서 감기 조심하라”는 뜻으로 아플까봐 서로를 걱정해주는 마음에서 생긴 문화다. 또한 시간에 관한 ‘잠 까렛(Jam Karet)’은 고무시간(Rubber Time)이라 할 정도로 시간에 대하여 여유롭고 관대한 관습으로서 상대방이 약속시간에 늦었다고 큰소리로 쉽게 화를 내면 교양이 없다고 생각한다. 인도네시아의 ‘아닷(Adat)’이라는 관습법이 있는데 가장 금기시하는 것은 왼손을 사용하는 것이다. 집게 손가락으로 사람을 가리키는 것은 모욕적으로 생각하므로 오른쪽 손가락 모두를 모아 사용하여야 한다.

이상의 예들은 문화가 국제비즈니스 협상에 미치는 영향이 얼마나 지대한가를 말해 주고 있다. 우리나라 사람들이 생각할 때 대수롭지 않게 하는 행동과 말들이 외국인에게는 수치와 불신으로 다가가는 경우가 있다. 특히 비언어적 의사소통은 문화마다 차이가 많아서 간혹 오해를 불러일으키곤 한다.

제6장

협상과 의사결정

제 6 장 협상과 의사결정

제 1 절 의사결정

1 의사결정의 의의

인간은 매 순간 선택의 갈림길에 있게 된다. 선택의 갈림길에서 갈등을 하고 판단하며, 결정을 하게 된다. 협상에서 당사자들은 상대방의 선택, 거래조건, 의견 상충 시 대안 등등을 전체 또는 개별적으로 자신에게 유·불리를 판단하여 최선의 것을 선택하여 결정한다.

의사결정이란 '문제를 인식하여 진단하고 해결에 필요한 대안들을 찾아 평가한 후 최적의 대안을 선택하고 결정하는 일련의 과정'이다. 협상에서 의사결정은 각 쟁점에 대한 다른 가치판단, 자원의 한계, 불확실성의 문제가 개입되는 상황에서 상대방의 동의를 필요로 한다. 따라서 성공적인 협상을 위해서는 무엇보다 합리적인 선택이 중요하다.

합리적 선택은 합리적 의사결정을 의미하며, 충동적이고 직관적이거나 감성적인 의사결정이 아닌 정보에 기반하고 체계적이며 분석적인 사고에서 비롯된다. 어떤 상황에서도 변함없이 일관된 선호도(원하는 것)에 따라 선택하고 계산에 철저하고 논리적이며 늘 최대의 효율성을 추구한다.

협상은 공동의 문제해결(joint problem-solving)과정이다. 협상은 의사결정을 하는 과정에서 특정인의 문제해결을 위한 결정이 아니라 상대방과 공동으로 문제를 해결하기 위한 상호작용을 하여 양쪽의 욕구나 관심사를 만족시키는 공동 의사결정이다. 즉, 협상은 둘 이상의 이해관계 당사자들이 여러 가지 대안들 중에서 당사자 모두 수용할 수 있는 특정 대안을 찾아가는 동태적 의사결정 과정이다.

협상은 상대방이 존재하고 당사자 각각의 대안들과 이들 대안들이 결합한 제3자의 대안 제시가 가능하기 때문에 소통을 통해 더 나은 결과를 초래할 수 있다. 예로서 물품매매거래에서 가격협상을 하는 경우 가격 조건만 따지는 경우에는 윈-윈(win-win)의 결과가 나올 수 없다. 매도인은 가격 이외에 수량을 매수인은 가격 이외에 품질이라는 대안을 가질 수 있다.

즉, 매도인은 가격 외의 조건으로 수량을 늘리면 가격 할인이 가능하다고 하거나, 일정기간 내 정해진 수량의 구매를 완료하면 몇 퍼센트의 캐시백을 해주겠다고 제안할 수 있다. 매수인은 가격을 낮추지 못하면 더욱 양질의 제품 제공 또는 A/S기간 연장 등을 요청할 수 있으며, 대금결제방식이나 시기 등 제3의 대안을 제시하여 모두가 만족스러운 결과를 도출할 수 있다. 협상자 모두 만족시키는 결정은 서로 쟁점을 토의하는 끊임없는 의사소통을 통해 창조적인 대안을 마련하여 공동 이익을 창출하는 노력이 필요하다.

2 의사결정 과정과 결정 모델

의사결정 방식은 협상성과에도 영향을 미친다. 이종건(2001)에 의하면 협상과정에서 쟁점의 제기와 토론 및 결정에 관한 의사결정 절차는 효율적인 협상을 위한 필수적인 사항이다. 협조적이거나 경쟁적인 협상은 순차적인 의사결정 절차를 준수하는 것이 효과적이고 효율적인 방법이라고 하였다.

그러나 협조와 경쟁적 관계가 혼합된 협상에서는 쟁점별로 순차적인 의사결정을 하는 절차를 따를 경우 힘의 우위에 있는 협상자가 자신의 선택안을 밀어부쳐 통합적 합의 도출을 어렵게 만든다. 이러한 경우에는 먼저 우선순위를 정한 후 개인적 이해관계를 밝히고 그 다음 문제해결을 위한 창의적 접근을 제안하며, 가능한 한 순차적 의사결정 절차를 피하는 것이 바람직하다.

바저만(Bazerman et al., 2000)에 의하면 경쟁과 협조가 혼합된 그룹에서는 만장일치가 다수결 원칙보다 더 가치가 높은 결정을 내리게 되는데 이는 만장일치가 요구될 경우 각 그룹은 상호간에 최선의 이익을 위하여 교환을 하기 때문이라고 하였다. 그룹 의사결정 원칙은 만장일치가 가장 가치있는 결정이고, 그 다음은 합의에 의한 타협이며 마지막은 다수결로 정하는 방법이다. 그렇지만 그룹협상에서는 가능한 한 다수결에 의한 결정은 피하는 것이 좋다.

의사결정 모델에는 합리적 모델, 제한적 합리성 모델 및 비합리적 모델이 있다.

① 합리적 모델(rational model)

합리적 모델은 합리성과 경제원칙을 적용하여 사람들이 어떻게 하여 최적의 의사결정을 하게 되는지 설명하는 모델로서 의사결정자가 완전한 정보를 가지고 기대가치의 극대화(maxmizing)를 꾀한다는 가정에 기초하고 있다.

② 제한적 합리성 모델(bounded rationality model)

의사결정자가 극대화의 원리 하에 최적의 대안을 추구하는 것이 아니라 제한된 합리성을 가지고 만족한 대안을 선택하게 된다는 모델이다. 이 모델에서 의사결정자는 최적의 대안이 아니라 만족스러운 대안을 찾으며, 모든 대안을 고려하기보다는 손쉽게 이용가능한 대안들을 마련하고, 문제와 상황에 대해서 불충분한 정보를 가진 상태에서 의사결정을 한다고 가정한다. 의사결정자들은 각자의 경험에 기초를 둔 문제해결방법 및 습관을 사용하여 의사결정하는 휴리스틱스를 활용한다.

③ 비합리적 모델(non-rational model)

비합리적 모델은 정치적 모델, 내재적 선호모델, 쓰레기통 모델로 나뉜다. 정치적 모델, 내제적 선호모델은 마음에 정해 놓은 선호하는 안으로 의사결정하고 의사결정이 생략되는 방식이며, 쓰레기통 모델은 조직 내 의사결정이 비체계적이고 불규칙적으로 의사결정이 이루어지는 방식이다.

3 의사결정의 관점에서 협상연구

1980년대와 1990년대의 연구는 행위적 의사결정 연구를 중심으로 이루어졌으며 인지심리학의 등장은 협상연구에 강한 영향을 미쳤다. 바저만과 닐(Bazerman & Neale,1992)에 의하면 서술적 연구자들과 규범(prescriptive) 연구자들이 서로 상호작용을 함으로써 의사결정 관점에 대한 연구를 촉진시켰다.

1980년대와 1990년 초는 '협상자들이 어떻게 현실적으로 의사결정을 할 것인가'에 대한 아이디어를 찾아내기 위해 행동적 의사 결정(Behavior Desision Research, BDR) 분야의 연구를 토대로 협상에 대한 심리학적 연구의 틀을 재정립하였다.

1990년대에는 협상의 사회적 관계에 대한 연구인 사회심리학에서 협상연구가 재등장하였다. 의사결정에 대한 초기 연구에서 누락된 것으로 논의되고 있는 사회적 관계, 자기중심성, 동기화된 환상, 감정 등의 사회적 요소들이 주요 연구주제가 되고 있다.

협상과 사회적 관계에 관한 연구는 개인, 쌍, 네트워크의 세 가지 차원으로 행해졌다. 즉, 협상자의 개인적인 판단과 선호도가 얼마만큼 사회적 정황에 의하여 영향을 받는지, 쌍 내에서의 사회적 관계가 협상과정과 성과에 얼마만큼 영향을 미칠 수 있는지 그리고 관계가 넓은 행위자 네트워크에 어떤 영향을 미치는지를 파악하고자 하였다.

4 합리적 의사결정

1) 합리적 의사결정

전통 경제학에서는 인간은 이성과 합리성에 기반하여 의사결정을 한다고 주장하였다. 합리적 의사결정이란 선택에 따른 비용과 편익을 고려하여 비용대비 편익의 극대화를 추구하는 합리적 선택에 따른 의사결정이다. 경제적으로 합리적 의사결정을 할 때 핵심은 비용보다는 편익이 커야 한다. 즉, '최소 비용으로 최대 효과'를 달성하고자 한다.

경제적 인간을 전제로 한 주류 경제학에서는 첫째, 인간은 합리적 선호도에 따른 합리적 선택을 하고, 둘째, 인간은 효용을 극대화하며, 마지막으로 인간은 가능한 모든 정보를 이용하여 독립적인 의사결정을 한다 라는 가정을 기반으로 경제현상을 설명하고 예측하였다. 따라서, 상대방도 자기의 수익을 극대화시키는 방향으로 행동을 취할 것이라고 예상하였다.

이때 주로 고려되는 요소는 유형적인 요소이다. 따라서 합리적 협상행동은 경제적 효용을 극대화시키는 방향으로 나아가는 행동으로, 협상 후의 이익이 협상 비용보다 커야 한다. 물품매매 협상과정에서 협상내용은 품질, 수량, 가격, 인도, 결제 등과 같은 유형요소에 초점을 맞춰 청약과 반대청약을 합리적으로 교환하는 것 정도로 예상한다.

그러나 협상에서의 합리성은 유형요소뿐만 아니라 무형요소를 포함한다. 협상에서 합리적 기준을 이해하려면 경제적 유형요소뿐만 아니라 심리적 무형요소도 함께 고려해야 한다.

〈표 6-1〉 협상의 합리성 요소

구분	내용
경제적 이해관계	이익, 미래 비용 감소, 비효율성 감소, 새로운 비즈니스 기회 개발
도덕적, 심리적 이해관계	성실, 원칙적인 행동, 공정함, 자부심과 존중, 불안과 스트레스로부터 자유, 모험, 흥분, 마음의 평화
자아 또는 심리적 관심	개인적 만족, 안전, 경력, 좋은 성과, 존경
영향력 이해관계	평판, 권위, 신뢰성, 지위, 선의
사상적 이해관계	종교적, 정치적, 사회적 신념
관계적 이해관계	좋은 관계 유지, 미래 관계의 가능성 개발과 강화, 해로운 관계 종료
행동의 자유 이해관계	기회 유지, 제한과 부과된 의무에서 벗어남, 바람직하지 않은 선례에서 벗어남
효율성 또는 보안 이해관계	자신의 입장, 재산 및 투자의 보호, 좋은 선례 설립, 문제 또는 쟁점을 해결하기 위한 안정적이고 신뢰할 수 있는 절차 또는 프로세스 개발

자료 : Gzry Goodpaster, "Rational Decision-Making in Problem-Solving Negotiation: Compromise, Interest-Valuation, and Cognitive Error", OHIO STATE JOURNAL ON DISPUTE RESOLUTION, Vol. 8 No. 2, 1993, p. 322

협상에 관한 두 가지 질문이 있다. 첫 번째는 협상 상대방이 합리적이길 원하는가? 두 번째는 합리적인 태도로 협상에 임하는 것이 과연 좋을까? 전자 질문에는 사람들 모두 하나같이 '그렇다'라고 대답했지만 후자 질문에 대한 답변은 엇갈렸다. 학자들의 대답은 대체로 '그렇다'라고 하였지만 기업가들과 변호사들은 때때로 망설였다. 왜냐하면, 법적 분쟁이나, 보험금 분쟁과 같이 서로 대립관계에 있는 협상에서 상대편이 청구금액을 과다하게 부풀리거나, 터무니없이 후려치는 등 서로 유리한 고지를 차지하고자 합리적인 안을 제시할 가능성은 매우 낮기 때문이다. 또한 협상 상대방이 비합리적으로 나온다면, 당신이 합리적으로 대응하더라도 문제는 해결되기 어렵다.

2) 제한된 합리적 의사결정

인간은 어떤 결과가 더 가치 있고 더 보람 있는지 판단할 능력을 지니고 있음에도 불구하고 경제적으로 비합리적 행동을 하게 된다. 예로서 무역클레임을 해결하기 위해 변호사를 고용하여 양국을 오가며 소송을 진행한다면, 무역클레임금액보다 변호사비용이 더 커질 가능성이 있음에도 불구하고 국제적 소송이 많이 진행되고 있다. 또한 노사분규가 원만히 해결되지 않고 파업에 들어간다면, 회사의 이익은 줄어들게 되고 이에 따라 노동자의 임금을 인상해줄 재원이 줄어 손해가 발생할 것임을 알지만 현실적으로 파업과 공장폐쇄가 일어나고 있다.

협상할 때 우리는 이성적으로 결정을 내릴 것 같지만 오히려 감정이 중요한 변수로 작용하는 경우가 많다. 예로서 A라는 사람과 B라는 사람에게 똑같은 메시지와 부탁을 받았다고 하자. 이성적으로는 똑같은 대답을 해야 하겠지만 내가 좋아하는 A에게는 '예스'(Yes)를, 내가 싫어하는 B에게는 '노'(No)라고 답변하는 경우가 많다. 이처럼 인간은 감정적이고 이성적 충동에 휘둘리는 존재이어서 최적의 선택을 하기가 어렵다.

포가스(Forgas, 1998)는 감정(affect)은 협상과정 및 성과에 영향을 미쳐 긍정적인 감정은 협조전략을 부정적 감정은 경쟁전략을 선택하는 경향이 있다고 하였다.

허버트 사이먼(Herbert Simon)은 "인간은 100% 합리적이지 않고 다만 부분적으로 합리적이다. 정보 부족, 인지능력 한계, 물리적・시간적 제약 등 이유 때문에 인간의 합리성은 제한된다"라고 주장하였다. 의사결정자는 시간 제약, 제한된 합리성(Bounded rationality) 등으로 인해 모든 평가 기준과 대안을 찾아내기가 쉽지 않다. 그래서 실제 협상가의 행태도 합리적 선택이론에서 강조하는 합리성에서 상당히 벗어난다.

협상 상황에 직면한 협상가들은 합의안의 선택과 같은 중요한 의사결정을 함에 있어 합리적 선택보다는 휴리스틱스(Heuristics), 직관(intuition), 어림짐작(Rules of thumb) 등의 방법에 의존하고, 인지적 도식(Cognitive schema)에 의해 정보를 처리한다. 인지적 도식에 의해 협상가는 단순히 감이나 직관에 의해 의사결정을 하고 협상을 이끌어 가는 경우가 많다.

제 2 절 협상과 주요 행동경제학적 이론

1 인지편향과 협상

협상은 제품, 서비스, 채무, 역할 또는 책임의 교환 또는 유통을 목적으로 의사소통을 하는 과정이다. 의사결정의 결과로서 취해진 행동은 합리적인 선택이라고 간주되어 왔다. 협상자는 교육과 경험을 통하여 합리적인 판단을 내리는 방법들을 습득하게 되지만, 자신에 내재된 인지적 편향으로 인해 합리적인 판단이나 의사결정에 도달하지 못하는 경우도 흔히 발생한다.

판단과 의사결정 과정은 인지과정, 세부적으로는 추론 과정의 하나이다. 판단과정은 필요한 정보를 수집하여 직접적으로 제시되었거나 제시되지는 않았지만 제시된 정보로부터 추론할 수 있는 사실들을 최대한 이용하여 논리적인 결론을 내리는 과정으로 정의될 수 있다.

사람들은 정보의 수집, 추론, 판단 등의 단계에서 착각이 발생하기도 하고 특유의 인지적 편향(bias)으로 이성적인 판단에서 벗어난 편향된 판단이나 잘못된 판단을 하게 된다. 이러한 인지 편향은 지름길을 찾아 정보를 처리하려는 경향, 뇌의 처리 능력 제한, 정서적 및 도덕적 자극, 왜곡된 방식으로 저장되고 기억된 경험, 기억, 사회적 영향 등등에 의해 발생하며, 선입견, 고정관념 및 편견을 야기시킨다.

인지적 편향은 주먹구구식 사고 및 마인드와 매우 밀접한 관계를 맺고 있다. 인간의 인식 과정에는 적지 않은 오류가 있기 때문에 경험과 직관(intuition)에 의한 의사결정에는 많은 문제가 있다. 사람들은 보통 자신이 원하는 방향으로 사물을 인지하고 해석한다. 이 때문에 소위 '의사결정 오류(편향)'가 일어날 가능성이 매우 크다.

이를 극복하기 위하여는 상반된 증거 찾기, 논쟁 유발하기, 자기합리성 극복을 위한 제3자 평가의 기회 갖기 등을 통해 상이한 관점을 갖거나 다른 목소리를 끊임없이 들을 수 있는 복수의 프로세스와 시스템 구축이 필요하다.

또한 자신의 의사결정에 영향을 미치는 경험이 무엇인지를 파악하고 이를 공개적으로 공유하거나, 쟁점을 재구성하거나 역할을 바꿔보거나, 고정관념을 탈피한 사고 등을 통해 자신의 의사결정 패턴을 바꾸는 것이다. 또한 시야를 넓혀 비교 분석을 위한 대상을 합리적 수준으로 더욱 확대할 필요도 있다.

읽어보기 **비즈니스 인사이더가 정리한 20가지 인지 편향**

1. 기준점 편향 (anchoring bias)

사람들은 처음 접하는 정보에 지나치게 좌우되는 경향이 있다. 연봉 협상을 할 때, 첫 번째로 제안하는 금액에 따라 각자의 머리 속에는 그 제안 금액의 범위 내에서 사고가 이루어지게 된다.

2. 가용 휴리스틱 (availability heuristic)

사람들은 그들이 미리 알고 있는 정보의 중요성을 과대평가하는 경향이 있다. 가령, 흡연을 하는 사람이 하루에 담배 세 갑씩 피면서 100세까지 산 사람을 안다고 말하며 담배는 몸에 해롭지 않다고 주장하는 경우가 있다.

3. 편승 효과 (bandwagon effect)

어떤 사람이 특정한 신념을 받아들일 가능성은 그 신념을 따르는 사람들의 수가 증가할수록 높아진다. 이것은 집단 사고의 강력한 형태이며, 회의들이 생산적이지 못한 원인 가운데 하나이다.

4. 맹점 오류 (blind-spot bias)

스스로의 인지적 오류를 깨닫지 못하는 것은 그 자체가 오류이다. 사람들은 자기 자신보다 타인의 인지적·동기적 오류들을 쉽게 눈치채는 경향이 있다.

5. 선택 지원 편향 (choice-supportive bias)

사람이 어떤 의사 결정을 내리는 순간, 그 사람은 그 결정을 긍정적으로 바라보게 된다. 그래서 실제로 그 결정에 결함이 있더라도 한 번 내린 결정을 밀고 나가는 경우가 많다.

6. 클러스터 착각 (clustering illusion)

무작위로 일어나는 사건에 대해 어떤 패턴을 발견하는 경향이다. 이는 사람들이 도박을 하거나 복권 번호를 고를 때 범하기 쉬운 오류이다.

7. 확증 편향 (confirmation bias)

사람들은 자기가 기존에 가지고 있던 생각을 강화시켜주는 정보만 듣는 경향이 있다. 이는 우리가 다양한 주제들에 대해 심도 있는 대화를 하기 힘든 이유이다.

8. 보수주의 편향 (conservatism bias)

사람들은 기존의 증거들을 새로운 증거나 갓 밝혀진 정보보다 선호한다. 지구가 둥글다는 주장을 사람들이 받아들이는 데 시간이 오래 걸린 것도 기존에 지구가 평평하다는 믿음을 계속 지키는 것이 더 편했기 때문이다.

9. 정보 오류 (information bias)

정보를 추가로 얻을 필요가 없는데도 정보를 더 얻으려고 노력하는 경향을 뜻한다. 많은 정보가 늘 좋은 것은 아니고 적은 정보로도 오히려 더 정확한 예측을 할 수 있다.

10. 타조 효과 (ostrich effect)

타조가 땅에 머리를 파묻는 것과 같이, 위험하거나 부정적인 정보를 무시하는 오류이다. 연구에 따르면, 투자자들은 시장이 안 좋을 때, 자신이 보유한 주식의 가격을 덜 확인한다고 한다.

11. 결과 오류 (outcome bias)

결정을 그 결정이 이루어진 원인보다는 결과에 비추어 평가하는 것이다. 어떤 사람이 라스베가스에서 돈을 많이 땄다고 해서, 돈을 도박에 투자한 것이 잘한 결정은 아닐 것이다.

12. 과도한 자신감 (overconfidence)

어떤 이들은 자기 자신의 능력에 대한 자신감이 지나쳐서 이로 인해 일상 생활에서 더 위험한 결정을 하게 된다. 각 분야의 전문가들이 이 오류에 자주 빠지곤 하는데, 이는 그들이 자신의 결정이 맞다고 더 확신하는 경향이 있기 때문이다.

13. 위약 효과 (placebo effect)

단순히 어떤 결정이 자기 자신에게 효과가 있을 것이라고 생각하는 것만으로도 실제 그 믿음과 유사한 효과가 나타난다. 의학에서, 가짜 약을 진짜 약이라고 속이고 환자에게 줄 경우, 진짜 약을 먹은 사람과 마찬가지 반응이 일어나는 것을 확인할 수 있다.

14. 친혁신 편향 (pro-innovation bias)

혁신을 지지하는 사람이 혁신의 중요성을 과대평가하고, 반대로 단점은 과소평가하는 경향이 있다. 실리콘 밸리에서 흔히 볼 수 있는 광경이다.

15. 최신 편향 (recency)

과거 자료보다 최신 정보를 무조건 높게 평가하는 경향이 있다. 투자자들은 시장이 오늘과 같을 것이라 생각하기 때문에 현명하지 못한 결정을 내리곤 한다.

16. 특징 효과 (salience)

어떤 사람이나 개념을 접할 때, 가장 생각하기 쉬운 특징에만 집중하는 것이다. 가령, 우리가 죽음에 대해서 생각을 할 때, 보다 가능성이 높은 자동차 사고 대신 사자에게 물려서 죽는 극적인 장면을 생각하는 것이다.

17. 선택적 지각 (selective perception)

사람들의 기대는 세상을 바라보는 방식에 영향을 준다. 같은 미식 축구 경기를 보여줄 경우, 사람들은 자신이 응원하는 팀보다 상대팀이 더 많은 반칙을 저지른 것으로 생각을 한다.

18. 고정관념 (stereotyping)

특정 집단이나 사람에 대한 실질적인 정보 없이 그 사람이 어떠한 특징들을 가지고 있을 것이라 기대하는 경향이 있다. 이는 우리가 낯선 사람을 친구인지 적인지 쉽게 구분하는 데 도움을 주기도 하지만, 사람들은 이를 남용하는 경우가 많다.

19. 생존자 편향 (survivorship bias)

특정한 상황에서 무사히 살아남은 사람에만 집중함으로써, 그 상황을 잘못 판단하게 하는 경향이 있다. 가령 우리 눈에는 회사를 경영하면서 실패한 사람보다는 성공한 사람이 주로 뜨이기 때문에, 우리는 회사를 경영하는 것이 쉬운 일이라고 착각할 수 있다.

20. 제로 리스크 편향 (zero-risk bias)

사회학자들은 그것이 비생산적이라 할지라도 사람들은 확실성을 매우 좋아한다는 것을 알게 되었다. 여기서 리스크를 없앤다는 것은, 피해가 발생할 가능성이 전혀 없게끔 한다.

자료 : Business Insider, "20 cognitive biases that screw up your decisions", 2015.8.26. (https://www.businessinsider.com/cognitive-biases-that-affect-decisions-2015-8?utm_source=feedly)

2 행동경제학의 의의

1) 행동경제학의 의의

행동경제학(behavioral economics)은 인간의 판단과 선택과정에 개입될 수 있는 비합리성의 원인과 패턴을 밝혀냄으로써 인간에 대한 보다 현실적인 가정에 기초하여 인간행동을 설명하고 사회현상을 분석하며 이를 통해 정책적 합의를 도출하는 것이 가능하다고 본다.

행동경제학은 이러한 비합리성이 예측불가능하게 개입되는 것이 아니라 일정한 패턴을 가짐으로써 예측가능하다고 본다. 즉, 인간이 '실제로' 어떻게 선택하고 행동하는지, 그 결과 어떠한 사회현상이 발생하는지를 고찰하는 학문이다. 인간의 인지과정에 개입할 수 있는 예측가능한 비합리성을 행동경제학에서는 휴리스틱스(heuristics)와 그에 따른 편향(biases)이라고 명명한다.

행동경제학이 비합리성에 관심을 기울이는 까닭은 개인의 합리성을 포기해서가 아니라 개인의 비합리성이 나타나는 이유와 패턴을 밝혀냄으로써 우리가 의사결정을 할 때, 어떤 비합리성이 개입될 수 있는지를 인지하게 되면 이러한 비합리성을 줄일 수 있고, 이를 통해 좀 더 합리적인 의사결정에 도달할 수 있다는 처방적인 의미가 담겨있다.

2) 행동경제학과 협상

“인간의 욕망은 끝이 없지만 그것을 충족시키기 위한 자원은 한정되어 있다” 경제학원론의 서문에 실린 내용이다. 경제학의 연구 분야를 2가지 관점에서 바라볼 수 있는데, 첫째는 한정된 자원을 이용하여 최대한 보다 좋게 많이 생산하려는 것이며, 둘째는 모두 행복할 수 있도록 공정하게 배분하는 일이다. 이 2가지 중요한 목적을 달성할 수 있는 방법 중의 하나가 협상을 잘하는 것이다. 협상은 상충적인 이해관계에 있는 당사자들이 공동의 이익이나 문제해결을 위한 의사소통하는 과정이기 때문이다.

협상과정에서 당사자들은 상호 만족스러운 합의를 할 것인가 아니면 자신의 이익을 크게 할 것인가 또한 파이를 어떻게 나눌까 등 많은 선택을 하게 된다. 이러한 선택을 할 때 모든 경우를 고려해 의사 결정을 내리는 것이 불가능하고 합리적인 선택을 하면 할수록 선택 자체가 비합리적이게 된다. 또한, 협상자들의 선택 결과들은 각자의 사고방식과 행동과 입장에 따라 다르게 나타난다.

예로서, A와 B가 있을 때 어떤 사람이 A를 더 좋아한다고 치자. 그리고 B와 C를 보고선 B가 좋다고 대답한다. 그럼 A와 C가 주어지면? A가 좋다고 대답해야 한다. 그래야 합리적인 것이다. 무엇이 더 옳고 그른 것이 아니라 일종의 논리 연산자와 같은 ‘규칙’을 사용하여 그 규칙이 동일하게 적용된다면 같은 결론에 도달해야 한다는 것이 이른바 합리적 의사결정의 핵심이다. 그런데 실제 우리 인간의 생각과 행동을 돌아보면 그렇지 않은 경우가 있다.

다시 말해 A와 C가 주어졌을 때 C가 좋다고 할 수 있는 경우도 얼마든지 있다. 왜냐하면 사람들은 상대방에 대한 호불호, 관계성의 친밀도 등 인간으로서의 감정과 사회관계를 맺고 있기 때문에 경제적으로는 비합리적일지라도 실제로는 자신에게 가장 합리적인 행동이라고 생각한다. 당사자들의 감정(emotion)과 공평성인식(fairness perception)이 야기할 수 있는 효과가 무엇이며, 이러한 감정 및 인식은 어떻게 발생하게 되는지를 규명하는 것은 성공적인 협상을 위해 매우 중요한 과정이라고 할 수 있다.

3 주요 행동경제학 이론

1) 휴리스틱이론

① 휴리스틱의 의의

휴리스틱의 어원은 라틴어의 'heuristicus(찾다. 발견하다)'와 그리스어 'heu-risketn'에서 비롯되었다. 휴리스틱은 문제를 해결하거나 불확실한 사항에 대해 판단을 내릴 필요가 있지만, 명확한 실마리가 없을 경우에 사용하는 어림짐작하여 결정하는 편의적·발견적인 의사결정방법이다. 우리말로는 쉬운 방법, 간편법, 발견법, 어림셈 또는 지름길로 표현할 수 있다.

휴리스틱은 우리가 일상생활에서 외모가 뛰어난 사람이 호감을 사기 쉽다거나 제품을 선택할 때 특정 브랜드를 고집하는 고정관념이나 제품을 만든 국가가 어디인가에 따라 품질을 다르게 평가하는 것 등 반복적인 선택을 해야할 때 정보 탐색 시간을 줄여주기도 한다. 협상자는 협상 테이블에 임하거나 세일즈에 나설 때는 단정한 복장, 바른 자세, 침착한 태도, 친화적인 표정, 유연한 미소 등의 "외모"를 미리부터 연출하는 마음이 필요하다. 외모란 단순히 얼굴을 포함한 신체적인 아름다움만이 아니라 표정, 태도, 행동 등을 포함한 전체 이미지이기 때문이다.

읽어보기

1. 숫자 9의 비밀

미국 노스웨스턴대 에릭 앤더슨 교수와 MIT 던컨 시메스터 교수는 소비자들의 구매 의사 결정에 관한 실험으로 34달러짜리 여성 의류를 각각 34달러, 39달러, 44달러에 판매하였다. 그 결과 34달러와 44달러 의류의 판매량은 같은 반면 39달러짜리 옷 판매량은 33%나 증가했다. 바로 '9'라는 숫자에 그 이유가 숨어 있는데 사람들은 숫자 '9'를 보자마자 '정가보다 싸게 제품을 판다'는 직관적 판단, 즉 휴리스틱에 의해 결정을 했기 때문이다.

출처 : 매거진 한경, "소비자는 결코 이성적이지 않다", 2016.05.09.
(https://magazine.hankyung.com/business/article/201605033060b)

2. 외모와 호감

심리학자 다이온과 왈스터는 외모와 호감의 관계에 대해 실험을 했다. 이 실험에서 피실험자들에게 신체적으로 매력적이거나 매력이 없거나 보통인 3가지 타입의 인물들에 대한 사진을 제시했다. 그리고 각 인물의 외모와는 전혀 관련이 없는 몇 개의 특성들에 대해 평가하고 평점을 매기도록 했다. 결과는 거의 모든 특징들에 대해서 매력적인 사람들은 가장 높은 평점을 받았고 매력이 없는 사람들은 가장 낮은 평점을 받았다. 이렇게 신체적인 매력이나 미모에 혜택을 받은 사람은 그렇지 않은 사람보다도 사회적 평가가 높은 경향이 있다.

출처 : 보험매일, "외모가 신용과 설득력으로 이어진다", 1970.01.01.
(http://www.fins.co.kr/news/articleView.html?idxno=1458)

② 휴리스틱의 종류

가. 가용성 휴리스틱

이는 사람들이 어떤 사건의 빈도나 발생 확률을 판단할 때 실제의 발생 빈도(혹은 객관적인 정보)에 근거하기보다는 그 사건과 관련된 구체적인 예나 연상이 얼마나 쉽게 떠오르느냐에 근거하여 판단하는 경향을 말한다. 예로서 삼성 갤럭시와 애플 아이폰 중 어떤 브랜드가 사람들에게 인기있을까라는 질문에 자신이 좋아하는 제품이 더욱 인기가 있을 것이라고 대답할 확률이 높다. 따라서 협상자는 한두 가지의 강력한 메시지를 통해 상대방의 마음이 움직이도록 하여야 한다.

나. 대표성 휴리스틱

대표성 휴리스틱은 눈에 보이는 것만으로 섣부른 단정을 내리는 것으로 어떤 사건이나 사물이 전체를 대표한다고 보고 이를 통해 빈도와 확률을 판단하는 것을 말한다. 예로서 사람들이 '피로엔 박카스', '두통엔 펜잘', '이마트의 최저 가격 보상제', '얼음이 나오는 정수기 이과수' 등을 특정 카테고리의 대표라고 인식하고 있다.

다. 기준점 휴리스틱

기준점 휴리스틱은 어떤 수치나 금액을 추정할 때 자신에게 가용한 정보를 기준점으로 삼고 그것을 기준으로 추정을 하는데, 대개의 경우 조정이 충분히 이루어지지 않아 원래 기준점에 편향되어 판단을 하는 것을 말한다. 기준이 되는 숫자인 기준점을 닻(Anchor)이라고 한다. 휴대폰을 구입할 때 휴대폰의 제조원가와는 상관없이 판매자가 먼저 제시한 가격이 닻(Anchor)이 되어 그 기준점을 기준으로 할인을 받게 된다.

매도인은 닻을 먼저 내리는 것이 유리할 것이고, 매수인은 상대방이 닻을 내리기 전에 다양한 경쟁상대를 찾아서 기준 가격을 알아본 후에 그 닻을 먼저 차단하는 것이 유리할 것이다. 기준점을 활용하는 방법으로는 정가와 판매가격 노출방법, 희망 가격을 되도록 높게 설정하는 방법, 새로운 선택기준 제시 등이 있다.

먼저 정가와 판매 가격을 같이 노출하는 방식은 가격표시를 할 때 정가 30,000원/판매가는 25,000원을 함께 보여줌으로 소비자에게는 싸게 샀다고 인식하게 만든다.

둘째, 희망 가격을 되도록 높게 하는 방법으로 기준점이 높게 되면 상대방에게 양보를 해줄 수 있는 폭도 많아 매도인 자신에 대한 좋은 이미지를 제공함과 동시에 자신의 희망 이익도 건질 수 있는 장점을 가지고 있다.

마지막으로 새로운 선택 기준 제시방법은 청정원의 '순창 우리 쌀로 만든 찰 고추장', 롯데 클라우드의 '물타지 않은 리얼맥주'와 같이 새로운 닻을 이용해서 소비자를 설득한 예처럼 특정 카테고리와 자신의 제품을 연상하도록 방법이다.

읽어보기 **스티브잡스 가격제시**

잡스는 2010년 태블릿PC 아이패드를 소개하면서 무대 중앙 스크린에 '999달러'라는 수치를 띄우고 전문가들이 999달러를 아이패드의 적정 가격이라고 하더라는 식의 얘기를 흘렸다. 아이패드의 가격 정책에 대해 많은 이들이 사용할 수 있기를 원하는 선에서 가격을 설정하였다고 스크린에 보여주었다. 그러나 잡스는 발표 때 999달러가 아닌 499달러부터 시작된다"라고 말하자 객석에서 환호성이 터져 나왔다. 그 이유는 스크린에 있는 '999달러'가 아이패드의 기준점으로 작용하여 '499달러'의 가격은 매우 싸게 느껴졌기 때문이다.

자료 : 구글에서 캡쳐(https://friendbahn.tistory.com/2642505)

라. 감정 휴리스틱

감정 휴리스틱은 확률 판단을 포함한 여러 형태의 판단이나 의사결정을 할 때 이성이 아닌 감성이 휴리스틱으로 작용하여 선택에 영향을 미치는 것을 말한다. 예로서 주식시장에서 자신이 조금 더 아는 기업, 친숙한 기업이면 왠지 좋은 기업이어서 이들 기업들의 주식을 사면 손해를 보지 않을 것 같다고 착각하는 것이다.

감정 휴리스틱을 활용하기 위한 방법으로 가격을 인상할 경우에는 '5% 인상'과 같이 비율로 표현하고, 가격을 인하할 경우는 '50,000원 할인!'처럼 금액으로 표현하여야 한다. 또한 가격을 인상할 경우에는 인상 폭을 체감되지 않을 정도로 여러 번에 걸쳐서 하는 것이 좋다. 마지막으로는 감정의 꼬리표를 만들어야 한다. 제품들 간의 차이를 지각하지 못하는 경우 사람들은 New, Natural, Premium, Gold 같은 수식어를 붙이거나 유명 연예인이 모델인 제품 등과 같이 겉으로 드러난 꼬리표를 기준으로 선택하게 된다는 것이다.

읽어보기 **꼬리표 예**

예쁘고 멋진 유명 연예인을 모델로 활용하는 경우/ New, Natural, Premium, Gold 같은 수식어를 붙이는 것/ 국산, 100%, 무지방을 활용한 무지방 서울우유/ 국산 햅쌀만 사용하는 우리 쌀 생막걸리/ 100% 국산 돼지고기와 토종 의성마늘을 핵심 메시지로 하는 의성마늘햄

읽어보기 **감정 휴리스틱**

같은 제품도 기분이나 감정 등에 따라 다르게 느껴지는 이유는 '감정 휴리스틱(affect heuristic)' 때문이다. 자판기에서 고급커피와 일반커피라고 적혀 있음에도 불구하고, 두 커피의 값이 똑같은 상황에서 어떤 것을 선택할 것인가?

사람들은 대부분 고급커피 버튼을 누른다. 왜냐하면 당연히 그게 더 고급일 것 같은 느낌 때문이다. 그런데 사람들에게 '두 커피의 품질 차이가 있을 것이라 생각하느냐'고 물으면 이성적으로는 차이가 없다고 답할 것이다. 다만 감성적으로는 왠지 고급커피가 더 맛있을 것 같고 더 좋은 원료를 썼을 것 같다는 생각을 하게 되는데 이를 '감정 휴리스틱'이라고 한다.

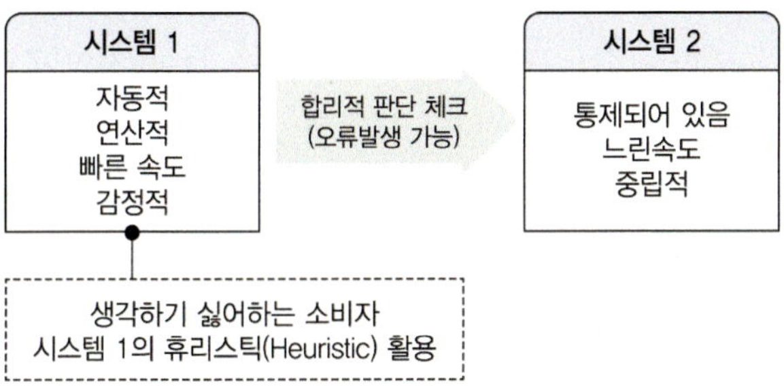

인간은 크게 두 가지 시스템에 의해 정보를 처리한다. 어떤 대상을 볼 때 '시스템 1'에 의해 직관적으로 판단을 먼저 하고 '시스템 2'가 합리성을 판단하는 것이다. 그런데 '시스템 2'가 '시스템 1'의 판단을 적절하게 체크하지 못할 경우 판단 오류가 발생한다. 특히 소비자는 생각하기를 싫어하고 생각을 최소화하려는 성향이 있다. 어떤 사건에 대해 판단을 요구하면 자기도 모르게 '시스템 1'이 작동하게 된다. 이것을 '휴리스틱'이라고 한다. 제품을 선택할 때 특정 브랜드를 따지는 고정관념이라든가, 어떤 제품이 어느 국가에서 만들어진 것이냐에 따라 판단이 달라지는 식을 말한다.

자료 : 한국경제신문, "같은 값인데 고급커피 고른 당신, '감정 휴리스틱'에 빠진거죠", 2010.9.2.

③ 휴리스틱과 협상

가. 닻내림 효과(Anchoring Effect)

협상에서 휴리스틱 현상의 하나인 닻내림의 기준점 효과를 자주 활용하고 있다. 홈쇼핑과 상점에서 소매가격과 판매가격을 동시에 표기하거나, 임금 협상에서 노조는 최대한 높은 수치를 제시하고 경영진은 최대한 낮은 수치를 제시하는데 이 또한 어느 쪽의 수치가 '닻'이 되는가에 따라 자신들에게 더 유리한 결과를 유도하기 위함이다.

닻내림 효과(Anchoring Effect)와 관련하여 협상에서 제일 중요한 것은 최초 제안(initial offer)을 어떻게 제시할 것인가 하는 문제이다. 협상테이블에서 처음 제안을 할 때의 내용이 기준점이 되므로, 한번 제시된 내용을 다시 유리한 내용으로 수정하더라도 받아들여지기 어려워진다. 예를 들어, 매도인이 처음 제시한 금액이 100만원이라면 100만원이 기준점(닻)이으로 작용하여 그 근처에서 최종 합의가 이루어진다.

닻 내림(aim high)'의 기준점 효과는 다음과 같은 장점을 갖고 있다.

첫째, 협상자의 제안이나 조건의 가치에 대해 상대방이 다시 한 번 생각하게 하는 효과가 있다. 예를 들어 마트 매장에 가 보면 진열된 두부의 종류가 다양하고 가격도 천차만별이다. 비싼 두부의 포장지에 나타난 성분에도 특별한 점을 발견하지 못하여도 소비자들은 '잘 모르겠지만 가격이 비싼 이유가 있겠지'라고 추측하게 되는 심리를 갖게 된다.

둘째, 상대방에게 양보할 수 있는 여지도 커진다. 예를 들어 가격을 높게 부른 후 상대방에게 양보를 해주면 상대방은 양보를 끌어냈다는 점에 협상결과에 대한 만족감이 올라가고 양보자에게 좋은 이미지를 갖게 된다. 또한 협상에서 요구하지 않으면 원하는 것을 얻지 못한다는 이치로 높은 목표를 설정하면 높은 금액으로 합의할 수 있다.

셋째, 협상의 주도권을 가질 수 있다. 협상 당사자는 자신의 주장을 강하게 내세울 수 있는 유리한 카드와 자신의 주장을 악화시키는 불리한 카드 두 개의 카드를 갖고 협상 테이블에 응하게 된다. 또한 협상은 유리한 입장에 있는 당사자라 할지라도 불리한 입장의 당사자의 동의를 필요로 하는 구조를 가지고 있다. 따라서 약자의 입장이라 해도 위축되지 않고 협상의 주도권을 잡기 위해서는 먼저 제안을 하는 것이 유리하다. 상대방의 제안을 기준점으로 삼게 되면 협상 과정에서 자신에게 유리하도록 아무리 금액을 낮추려 해도 한계가 있다.

기준점의 영향력을 상쇄시킬 수 있는 방법으로는 여러 개의 기준점을 제시하는 것이다. 기준점이 여러 개가 되면 관련 정보가 많아지고 그 중에 적절한 것을 선택하고자 할 때 이성적인 판단을 할 수 있어 기준점의 과도한 영향력을 상쇄시킬 수 있다. 또한 상대방의 제안이 마음에 들지 않는다면 과감하게 협상의 틀에서 빠져나오는 것도 좋은 방법이다.

마지막으로 상대방이 제시한 기준점과 반대의 논거를 찾아야 한다. 협상 시 상대방이 제시한 수치는 무조건 비합리적이라고 전제를 한 뒤 합리적인 사고로 의심해보고 수치의 타탕성을 검토해보는 것이다. 이런 의도적 노력은 닻내림 효과로 자신도 모르게 협상테이블에서 기준점 근처에서 결정을 내리는 위험을 예방하는데 효과가 있다.

읽어보기 **닻내리기 기준점 효과**

1. 기준점 효과와 조정

카너먼과 트버스키는 8×7×6×5×4×3×2×1=?은 얼마냐는 질문에 즉답하도록 하는 실험을 했다. 답변 평균치는 2,250이었다. 또 다른 실험 참가자에게는 거꾸로 1×2×3×4×5×6×7×8=?이 얼마냐고 질문했다. 놀랍게도 이번에는 512가 답변 평균치였다. 정답은 물론 양쪽 모두 40,320이다. 이것은 암산할 때 처음 몇 개 항목만 계산해서 기준점으로 정하고 나머지 부분을 적당히 어림짐작으로 최종적인 예측치를 내기 위한 '조정'을 하게 되는데, 이 과정에서 조정이 불충분하기 때문에 부정확한 결과가 나온 것이다.

자료 : 곽준석, "먼저 기준점 제시하라 … 좀 더 받고 팔 수 있다", 「DBR」 제90호, 2011.10.

2. 닻내림효과와 초두효과(primacy effect)

국내 대학에서 사람의 성격 제시어를 보여주고 홍길동이 가진 특징이 어떠한지 질문지에 체크하게 했다. 다시 실험자를 교체한 후 제시어 순서를 바꿔 보여주었다. 이번에는 맨 마지막에 보여줬던 '시기심이 많다'를 제일 먼저 보여주고 같은 질문을 했다.

홍길동은?	홍길동은?
지적이다. 근면하다. 추진력 있다. 비판적이다. 고집이 세다. 시기심이 많다.	시기심이 많다. 근면하다. 추진력 있다. 비판적이다. 고집이 세다. 지적이다.

그 결과, 단어의 순서만 바꿨을 뿐인데 홍길동에 대한 인상평가는 큰 차이를 보였다. 홍길동이 '시기심이 많다'라는 제시어를 먼저 본 실험자들은 "홍길동과 별로 친구

로 지내고 싶지 않다", "홍길동은 전혀 매력적이지 않다"라고 평가했다. 반면 홍길동은 '지적이다'라는 제시어를 먼저 본 그룹은 "홍길동과 친구로 지내고 싶다", "매력적인 사람이다"라고 판단했다.

첫 인상이 굉장히 정확하고 유용하리라는 우리의 믿음이나 기대와는 달리 이런 아주 사소한 정보의 순서에 따라서도 인상이 크게 영향을 받는다는 사실을 보여준다.

미국 다트머스대의 심리·뇌 과학자인 폴 왈렌 교수의 연구에 따르면 뇌의 편도체는 0.017초라는 짧은 순간에 상대방에 대한 호감과 신뢰 여부를 판단한다고 한다. 만남에서 첫 인상이 얼마나 중요한지를 판단할 수 있다는 것이다.

자료 : 정인호, "원하는 곳에 닻을 내려라", 「The Banker」, 은행연합회, 2015, pp. 91-92.

나. 휴리스틱에서 벗어나기

협상자는 본능적으로 혹은 습관적으로 범하는 사고방식이나 행동습관에 따른 선택을 할 때 흔히 범하는 다음과 같은 오류에 유의해야 한다.

첫째, 자꾸만 패턴을 찾으려는 본능을 경계해야 한다. 협상은 규칙성을 갖고 있지 않아 과거에 잘할 수 있었던 방식이 이번에도 똑같이 잘될 것이라는 맹점에 빠지지 않아야 한다.

둘째, 눈에 보이는 것만으론 섣부른 단정을 하는 '대표성-휴리스틱'에 주의하여야 한다. 휴리스틱은 복잡한 문제를 간단하고 경제적인 방식으로 해결할 수 있도록 도와주는 기법이다. 예로서, 화장품 회사가 중국에 진출하여 크게 성공했던 과거의 경험을 토대로 일본에서도 화장품이 크게 성공할 것이라 판단하고 섣부른 진출을 결정하는 것이 대표성 오류의 예시에 해당한다. 협상에서 이러한 대표성 오류를 피하기 위해선 필요한 정보를 여러 시각, 다양한 원천에서 수집하고 과거와 현재는 별개의 독립적인 사건이라 생각하고 의사결정을 내려야 한다.

셋째, 자신이 잘 아는 것에 바탕을 두고 쉽게 단정해버리는 '가용성-휴리스틱'을 주의해야 한다. 즉, 최근에 발생한 사건, 현저성이 높은 사건, 강렬한 감정을 야기한 사건을 통해 기억에 남아있는 정보가 전부라는 생각을 버려야 한다.

넷째, 광고에 자주 노출된 브랜드를 선호하는 것처럼 두 개 중 하나를 선택할 때 인지도에 따라 판단을 내리는 '제안-휴리스틱'을 주의하고, 늘 다시 한번 자신의 판단을 점검해야 한다. 익숙한 것이 늘 올바른 것을 의미하지는 않기 때문이다.

마지막으로 첫 인상이 굉장히 정확하고 유용하리라는 믿음이나 기대와는 달리 아주 사소한 정보의 순서에도 인상이 크게 영향을 받는다는 사실을 보여준다는 점을 명심해야 한다.

2) 확증편향이론(Confirmation Bias Theory)

확증편향이란 사람들은 지식을 검증하는 과정에서 자신들의 편향된 방식으로 관련 정보를 처리하는 심리로서, 이미 믿고 있는 바를 확인해주는 정보를 수집하고 거기에 의지하는 반면, 기존의 입장과 모순되는 자료는 회피하거나 폄하하는 경향을 말한다. 즉, 우리가 보고 싶어 하는 것만 보는 것이다. 우리의 뇌는 직접적이든 간접적이든 과거의 경험을 법칙화하여 현재의 모든 상황에 비교하여, 이를 지지하는 근거는 확대하고 반대하는 근거는 무시하는 인지적 구두쇠이다.

협상에서 특정 쟁점이나 명제에 대하여 자신의 기대심리나 경험, 이해관계가 반영된 것이라면 확증편향적인 경향은 훨씬 심화된다. 의사결정을 내리는 과정에서 자신의 기대에 더 큰 무게를 두고, 자신이 고수하는 신념과 다를 때에는 자신의 생각이 틀릴 수 있음을 보여주는 예는 눈에 들어오지 않고 자신은 옳고 상대방은 틀린 것이 되어 아무리 객관적인 증거라고 할지라도 무의식적으로 무시하거나 이를 왜곡하려는 경향을 보인다.

확증편향을 가중시키는 것은 과신(Overconfidence) 현상이다. 이는 자신의 생각이 실제로 맞다고 확신을 갖는 것으로, 자신의 생각이 70% 정도 맞을 가능성이 있을 때 80~90% 이상 맞다고 생각하는 것이다. 과거에 성공한 경험이 많은 협상자의 경우 타인의 도움을 받아서가 아니라, 자신의 능력 때문에 성공했다고 믿고, 자기 자신을 과신하는 경향이 있다.

협상자가 자신이 옳다는 생각으로 머릿속이 가득 차 있으면 상대방이 무슨 말을 해도 잘 듣지 않게 된다. 또한, 글로벌 협상에서 상대 문화에 대한 고정관념으로 상대방을 평가하는 것은 매우 위험하다. 왜냐하면 협상에 영향을 미치는 요인은 상황, 개인적 특성 등 많은 요인들이 영향을 미치기 때문이다. 협상 시 확증편향에서 벗어나기 위해서는 협상의 본질에 충실하고 의사결정

체크리스트틀 만들어 진행 상황을 살펴보면서 자신에게 스스로 '어떻게 결정을 내릴지'에 대하여 메모장에 자문하고 추론을 해보고, 객관적인 제3자의 조언을 듣거나, 상대방 말을 경청하는 것이 필요하다.

사례 확증편향

확증편향은 소비자의 행동에 영향을 준다. 명품 핸드백은 비합리적으로 비싼 가격을 제시해도 소비자는 돈을 지불한다. '명품은 좋다'는 편견이 작용하기 때문이다. 심지어 '비쌀수록 좋을 것'이라는 생각까지 더해진다. 소재나 디자인에 비해 분명히 거품가격을 지불하고 있어도 여간 지적해서는 이를 인정하려 들지 않는다.

심리학에서 확증편향의 또 다른 이름은 '인지부조화'다. 2008년 모 전 국세청장은 뇌물수수 선고공판에서 무죄를 주장했다. 하지만 재판부는 "내 기억은 그것을 했다고 말한다. 그러나 내 자존심은 그것을 했을 리가 없다고 말한다. 기억은 결국 자존심에 굴복한다"는 니체의 말을 인용하면서 '인지부조화'라며 '유죄'를 선고하였다.

카란 조하르 감독의 '내이름은 칸' 영화에서 칸이 오바마 대통령을 만나서 하고 싶은 말은 단 하나다. "My name is Khan. I'm not a terrorist"(내 이름은 칸입니다. 나는 테러리스트가 아닙니다). '무슬림=테러리스트'라는 미국 사회의 '확증편향'을 깨고 싶은 것이다. 때마침 미국도 오바마를 선출하면서 흑인은 대통령이 될 수 없다는 '확증편향'을 깼다.

출처 : 주간경향, "영화 속 경제 - 믿고 싶은 것만 믿는 '확증편향'", 제923호, 2011.5.3.

3) 전망이론(prospect theory)

① 영역효과(frame effect)

인간이 어떠한 경우에 위험을 회피하고 또 어떠한 상황에서는 모험적 혹은 도박에 가까운 선택을 행하는가에 대하여 전망이론(prospect theory)은 이를 "영역효과(frame effect)"로 설명한다. 즉, 이익영역(gain frame 혹은 domain of gain)에서는 안전한 선택을, 손실영역(loss frame 혹은 domain of loss)에서는 위험한 선택을 선호한다는 것이다. 인간의 선호도가 어떠한 영역에 혹은 상황에 위치하느냐에 따라 달라진다는 것은 합리적 선택이론의 기본가정을 부정하는 것이다.

기존 경제학자들은 완벽한 합리성을 내세우는 표준이론인 기대효용이론

(expected utility theory)을 주장하였다. 기대효용이론에 따르면 사람들은 절대적인 사실을 바로 인지해서 판단해야 한다. 기대효용이론은 사람들은 합리적이어서 기대되는 효용을 극대화하는 대안을 선택한다고 주장한다. 예상되는 수익과 확률을 고려해 기대치를 구하고 이런 화폐액이 가져다주는 효용을 계산해 효용이 최대가 되는 재화, 즉 복권, 보험, 주식이나 채권 등을 선택한다. 그러나 실제 사람들은 제한된 합리성 하에서 기존상태로부터 상대적인 변화상태를 인식하여 판단한다. 즉, 사람들은 기존상태가 어떠했는지, 선택이 이득인지 손실인지, 이득이나 손실의 크기가 어느 정도인지 등에 따라 가치를 다르게 판단한다. 기대효용이론의 효용함수에 위 세 가지 특징을 반영한 것이 전망이론의 가치함수(value function)」이다. 가치함수는 이러한 의사결정의 결과로 받게 되는 이득이나 손실을 자기의 주관적인 가치에 대응시킨 함수를 말한다.

전망이론과 기대효용 이론은 모두 제안한 어떤 대상의 주관적 가치와 의사결정 가중치는 효용과 확률에 상응하지만 전망이론은 사람들의 판단이나 의사결정 시에 실제로 작용하는 지각적 요소를 모형에 포함했다는 점이 기대효용이론과 다르다.

커너먼과 트버스키(Kahneman & Tversky)는 위험 상황의 의사결정에 관한 기술적 모형으로 기대효용을 대체할 수 있는 전망이론을 발표했다. 기대효용이론이 효용함수에 의존한다면 전망이론은 가치함수에 의존한다. 그리고 가치함수는 준거의존성(reference dependence), 손실회피(loss aversion), 민감성체감(diminishing sensitivity)을 구성요소로 삼는다.

준거의존성은 사람들은 부의 가치를 돈의 절대적 크기가 아니라 상대적인 이익과 손실을 마음속으로 평가하여 준거점을 정하고 준거점에 따라 같은 상황에서도 다른 선택을 하기도 하고 손실과 이익의 가치를 오판하기도 하는 것을 말한다.

손실회피는 사람들은 이익과 손실(위험)의 확률을 합리적으로 평가하기가 어려워 같은 액수의 돈인데도 이익의 상황이냐 손실의 상황이냐에 따라 그 가치를 다르게 평가한다는 것이다. 민감성 체감은 사람은 이익이나 손실이 커질수록 오히려 그 차이를 민감하게 느끼는 경향이 있다는 것이다. 예로서 처음 100만 원을 벌거나 잃었을 때 느끼는 심리적 가치는 매우 크다. 하지만 이익이 계속 커지거나 손실이 계속 커지면 그 가치를 느끼는 정도가 오히려 줄어들어 손실의 위험이 매우 커서 절대로 해서는 안 될 무모한 도박에도 뛰어드는 상황이 발생한다. 전망이론은 기대효용이론이 의존하는 확률을 의사결정 가중치(decision weight)로 변형시켰다.

전망이론의 가치곡선은 [그림 6-1]에서 보여주듯이 'S'자 모형으로 나타난다. S자형의 그림은 손실을 회피하려는 인간의 선택을 시각적으로 보여주고 있다. 우 상단에서 오목한(Concave) 모양이고, 좌 하단에서는 볼록한(Convex) 모양이다. 기준점(0.0)에서 가파르게 출발한 곡선은 기준점에서 멀어질수록 완만한 모양으로 변하고 있다. 곡선의 기울기가 기준점에서 멀어지면서 완만해지는 것은 기준점에 가까울수록 단위 변화 양에 민감하고 멀어질수록 둔감하다는 것을 보여준다. 전망이론은 개인에 따라 곡선의 전체적인 기울기에 있어서는 차이가 날 수 있지만, S자형의 모양은 모든 사람에게 동일하다고 주장한다.

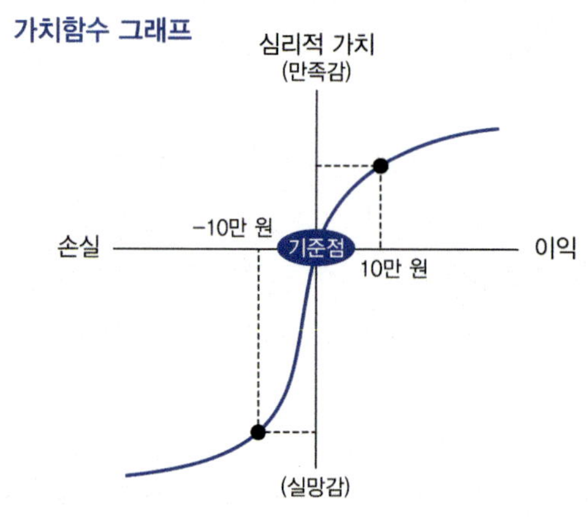

[그림 6-1] 전망이론에 따른 가치 함수

② 전망이론 가치 함수의 특징

전망이론에서 가치 함수의 특징은 세 가지로 정리할 수 있다.

첫째, 절대적인 크기에 의해 손실과 이익에 대한 판단이 결정되는 것이 아니라 준거점(reference point)을 기준으로 손실 영역과 이익 영역으로 구분된다. 즉, 총 자산의 변화량이 아니라, 얼마의 손실 혹은 이익으로 인식되느냐에 따라 의사 결정이 달라진다. 예를 들어 A가 10억 원의 아파트를 소유하고 있는데 지난달 아파트 가격이 2,000만 원 하락하고, B는 1억 원의 아파트를 소유하고 있는데 지난달 아파트 가격이 500만 원 상승했다면, 두 사람 가운데 어느 쪽이 더 행복할까? 부의 수준으로 행복감을 측정하는 모형에서는 여전히 자산이 많은 A가 더 행복한데, 기준점으로부터의 변화로 행복감을 측정하는 모형에서는 B가 더 행복할 것이다. 실제로 많은 사람들이 B가 더 행복하다고 답하고 있다.

둘째, 손실과 이득의 변화에 있어서 이에 대한 민감도가 점차로 감소하는 경향(diminishing sensitivity)을 나타낸다. 예를 들어 1만원에서 2만원으로 이익이 증가하는 경우에 있어서 가치의 변화량이, 101만원에서 102만원으로 이득이 증가하는 경우에서의 가치의 변화량보다 크다는 것이다. 이는 손실 영역에서도 마찬가지로, 2만원에서 1만원으로 손실이 발생한 경우의 가치의 변화량이, 102만원에서 101만원으로 손실이 발생한 경우의 가치의 변화량보다 크다.

셋째, 가치함수에 있어서 손실 영역에서의 기울기가 이익 영역에서의 기울기보다 크다. 즉, 사람들은 일반적으로 같은 크기의 이익과 손실이 발생했을 때, 이익으로 인해 발생하는 기쁨보다 손실로 인해 발생하는 고통을 더욱 크게 느낀다는 것이다.

③ 전망이론 3가지 주요 요소

기대효용 이론에서 가중치는 '확률'이었지만, 전망이론에서의 결정 가중치는 세 가지 요인에 의해 영향을 받는다.

가. 소유 효과(자산 · 보유효과, Endowment Effect)

소유 효과란 자신이 잠시라도 소유한 제품에 대해 가치 지각이 높아지는 현상이다. 이는 자신이 가진 것을 내어놓을 때 느끼는 손실감이 이를 내놓고 받을 수 있는 기회비용보다 크게 지각되기 때문에, 한번 소유하면 쉽게 내놓지 못하는 심리를 말한다. [그림 6-1]에서 효용함수의 기울기는 손실 영역에서 더 가팔랐다. 소유 효과는 첫째, 사람은 자신이 소유했다는 사실만으로도 가치를 부여하고, 둘째, 이익보다 손실을 더 크게 느끼는 손실 회피 성향이 있기 때문에 일어난다.

'체험 마케팅'은 소유 효과를 이용한 비즈니스이다. 예를 들어 차를 사려고 생각했을 때, 차 A와 B가 모든 면에서 비슷한 경쟁력을 가지고 있지만 매장에 갔을 때 차 A는 시승해볼 수 있었지만 B는 시승해볼 기회가 없었다면, 구매자에게는 차 A를 잠깐 소유했던 경험 때문에 차 A가 더 매력적으로 느껴진다. 그렇기에 차 A에서 느꼈던 긍정적인 경험들을 포기하고 B를 선택하는 것은 둘 다 시승하지 않은 상태에서 차 B를 선택하는 것보다 훨씬 더 어렵게 느껴진다.

소유 효과는 강력하기 때문에 사람들이 변화를 꺼리게 만들지만, 선택의 결과를 또 다른 방식으로 프레이밍(framing)해서 제시하면 깨뜨릴 수 있다. 현재의 상황을 잠재적인 손해로 표현하면 사람들은 '소유한 재화를 잃었을 때의 손실과 새로운 재화를 얻었을 때의 이득'을 비교하는 것이 아니라, '소유한 재화를 유지했을 때의 잠재적 손실과 새로운 재화를 얻었을 때의 이득'을 비교하도록 사고를 전환시켜 상대방의 변화를 유도하여야 한다.

나. 확실성 효과

어떤 결과가 일어날 확률이 극단적으로 1에 가깝지만 1은 아닐 때 확실성 효과가 일어난다. 이는 거의 확실한 결과임에도 불구하고 확률에 비해서 가중치를 불균형적으로 적게 부여하는 것이다. 어떤 이득을 얻을 확률이 99%이지만 1%의 확률로 실패할 수 있다고 할 때 실패 확률을 더 크게 보고 두려움과 걱정을 느끼기 때문에, 사람들은 이 걱정을 아예 0으로 만들고 싶어 한다. 똑같은 5% 증대라도 35%에서 40%로 증대된 것보다 0%에서 5%(가능성 효과)로 그리고 95%에서 100%(확실성 효과)로 증대되는 것이 훨씬 가치 있게 느껴진다.

다. 가능성 효과

확실성 효과와는 반대로 어떤 결과가 일어날 확률이 극단적으로 불가능(0)에 가까울 때, 가능성 효과가 일어난다. 이는 가능성이 매우 낮은 결과에 비중을 불균형적으로 많이 부여하는 것이다. 아주 작은 가능성일지라도 우리가 일단 그것에 대해 인지하면, 가용성 휴리스틱에 의해 이 가능성이 실현된 사례들이 우리의 머릿속에 떠오르게 된다. 이로 인해 작은 가능성이 실제보다 더 부풀려진다. 인터넷에 복권 당첨 후기들을 많이 본 사람일수록 꾸준히 복권을 구매하게 되는 행동 또한 이에 해당한다.

또한 적은 가능성일지라도 더 감정적으로 거센 임팩트를 가지고 있는 결과일 경우에도 가능성이 부풀려진다. 예를 들어 해외여행을 위해 비행기를 예매할 때 A항공사에서 일어난 재앙적인 사고를 기억하는 사람이라면, A항공사에서 항공사고가 일어날 확률은 실제보다 높게 느껴 이를 피하기 위해 보험을 구입한다든가, 웃돈을 주고 더 안전한 이미지를 가진 항공사를 예매하게 된다.

④ 손실회피 심리와 소유효과

사람들은 이익보다는 손실에 민감하게 반응하며 이를 피하고자 하는 경향이 있는데, 행동경제학에선 이를 손실회피(Loss Aversion) 심리라고 말한다. 즉, 10만 원을 받게 될 때 느끼는 즐거움보다 10만 원을 잃을 때 느끼는 속상함이 더 크다는 것이다. '손실회피'로 인한 대표적 현상인 '본전찾기 효과(Break-Even Effect)'는 손실발생 시 작지만 확실한 손실보다는 큰 손실을 보더라도 손실을 전혀 안 볼 수 있는 약간의 확률이라도 있다면 그 확률에 투자하게 된다.

'처분효과(Disposition Effect)'는 세금효과 등을 고려할 때 이익은 천천히, 손실은 빨리 실현하는 것이 합리적임에도 불구하고, 이익은 빨리 실현하고 손실은 '손실회피'로 인해 최대한 '확정(Realization)'되는 것을 연기하는 현상을 말한다.

무역협상에서도 재협상의 결과 이득을 보는 측과 손해를 보는 측이 있게 되면 손해를 입는 측에서 재 협상에 대하여 반대를 할 가능성이 큰 것도 손실회피성향 때문이다. 예로서, 트럼프 대통령 시절 미국 정부는 한미 FTA의 재협상을 요구하면서 자신들의 요구가 관철되지 않으면 한미 FTA를 폐기하겠다고 압박하였는데, 미국측에서도 미국 농민과 축산업자들이 느끼는 충격은 매우 크다. FTA가 폐기되면 미국산 농축산물에 대하여 관세로 한국 소비자들은 호주나 뉴질랜드 다른 쪽 나라의 제품을 사게 되어 한국에 수출하던 미국 농민들의 박탈감이 클 수 있다. 이런 점을 활용하여 협상전략을 수립할 수 있다.

소유효과(endowment effect, 부존효과)란 객관적으로 인정받는 가치보다 소유자가 평가하는 가치가 훨씬 높은 현상을 말한다. '넛지'의 리처드 탈러는 소유효과 때문에 TV 홈쇼핑에서 '사용 후 마음에 안 들면 반품해도 된다'는 조건의 제품을 구입한 구매자들이 반품하는 경우가 그다지 많지 않은 이유는 소유효과 때문이라고 하였다. 협상에서 매도인은 회사 설립, 신제품 개발 등 자신의 노력을 보상받고자 자신의 상품에 대해 높은 가격을 제시한다. 하지만 매수인은 이런 사실을 모른다. 따라서 매도인은 "상대방 입장에서 자신의 물품을 구매하고 싶을까?", "자신의 물건이 진정으로 얼마나 가치가 있을까?", "팔리지 않는다면 어떻게 될까?" 또는 "나는 다른 어떤 가치를 더 줄 수 있을까?"라고 스스로 질문해보면서 상대방의 입장에서 생각하는 것이 필요하다.

사례 **손실회피 예-얻은 2만원보다 잃은 3만원이 중요**

지나가는 사람에게 2만원을 선물로 준다. 그리고 그 사람에게 말한다. "지금 받은 2만원을 걸고 확률 50%의 게임을 하시죠? 게임에서 이기면 3만원을 더 드리겠습니다." 이때 대부분의 사람들은 '공짜'로 생긴 2만원에 행복해 하며 게임에 참여하지 않았다.

상황을 바꾸어 이번엔 2만원이 아닌 '5만원'을 한번에 손에 직접 쥐어 준다. 공짜로 생긴 5만원에 행복해 하는 찰나, 5만원 중에 3만원은 다시 돌려달라고 한다. 그리고 이렇게 말한다. "처음 갖고 있었던 3만원을 되찾으시려면 2만원을 걸고 확률 50%의 게임을 하셔야 합니다. 하시겠습니까?" 그러자 대부분의 사람들이 게임에 참여했다.

'잠시' 자기 손에 들어왔다가 '사라진 3만원'에 대한 고통 때문에 게임을 하게 된 것이다. 이처럼 인간은 이익보다 오히려 손해에 예민하게 반응한다.

사례

1. 소유효과

List(2004)는 다음과 같은 실험을 했다. 특정 조사에 참가한 사람들에게 먼저 무작위로 가격 5.95달러의 머그컵과 가격 6.0달러의 초콜릿 바 가운데 하나를 나누어 주었다. 그리고 약간의 시간이 흘러 조사를 마치고 나가는 사람들에게 머그컵은 초콜릿 바로, 초콜릿 바는 머그컵으로 교환할 수 있다고 말했다. 그 결과 다음과 같은 그래프를 얻었다.

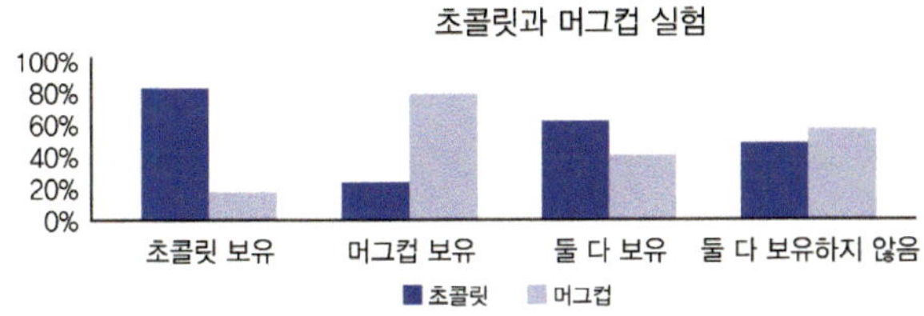

[그림 6-2] List(2004)의 초콜릿과 머그컵 실험 결과

위 그래프를 살펴보면, 처음에 초콜릿 바를 받은 사람들은 초콜릿 바를 선택한 비율이 80% 이상으로 나타났다. 또한 처음에 머그컵을 받은 사람들은 초콜릿 바로 교환한 비율은 20% 정도밖에 되지 않는다. 두 상품이 무작위로 배분되었다는 것을 감안하면, 이는 사람들이 자신이 보유한 상품을 그대로 선택하려 한다는 편향에 대한 증거이다.

이를 더 분명하게 증명하는 것은 초콜릿 바와 머그컵을 모두 보유한 사람과 아무것도 보유하지 않은 사람들의 초콜릿 바 선택 비율을 보면 거의 50% 내외라는 점이다. 다시 말해, 두 상품의 보유 여부에서 차이를 보이지 않은 그룹은 두 상품에 대한 선호에서도 역시 큰 차이를 보이지 않았으나, 두 상품 가운데 하나를 먼저 보유한 사람은 그 상품에 대한 보유효과를 보여 그 상품을 그대로 유지하려고 함을 알 수 있다.

다만 List(2004)는 추가적인 실험 결과 전문 딜러와 같이 특성 상품에 대한 거래의 경험이 많거나 훈련된 사람들에게는 이런 편향은 크게 나타나지 않는다는 것을 발견했다고 한다.

자료 : 안세륭, "행동경제학과 우리의 선택", 「주택금융월보」, 한국주택금융공사, 2017.3, pp. 40-41.

2. 보유효과를 강화시키는 요인

1) 오래 지녀온 것. 20년 써오던 만년필이나 10년을 같이 살았던 개는 더 애착이 강하다.
2) 자기만의 가치를 부여한 것. 돌아가신 아버지가 선물한 책은 다른 책보다 애착이 더 강하다.
3) 상대방도 나처럼 가치 있게 생각할 것으로 기대하는 것.
4) 자신의 땀과 손때가 서려있는 것. 이케아 조립식 가구를 가진 사람들이 더 애착을 가지는 이유(이케아효과)이다.

5) 노출이 잦은 것. 자주 노출될수록, 친숙함을 느낄수록 애착이 더 커진다. 인터넷 경매에 참석하는 사람들도 더 오랜 기간 그 물건에 관심을 가졌을수록 남에게 빼앗기는 것을 아깝게 생각한다. 자기도 모르게 가격을 더 높여 놓는 현상을 '가상의 소유의식'이라 한다.'

읽어보기 **전망이론**

행동경제학 마케팅 사례

사례-1 아마존

아마존은 가격을 표시할 때 보통 잘못 쓴 글자를 고칠 때 긋는 취소선을 가격 중앙에 수평으로 한 줄을 긋고 새로운 가격을 표시하여 할인 전 후 가격을 비교하도록 하고 있다. 이는 할인 후 가격만 제시하는 것보다 소비자에게 '싸다'라는 느낌을 강하게 준다.

자료 : 아마존 홈피

사례-2 우버

우버는 출퇴근 시간대나 연말 저녁 등 교통량이 많은 시간대(피크 타임)엔 할증 요금(surge pricing)을 부과하는데 할증요금이 정상 가격의 2,0배일 때보다 2,1배일 때 더 많은 손님이 탑승한다고 한다. 이는 '단순히 두배'라는 것보다 '2.1'라는 하면 복잡한 알고리즘을 통해 산출된 수치라는 느낌을 주어 불공정해보이지 않기 때문이다.

사례-3 현대자동차

2008년 서브프라임 모기지 사태로 미국 경제가 급격하게 얼어붙어 직장인들은 일자리 보전을 걱정해야 할 상황에서 현대자동차는 '자동차를 사려면 현대자동차에서 할부로 구매하되, 1년 이내에 실직하거나 해고당할 경우, 구입한 자동차를 다시 가져오면 구입금액을 다시 돌려주겠다'라고 판촉활동을 한 결과 87% 이상으로 판매고가 증가하였다.

사례-4 위니아 만도 체험단 활동 및 환불보장제도

체험단 활동과 환불보장제도는 소비자로 하여금 제품을 직접 경험하게 해서 긍정적인 구전을 유도하는 효과뿐만 아니라 제품 구매가능성을 높이는 효과가 있다. 위니아 만도의 '딤체' 김치냉장고는 1995년 김치냉장고 3,000대를 체험마케팅의 일환으로 주부들에게 김치냉장고를 공급하였는데 이를 사용한 주부들의 입소문으로 1996년 2만 대, 1998년 20만 대, 2001년 120만 대, 2002년 170만 대로 최고조에 달하며 2010년까지 총 1,300만 대를 판매할 수 있었다.

한편, 환불보장제도란 제품을 구매한 고객에게 일정 기간 동안 그 제품을 사용하게 한 후 제품이 마음에 들지 않으면 제품을 반환하고 환불 해주는 제도이다. 대형마트들이 이커머스 업체와의 경쟁에서 신선식품의 품질을 내세우고 무조건 환불을 해주면 하자가 없는데도 반품하는 사람들이 많을 것 같지만 실제로 환불을 하는 경우는 그렇게 많지는 않다. 이는 자신의 소유가 되면 그 물건에 부여하는 심리적 가치가 올라가는 소유효과 때문이다.

자료 : 조선비즈, "아마존이 할인행사 때 정가·마감시간을 보여주는 이유", 2017.12.28. KDI 경제정보센터, "광고 속 행동경제학② 보상판매와 체험단에 숨겨진 심리학" 외

Q

생각해보기 6-1 **전망이론과 판매방식**

세탁기 한 대당 단 4,000원을 가지고 누가 더 많은 판매량을 올릴 수 있는지에 관한 내기였다. 그러자 A마트의 사장은 세탁기의 값을 4,000원 낮추고, 신제품 할인이라는 내용의 전단을 대대적으로 홍보했다. B마트의 사장도 전단을 뿌린 건 마찬가지였으나, 그는 값을 낮추는 대신 4,000원짜리 세제를 사은품으로 제시했다. 그 둘이 방침을 바꾸지 않은 채 내기가 끝나는 날을 기다렸다고 했을 때, 과연 승자는 누가 될까? 그리고 그 이유는?

자료 : bruch 블러그 : 100%는 늘 옳다(https://brunch.co.kr/@ideaseller/185)

생각해보기 6-2 소유효과

두 노트북 판매 광고를 비교해 보자. 'A사: 노트북 가격 80만원(사용하던 중고노트북 10만원 인정, 10만원 할인 적용)' 'B사: 노트북 가격 80만원(사용하던 중고노트북 15만원 인정, 5만원 할인 적용)'. 두 회사 모두 소비자는 80만원을 지불해야 한다. 여러분이라면 둘 중 어느 회사의 노트북을 사겠는가? 그리고 그 이유는?

자료 : 한경, "내가 가진 것은 너무 소중하다? 상품 거래시 '소유효과' 경계를", 2011.12.08. (https://www.hankyung.com/news/article/2011120718391)

⑤ 심적 회계(mental accounting)

탈러(Thaler, 1985, 1999)는 개인의 손실회피 성향 때문에 같은 크기의 이득이나 손실이 발생하더라도 손실은 합치고 이익은 나누어서 재구성(re-framing)하여 평가하는 심리적 회계(mental accounting)가 발생한다고 설명하였다. 심적 회계(mental accounting)는 감정적이다. 심적 회계로 사람들은 재정 관련 의사결정을 할 때 합리적인 의사결정보다는 자신이 심적으로 만든 특정 프레임에 맞추어 의사결정을 한다는 것이다.

돈에는 '꼬리표(Account)'가 없음에도 사람들은 '마음 속 장부'에 수입/지출을 기록하기 위해 돈에 '꼬리표(계정)'를 붙이면, 같은 결과라고 하더라도 사람들이 그 결과에 따르는 이득과 손실을 어떻게 머릿속에 입력하는가에 따라 그 결과에 대해 느끼는 가치가 달라진다. 예로서, 심적 회계는 사람들이 동일한 돈이지만 자신의 근로를 통해 얻은 돈과는 달리 도박이나 복권 등으로 쉽게 번 돈에 대해서 너무 쉽게 지출하는 경향이 있다. 또한 식료품이나 화장품 등 작은 제품에서 사치를 부리는 '스몰 럭셔리' 소비 트렌드는 적은 돈에 둔감하고 감정에 예민한 심적 계좌의 특성을 잘 보여주는 예이다. 즉, 심적 계좌는 적은 돈에 둔감하고 감정에 민감하게 반응한다.

심적 회계는 매도인이 매수인을 설득하기 위하여 다음과 같은 방법으로 활용한다.

첫 번째는 먼 미래가 아닌 곧 닥칠 기회를 강조하는 것이다. 예를 들면, '지금 당장 결단하지 않으면 더 이상 기회가 없습니다'라는 식으로 곧 닥칠 위기를 강조하면 매수인의 욕구를 자극할 수 있다.

두 번째, 매수인이 얻을 이익보다 손실을 더 크게 느끼게 하는 방법이다. 홈쇼핑 등에서 사용하는 '매진임박', '마지막 찬스', '놓치면 후회' 같은 메시지는 매수인들이 당장 사지 않으면 큰 손해를 볼 것 같은 위기감에 구매를 결정하도록 한다.

세 번째는 병주고 약주는 방식으로 처음에는 많은 제품을 권했다가 매수인이 부담을 느끼면 그 중에 한두 개를 빼는 방식으로 이는 매수인들에게 심리적으로 싸다는 느낌을 준다.

마지막으로는 끼워 팔기이다. 비싼 양복을 구매하기로 결정한 매수인에게 "양복에 어울리는 이 와이셔츠와 넥타이는 어떻습니까?라면서 이 넥타이는 본래 7만 원짜리인데 양복을 사셨으니 특별히 5만 원에 드리겠습니다"라고 권하면 매수인들은 대부분 가격에 둔감해져 그까짓 것 더 못 사겠느냐는 심적 회계가 작동하여 구매를 결정한다.

읽어보기 **심적 회계 실험 사례**

질문1 당일 티켓이 50달러인 콘서트장에서 티켓을 사려는데 50달러짜리 지폐를 잃어버린 사실을 알았다. 50달러를 지불하고 콘서트티켓을 살 것인가?

질문2 전날 50달러를 지불하고 산 티켓을 가지고 콘서트장에 갔는데 그 티켓을 잃어버린 사실을 알았다. 당일 티켓 역시 50달러인데 티켓을 살 것인가?

위의 상황에서 사람들은 티켓을 살 것인가?

"네"라고 대답한 사람의 비율은 질문 1에서는 88%, 질문 2에서는 46%였다. 질문 1번이나 2번이나 50달러 가치를 잃어버린 것은 마찬가지다. 그런데 왜 이런 차이가 나는 것일까? 주류경제학에서는 합리적인 인간이라면 동일한 기회비용을 지불해야 하므로 두 상황 모두 동일한 선택을 한다고 가정한다. 그렇지만 사람들의 심적회계는 '현금의 프레임'과 '유흥비 프레임'이 구분되어 있어 질문 2의 경우 오락비에 합계 100달러의 지출에 부담과 저항감을 갖는 반면 질문 1의 경우는 오락비가 아닌 단순한 현금 손실이어서 오락비로 50달러를 쓰는데 인색하지 않기 때문에 티켓을 살 확률이 높아지는 것이다.

Q

생각해보기 6-3 **심적 회계와 선택**

A 상황

근처 A쇼핑몰에서 30만 원짜리 가방을 살려고 한다. 그런데 구매 전 온라인 검색을 해보니 B쇼핑몰에서 같은 가방을 25만 원에 판매 중이다. B쇼핑몰에 가려면 차로 15분 정도 운전을 해서 가야 한다. 시계를 보니 이제 곧 퇴근길 정체가 시작될 시간이다. 당신은 B쇼핑몰로 갈 것인가?

B 상황

신형 MTB 자전거를 사러 상점에 갔는데 가격이 350만 원이다. 판매 사원의 설명을 듣고 있는데 마침 차로 15분 거리에 있는 다른 매장의 할인행사를 안내하는 문자가 도착했다. 같은 모델의 자전거 가격이 345만 원이다. 이제 곧 교통 정체가 시작될 시간이다. 당신이라면 다시 운전해서 인근의 상점으로 갈까?

A 상황일 경우와 B 상황일 경우 여러분은 어떠한 선택을 할 것인가 그리고 그 이유는?

자료 : 유효상, 「판단과 선택」, 클라우드나인, 2019.8, pp. 301-302.

⑥ 전망이론과 협상

전망이론에서는 사람들이 어떤 대안을 선택할 때 평가의 기준이 되는 점인 준거점(point of reference)을 설정하고 대안의 선택 때문에 얻게 되는 결과가 의사결정자의 준거점에서 볼 때 이득인가 손실인가에 따라 다르게 평가된다고 가정한다. 즉, 협상자들은 잠재적 이익에 직면할 경우에는 위험을 회피하는 방향으로, 잠재적 손실에 직면할 경우에는 위험을 감수하는 방향으로 행동한다.

사람들은 이득이 생겼을 때보다 손실이 생겼을 때 더욱 민감하게 반응을 보이기 때문에 협상에서 제안을 할 때 이득은 여러 번에 나누어 제시하고 손실은 한꺼번에 제시하여야 한다. 예를 들어, 100,000원인 펜션의 1박 숙박비를 할인하여 90,000원에 판매하는 경우, 단순히 "10% 할인이 적용되어 90,000원"이라고 홍보하는 것보다, 소비자가 얻게 될 이득을 나누어 "멤버십 할인 5%, 쿠폰 할인 5%로 총 10% 할인이 적용되어 90,000원으로 예약 가능"이라고 홍보하면 같은 크기의 이득이라 할지라도 후자의 가치를 더 크게 인지하게 되는 것이다.

또한, 협상자는 상대방이 얻을 수 있는 '혜택'을 충분히 충족시키는 제안을 하여야 한다. 예로서 무엇보다 '품질'을 중시하는 매수인에게 '납기를 빨리 해줄 수 있다'와 같은 혜택보다는 '무상 AS 기간 연장'이 매력적일 수 있다.

한편, 손실이 여럿일 경우 그 손실들을 합쳐서 제시하는 것이 나누어 제시하는 것보다 더 유리하다. 예로서, 신용카드 회사에서는 구매 때마다 비용을 청구하기보다는 한 달분 사용내역을 통합한 금액을 청구서로 보내는데, 이는 카드사용자 입장에서 후자일 경우 덜 고통스럽게 느낄 수 있기 때문이다. 또 다른 예로 놀이동산의 경우, 놀이기구마다 가격을 각각 책정하게 되면, 개인은 놀이기구를 이용할 때마다 놀이기구별로 가격 대비 득실을 따지게 되기 때문에 구매욕구가 떨어질 수 있다. 이 경우엔 "30,000원 자유이용권"으로 가격 제시방법을 바꾸면 소비자가 인지하는 손실이 최소화되어 효과를 높일 수 있게 된다.

매도인이 상품의 가격을 올릴 때 금액을 8천원 → 9천원 → 만원 식으로 올리면 매수인은 손해에 민감하여 "올린지 얼마 되었다고 또 올려?"라면서 반발을 하지만 만원으로 한 번에 올리고 할인 행사를 통해 일정 기간 동안 기존 가격보다 저렴한 7천원에 판매하는 방식을 취하면 매수인의 반발을 최소화할 수 있다.

매도인은 정가와 할인가격을 동시에 표기하여야 한다. 예로서, 세일기간 백화점이나 쇼핑몰에 가면 단순히 얼마나 할인 중인 것을 표기하기 않고 10% 할인(0월 00일~0월 00일까지), 5,000원 → 4,500원 식으로 원가와 세일 기간을 적어두는데 이는 소비자들로 하여금 세일 기간이 지나고 나서 물건을 사면 원가에 사는 것임에도 불구하고 손해를 보는 것같은 심리적 압박을 주게 된다. 취소선을 통해 원가를 표기해 두는 방식은 미국 '쇼핑몰 '아마존'에서 시작된 판매전략이다.

손실회피성향으로 인하여 협상할 때 상대방에게 기존 조건보다 불리한 조건을 제시하면 상대방은 크게 잃는다는 기분을 느끼기 때문에 상대방의 마지노선보다 낮아지는 선택에 대해서는 극도로 신중하게 제안을 하여야 한다.

4) 프레이밍(Framing)

① 프레임과 프레이밍

행동경제학에서 제시한 선택이나 판단과 관련된 여러 심리 현상 중 협상에 영향을 미칠 수 있는 다른 현상으로 프레이밍(Framing)을 들 수 있다. 바저만과 닐(Bazerman & Neale, 1992)은 "프레임은 사건을 구성하는 틀을 의미하며, 프레이밍은 사건의 특정 부분에 대한 선택과 삭제를 통해 특정 의미를 강조하는 인지 과정"이라고 하였다.

카너먼과 트버스키(Kahnerman & Tversky)는 "의사결정의 틀(decision frame)을 특정 선택과 관련된 행동, 결과 및 상황에 대한 의사결정자의 인식(perception)"이라고 정의하였다. 사람들은 이익을 예상하는 결정에서는 위험을 회피하는 확실한 대안을 선택하고, 손실을 예상하는 상황에서는 위험을 감수하는 대안을 선호한다고 하였다.

이러한 발견은 설득 메시지에서 행위의 이익을 강조하는 긍정적 프레이밍과 행위를 하지 않아 발생하는 손실을 강조하는 부정적 프레이밍의 대조로 응용되었다(Rothman & Updegraff, 2010). 일반적인 수준에서 긍정적 혹은 부정적 프레이밍의 상대적 우위를 예측하는 것은 어려우며, 주어진 상황적 조건을 고려하여야만 가능해진다.

핑클레이(Pinkley, 1990)는 갈등 틀(conflict frame)을 분쟁 당사자가 갈등 상황을 보는 렌즈, 즉 갈등에 대한 인지적 구조 혹은 해석이라고 정의하였는데, '상대방이 양보를 했는지', '갈등이 타협이나 공동합의가 요구되는지', '갈등이 양측 모두에 의해 유발되었는지' 등을 조사함으로써 "승리 대 타협" 차원으로 구분하였다.

그라이와 돈넬론(Gray & Donnellon, 1990)은 틀(frame)을 정적인 구조와는 달리 동적이고 변화하는 것으로 다루었다. 이들은 틀을 6가지 범주로 나누고 협상에서 활용 가능한 옵션의 프레임(frame)을 어떻게 구성하고 제시하느냐 하는 방식의 차이는 합의를 이루려는 협상당사자의 의지에 강한 영향을 미친다고 하였다.

〈표 6-2〉 틀(frame)의 6가지 범주

범 주	내 용
실질적 틀 (substansive frame)	무엇에 관한 갈등인지를 정의한다.
손실-이익 틀 (loss-gain frame)	여러 가지 결과에 대한 위험 혹은 이익과 관련된 해석을 제공한다.
특성짓기 틀 (characterization frame)	분쟁 당사자의 행동과 태도에 관한 기대와 평가를 말한다.
과정 틀 (process frame)	협상이 어떻게 진행될 것인가 하는데 대한 기대를 말한다.
열망 틀 (aspiration frame)	분쟁 당사자의 중요한 이해와 욕구를 표현해 준다.
결과 틀 (outcome frame)	분쟁 당사자가 선호하는 입장이나 해결안을 말한다.

틀은 다음과 같은 심리적 특성을 가진다. 첫째, 우리는 한 번에 한 틀을 통해서 현실을 보는 경향이 있고, 둘째, 한 틀에 안주하면 그것을 바꾸기가 어려우며, 셋째, 대부분의 문제들이 둘 이상의 틀로 검토되기 어렵다는 것이다. 우리가 무엇인가를 배우고 어떤 분야에 전문가가 된다는 것은 그것을 보는 특정한 관점을 습득하는 것이다. 그리고 이러한 관점이 습득되면 이 관점은 자동으로 적용된다. 따라서 틀을 바꾸는 것은 의식적인 노력이 필요하다.

상황에 적절한 좋은 틀을 만들기 위해서는 자신이 무의식적으로 사용하고 있는 틀이 무엇인지를 스스로 알고 있고, 자신의 틀이 주어진 문제를 해결하는 데 부적절하다는 것을 알게 되었을 때 지혜롭게 틀을 재구성할 수 있어야 하며, 다른 사람과 함께 문제를 해결해야 하는 경우 자신이 영향을 미치고자 하는 사람들이 어떤 틀을 가지고 있는지를 파악하여야 한다.

사례 **긍정의 프레임과 부정의 프레임 예**

긍정의 프레임을 활용하여 상대방으로부터 무엇을 얻어내려면 손실보다는 이익을 나타내는 표현으로 당신의 제안을 설명하는 것이 좋다.

예를 들어 매도인과 매수인이 노트북 개당 가격에 대하여 협상을 하는 상황에서 대당 "미화 1,000달러에 팔겠습니다." "700달러에 해 주세요." "그럼 900달러에 해 드리겠습니다. 더 이상은 안됩니다." 수입상은 여기서 800달러를 제시하여 거래를 타결하고 싶다. "그럼 800달러에 해 주세요." "안돼요~." 다시 설득을 하려 할 때 다음 두 가지 경우 중 어떤 것이 더 좋은 방법일까?

① "800달러에 해 주세요 부르신 가격보다 100달러만 적은데요 뭐. 좀 해주세요."

② "800달러에 해 주세요 아까보다 100달러을 더 드리는데요."

하나는 부정의 프레임이고 하나는 긍정의 프레임이다.

프레이밍 기술은 상대방에게 선택권을 주는 방식으로 활용할 수 있다. 즉, 상대방에게 의사결정권과 선택권을 부여하면 상대방은 자신이 주도권을 가지고 있다는 감정적 성취감을 갖게 되어 협력적으로 행동하게 된다. 실전 협상 전략가들의 경우 상대방의 참여를 이끌어 내는 대화법("나는 이런 이런 문제가 있어 이걸 꼭 해결해야 하는데, 제가 이 문제를 해결할 수 있게 도와주시겠습니까?"와 같은 대화법) 역시 협상 상대방에게 문제 해결책을 고민하고 제시하도록 유도함으로써 심리적인 성취감을 가지도록 유도하는 프레이밍 기술이 활용되고 있다.

협상에서 상대방의 결정권과 자율권을 부여하는 프레이밍이 가지고 있는 또 하나의 힘은 상대방에게 내려진 결론에 대해 적극적인 지지를 이끌어 내는 효과를 가지고 있다. 이는 협상의 상대방이 여러 명일 경우에 핵심 인물 한두 명과 협력을 통해 어떤 결론을 도출할 경우 다른 구성원이 이를 반대하더라도 협력 작업에 참여했던 사람이 결론을 지속적으로 지지하도록 만드는 결과를 가지고 오게 한다.

사례 **프레이밍 효과 사례**

틀(Frame)이 만들어지면 사람들의 사고나 행동은 그 틀 안에서 움직이게 되고 틀을 깨지 않는 한 그 틀에서 벗어나는 것은 불가능하다. 창의적 사고를 방해하는 원인인 고정관념도 일종의 틀인 셈이다.

고정관념에서 벗어나는 것이 얼마나 힘든지 예를 들어 보자. '두루마리 화장지로 할 수 있는 일'을 최대한 많이 적으라고 하면 초등학생은 한국과 미국 모두 160~180개, 중·고등학생은 한국 80~90개, 미국 110~120개 그리고 대학생은 한국 40~50개, 미국 70~80개 정도의 아이디어를 냈다는 보고가 있다.

똑같은 주제로 대학생들을 대상으로 창의력 워크숍을 한 적이 있다. 혼자하면 생각을 많이 안 할 것 같아서 3~4명씩 팀을 만들어주고 제일 많이 아이디어를 낸 팀에게 특별점수를 준다고 하면서 경쟁을 시켜봤다. 30분 정도 시간을 준 후 조별로 총 몇 개의 아이디어를 냈는지 물어보니 가장 적은 팀이 40여 개, 가장 많은 팀이 80개 정도였다. 앞서 언급한 연구결과와 큰 차이를 보이는 것 같지는 않았다.

학생들에게 기존 연구 결과를 이야기해주면서 무심코 두루마리 화장지로 할 수 있는 일 중에 역기를 만들거나 탑을 쌓을 수도 있다고 말했다. 그러자 학생들이 웅성웅성하더니 "교수님! 두루마리 화장지 1개 가지고 하는 거 아니었나요?"라며 질문을 하였다. 중요한 것은 두루마리 화장지로 할 수 있는 일을 적으라고 했지 두루마리 화장지 1개를 가지고 할 수 있는 일을 적으라고 한 적이 없다는 것이다. 한마디로 100여 명의 학생들이 모두 스스로 만든 고정관념의 틀에서 헤어 나오지 못해서 벌어진 해프닝인 것이다.

자료 : 곽준석, "CEO를 위한 행동경제학(8)-비전제시와 프레이밍 효과", 「경총 경영계」 9월호, KEF경총플라자, 2013.10.2.

• 최대화 인간과 만족화 인간

최대화 인간은 선택대안이 증가하면 그것을 자세히 검토하고, 더 나은지 아닌지를 확인하지 않으면 직성이 풀리지 않지만, 만족화 인간은 일단 적당한 선택 대안을 발견하면 선택 대안이 증가해도 신경을 쓰지 않는다.

따라서 최대화 인간은 선택의 결과에 대한 충실도가 낮을 뿐만 아니라 후회하는 경향이 있으며, 대개 행복도를 낮게 평가한다는 지적을 받고 있다.

② 프레임과 대조효과

우리는 생활하면서 수 없이 많은 사실과 물건들을 다른 것들과 비교하면서 살아간다. 이와 같은 비교의 습성은 어쩔 수 없는 것이어서, 내가 가진 것과 가지지 못한 것, 내가 가질 것과 가지지 않을 것에만 한정되는 것이 아닌 나와 상관없는 사실들에 대해서도 끊임없는 비교가 이루어지고 무엇이 더 나은가라는 질문에 대한 해답 찾기가 이루어진다. 이와 같은 비교는 협상에서도 어떤 선택을 할 때 내가 고른 선택과 다른 대안과의 끊임없는 비교가 이루어지게 된다. 비교라는 행위 자체가 나쁘다고 얘기하지는 않는다. 하지만 사람들의 이와 같은 비교의 본능을 교묘하게 활용하게 될 경우 협상에서 내가 원하는 결과를 상대방이 고르도록 할 수 있다.

사례 **대조효과실험**

듀크 대학의 댄 에이얼리 교수는 학생들을 상대로 다음과 같은 실험을 했다. 댄 에이얼리는 학교 캠퍼스에서 학생들의 허가를 구해 학생들의 얼굴 사진을 여러 장 찍었다. 그리고 나서 해당 사진을 몇 개의 묶음으로 만든 다음 각 사진마다 약간의 얼굴 변형을 포토샵으로 만든 사진들을 따로 만들어, 다시 학생들에게 어떤 사진의 얼굴이 더 마음에 드는지를 물어 보았다.

단, 이와 같은 비교를 물어 볼 때 사진의 조합은 멀쩡한 A사진 - 변형된 A사진 - 멀쩡한 B사진으로 구성이 되도록 했다. 결과는 놀랍게도 대부분의 학생들이 서로 비교가 가능한 A의 사진 중에서 멀쩡한 사진을 선호한다고 대답했다. 이는 비교 대상의 존재가 우리의 선호도를 결정하는데 있어서 얼마나 많은 영향을 주는지를 보여주는 실험이기도 하다.

하버드 대학의 심리학 교수인 대니얼 길버트의 연구에 따르면 일반 실험 대상자들이 스파게티를 언제 먹는 것이 맛이 있을 것 같냐고 물어보는 질문에 대해 대다수의 사람들은 오후에 먹는 것이 좋을 것 같다고 대답했지만, 배고픔을 느끼도록 유도된 실험자의 경우 아침이든 오후든 맛은 똑같을 것 같다는 예상을 했다. 즉, 자신이 현재 처한 상황에서 배고픔을 느끼고 있다는 사실이 스파게티 맛이 언제 맛이 있을 것 같냐는 질문에 영향을 미친 것이다. 이는 현재의 경험을 미래 시점에 투영시켜서 비교 판단을 하는 우리의 인식 과정을 잘 보여주는 실험이라 할 수 있다.

자료 : 로빈의 서재 블러그(http://blog.daum.net/_blog/BlogTypeView.do?blogid=0fR8L&articleno=114&categoryId=3&regdt=20130823113637)

5) 넛지

미국 시카고대 리처드 탈러(Richard Thaler) 교수가 개념화한 행동경제학 용어인 넛지(Nudges)는 사전적으로는 '슬쩍 찌르다' '주의를 환기하다'는 뜻의 단어이지만 행동경제학에서는 '타인의 선택을 유도하는 부드러운 개입'이란 의미로 쓰인다. 인간 심리를 이용해 어떤 선택을 금지하거나 경제적 인센티브를 크게 바꾸지 않고도 예상 가능한 방향으로 사람들의 행동을 변화시키는 것을 말한다. 탈러와 선스타인(Thaler and Sunstein, 2008)은 6가지 원리의 글자를 따서 NUDGES라는 단어를 만들었다.

〈표 6-3〉 NUDGES

원 리	내 용
iNcentives	인센티브가 현저한 경우에 반응한다.
Understanding mapping	선택에서 효용으로의 매핑이 필요하다.
Defaults	편향된 선택을 감안한 기본 선택안을 작성한다.
Give feedback	사람은 피드백을 주기 마련이다.
expect Error	사람은 실수하는 것이 당연하다.
Structure comples choices	복잡할수록 선택할 수 없으므로 간단해야 한다.

넛지는 강압적인 방법 대신, 부드럽게 행동을 제안하고 선택권을 상대방에게 주는 장점을 가지고 있다. 남성들의 집중 조준 심리를 이용하여 남자 화장실에 파리가 그려진 소변기를 설치하여 화장실을 깨끗하게 유지한 사례가 대표적인 예라 할 수 있다. 그릇의 크기를 작게 해, 자연스럽게 소식(小食)을 유도하는 것도 넛지에 해당한다.

선스타인(Sunstein, 2013)은 인간이 완벽한 선택을 하는 합리적인 존재가 아니지만, 적절한 넛지를 가해서 올바른 결정으로 이끌 수 있다고 하였다. 〈표 6-4〉는 선스타인이 말하는 넛지에 해당하는 것들과 해당하지 않는 것들에 대한 예시이다.

넛지에 해당하는 것들은 환경의 조성이나 정보제공의 변화만으로 보다 합리적이면서도 자발적으로 행동을 유도하는 방법들이라면, 법적 강제가 있거나 경제적 인센티브를 부여하는 것은 넛지에 해당하지 않는 주류경제학에서 주로 행하는 행동유도 방법이라고 할 수 있다. 식료품 가게에서 과자보다는 과일을 눈에 잘 띄는 위치에 놓거나, 마트에서 어린이들이 좋아하는 상품은 아이들의 키에 맞춘 높이에 진열하거나 1+1 할인 행사를 보고 생각지 않았던 물건을 사게 되는 것처럼 자연스럽게 소비를 유도하는 것은 넛지를 활용한 마케팅 방식이다. 그러나 정크푸드 판매를 금지하는 것은 넛지가 아니다.

〈표 6-4〉 넛지에 해당한 것과 아닌 것

넛지에 해당하는 것들	넛지가 아닌 것들
• 모기지 계약서들을 더 단순하고, 짧고, 명료하게 만들도록 보장함으로써 소비자에게 정보를 주려는 노력 • 사람들이 은퇴 후 예상 월간 소득을 명확히 볼 수 있도록 퇴직 연금 제공자들에게 부과되는 정보 공개 요구 • 사람들을 건강관리 프로그램에 자동적으로 가입시키는 디폴트 규칙 • 사람들이 달리 말하지 않으면 그들의 온라인 행적을 추적할 수 없도록 보장하는, 사생활을 보호하기 위한 디폴트 규칙 • 장기기증 프로그램에 자동으로 가입되도록 하는 디폴트 규칙 • 식료품 가게에서 몸에 좋은 식품을 눈에 잘 띄게 진열하려는 노력 • 담배 포장에 넣은 경고 그래픽 • 소비자에게 곧 할당된 월간 통화 시간을 넘으려 한다고 전화나 문자메시지로 상기시켜 주는 것	• 안전벨트를 매지 않은 사람들에게 부과하는 형사적 처벌의 위협 • 담배세를 올리는 것 • 온실가스 배출권 거래제도 • 건강보험 미가입자에게 세금을 납부하도록 요구하는 것

A

생각해보기 6-1 전망이론과 판매방식

절대적인 값과 상대적인 값의 차이다. 전망이론에 따르면 인간 심리는 상대적인 값에 더 강한 영향을 받는다. 만약 세탁기가 100만 원이라면 4,000원 할인은 고작 세탁기 값의 0.4%에 불과한 혜택일 뿐이다. 그러나 4,000원짜리 세제는 세제 값의 100%짜리 혜택이다. 그러므로 내기는 B마트 사장의 승리로 돌아갈 가능성이 크다. 0.4%보단 100%가 좋은 건, 어찌 보면 당연하다고 할 수 있다. 이는 내 월급이 100% 올랐어도 모든 사람의 월급이 그만큼 올랐다면 그다지 기쁘지 않은 것과 마찬가지의 이치다. 수십 년 전에 비해 소득은 몇 배로 올랐어도, 그 시절보다 몇 배로 행복하지 않은 것도 이 때문이다. 중요한 것은 "100%"다. "매달 4,500원 할인"보다는 "매달 스타벅스 기프티콘 한 잔 제공"하는 것이 상대방이 선택하는데 큰 영향을 미친다.

생각해보기 6-2 소유효과

사람들은 내 것은 소중하기 때문에 가치를 인정받아야 한다고 생각하는 소유효과 때문에 많은 사람들은 자기가 쓰던 물건을 더 높게 평가해 주는 B회사의 조건이 더 낫다고 생각한다.

생각해보기 6-3 심적회계와 선택

행동경제학자 댄 애리얼리의 실험에서 사람들은 A의 경우 기꺼이 B쇼핑몰로 가겠다고 답한 반면 B의 경우엔 가지 않겠다고 답했다. 같은 상황에서 다른 선택을 한 이유는 5만 원에 대한 심리적 가치가 달랐기 때문이다. 30만 원에서 5만 원 할인은 큰 돈이라고 평가했고 350만 원에서 5만 원 할인은 충분히 포기가 가능한 돈이라고 평가했다.

제 7 장

협상전략과 전술

제 7 장 협상전략과 전술

제 1 절 분배적 협상전략 및 전술

1 분배적 협상전략 개념

분배적 협상(distributive negotiation)은 제로-섬 협상(zero-sum negotiation)이라고도 하며, 상대방의 희생 하에 자신의 몫을 크게 하고자 하는 협상이다. 당사자 간의 관계가 기본적으로 경쟁적이어서 어떤 일방이 이익을 보는 만큼 상대방이 손해를 보게 되는 협상으로 승-패 협상(win-lose negotiation)을 말한다. 이는 고정된 가치를 분배하려는 상황에서 당사자들이 자신의 이익만을 극대화시키려는 전략과 전술을 동원하는 협상이다.

분배적 협상에서는 자신의 정보는 숨기고 상대방의 정보를 많이 알려고 노력하게 된다. 분배적 협상의 주요 협상전술로는 상대방을 속여 자신의 몫을 크게 하는 기만전술, 상대방을 압박하여 양보를 얻는 위협전술, 상대방 행동에 따라 맞대응하는 회유와 위협전술 등이 있다.

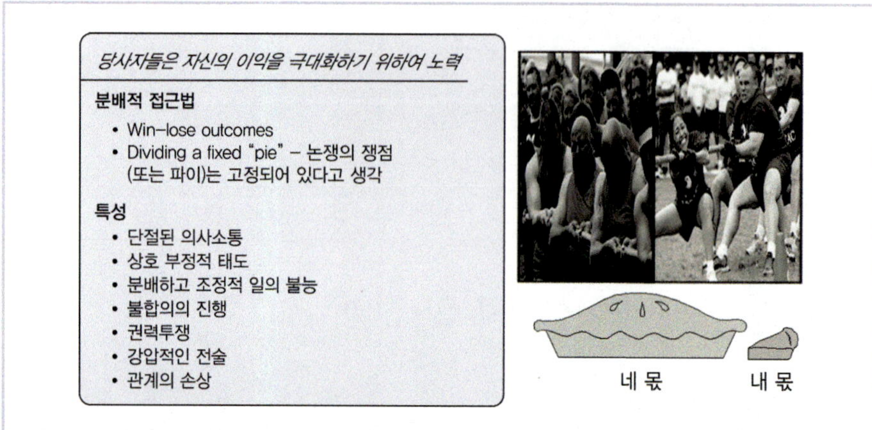

[그림 7-1] 분배적 협상

사례 분배적 협상의 사례 – 제1차 세계대전 종전 협상 결과인 베르사유조약

1918년 제1차 세계대전 후 베르사유궁전 거울의 방에서 승전국 대표들과 독일이 주축이 된 패전국 대표들 간의 협상에서 다음과 같은 합의가 이루어졌다.

승전국들은 독일군의 대포, 비행기, 함선 등을 양도할 것, 군인의 수를 육해군 합쳐 10만 명으로 제한할 것 등 군사적 제재는 물론 영토 반환, 식민지 양도 등 정치적 압력 외. 거액의 현금 보상, 특허권 양도, 독일 내 천연자원의 채광권 양도를 강요하여 합의를 도출하였다.

일방적인 강요에 의한 협상결과로 독일 경제는 극심한 인플레이션과 실직자 속출로 파탄으로 이어져 국가적 혼란에 빠졌다. 히틀러는 파탄된 경제상황에서 국민들의 애국심을 자극하여 승전국에 경제적 보상이 아닌 '제2차 세계대전'을 일으켰다.

자료 : 최철규 · 김한솔, "협상 3.0시대 : 중요한 것은 내가 원하는 '가치'다", 「DBR」, 2012.

2 기만적 분배적 협상전술

(1) 살라미 전술과 높이 겨누기 전술

① 살라미 전술

살라미 전술은 한 번에 협상 목표를 관철시키는 것이 아니라, 조금씩 순차적으로 목표를 성취해 나가는 전술이다. 살라미(salami)는 소금에 절인 이탈리아식 소시지로서 짜기 때문에 조금씩 썰어먹는다. 이탈리아식 소시지처럼 요구사항을 단계별로 잘게 나눠 요구하여 자신의 목표를 달성하는 것을 '살라미 전술' 또는 '티끌모아 태산전술'이라고 한다. 전 헝가리 공산당 서기장 마티아스 라코시스(Matthias Lakosis)가 "한 번에 먹기엔 너무 많은 소시지 덩어리를 얇게 썰어 나누어 먹듯, 상대방으로부터 무엇을 양보받기 위해서는 조금씩 요구해야 한다"고 말한 것에서 유래하였다. 북한은 북핵 위기의 '6자회담' 등에서 특정목표를 잘게 나눠서 조금씩 챙겨가는 '살라미 전술'을 구사해왔다.

이 전술은 여러 협상쟁점을 세분화하고, 단계적으로 상대방에게 요구사항을 제시하여 이에 대해 협상하고 협상이 끝나면 새로운 요구사항을 다시 제시한 사항에 협상하는 과정을 반복해 나가 협상 이득을 극대화하는 전술이다. 예로서, 부모님께 필요한 여행경비를 50만원 지원받고자 할 때, 처음에는 부모님께 일단 30만원만 요청하여 허락을 받고 난 후 여행지 근처의 명승지까지 돌기 위해서는 10만원이 더 필요하다면 10만원을 추가로 요청한다. 그 후 좀 더 안전한 교통편을 이용하기 위해서는 10만원이 더 필요하다고 요청하는 방식이다.

이 전술은 협상당사자간의 요구수준 차이가 심하고 협상안이 단기간에 타결되기 어려운 경우에 사용하며 한발들여놓기기법(foot-in-the-door technique)이라고도 한다. 즉, 협상을 할 때 처음부터 지나치게 큰 요구를 하는 것보다 상대방이 들어줄 만한 아주 작은 요구를 제시해서 상대방이 승낙을 하면 한 단계씩 높여가면서 그보다 더 큰 요구를 들어주게 하는 것이다.

상대방이 살라미 전술을 사용할 때 대응방안으로는 1) 일단 아주 작은 부탁을 수락하게 되면 그 다음에는 반드시 어려운 부탁이 기다리고 있다는 사실을 명심하고, 2) '언제든지 내가 원하는 순간에 거절할 수 있다'고 자신을 너무 과신하고 상대방을 얕잡아봐서는 안되며, 3) 상대방이 잘 아는 사람이라서, 처음부터 거절하기 어려운 경우에는 역제안을 하면서 딱 한번이라는 점을 확인받고 상대방의 요구를 수용해야 한다.

② 높이 겨누기 전술

높이 겨누기(aim high) 전술은 협상의 주도권을 잡고 유리한 협상을 이끌기 위한 전술이다. 이 전술은 닻을 내려놓으면 배가 멀리 가지 못하는 것처럼 자신이 먼저 높은 요구를 하여 협상의 기준점을 설정하고 상대방에게 마음의 빚을 지도록 하게 하는 방법으로 닻내리기 전술이라고도 한다. 즉, 협상자가 첫 제안(Opening Offer)값을 높게 제시한 뒤 상대방의 요구에 따라 점차적으로 양보를 하거나 상대방이 자신의 첫 제안을 거절한 후 2번째, 3번째 연속하여 거절하는 것에 대한 마음의 부담을 줌으로써 자신이 정해놓은 기준점 근처에서 합의가 이루어지도록 하는 방법이다.

높이 겨누기 전술로 최초의 요구에서 주도권을 갖기 위한 방법은 다음과 같다.

첫째, 숫자나 조건을 구체적으로 제시하여야 한다. 예로서 '1억 2천만원으로' 제시해서 거절당하면, 반대로 "얼마 정도의 가격 인하를 생각하고 계신가요?", "1천만원 정도 깍는 것은 어떠한지요?", "1천 5백만원 정도 인하는 만족하시는지요?"라고 상대방에게 구체적인 금액에 대한 의견을 묻는 방식으로 제시하는 것이다.

둘째, 선수를 쳐서 질문이나 제안을 하는 방식이다. 예로서 "그럼 다음달 중에 납품해드리면 어떨까요?", "나중에 기술자를 2명 파견하겠으니 더 이상 가격 인하 요구가 없기를 바랍니다", "100만원을 더 인하해 드리겠습니다. 그 대신 금주 내에 입금해 주시기 바랍니다"라고 계속해서 제안하는 방식이다.

이 방식은 자신이 상대방에 대한 정보를 알고 있거나 초기 제안 값을 뒷받침할 만한 논리적 근거를 제시할 경우 매우 효과적인 전술이다. 하지만 상대방에 대한 정보를 알지 못할 경우에는 상대방에게 먼저 제안하도록 하여 이를 토대로 상대방의 입장, 처한 상황, 정보 등을 추측한 후 대응하여야 한다.

이 전술을 사용할 때 주의사항은 첫 번째 부탁과 두 번째 부탁 사이의 시간이 너무 길거나 상대방이 분노나 적의를 품을 만큼 첫 번째 부탁이 너무 지나치면 안 된다. 상대방의 이런 전술에 대한 대응방안은 쓸데없는 죄책감을 느끼지 말아야 하며, 상대방이 이 기법을 쓰면 자신도 재빨리 상응하는 요구를 해야 한다.

읽어보기 **살라미 전술과 높이 겨누기 전술과 유사한 전술**

1. foot-in-the-door technique v. door in the face technique

투깝스 '타고난 사기꾼'의 특별한 협상법

foot-in-the-door technique(한발 들여놓기 전술)은 사람들은 자신이 처음 한 승낙에 구속되는 심리 현상(Commitment, 관계)을 활용한 전술이다. 사람들은 상대방의 첫 번째 작은 부탁을 받아들인다면 그것에 구속되어 두 번째 부탁을 거절하기 어려운 심리를 갖고 있다. 따라서 협상에서 상대방이 수용할 수 있는 작은 부탁을 한 후 상대방이 이를 수락하면 조금씩 점차 큰 요구를 하는 방식으로 마케팅에서 미끼상품으로 고객을 유치하는 것과 유사하다.

예컨대 모회사의 '햄버거 1,000원' 광고는 값싼 행사 제품으로 소비자들을 매장으로 끌어들인 후, 음료수나 감자튀김 같은 관련 제품을 구매토록 유도해 매출액을 늘렸다. 이 전술의 주의사항으로는 첫 번째 쉬운 부탁과 진정한 목적인 어려운 부탁 사이에 너무 격차가 크면 안되며, 맨 처음의 행동을 돈으로 보상해서는 안된다.

door in the face technique(얼굴 들이밀기 전술)은 '문전박대 당하기'라고도 한다. 이는 사람들은 상대방이 처음에 지나치게 무리한 요구를 할 경우 면전에서 문을 닫아버리지만 미안한 감정이 남게 되는데, 이러한 심리를 이용하여 말도 안 되는 무리한 요구를 한 후, 거절당하면 재차 그보다 낮은 수준의 요구를 하여 자신의 요구를 관철시키는 전술이다.

2. Highball v. Lowball 전술

하이볼/로우볼(Highball/Lowball)전술은 상대방에게 지나치게 높거나 낮은 제안을 하여 당신의 목표나 저항 포인트를 재검토하도록 강요하는 전술이다. '하이볼전술'은 협상에서 상대방의 상상을 넘는 파격적 요구를 한 후 요구수준을 낮추는 협상 전술을 말한다. '로우볼전술은 foot-in-the-door technique와 비슷한 전술로 공을 낮게 던져 몸을 숙이게 만든다는 의미의 전술로 매매거래에서 매도인이 매수인에게 낮은 가격을 제시해 매수인이 이를 수용하도록 한 후 가격이 잘못되었음을 알리고 원래의 가격을 받거나, 저렴한 상품과 비싼 상품을 동시에 제안하는 대조 효과를 이용하여 비싼 상품을 선택하도록 하는 방식이다.

foot-in-the-door technique은 상대방이 자신의 요구를 수락한 후 추가적으로 요청하는 반면에 로우볼전술은 상대방이 작은 요구를 승낙할 때 이왕이면 조금 더 해달라고 부탁한다는 점과 우연이나 실수를 가장해서 새로운 요구를 추가시킨다는 점이 다르다.

하이볼/로우볼전술에 대한 대응방안으로는 첫째, 이러한 전술을 사용하는 상대방에게 불쾌함을 표현하고 협상을 중단할 것임을 밝혀야 한다. 둘째, 협상에서 사전조사를 해서 BATNA를 설정하여야 한다. 셋째, 상대방이 비협조적이라면 당신도 그들과의 파트너십 결렬도 진지하게 고려해야 한다.

사례 **미국 로럴드 레이건 대통령과 연봉공무원간 연봉 협상**

미국 로널드 레이건 대통령은 재정 악화 때문에 2년간 동결한 연방공무원의 연봉을 또다시 동결해야 했다. 연방공무원들의 심한 반발이 예상되자 대통령은 기자회견을 열고 "올해도 경기가 좋지 않아 예산을 충분히 확보할 수 없어 연방공무원의 연봉을 5% 삭감하려고 합니다."라고 하였다.

연방공무원들은 2년간 동결된 연봉으로 불만이 많았는데 심지어 연봉을 삭감한다는 말까지 나오자 심하게 반발하며 시위를 벌였다. 레이건 대통령은 이에 아무런 대응도 하지 않다가 2주 후 다시 기자회견을 열어 "밤새워 고민한 결과, 연방공무원의 연봉을 동결하기로 했다. 대신 다른 방안을 계속 마련하고자 하니 여러분 모두 여기에 동참해주길 바랍니다."라고 말했다. 이 말을 들은 연방공무원들은 환호했다.

연봉 삭감이라는 높이겨루기전술로 연방공무원들의 마음에 닻(앵커링)을 걸어 연봉 동결이라는 원하던 결과를 끌어낸 것이다.

자료 : 전자신문, "리더의 성공을 돕는 문제상황 탈출법-원하는 협상 이끌려면 첫 제안에 강하게 나가라.", 2014.9.10.

Q

생각해보기 7-1 **제안방법**

원자재값 상승으로 납품단가를 10%나 올리겠다는 거래처 말을 들은 A사장. 원자재값 평균 상승률이 4% 정도인데 10%는 무리다. 하지만 품질만 놓고 본다면 이만한 업체가 없기에 무조건 반대할 수만도 없다. 다만 평균 상승률인 4%가 최상이지만 서로 양보한다면 7%까지는 수용할 수도 있다. 이 상황에서 A사장은 어떤 제안으로 협상을 시작해야 할까?

당신이 A사장이라면 다음 중 어떻게 제안하겠는가.

첫째, 강하게 1%를 주장한 뒤 5% 수준에서 합의되도록 유도한다.

둘째, 원자재값 평균상승률인 4%를 부른 뒤 7% 합의를 이끌어낸다.

셋째, 최종 합의 결과로 예상되는 7%를 부른 뒤 끝까지 버틴다.

자료 : 전자신문, "리더의 성공을 돕는 문제상황 탈출법-원하는 협상 이끌려면 첫 제안에 강하게 나가라.", 2014.9.10.

(2) 호인 · 악인 전술

호인 · 악인(Good-Guy · Bad-Guy) 전술은 협상팀 중 한 사람은 강경입장을 취하고 다른 사람은 호의적으로 접근하는 방식이다. 이 전술은 두 사람이 역할을 분담하여 강경입장을 취하는 악인 역(bad guy or cop)을 맡고, 한 사람은 호의적이고 대화가능한 호인 역(good guy or cop)을 연출하여 상대방이 착한 역을 맡은 사람의 안을 받아들이도록 하는 방법이다.

협상과정 중 먼저 악인을 맡은 사람은 고의적으로 의견대립을 일으키고, 강경한 자세를 일관되게 취하다가 상대방의 당혹감이 정점에 도달할 때 즈음 선인 역을 맡은 사람이 협상의 실마리를 제공하면서 협상의 주도권을 잡고 자기편에 유리한 방향으로 협상을 주도해 나가는 방식이다.

호인 · 악인 전술이 효과적인 이유는 첫째, 악인의 적절한 위협은 상대방에게 협상이 결렬될 수 있다는 불안감을 조장하고, 둘째, 인지적 대조효과에 따라 악의적으로 강하게 밀어부친 악인과 비교해서 호인은 지극히 합리적이고 친절한 사람처럼 보이며, 셋째, 호인이 자신에게 베풀어준 친절에 대하여 상대방은 상호성 법칙에 따라 보답을 해야 한다는 심리적 압박을 느끼게 된다는 점이다.

한편, 호인 · 악인 전술이 상대방에게 탄로나거나 상대방이 사용할 경우에는 ① 나가버리거나, ② 나(우리)의 악인을 활용하거나, ③ 연극 그만하고 본론을 시작하자고 말하여야 한다.

상대방의 호인 · 악인 전술에 대응하기 위해서는 악역을 담당하는 사람보다 선한 역할을 담당하는 사람을 조심해야 한다. 악역을 맡은 사람은 분위기를 조성하는 사람에 불과하고 선역을 맡은 협상자가 실질적으로 최종 거래를 이끄는 사람이기 때문에 선한 역을 담당하는 사람의 선한 제안을 더 치밀하게 분석해야 한다. 판단이 어려울 때에는 잠시 회의를 멈추고 팀원들과 내부 회의를 하거나 외부 자문 및 협의를 하는 것이 좋다.

사례 호인 · 악인 전술

사례 1–한국과 칠레 간 FTA협상

호인악인전술
(악인)죽이겠다와 (호인)지휘권을 돌려주겠다는 제안으로 동의얻음

칠레와 자유무역협정에서 한국 농민들의 반발은 한국 정부로 하여금 칠레에 포도와 배의 무역자유화를 유보하도록 하는 지렛대가 됐다. 농민단체가 칠레 정부와 자유무역협정 협상과정에서 본 협정에 강하게 반발하는 악인 역할을 하여 한국 정부가 칠레 정부의 요구를 물리치는 구실이 될 수 있었다.

사례 2–북한과 미국 간 북핵 협상

1994년 제네바 합의의 미국 협상대표 로버트 갈루치는 북핵 위기와 협상을 다룬 북핵 위기의 전말에서 파트너인 북한의 강석주 외무성 제1부상을 피의자를 을러대는 나쁜 형사(Bad Cop) 역으로, 순회대사로 차석대표를 맡은 김계관을 좋은 형사(Good Cop)로 묘사했다. 저속한 표현에 직설적인 강석주는 곧잘 협상을 깰 듯이 행동했다고 한다. 반면 김계관은 언행이 부드럽고 말이 쉽게 통했다. 인상이나 말투에서 강석주는 강경 · 원칙주의자이고, 김계관은 온건파다.

(3) 프레이밍전술

프레이밍전술은 다양한 협상 상황에서 어떤 것이 문제가 되는지, 어떤 것이 중요한지에 대하여 미리 틀을 만들어 협상하는 것이다. 이를테면, 점심 메뉴로 중국 음식과 이탈리아 음식을 놓고 동료의 생각에 영향을 미치고자 할 경우 상대방이 맛을 중요시 여겨 중국 음식을 선호할 때, "중국 음식은 기름이 많아서 우리 같은 중년에게는 치명적이래" 하면서 '건강'이란 틀을 이용해 상대방으로 하여금 이탈리아 음식으로 바꾸게 하는 것이다. 이는 자신이 미리 설정한 틀 속에 상대방을 가두어 놓고, 상대방이 선택하도록 하는 전술이다.

비즈니스 협상에서도 상대방에게 양자택일을 유도해서 협상의 목적을 달성

할 수 있다. 내가 원하는 대로 상대방이 선택하게 만들기 위해서는 원하는 조건을 언제나 뒤에 말해야 한다. 예를 들면, 매도인이 운송비를 줄이거나 일손을 덜기 위해 매수인에게 "배달해드릴까요? 아니면 직접 들고 가시겠어요?"라고 물어볼 때 대부분의 매수인은 "그냥 가지고 갈게요."라고 대답한다. 매도인은 매수인에 대해 관심과 배려를 보여줌과 동시에 비용을 절감할 수 있다. 이는 사람들은 즉흥적으로 먼저 던진 질문에 대답하고자 하는 심리를 갖고 있기 때문이다.

협상에서 상대방의 심리를 바꿀 수 있는 틀 짜기 방법이 있다.

먼저 그 사람의 평소 사고나 습관을 반영해 틀을 짜는 것이다. 즉, 한 개인의 당면한 문제와 연관된 위험을 자극하는 것이다.

다음은 호혜적인 틀 짜기이다. 이것은 협상자들이 서로 자신들의 선호하는 부분과 우선순위에 대해 토의하고, 공통 문제 영역을 설정하며, 공감할 수 있는 쟁점을 공동으로 개발하기 위해 상호 만족이라는 틀을 짜는 것이다.

마지막으로 심적 모델을 바탕으로 틀을 짜는 것이다. 심적 모델은 '무엇을 더 중요하게 여기는가?'에 대한 심리이다. 인간관계에 대한 신념, 다른 사람에 대한 기대, 개인적인 경험과 같은 주관적이고 심리적인 요소 등을 말한다. 사람들이 똑같은 분쟁이나 문제인데도, 사람들의 인식을 달라지게 하는 내적인 요인들이다. 특히 그 중에 경험과 관련지어 틀을 짜는 것이다.

① 복수대안제시전술

복수대안제시전술은 상대방이 선택할 수 있는 제안을 협상자 자신이 선호하고 유리한 것만 제시하여 만족스러운 결과를 얻기 위한 전술이다. 복수대안제시전술은 하나의 조건을 내 걸고 수용여부를 결정하는 것이 아니라 A, B, C 등 복수의 안을 제시하고, 상대방이 그 중 가장 마음에 드는 것으로 결정하도록 유도하는 선택유도 질문을 활용한 방법이다. 복수대안 제시전술 중 상대방에게 "이거 살래? 저거 살래?" 이분법적 구도를 만들어 놓고 선택을 강요하는 방식을 더블바인드 전술이라고 한다. 예로서, "그 가격에 차량을 구입하신다면 카오디오를 무상으로 드리든지 아니면 에어컨을 무상으로 제공하겠습니다." 또는 "보트와 트레일러를 합쳐서 1만 8천달러에 드리지요. 아니면 보트만 1만 6천달러에 사셔도 됩니다. 어느 쪽이 좋으시겠습니까?"라는 식으로 상대방에 권하는 것이다.

복수 제안의 이점은 상대에게 여러 가지 제안을 하고 상대의 반응을 기다림으로써 상대방에게 공을 넘기는 것이다. 복수 제안한 의제 중에 상대방이 긍정적인 반응을 보이는 의제가 상대방의 관심사일 확률이 높다. 그러한 관심사를 해결하는 방향으로 대안을 개발하고 활용하는 것이다.

프레이밍 전술에 넘어가지 않으려면 상대방이 만든 틀 중 하나는 나중에 하고 지금은 시급한 특정 쟁점부터 상의하자고 제안하면서 틀을 깨는 것이다. 또한 상대방에게 여러 가지 제안을 하고 상대의 반응을 기다림으로써 상대에게 공은 넘기는 것도 좋은 방법이다.

사례 복수대안제시

사례 1 – 복수대안 제시–루스벨트 대통령 선거본부와 사진작가 존

더블 바인딩
설득과 협상에
능한 정재호

미국 루스벨트(Roosevelt) 대통령 선거본부는 선거 운동 시작 하루 전날, 홍보 팸플릿 300만부를 받자마자 사진 아래에 'Copyright by John'이라는 문구를 발견하였다. 만약 이 팸플릿을 그대로 무단 사용한다면 저작권법에 따라 최소 300만달러 이상의 저작권료를 지불하거나, 자칫 저작권 무단 사용에 따른 도덕성 시비 문제로 확산될 수 있는 상황에 직면하였다. 선거본부장은 사진작가 존에게 다음과 같은 안을 제시하였다.

선거본부장은 존에게 전화해 다짜고짜 "축하한다"고 말했다. 그리고 "루스벨트 선거 팸플릿 300만부에 당신의 이름이 박힌 사진이 실렸습니다. 우리가 이런 호의를 베풀었으니 당신도 선거 기금으로 1000달러 정도를 후원하면 어떨까요?" 이 말을 들은 사진작가는 실제로 250달러의 선거 자금을 후원했다. 선거 본부장이 프레이밍을 통해 존의 인식을 '사진 저작권'이 아닌 '사진 홍보'라는 틀에 가둬버렸기 때문이다.

상 황	대처방안	협상방법–프레이밍전술
선거대책본부장 다니엘의 고민 후보사전의 초상권 침해 Copyright by Johnson	인간적 호소방법 금전적 해결방법	1. 축하드립니다. 선거캠프에서 당신이 찍은 루스벨트 사진이 팸플릿의 사진으로 채택되었습니다. 2. 좋은 기회를 준 대가로 후원금을 내줄 수 있나요?

출처 : 조선일보, "벤처업체 나순진 사장, 회사를 대기업에 팔려고 하는데… 협상 고수가 사용하는 잔꾀, 어떻게 해야 말려들지 않을까?", 2009.5.10.

사례 2 – 복수대안 제시–일본 정부와 부채제조업체

일본의 전통 퍼포먼스인 가부키 공연에 사용하는 부채를 만드는 중소업체들이 가격이 절반도 안 되는 중국산 부채 때문에 아우성을 칠 때 일본 정부가 부채제조업체들과의 협상에서 일본 정부는 부채제조업체에게 일본산 부채의 기술적 우위를 보여주면 중국산 부채 수입금지를 하고, 그렇지 않으면 다른 산업으로 유도할 것을 제안하였다. 일본 부채제조업체들은 기술적 우위를 보여주는 안을 선택하여 부챗살 앞뒤에 두 장의 종이를 붙이는 기존 방식에서 벗어나 아예 부채종이에 구멍을 내고 부챗살을 집어넣는 방법을 고안하여 10년이 지나도 가장자리 풀칠이 떨어지지 않는 양질의 부채를 생산하였다.

출처 : 박기찬, "발상의 전환 부른 '전략적 직관' 흉내 못 낼 혁신으로 위기를 넘어라", 「DBR」, 제124호, 2013.3.

사례 3 – 납치범과 협상

1977년 크로아티아인들이 미국에서 납치한 TWA 여객기가 파리 드골공항에 내렸다. 프랑스 경찰은 비행기 바퀴를 쏴서 꼼짝하지 못하도록 한 뒤, 선택범위가 한정된 최후통첩을 했다.

"지금 투항해서 미국 경찰과 함께 미국으로 가면 길어야 2년 복역할 것이다." 이렇게 통보하고 잠시 생각할 여유를 준 뒤 또 이렇게 통보했다. "하지만 우리가 너희들을 체포한다면 프랑스 법에 따라 사형에 처해질 것이다." 결국 납치범들은 투항했다.

자료 : 표정훈, "협상의 성패, 전략과 개인의 역량 사이", 「미래정책 FOCUS」 봄호, 경제 · 인문사회연구회, 2016.

읽어보기 비교나 선택형 질문을 통한 틀에 가두기

A나 B 중에서 하나를 고르라는 질문을 받은 사람은 자신도 모르는 사이에 질문자가 짜놓은 틀에 갇히게 된다. 과일가게에서 양손에 각각 큰 사과와 작은 사과를 들고 어느 쪽을 선택할 것이냐고 질문을 하면 대개는 큰 사과를 선택한다. 선택형 질문은 질문을 받는 순간 별다른 생각을 하지 않고 곧바로 선택할 수 있는 당연한 수준의 질문을 하여야 한다. 질문은 다른 여러 상황들을 '예, 아니오' 혹은 '이것 아니면 저것' 2가지의 선택 프레임으로 하여야 설득하기 수월하게 도와준다. 예로서 "고객님은 아이 성적과 건강 중 어느 것이 더 중요합니까? 말로는 건강이라고 할 겁니다. 그런데 학원비 3만원은 아까워하지 않으면서 아이 건강을 위해 내는 보험료 3만원은 왜 아까워하십니까? 지금 고민하는 이유는 무엇 때문일까?"라고 질문을 하면, 대부분 아이

들의 건강을 생각해 보험에 가입하게 된다.

비교 질문은 단순히 선택하는 정도를 넘어 듣는 이가 보다 적극적으로 생각 혹은 행동하게 만든다. 이는 스스로 중요하다고 생각하는 사항들을 다시 한 번 기억하게 해주는 질문 방식으로, 하나의 대상을 쪼개 우위를 선점하도록 포지셔닝 포인트를 던지는 수법이다. 진부하고 밋밋한 질문을 비교 질문으로 바꾸는 연습을 하면 큰 도움을 받을 수 있다.

진부한 질문	비교 질문
당신의 성격을 말해보세요.	당신 성격의 장점과 단점을 각각 세 가지씩 말해보세요.
당신의 경쟁력은 무엇입니까?	다른 지원자들과 차별적인 당신만의 경쟁력은 무엇입니까?

또한 비교 질문은 수동적이던 고객이 스스로 생각하도록 만들어주는 힘이 있다. 이러한 비교 질문의 특징을 살려 광고 카피에 활용한 사례는 매우 많다.

'시멘트에서 주무시겠습니까? 온돌에서 주무시겠습니까?' - 한솔, 온돌자재
'안경을 쓰시겠습니까? 시력을 보호하시겠습니까?' - 필립스, 롱세이브전구
'정복당할 것인가? 정복할 것인가?' - 프로스펙스
'코만 즐거운 방향제입니까? 몸도 즐거운 방향제입니까?' - 태평양, 숲속여행
'봄을 타십니까? 피로를 타십니까?' - 일동제약, 아로나민 골드

출처 : 장문정, 「팔지마라 사게하라」, 쌤앤파커스, 2013.

② 대조전술

협상에서 사람들은 복수의 대안 제안들을 함께 제시받으면 그 제안들을 자신의 본래 목표와 비교하는 대신 그 복수 대안의 제안들을 서로 비교해서 결정하는 경향이 있다. 노스웨스턴대 빅토리아 허스티드 메드벡 교수와 갈린스키 교수는 3가지의 대등한 제안을 동시에 제시하는 것이 바람직한 전략[MESO (Multiple Equivalent Simultaneous Offers)]이라고 하였다. 예로서 고객들과의 협상을 개시한 한 소프트웨어 회사는 30일 할부 조건의 100만 원짜리 패키지, 동일 소프트웨어로 구성된 120일 할부 조건의 150만 원짜리 패키지, 좀 더 개선된 소프트웨어로 구성된 30일 할부 조건의 135만 원짜리 패키지를 동시에 출시하여 고객들로부터 큰 호응을 얻어 회사 수익을 증가시켰다.

사람들은 같은 수치라도 그 전·후에 어떤 수치가 놓여 있었느냐에 따라 이를 받아들이는 느낌이 달라지는데, 이를 '대조효과'라 한다. 이는 교묘하게 사람들의 판단력을 흐리게 하는 효과를 낳는다. 예로서 음식점에서 세트 메뉴를 구성할 때 3만원짜리 메뉴가 가장 주력상품(마진이 좋은)이라고 할 경우 'A: 1만원, 2만원, 3만원'이라고 구성하는 것보다는 'B: 2만원, 3만원, 5만원'으로 구성하여야 한다. 실제 소비자들을 대상으로 실험한 결과 B의 경우가 3만원짜리 메뉴를 선택할 가능성이 40%나 높았다고 한다. 이러한 결과는 가격에 대한 느낌(가격심리)은 절대적인 것이 아니라 무엇과 비교하느냐라는 상대적인 것이라는 점을 보여준다.

프레이밍 전술에 대응하기 위해서는 상대방이 재촉한다고 해서 절대 동요하거나 성급하게 결정을 내리지 말아야 하며, 확신이 없거나 아직 결정을 내리지 못했는데 유도성이 다분한 질문을 받는다면, "다시 한번 생각해 볼게요."가 가장 효과적인 대응책이다.

(4) 미끼전술

미끼전술[Fake Concession, Decoy, 보기(Bogey)]은 자신이 원하는 진짜 협상목표는 숨겨 놓고, 그 목표를 달성하기 위한 쟁점을 미끼로 무리하게 요구한 후 자신이 본래 목표에 대하여 상대방으로부터 양보를 받는 전술을 말한다. 미끼전술은 허위양보(fake concession), 보기[bogey, 유인(decoy)] 및 관심돌리기(Red Herring) 전술 등이 있다.

① 허위양보(fake concession) 전술

자신의 여러 쟁점 중 사소한 사항을 양보하는 조건으로 상대방에게는 큰 양보를 요구하는 전술이다. 예컨대, 협상의 쟁점이 A·B·C 등 세 가지가 있다고 하자. 절대 양보할 수 없는 쟁점 B가 있을 경우 중요하지 않은 쟁점 D를 추가하여 상대방에게 A·C·D 등 세 가지 쟁점들을 무리한 수준으로 요구하여 협상을 교착상태에 빠지게 한다. 그 후 A·C·D 쟁점들을 차례로 양보한 대가로 상대방으로부터 진짜 목표인 B를 양보하도록 하는 방법이다. 상대방은 교착상태까지 이르렀던 세 가지 쟁점들을 양보받았기 때문에, 진짜 목표인 B 쟁점을 양보할 확률이 상대적으로 높아지게 된다.

사례 노르웨이 선주와 H중공업 간의 선박수주 협상

한국의 H중공업과 케미컬 탱커 수주협상을 하는 노르웨이 선주가 다음과 같은 5가지 조건을 요구했다.

〈조건1〉 1년 6개월만에 선박 인도

통상 2년 걸리는 건조기간을 고려할 때 공기 6개월 단축은 조선소에 상당히 부담스런 조건임

〈조건2〉 노르웨이 선박엔진 사용

국산엔진을 사용하는 경우 추가부담

〈조건3〉 엄격한 국제기준 해상오염방지설비 부착

H중공업에서 건조되는 선박은 일반적으로 국제기준을 충족하는데, 그보다 한 단계 위의 엄격한 오염방지설비를 요구하는 것

〈조건4〉 무리한 선가지급 조건

보통 수주계약 시 선가의 30%를 지불하는데, 10% 선급금만 지불

〈조건5〉 저렴한 선가

통상 유럽선주가 요구하는 것보다 20%나 저렴한 선가 요구

노르웨이 선주는 저렴한 선가를 얻기 위해 처음 4가지 조건은 양보하면서 H중공업으로부터 가격에 대한 양보를 얻어냈다.

② 보기(bogey) 전술

보기(Bogey, 유령전술, 선호과장전술)전술은 상대방이 특정 쟁점을 중요한 쟁점처럼 포장함으로써 실제적으로 중요한 것을 얻고자 하는 전술 중 하나이다. 예를 들어, 상대방이 특정 쟁점에 대해 단호한 태도를 보이다가 어느 순간 그 쟁점은 중요하지 않았다는 듯이 다른 쟁점을 제기한다면 보기전술을 쓰는 것이다.

전술은 3단계로 이루어지는데, 1단계는 협상 상대방이 도저히 받아들일 수 없는 여러 가지 무리한 미끼 조건들을 한꺼번에 제시하고, 2단계에서 당연히 상대방이 이를 받아들이지 않아 협상이 심각한 난관에 봉착하게 만든 다음, 3단계로 협상 결렬직전에 다른 미끼 조건들을 선심쓰는 척하며 양보하고 이에 대한 대가로 핵심 의제에 대한 양보를 받아낸다.

실 예로 한미 FTA협상에서 한국은 무역구제 비(非)합산조치를, 미국은 쌀

개방을 '미끼'로 활용했다. 이를 통해 우리는 신약(新藥)의 최저 가격 보장 불가 등을 이끌어 냈고, 미국은 존스 액트(Jones Acts · 미국 연안의 승객 · 화물 수송은 미국 국적 선박에만 허용한다는 법률)를 지켰다.

요구조건이 예상보다 많은 보기전술에 대응하는 가장 좋은 방법은 질문하는 것이다. 왜 그 쟁점이 중요한지, 갑작스러운 입장변화에 대한 이유가 있는지 등을 질문하고 대답을 듣다보면 그 쟁점의 중요성이 드러난다. 또한 안건의 개수가 아닌 중요도를 따져봐야 한다. 즉, 꼭 필요하고 절실한 요구 조건이 무엇인지 그리고 취소나 양보 가능한 조건이 무엇인지 다양한 경로로 파악하여야 한다.

보기전술은 단일 조건을 제시하는 것보다 자신의 제안보다 '조금 더 나쁜' 제안을 미끼로 던져 자신이 원하는 제안을 매력적으로 보이게 하는 방식도 있다. 이를 유인전술(Decoy Effect)이라고도 한다. 예를 들면 소비자에게 품질은 50% 차이가 나는데 가격은 20% 난다는 제안 1과, 품질은 별로 차이가 없는데 가격 차이가 20% 이상 발생한다는 제안 2를 동시에 하게 되면 소비자는 후자를 선택하게 된다.

③ 관심돌리기(Red Herring)전술

관심돌리기전술은 영국 동물보호단체가 여우사냥을 방해하기 위하여 훈제청어(red herring)를 사용했던 방식에서 유래하였다. 협상에서 미끼를 던져 상대방을 교란시키는 행위로 논의 중 내용과 상관없는 주제를 의도적으로 끌어들여 협상을 결렬시키거나. 상대방이 들어줄 수 없는 터무니없는 주제를 얘기하다 결국 본질적인 요구사항을 얻어 내는 방식으로도 사용된다.

(5) 권한위임전술

권한위임전술[Limited Authority 전술, 꼭두각시(Lack of Authority)전술, 대리인(Agent) 전술]은 의도적으로 자신은 의사결정권한이 없고, 다른 상위 권한자가 최종결정권을 가지고 있는 것처럼 행동하는 전술이다. 협상가들은 자신에게 그 안건에 대한 전권이 있어도 절대 상대방에게 자신이 전권이 있다고 말하지 않는다. 왜냐하면 협상은 한번 만나서 합의에 도달되기보다는 여러 차례 미팅을 갖게 된 후 합의가 이루어지게 되는데 여러 차례 만나게 되면 서로 인간적으로 친밀해져 상대방의 제안에 대해 자신의 이해관계만을 내세워 냉정하게 입장을 전달하기는 어렵기 때문이다. 협상자는 상급자나 하급자 또는 모호한 대상을 악인으로 내세워 상대방에게 추가 양보를 얻고자 한다.

이 전술은 협상이 불리하게 진행될 경우에는 협상 자체를 기피한다는 측면에서 꼭두각시(Lack of Authority)전술이라고도 하며, 자기의 권한 밖이라는 의미로 '제 손 묶기(tied-in-hand)'전술 또는 오리발전술이라고도 한다. 협상 당사자가 직접 협상테이블에 나가지 않고 대리인을 내세움으로써 협상이 불리하게 전개될 때 협상자체를 기피하거나, 외부 협상전문가에게 협상을 위임함으로써 상대방을 곤경에 빠지게 하거나 타격을 준다는 의미에서 대리인(agent) 전술이라고도 한다.

한편, 제3의 청중을 끌어들이는 전술은 협상테이블에 없는 제3의 청중들에게 협상 목표와 협상 진행 계획 및 협상결과를 보고하겠다고 미리 약속함으로써 상대방에게 자신의 주장을 더욱 강력하게 밀어붙이는 전술이다. 심층방어(defence in depth)전술은 단계별 의사결정 권한자로부터 승인을 받기 위하여 상대방에게 추가적인 양보를 요구하는 전술이다.

권한위임전술들은 최종 결정권을 가지고 있다 하더라도 일부러 다른 상위 의사결정자가 최종 결정권을 가지고 있는 것처럼 행동함으로써 다음과 같은 이점이 있다.

① 중요 결정시 상위 권한자를 언급하여 시간을 지연시킬 수 있다.
② 상위 권한자를 설득하기 위해 더 많은 양보가 필요하다고 말함으로써, 상대와 우호적 관계는 유지하면서도 더 많은 요구를 할 수 있는 위치에 있게 될 수 있다.

권한위임전술 역시 주의해야 할 점이 있다. 상위 권한자를 명확히 밝히면 상대방은 그와 직접 협상하고자 하기 때문에 이사회나 주주들처럼 특정 개인이 아닌 불특정 다수를 언급하는 것이 유리하다.

이 전술에 대한 대응책으로 협상 상대방이 의사결정권한이 있는지를 확인하여야 한다. 만약 상대방이 의사결정권한이 없다면 권한이 있는 사람과 만날 때까지 어떠한 사항에 대해서도 동의하지 않아야 한다. 의사결정권한자와의 협상은 시간단축 등 낭비를 최소화 할 수 있다는 점과 합의안에 대한 책임있는 이행과 문제발생시 이의제기에 무게가 실리기 때문이다.

의사결정자와 협상을 해야 하는 이유는 다음과 같다.

① 의사결정자는 자세하게 현장 상황을 파악하지 못하는 경향이 있다.

② 자신에게 결정권이 있으며, 우유부단하지 않게 의사결정을 신속하게 한다는 것을 주위에 드러내고 싶어 한다.

③ 의사결정자는 타협의 폭과 양보할 수 있는 유연성을 갖고 있다.

④ 현장의 세세한 것보다는 경영계획 같은 큰일을 생각하는 경향이 있다.

⑤ 눈앞의 문제가 아니라 더 큰 정치적인 판단도 할 수 있는 권한이 있다.

사례 제 손 묶기(tied-in-hand) 전술, 오리발 내밀기 수법

미 무역대표부(USTR)가 통상 협상을 할 때, "당신의 요구를 들어주고 싶어도 의회가 거절할 것"이라고 말함으로써, 우리 측 요구인 전문직 비자 쿼터 허용 등을 피해 갈 수 있었다. 우리나라도 한·미 FTA 협상에서 국내에서 벌어진 대규모 반(反)FTA 시위와 정치인들의 단식(斷食)을 이용하여 미국측의 양보를 얻어냈다. 여러 의견이 있을 수 있지만, 협상테이블에서 가장 협상하기 어려운 상대는 최종결정권이 없는 상대와 협상하는 것이다. 이 전술은 이러한 점을 가장 잘 활용하는 전술이라고 할 수 있다.

상대방의 무리한 요구에 대한 협상실무자의 대응전략

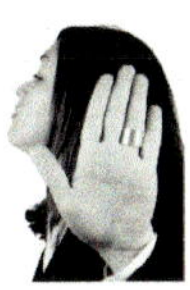

"죄송합니다.
저는 당신의 요구를 들어주고 싶지만,
제게는 그럴 권한이 없습니다."
[무권한 전략]

"그렇다면 우리 팀장님을
설득할 당근을 주세요"
[조건부 양보 전략]

상대방이 두 가지 전략을 사용할 경우

"대표님(책임자)과 대화할 수 있도록 해주십시오"
(협상력이 동일하거나 더 강할 때 사용)

허위권한 전술은 권한위임전술의 반대로 권한이 없는데 있는 것처럼 행동하는 경우를 말한다. 러시아나 제3세계 정부 관료가 흔히 사용하는 전술로 관련 부처 간 또는 같은 부처 내부에도 실제 업무분담이 명확하지 않거나, 협상과정에서 향응 같은 반사적 이유를 기대해 허위권한술책을 쓰는 경우가 있다. 허위권한전략에 대한 대응방안으로는 협상 전에 반드시 "상대가 어느 정도의 의사결정권한을 가지고 있는지"를 확인해야 한다.

사례 허위권한전술

모스크바에 파견된 한국인 상무관이 두 나라간 산업협력 문제로 러시아 산업관련 부처의 국장을 만나 며칠간의 협상 끝에 겨우 그를 설득했다. 그런데 그 러시아 국장이 하는 이야기가 "나는 이 문제에 대한 결정권한이 없으니 우리 부처 차관을 설득해라"였다.

그래서 차관과 다시 협상을 하고 나니 그 차관이 "이 문제에 대해서는 러시아 에너지 관련 부처가 최종결정권을 갖고 있다"고 엉뚱한 소리를 했다. 상무관은 실제 협상권한이 없는 산업관련 부처의 차관, 국장과 협상하는 데 며칠을 허비해 버린 것이다.

(6) 양의 탈을 쓴 늑대전술

양의 탈을 쓴 늑대전략(Wolf in Sheepskin, Crazy Like a Fox, Belly-up, 허허실실)은 고도의 숙련된 협상가가 협상테이블에서 뭔가 허점이 있고, 잘못된 협상가처럼 의도적으로 행동함으로써 상대방을 기만하는 전술이다. 즉, 변덕스러운 행위, 기만적 몸짓을 보이거나, 협력적·경쟁적 행위를 번갈아하거나, 비논리적 논쟁을 하거나, 제정신이 아닌 것 같은 행동을 하는 전술을 말한다.

이 전술은 상대방의 동정심을 얻어낼 수 있고, 상대방으로 하여금 자신을 대수롭지 않은 상대로 보아 자신의 전술에 대하여 방심하도록 함으로써 상대방의 허를 찌르기 위하여 사용한다.

이에 대한 대응책으로는 첫째. 상대방이 자신들의 제안을 잘 이해하고 있는지 질문 등을 통해 점검하면서 공감대를 형성해나가야 한다.

둘째, 자사제품과 경쟁사 제품들과의 차이점 및 우위점 들을 분석한 자료를 준비한다.

마지막으로는 상대방 협상자들의 개인적인 특성을 사전에 파악하고 협상에 임하여야 한다.

사례 **양의 탈을 쓴 늑대전술**

사례 1-S사 플랜트 설비 협상단과 대만의 L사 간 오일탱크 수출계약 협상

한국의 S사 플랜트 설비 협상단은 대만의 L사로부터 오일탱크 수출을 위한 제안요청서(Request for proposal : RFP)를 받고 L사에서 프리젠테이션을 하였다. L사에서는 3명의 수행원과 구매담당 임원이 참석하였는데, 이들은 직급에 비해 나이가 많아 보이고 간이복을 입는 등 겉보기에는 세련되지 못하고 허술해 보였으며, 프리젠테이션하는 동안 집중도가 떨어지는 모습을 보였다.

S사 대표단은 L사가 자신들의 능력을 인정하고 제안서 내용을 모두 받아들일 것같다는 생각으로 속으로 성공에 대한 안도감까지 갖고 있었다. S사의 설명이 끝나갈 무렵 침묵하고 있었던 L사는 싱가포르 경쟁사보다 가격이 높고 대금결제 조건이 좋지 않다는 등 경쟁사와 비교하면서 허를 찔러 S사는 L사의 대부분 조건들을 수용하면서 수주를 따낼 수 있었다. L사 협상단은 겉으로 보기에는 허술하게 보였으나 속으로 기회를 보고 있다가 노련하게 협상을 주도했다.

자료 : 심석진 · 이철규, 「문제는 협상이다」, 도서출판 한올, 2013, pp. 208-209.

사례 2- 한국대표단과 베네수엘라 카레라 대통령

베네수엘라 공군기 엔진 리모델링 사업에 참여하고자 하는 국내 업체가 카레라 대통령을 만났을 때의 일이다. 카레라 대통령이 배석자 하나 없이 여든이 넘은 노구를 이끌고 아주 불안한 걸음걸이로 나섰던 것이다. 보통 대통령들은 내용을 잘 모르면 외교적으로 생색을 내기 위해 긍정적 언질을 주는 경우가 많아 한국 대표단은 협상을 쉽게 보았다. 하지만 카레라 대통령은 설명을 다 듣고 조목조목 반박을 하였다. 이에 당황한 한국 대표단은 준비한 모든 것을 발휘하지 못하고 카레라 대통령의 추가 대응에 진을 빼고 말았다.

자료 : 정인호, "양의 탈을 쓴 유비", 한국경제신문, 2014.11.3.[VC경영연구소(www.vcm.or.kr)]

(7) 어젠더(쟁점) 순서

협상에서 어떤 쟁점이 어떤 순서로 논의될 것인지 기록해 놓은 의사일정 또는 협상사안을 어젠더(agenda)라고 한다. 쉬운 쟁점부터 논의하는 것이 좋은지 어려운 쟁점부터 논의하는 것이 좋은지의 순서를 정한다면 쉬운 쟁점부터 논의하는 편이 낫다. 왜냐하면 쉬운 쟁점부터 논의하는 과정에서 서로 신뢰감을 줄 수 있으며, 쟁점을 합의해가는 시간투자로 어려운 문제도 타협할 가능

성이 높기 때문이다.

이 방식은 협상자들로 하여금 "이 협상은 왠지 잘 풀릴 것 같다"는 인식을 갖도록 해준다. 이를 'Yes-set'이라고 표현하는데, 큰 고민 없이 '예스(Yes)'라고 답할 수 있는 질문을 계속 받으면, 우리 뇌는 'Yes'라는 단어와 친해져 'Yes'인지 'No'인지 고민되는 질문에서도 "Yes"라는 답을 할 확률이 높은 심리를 이용하는 것이다.

예를 들면 마음에 드는 이성과 교외로 드라이브를 하고 싶을 때, 처음부터 '저랑 같이 드라이브 하실래요?'라고 말하면 확률은 반반이다. 대신 먼저 "날씨가 많이 풀렸죠?"처럼 상대가 별 거부감 없이 'Yes'를 말할 수 있는 질문을 한 후 그 다음 "이런 날씨엔 교외 나가서 바람 쐬면 참 좋겠죠?", 그리고 마지막으로 "저랑 같이 가실래요?"라고 하면 교외로 바람 쐬러갈 가능성이 높다.

또한 각 쟁점들을 분리시켜서 개별적으로 협상할 것인지, 아니면 쟁점들을 묶어서 일괄 처리하는 것이 좋을지를 판단해야 한다. 일반적으로는 개별적인 협상보다는 보따리로 묶어서 일괄 처리하는 것이 타결 가능성이 높다. 이는 쟁점이 많을수록 다양한 쟁점의 조합을 만들어 양쪽의 욕구를 충족할 수 있기 때문이다. 따라서 협상력이 약한 당사자는 서로 연관된 세부적인 쟁점들을 한데 묶어서 포괄적으로 통과시킴으로써 자신의 이익을 극대화시키는 일괄합의 전술이 유용하다.

사례

쟁점(어젠더) 순서 사례 : 한일 월드컵(Korea-Japan World cup)

월드컵 4강 신화를 만들어 낸 2002년 한일월드컵 유치전 상황에서 우리나라는 일본보다 한참 늦게 유치 경쟁에 뛰어들었다. 우여곡절 끝에 공동 유치로 합의를 이끌어 냈다. 한국과 일본은 공동 개최에 따른 쟁점으로 결승전을 어디서 치를 것인가와 공식 명칭을 어떻게 할 것인가라는 문제를 해결하여야 했다.

양국은 협상 초반에는 입장료, 광고 등 상대적으로 덜 중요한 쟁점을 논의하고 협상 중반 이후 결승전 장소와 공식 명칭에 대하여 논의하였다. 그 이유는 처음부터 세게 부딪히면 공동 유치 자체가 깨질지 모른다는 생각을 두 나라 모두 갖고 있었기 때문이다. 협상의 결과 결승전은 일본에서, 공식 명칭은 '한일 월드컵(Korea-Japan World cup)'으로 정해졌다.

쟁점(어젠더) 순서 사례 : 독일 다임러사와 미국 크라이슬러사

독일 자동차 회사 다임러(Daimier)사외 미국 자동차 회사인 크라이슬러(Chrysler)사와의 합병협상에서 크라이슬러사는 다임러사에 협상 초기에 첫째, 합병 대가로 현 주가대비 상당히 높은 비율의 프리미엄을 요구하였고, 둘째, 합병브랜드를 크라이슬러-다임러(Chrysler-Daimier)로 해달라고 강력히 요청하였다. 다임러사는 첫 번째 조건을 즉시 수락하고, 두 번째 요구사항에 대하여는 중립적인 입장을 취하다가 다른 사항들의 80% 정도가 타결된 후에 이 문제를 제기하여 브랜드는 다임러-크라이슬러(Daimier-Chrysler)로 해야 한다고 강력히 주장하여 이를 관찰시켰다.

자료 : 최철규 · 김한솔, "감정을 공략하는 협상의 4원칙", 「DBR」 102호, 2012.3.

(8) 꽁무니 빼기전술

꽁무니 빼기(flinching)전술은 협상테이블에서 상대방의 제안에 깜짝 놀라거나, 한숨을 쉬거나, 강하게 반문하는 등 부정적인 신체적 반응이나 감정을 드러내어 상대방을 움찔하게 만드는 전술이다.

인간은 감정의 동물이어서 감정이 상했을 때 신체적으로 반응을 보이게 되며, 이러한 반응은 말을 듣는 것보다 더 신뢰할 수 있다. 따라서 협상 상대방이 자신의 제안에 대하여 '청각적, 시각적으로 반응을 하면 속으로 '어이쿠~이게 아니구나' 이런 감정이 생겨 더 이상 강한 주장을 못하게 된다. 협상 과정 중 상대의 제안을 듣자마자 벌떡 일어서는 행동은 매우 강력한 플린칭 기법이며, 상대방이 "개당 백달러에 주세요". 그러면 "네? 백달러요?" 뭐 이런 식으로 상대의 말을 그대로 반복하는 것은 약한 플린칭 기법이다. 우리나라 사람들은 체면 때문에 플린칭 기법을 잘 사용하지 않으나, 서양인들은 협상 중 이 기법을 자주 활용한다.

사례 미국 바이어의 트릭전술

필 울터스(Phil Woolters)의 'Bargaining and Negotiating' 세미나에서 한국 수출상이 유의할 점을 제안하였다.

- 바이어의 일상적인 '트릭'
  - 꽁무니빼기(Flinch) : 초기에 관심을 가졌던 매수인이 매도자가 가격을 제시하면 일단 검토해 보겠다고 하고선 길게는 1-2주 동안 연락을 두절한다. 또한, 상담 중에 제시된 가격을 보고는 '와우', '호오' 등과 같은 탄성을 내면서 반응을 유도하는 것도 유용한 협상수단이다.
  - 포커 페이스 : 제시된 가격을 보고 설령 꽤 이상적인 가격이라도 아무런 반응을 보이지 않음으로써 추가적인 협상여지를 남긴다.

- 가격협상시 '팁'
  - 바이어의 가격 제시에 너무 빠르게 회신(Counter-Offer)하지 말고 어느 정도 시간이 지난 후 화답하여야 한다.
  - 담당자가 바이어와 가격협상 중에 교착상태에 빠질 때 사장 등 의사결정권자에 문의한다고 한 뒤 상급자의 말을 인용하여 가격을 제시하여야 한다.
  - 상담이 난항일 때는 가격 이외의 대체조건을 제시하여야 한다. 예를 들어 현지 물류시스템을 통한 JIT(Just-In-Time) 방식으로 적기 납품, 납기시일 단축 등, 장기적인 관계 구축을 위해서 불합리한 가격보다는 합리적인 가격채택 권유 등을 행하여야 한다.
  - 원가분석 데이터를 제시하여야 한다. 북미 매수인들은 대체로 원가분석 데이터에 대해 궁금해 하는 경향이 있으며, 그러한 데이터가 신뢰할 만하고 품질의 우위성이 보장되는지 여부를 구매결정에 많이 참고하고 있다.
  - 진지한 협상은 E-mail보다는 전화로 하여야 한다. E-mail은 한 화면을 넘으면 안되며, 중요한 협상과 관련된 내용은 E-mail보다는 전화로 직접 상담하여야 한다. E-mail은 신속함을 요하는 때에 이용하고, 가격협상 등과 관련된 중요한 내용은 전화로 하는 것을 더욱 신뢰하며, 이는 불필요한 오해를 막는 길이다.

자료 : Tradeking, "바이어와의 가격 협상 Tip"(http://www.tradeking.co.kr).

Q

생각해보기 7-2 **꽁무니빼기(플린칭) 기법**

여러분이 매도인으로서 신발을 켤레당 천 달러에 팔고 싶어 상대방에게 '얼마에 구매할 것이냐?'고 물어보니 상대방이 '7백달러요'라고 대답할 때 여러분은 다음 둘 중 어느 방법이 보다 효과적이라고 생각하는가?

첫째, 아무런 말도, 표정도 없이 우선 묵묵히 7백달러를 수첩에 적는다. 그리곤 생각한다. '아 … 겨우 7백달러. 이 사람 칼만 안 들었지 완전히 강도네, 강도. 좀 있다 내가 역 제안을 할 때 가만히 두지 않겠어.'

둘째 "네? 7백달러요?" 그러면서 거의 충격으로 인해 실신할 것처럼 크게 리액션을 보여준다.

자료 : 최철규, "협상 시 방어적으로 쓰기 좋은 두 가지 기법", HSG휴먼솔루션그룹(http://hsg.or.kr/)

(9) 허풍전술

허풍전술(bluffing)은 자신의 속내를 드러내지 않고 상대방을 속이는 방법으로 상대방이 특정 사실에 대해 과장하고, 사실이 아닌 이야기를 하면서 상대방이 자신의 제안을 받아들이도록 하는 전술이다. 이러한 전술은 상대방이 사실 확인에 대한 준비가 안 되어 있거나 이에 대한 자신이 없을 때 유용한 방법이다.

허풍전술은 직접적인 행동 없이 말 한마디로 상대의 심리를 조정할 수 있으며, 미국 대통령 도널드 트럼프처럼 협상자 캐릭터가 예측 불가능한 타입이라면 큰 효과를 볼 수 있다. 단 허풍전술이 효과를 발휘하려면 협상자 본인이 그럴만한 배짱과 기세가 있는지 스스로 잘 판단해야 한다.

사례

사례 1. 트럼프와 김정은의 허풍전술

'블러핑'은 상대를 기권하게 만들기 위해 좋은 패가 아닌데도 배팅을 하며 허세를 부리는 포커 기술이다. 대화에서 뻥카는 허풍과 허세라는 부정적 느낌을 주지만, 협상에선 매우 중요한 기술이다. 특히 캐릭터가 예측 불가한 타입이라면 큰 효과를 볼 수 있다.

블러핑을 잘하는 유명인 중에는 미국 대통령 도널드 트럼프가 있다. 도널드 트럼프 미국 대통령이 2018년 북미정상회담과정에서 북한이 미북회담을 앞두고도 잇따라 미국을 비난하며 회담 취소 가능성을 언급하자, 북・미 정상회담 취소를 선언함과 동시에 필요하다면 세계에서 가장 강력한 군사력을 사용할 준비가 돼있다고 하였다. 북한의 '블러핑'과 벼랑끝 전술에 대한 맞대응으로 '블러핑(공갈・엄포)' 전술로 대응하여 김정은 북한 국무위원장이 회담 성사에 매달리도록 하였다.

출처 : 국민일보, 외신들 "트럼프다운 협상전략… 한국엔 언질 줬어야", 2018.5.26.

사례 2. 한미 FTA협상

미국이 우체국보험을 민영화할 것을 끝까지 요구하자 한국 대표단은 다음과 같이 허풍전술을 시도했다. "우체국보험을 잘못 건드리면 전국 곳곳에 포진해 있는 20만 집배원이 오토바이를 타고 몇 시간 내에 모여들어 엄청난 반대 시위에 나설 가능성이 높다."

미국 협상단은 이 한마디에 우체국보험에 대한 요구 수위를 대폭 낮췄다.

한국의 격렬한 FTA 반대 시위를 두려워한 미국의 마음을 읽은 블러핑이었다. 하지만 실제 집배원 수는 1만5000명에 불과하였다.

"협상 조건에 따라 FTA가 결렬될 수 있다"는 노무현 대통령의 발언은 우리의 FTA 타결 의지에 대해 미국측을 헷갈리게 하는 역할을 했다는 평가다.

출처 : 매일경제, "협상은 예술? … FTA서 빛 본 한국판 손자병법", 2007.4.6.

(10) 전략적 침묵전술

무관심전술
김병만 제시한 물건에 야크카라반 상인 무관심

전략적 침묵전술(무관심)은 협상테이블에서 상대방을 압박하거나 기만하기 위하여 상대방의 제안에 대하여 무관심한 척하거나, 상대방이 터무니없는 제안을 했을 때 이에 다투지 않고 그냥 아무런 대답을 하지 않고 침묵을 지키는 전술이다. 침묵은 매우 강력한 협상의 기술이다. 상대방의 제안에 묵묵히 바라보는 것만으로도 큰 압박을 줄 수 있다. 괜히 말로 밑천 드러내는 것보다 이렇게 분위기로 제압하는 게 더 효과적인 경우가 많다.

상대방이 탐탁지 않은 제안만 쏟아낸다면 일일이 대꾸하지 말고 지긋이 노려보기만 하면, 초조해진 상대방이 알아서 더 좋은 제안을 하게 된다. 즉, 협상자의 침묵은 상대방으로 하여금 내 제안이 마음에 안 드나? 협상을 하기 싫다는 것인가? 뭐가 잘못되었지? 등을 생각하게 만들어 자신의 제안을 스스로 철회하거나 수정하게 만든다. 또한, 이 같은 심리적 동요는 상대방으로 하여금 본의 아니게 말이 많아지게 만드는데 말이 많아지면 많아질수록 자신의 정보를 많이 노출하고 결과적으로 많은 양보를 하는 경향이 있다.

(11) 퍼니 머니전술

퍼니 머니(Funny Money)전술이란 숫자를 통해서 협상에서 유리한 고지를 점령하는 방법을 말한다. 퍼니 머니란 '기이하거나 수상쩍은 돈'이라는 뜻으로 같은 금액이라도 처음의 비용을 작게 하고 나중에 내야 할 돈을 많게 하거나, 똑같은 금액이라도 잘게 쪼개 작아 보이도록 하는 것이다.

예로서 인건비 상승으로 부품의 납품 가격을 올려야 하는 상황에서 인상되는 금액을 모두 더해보니 일만 달러나 되었다. 이때 "총 일만 달러의 인상요인이 있습니다"보다는 가격을 덜 올린 것 같은 느낌이 들도록 "부품 한 개당 100달러 정도의 인상요인이 있습니다"라고 제안하는 방식이다.

실제 일상생활에서 보험 영업사원들이 한 달에 10만 원을 내라고 말하는 대신 하루에 3천300원만 내면 된다고 말하거나, 외제차 판매상들이 차 가격에 대한 원금은 그대로 두고 매달 이자만 내는 방식으로 한 달에 40만 원만 내면 고급 자동차를 가질 수 있다고 제안하면서 고객들을 현혹하는 방식이 퍼니 머니전술이다.

(12) 스트레스 전술

스트레스(stress) 전술은 상대방에게 협상테이블에서 스트레스를 줌으로써 상대방이 빨리 양보하여 협상을 마치도록 하는 전술이다. 이는 두 가지 목적을 갖고 있는데, 하나는 상대방의 평정심을 깨뜨려 이성적 판단을 하지 못하도록 만드는 데 있고, 다른 하나는 상대방이 협상장을 빨리 벗어나고 싶도록 만들어서 더 많은 양보를 얻어내는 것이다. 무더운 여름날 협상 장소를 일부러 에어컨이 고장난 장소로 섭외한다거나, 볼펜을 딱딱거리며 신경 쓰이게 하는 것도 스트레스 전술의 일종이다.

상대방의 스트레스 전술에 대응 방법으로는 상대방 행동에 당황하거나 흔들리지 말고, 그러한 행동을 중단해 달라고 요구하여야 한다. 예를 들면, "담배 연기 때문에 협상에 방해가 됩니다. 꺼주시면 감사하겠습니다." 정중하면서도 단호한 태도를 보이면 스트레스 전술을 무너뜨리고 오히려 상대의 기를 꺾을 수 있다.

사례 **중국과 미국 국교정상 협상**

1971년, 중국이 죽(竹)의 장막에 싸여 냉전체제가 한참일 때에 닉슨 대통령은 미·중수교를 추진하기 위해 헨리 키신저를 파견했다. 당시 대통령 외교안보 특별보좌관이었던 키신저와 중국의 총리였던 저우언라이는 긴장된 분위기 속에서 처음으로 테이블에 마주 앉았다.

그런데 통역을 통해 인사가 오고 가기 무섭게 저우언라이가 가래침을 뱉기 시작했다. 저우언라이는 타악! 타악! 하면서 하얀컵에 침을 뱉은 것이었다. 그러나 키신저로서는 아연실색할 노릇이었다. 불결하기도 하려니와 저런 실례를 저지르는 속셈이 무엇인가. 죽의 장막을 걷고 비밀리에 들어온 첫 미국인으로서 가뜩이나 긴장했던 키신저는 심한 스트레스 상황에 직면할 수밖에 없었다. 저우언라이가 왜 그랬을까?

저우언라이는 프랑스에서 4년이나 유학을 한 엘리트로서 서양 매너를 몰랐을 리가 없었다. 저우언라이는 고의로 스트레스 상황을 조성하여 상대방의 신경을 분산시키는 중국식 협상 전술을 쓴 것이었다.

자료 : 강재식, "중국인의 협상스타일과 비즈니스", 중국전문가포럼, 대외경제정책연구원.

(13) 정보의 홍수 전술 – 과잉 정보 누설 전술, 감언이설 전술

정보의 홍수(snow job) 전술은 어떤 것이 중요한지를 판단하는데 어려움이 있는 상대방을 많은 정보로 제압하는 것이다. 즉, 각종 정보와 수치들을 과도하게 제공하거나, 기술적 언어나 전문 용어를 사용함으로써 상대방이 매우 전문적인 분야의 고급용어들을 해석하고 이해하는 것에 집중하느라 무엇이 정말 중요한지 구분이 잘 안되도록 혼란을 주는 전술이다.

예로서, 보험계약은 복잡한 보험구조, 보상범위와 금액 등의 전문용어들을 일반인들이 쉽게 이해하지 못하는 경우가 많아, 상대방에게 유리한 조건들만을 제시하고 불리한 내용들은 숨기는 방식으로 계약을 체결한다.

정보의 홍수 전술을 극복하기 위해서는 협상에 임하는 자세를 견고히 하고, 제공되는 정보 중 무엇이 중요한지 구체적이고 지속적으로 물어보아야 한다. 즉, 논의되고 있는 사항에 대해 명확하게 이해될 때까지 질문하거나 필요하다면 전문가를 동원하거나, 이해되지 않는 부분에 대해서는 동의하지 않거나 상대방이 말하는 것을 잘 듣고 불일치하거나 모순되는 말을 캐치하여 대응하여야 한다.

(14) 콩나물 덤전술

콩나물 덤전술[한입만 더 전술, The Nibble(갉아먹기)]은 협상의 마무리 단계에서 사용하는 전술로서 이미 협상테이블에서 많은 논의를 한 뒤, 상대방이 자신과 합의되지 않은 소소한 부분에 대해서 추가적인 동의를 구하는 전술이다. 이미 오랜 시간 이루어진 협상으로 지친 상태에서 좋은 마무리를 하고 싶은 심리를 이용하는 것이다.

콩나물 덤 전술에 대응하는 방법은 협상을 시작하기 전에 오늘 논의해야 할 사항에 대해 열거하고 상대방에게 동의를 구한다. 협상을 진행하는 중에도 추가적인 논의사항이 있는지 지속적으로 물어본다. 이렇게 재차 확인함으로써 상대방의 소소한 요구를 거절하는 것에 죄책감을 가지지 않아도 된다.

또한 콩나물 덤전술에 넘어가지 않으려면 역(逆) 콩나물 덤전술로 대응해야 한다. 예로서 양복을 사면서 추가로 넥타이를 달라는 손님에게 "역시 손님은 보는 눈이 있으십니다. 이 양복에는 이 넥타이가 너무 잘 어울립니다. 그러니 이 넥타이에 잘 어울리는 셔츠 한벌 더 사시죠 그러면 넥타이는 서비스로 드리겠습니다"라고 하는 것이다.

사례 니블링 전술 한미 FTA 협상

2012년 3월 15일 한미 FTA가 발효되었다. 한미 FTA 타결의 가장 큰 쟁점은 쇠고기 시장 개방이었다. 미국산 쇠고기 수입문제는 이미 수년간의 준비와 1년여의 마라톤 협상 끝에 힘겹게 매듭지었다. 그런데 미국은 이미 끝난 협상에 대해 자신들에게 불리한 조항이 있으니 다시 협상을 하자고 요구했고, 한국은 이를 아무 조건 없이 받아들였다. 한미 FTA 쇠고기 협상은 미국측의 전형적인 니블링 기술이다. 한국이 먼저 FTA 비준에 발 벗고 나서는 모습을 보여줌으로써, 상대방으로 하여금 니블링을 걸 수 있는 멍석을 깔아주었다는 것이다.

자료 : 정인호, "협상전술 - 니블링은 니블링으로 맞대응하라", GGL리더십그룹 네이버 블로그

Q

생각해보기 7-3 **니블링전술**

계약체결을 앞둔 마당에 상대방이 대금지급 조건에 약간의 융통성을 부여해달라고 부탁한다. 들어주자니 영 불편하고 들어주지 않자니 협상 자체가 무효로 될까봐 걱정이다. 어떻게 해야 할까?

상대방과의 지루한 매매협상을 거의 마무리하고 상사에게 보고할려고 하는데, 상대방이 "60일 어음으로 해도 괜찮죠?"하면서 "우리 업계에서는 늘 이런 식으로 하고 있으니 이해하셔야죠."라고 한 마디 던져온다. 가격 조건에 합의했으니 이제 그 가격을 현금이 아닌 60일 어음으로 지급하겠다는 것이다. 어떻게 대처하는 것이 좋을까요?

1) 상대방이 관행이라고 주장하니 어쩔 수 없이 들어주어야 한다.
2) 한 마디로 절대 안 된다고 거절한다.
3) 60일 어음으로 할 경우에는 계약조건을 수정해야 한다고 구체적으로 말한다.

3 강압적 분배적 전술

1) 지연전술

지연전술은 협상자 간의 갈등이 극심하고, 현재의 분위기로 협상의 조기타결이 자기 쪽보다는 상대방의 이익을 더욱 향상시킬 것이라고 판단될 때, 협상장에서 자신이 유리하다고 생각되는 시기까지 대화를 기피한다. 또한 이런 저런 이유를 달아 협상행위 자체를 자꾸 연기시켜 상대방을 조급증에 시달리도록 하여, 협상의 결과를 자신에게 유리하도록 만들고자 할 때 사용하는 전술이다.

협상 상대방이 시간에 쫓기거나 가능하면 빨리 협상을 마무리하고 싶어하는 내재적인 욕구(interest)가 있다고 판단될 때 유효한 전술이다. 구체적인 방법으로는 협상자를 갑자기 바꾸어 처음부터 협상이 이뤄지게 하거나, 같은 주제를 가지고 똑같은 주장을 반복하여 상대방으로 하여금 지치게 하거나 협상의 진도가 안 나가도록 하는 방법이 있다.

레위키는 협상력과 지연전술 간의 관계를 다음과 같이 정리하였다. 협상자가 상대방에 비해 우월한 협상력을 가지고 있는 경우에는 우월한 협상력을 기반으로 빨리 진행하는 것이 유리하지만, 불리한 협상력을 가지고 있거나 정보부족, 시장 여건 등이 불리한 경우에는 의도적으로 지연전술을 사용하는 것이 유리하다.

사례 지연전술

사례 1–대우자동차 매각사례

IMF 외환위기 이후, 대우자동차는 워크아웃 판결을 받았다. 채권단은 대우자동차를 매각하기로 하고 공개입찰에 붙였고, 포드자동차가 가장 높은 금액인 70억 달러를 제시하며 협상대상자로 선정됐다. 그런데 돌연 포드가 인수 포기를 선언하면서 GM이 유일하게 인수를 희망하는 기업이 됐다. 마음이 급해진 우리 정부와 채권단은 공개적으로 마감시한을 선언하는 우를 범해버렸다. GM은 한국의 채권단이 다른 BATNA가 없다는 것을 간파하고 시간 끌기에 돌입했다. 결국, 협상 마감시한이 다가왔고, 뾰족한 수가 없던 채권단은 한때 70억 달러까지 논의되던 대우자동차를 GM이 부르는 대로 4억 달러라는 헐값에 팔고 말았다.

사례 2–JOBS의 지연전술

스티브 잡스가 다른 사람과 협상할 때 보이는 중요한 특징 중 하나는 주눅들거나 비굴하게 보이지 않기 위해서 협상 분위기 자체를 항상 자신에게 유리한 방향으로 이끌려고 한다는 점이다.

넥스트를 창업할 때 미국의 억만장자인 로스 페로는 스티브 잡스에게 투자하고 싶다는 연락을 한다. 스티브 잡스는 바로 그 자리에서 협상에 들어가지 않았다. 일주일이 지나서야 로스 페로에게 전화를 걸었고 2,000만 달러의 투자를 받게 된다. 만약 투자의향을 밝혔을 때 흥분한 마음으로 덥석 협상을 시작했다면 스티브 잡스는 로스 페로에게 주도권을 완전히 잃었을 것이다.

협상에서 갑과 을을 결정하는 것은 결국 계약을 절실하게 원하는 쪽이다. 당시 스티브 잡스는 로스 페로의 투자가 꼭 필요했던 시점이었지만 급한 마음과 초조함을 겉으로 드러내면 그 순간 협상의 주도권은 로스 페로에게 넘어간다. 스티브 잡스는 일주일이 지나서야 로스페로에게 전화를 함으로써 여유로움을 과시하는 동시에 로스 페로와의 투자 협상에 대비할 수 있는 시간을 벌 수 있었다.

자료 : 넥스트데일리, 스티브 잡스가 보여준 협상력 비결은?, 2010.12.14.

사례 3–미국과 구 소련 간 협상

제2차 세계대전 말기에 있었던 얄타회담에서 미국의 루스벨트 대통령은 구 소련 스탈린의 시간 지연 전략에 말려들었다. 당시 병약했던 루스벨트 대통령과 미국인의 단기 지향적이며 마감시간을 중요시 여기는 협상관행을 잘 알고 있었던 스탈린은 의도적으로 회담을 밤 늦은 시간까지 연장시켜 미국으로부터 상당한 양보를 얻어내었다.

2) 제한전술

제한전술에는 시간제한과 물량제한으로 상대방을 협박하는 전술이다. 예를 들어, 백화점에서 시행하는 세일기간 전술이나 홈쇼핑에서 마지막 기회라고 시간이나 물량이 제한되어 있다고 판매하는 방식이다. 즉, 백화점에서 '반짝세일'을 통해 물건구입을 유도하는 것처럼, 마감시간 안에 결정하면 이익을 주고 시간을 경과하면 손해를 볼 수 있다는 뜻을 전달한다. 즉, 당근과 채찍을 함께 구사하는 호인·악인(Good Guy, Bad Guy) 전술의 한 예라고도 하겠다.

상대방의 협상 마감시간을 알아낼 수 있다면 협상을 마무리할 수 있는 타결 시점을 효과적으로 선택할 수 있다. 매도인 입장에서는 매수인이 최종 수요자에게 물품을 납품해야 하는 일, 중요한 계약체결일 등이 협상 마감시점과 연관될 가능성이 높다. 유능한 협상가는 존재하지 않는 마감시한을 만들어냄으로써 상대방의 승낙을 이끌어 낸다.

제한전술의 대응책으로 협상은 한 번의 만남으로 완전히 끝나지 않는다고 생각하고, 협상 시간을 최대한 확보하며, 인내심을 갖고 협상에 임한다. 또한 협상 시한이나 최종 결정의 연기를 요청할 수 있는 유연성을 가져야 하며, 상대방이 매우 긴박하게 처리해야 할 사안이라고 하면, 그에 대한 구체적이고도 믿을 만한 구체적인 정보를 요청하여야 한다.

Q

생각해보기 7-4 마감전술

사례 1 코헨과 일본인 기업

협상자 코헨은 호랑이를 때려잡으러 호랑이굴로 들어가는 심정으로 일본으로 건너가서 공항에 마중 나온 일본측 파트너들과 눈싸움으로 기선을 잡고자 하였다. 반면 일본 파트너들은 공손한 눈으로 코헨을 맞이하고 대형 리무진으로 호텔까지 데려다 주었다. 일단 기싸움에 이겼다는 자만감에 젖어 푹신한 리무진 좌석에 반쯤 드러누운 코헨을 향해 일본인들이 다소곳이 "돌아가실 때도 공항까지 이 리무진으로 모시려면 미리 예약을 해야 하는데 정확한 출발시간을 알 수 있을까요"라고 물어보자 코헨은 "배려에 감사한다"면서 돌아갈 비행기 티켓을 거만하게 넘겨주었다.

일본인과 코헨의 협상에서 누가 승리하였을까?

사례 2 미국과 베트남 종전협상

미국과 베트남이 전쟁을 종결시키고자 1973년 파리에서 협상테이블에 앉았다. 베트남 전쟁을 빨리 끝내고 싶었던 미국은 당시 닉슨 대통령이 '크리스마스 이전에 전쟁을 끝내겠다'고 국민들 앞에서 선언한 상태이었고, 미국 대표들도 일상적인 종전협상으로 생각하고 파리 시내 고급 호텔에 머물렀다. 한편, 베트남 대표들은 파리 외각 지역에 집을 임대하고, 아예 가족과 함께 이사를 와서 종전협상에 임하였다. 누가 협상을 유리하게 이끌어갔을까?

3) 위협전술

위협전술은 상대방을 위협적으로 압박하는 전술이다. 외교협상에서 위협수단의 종류와 정도, 요구와 위협의 긴박성에 따라 크게 네 가지로 나뉜다.

첫 번째로 가장 느슨한 형태의 강압외교로는 '시험과 관망(Try and See)전술'이다 이는 상대방에게 특정 요구를 하고 특정한 압박을 가하면서 상대방이 어떠한 반응을 보이는지 살펴보는 전술이다 여기에는 상대방이 요구를 언제까지 수용할지의 시한이나 요구 불이행 시 어떤 대가를 치를지 명시하지 않는다. 대신 여러 종류의 압박을 시험하면서 상대방의 반응을 그때그때 점검해본다는 점에서 상대적으로 압박의 강도와 긴박성이 떨어지는 전술이다.

두 번째로 첫 번째의 경우와 같이 시한의 긴박성은 없지만 상대방이 요구를 들어주지 않을수록 서서히 압박의 강도를 높이는 '점진적 나사 조이기(Gradual Turning of the Screw)'전술이 있다 이 경우에도 특정한 시한을 정하지는 않았지만 압박의 강도를 점점 증가시킴으로써 상대방에게 사태의 심각성을 보다 명확하게 전달한다는 점에서 시험과 관망보다는 좀 더 적극적인 전술이라고 할 수 있다.

세 번째 전략으로 '묵시적 최후통첩(Implied Tacit Ultimatum)'을 들 수 있다 이 경우는 비록 상대방에게 특정한 시한을 정하지는 않더라도 사태의 위급성을 충분히 전달하거나 혹은 특정한 처벌내용을 명시하지 않더라도 심각한 대가를 치룰 것이라는 암시를 줌으로써 상대방에게 요구의 심각성을 강하게 전달하는 방법이다.

마지막으로 '최후통첩 전술(The Ultimatum)'이 있다 이 경우는 상대방에게 특정한 시한까지 요구를 들어주지 않으면 특정한 처벌을 받게 된다고 명확히 제시함으로써, 가장 강한 압박을 제기하는 전략이다.

이러한 네 종류의 강압외교는 압박만 행사할 것인지 아니면, 각 전술을 유인책과 함께 제시할 것인지에 따라 다시 나뉘어진다. 특히, 강압외교의 일반이론은 상대방으로 하여금 요구조건을 수용하도록 하기 위해서는 적절한 압박과 함께 유인책도 함께 제시하는 것이 보다 효과적이다.

〈표 7-1〉 강압외교의 전략

	요구조건	시한	처벌내용
최후통첩 (The ultimatum)	명확	명확	명확
묵시적 최후통첩 (Tacit ultimatum)	명확	불명확 그러나 위급성 암시	불명확 그러나 심각한 처벌 암시
점진적 나사 조이기 (Gradual turning of the screw)	명확	불명확	점진적 증가
시험과 관망 (Try-and-see)	명확	불명확	불명확

자료 : EAI 외교안보센터, 「국가안보패널 정책보고서 15 - 한반도 평화체제 로드맵 강압외교」, 2006, p. 8.

4) 최후통첩전술

최후통첩(Ultimatum)이란 상대방이 요구조건을 거절할 때에는 협상을 중단하겠다는 제의를 말한다. 이는 협상상대방에게 자신의 제안이 최종적이라고 하면서 받아들일 것인지 협상을 결렬시킬 것인지 압박하는 전술이다. 즉, 상대측에게 다른 선택의 여지가 없도록 상대방을 벼랑 끝까지 몰아붙이고 난 후, 결정권을 상대에게 넘기면서 '양자택일(Take-it-or-leave-it-offers)'을 선택하도록 압박하는 방식이다.

협상을 가치와 생산적 관계를 창출하는 과정으로 본다면 협상과정에서 최후통첩은 협조적 관계 하에서의 가치창출을 어렵게 만든다. 최후통첩은 더 이상의 융통성을 허용하지 않고 상대방의 의사결정권을 극단적으로 제약하는 행위가 되므로, 이를 스스로 번복해야 할 때에는 자신의 위신을 실추시키게 되는 결과를 초래하게 된다. 즉, 최후통첩은 일단 이를 사용하게 되면 자신도 여기에 구속되는 결과를 초래할 수도 있으므로, 상호신뢰형성을 위해서도 이는 신중히 사용되어야 한다.

최후통첩전술의 효과는 상대방이 들인 시간과 힘의 정도에 비례한다. 상대방이 협상에 들인 시간이 많을수록 그리고 힘이 약할수록 효과가 크다. 이 전술은 협상 막바지 단계에 협상에 불리한 측에서 협상을 끝내고자 할 때 구사하거나 반대로 유리한 측이 불리한 측에 압력을 넣어 기대 이하의 안을 받아들이게 할 때 행사하게 된다.

시간적 제약 속에서 협상을 해야 하는 협상자는 종종 상대방에게 최종 통보라는 형식의 협박을 하고 싶은 유혹을 받는다. 또 자신의 주장을 끝까지 양보하지 않는 완고한 상대방과 협상을 할 때도 내 요구를 받아들이지 않으면 협상을 결렬할 수밖에 없다는 통고를 하기도 한다. 반면에 상대방으로부터 "언제 언제까지 이 내용을 받아들이지 않으면 없던 일로 하겠다"는 협박성 제안을 들으면 마음 속에 대단한 압박감을 가지고 상대방에게 끌려가기도 한다.

이러한 전술에 대한 대응책으로는 첫째, 상대방의 최후통첩의 진위를 확실히 파악하는 것이 중요한데, 사안별로 조목조목 상대방의 입장을 확인해 보거나 또는 무시하고 협상을 진행시키는 방법도 있다.

둘째, 해당쟁점에 대해 즉답을 피하고 냉정을 찾을 수 있는 시간을 확보하고, 해당쟁점 이외의 다른 사안들을 우선적으로 논의한다.

셋째, 협상 중간마다 협의된 부분에 대해 중간 협약을 체결해둔다. 완성된 형태의 최종계약이 체결되기 전에 LOI(Letter of Intent : 의향서), MOU(Memorandum of Understanding : 양해각서)나 Term-sheet들을 만들고 협상 중간에 사인을 해서, 협상 자체가 원점으로 돌아가는 것을 막는 장치를 마련한다.

넷째, BATNA를 갖고 있는 경우 맞불작전을 펼친다. 상대방의 이러한 전술에 대하여 어떠한 압력도 받아들일 수 없으며, 계속해서 그런 식으로 나오면 더 이상 대화를 계속할 수 없다는 뜻을 분명히 밝힐 필요도 있다.

사례 최후통첩 전술

2013년 개성공단 정상화를 위한 남북간 6차 협상에서 북측이 갑작스러운 협상 결렬을 선언하며 회담장을 박차고 나갔다. 남측 류길재 통일부 장관은 '마지막 회담' 제안이라는 '최후통첩(Ultimatum)' 전술을 사용하고, 정부는 묵묵부답으로 일관하며 상황을 지켜봤다.

북한은 남측이 낸 '최후통첩' 카드가 허언이 아님을 알고 개성공단 입주 기업들에게 보험금을 지급할 것임을 통보하고 실제 지급을 개시했다. 북한의 결렬 압박과 기만술에 밀리고 당하기만 하던 남한 정부가 7차에 걸친 전체 협상 과정에서 단 한 번도 밀린 적 없이 시종일관 우세를 유지한 전무후무한 협상이었기 때문이다.

자료 : 박상기, "'최후통첩 전략' … 개성공단 협상서 배워라", 매일경제 2013.6.28.

5) 벼랑끝전술

미래의 선택
"해고는 살인" … 이동건, 구조조정에 맞서 고두심과 '맞장'

벼랑끝전술
싸게 물건을 팔기보단 불태워 버리겠다고 함

벼랑끝전술(Brinkmanship)은 최후통첩전술과 마찬가지로 상대방으로 하여금 내 제안을 받아들이도록 하는 압박전술인데 양자 모두 패자가 되는 위험도 감수하겠다는 점에서 최후통첩전술과 차이가 있다. 즉, 자신의 희생을 감수하면서 협상상대방에게 자신의 제안을 수락하도록 압박하는 전술(너죽고 나죽자)로 brink-manship('벼랑'을 뜻하는 'brink'에

다 'ship'의 합성어)이라고 한다. 벼랑끝전술은 냉전 시대 마치 전쟁을 하자는 것처럼 보여 적국의 양보를 얻어내려는 외교적 협상전술에서 비롯되었다.

사례 **이승만 대통령과 미국 간 종전협상**

이승만 대통령은 한국전쟁 당시 정전협정을 끝까지 반대했다. 미국이 북한과 끝까지 싸워 북진통일을 이뤄주길 바랐다. 하지만 미국이 엄청난 손해를 감수하며 싸우겠나? 결국 자기들 원칙대로 정전 협정에 나섰다. 심지어 정전협상이 끝나면 미군을 전부 철수하려고도 했다.

그러자 이승만 대통령은 "국군 단독으로 북진하겠다"라며 미국을 애먹이더니 반공포로 3만 명 가까이를 풀어줘 또다시 경악하게 만들었다. 결국 미국은 이승만 대통령에게 정전 협정을 허락받는 대신, 한국 전쟁이 끝난 다음, 미군을 철수하려던 계획을 백지화했고, 거액의 전후 복구비를 한국에 지원하기로 했다.

사례 **벼랑끝전술**

사례. 냉전시대 미국과 소련 쿠바 미사일 배치

1962년 소련이 쿠바에 미국본토를 겨냥하는 핵미사일을 배치하자 미국의 케네디 대통령은 강력히 반발하였다. 미 해군으로 하여금 해안봉쇄(blockade)를 하여 소련 선박이 쿠바에 접근 못하도록 하며 쿠바에 설치한 모든 핵미사일을 철수할 것을 요구하였다.

소련의 흐루쇼프 수상도 미국의 해안봉쇄를 무시하며 추가로 핵미사일을 실은 소련 선박을 쿠바로 접근시키고 있었다. 만약 미군 함정과 소련 선박 사이에 무력충돌이 벌어지면 걷잡을 수 없이 사태가 악화될 수도 있다. 워싱턴의 강경파들은 소련이 미사일 철수를 거부하면 쿠바의 미사일 기지를 공중폭격하자고 주장했다. 케네디 대통령과 흐루쇼프 수상이 겉으론 초강경조치를 취하지만 뒤로는 서로간에 전문을 교환하고 대리인을 통해 은밀히 협상을 하고 있었다.

미국 \ 소련	미사일 철수	미사일 계속 배치
해상봉쇄	타협	소련의 승리 미국의 패배
공중폭격	미국의 승리 소련의 패배	핵전쟁

이 같은 상황에서 미국과 소련이 얻을 수 있는 성과의 크기는 다음과 같다.

- 미국의 성과 : 미국의 승리>타협>소련의 승리>핵전쟁
- 소련의 성과 : 소련의 승리>타협>미국의 승리>핵전쟁

출처 : 조선일보, 북한의 벼랑끝 전술과 치킨게임. 2017.8.16.

7) 치킨게임전술

치킨게임(game of chicken)전술은 두 운전자가 서로 마주 보고 전속력으로 달리다가 먼저 방향을 트는 쪽이 '겁쟁이'로 불리며 지는 게임이다. 이는 상대방이 겁을 먹고 그만 두고 자신들이 원하는 것을 내놓도록 강요하는 극단적인 조치를 취하는 전술로 벼랑끝 전술처럼 상호 모두 패자가 되더라도 끝까지 힘겨루기를 하겠다는 의지를 보여줌으로써 자신의 의지를 관철하기 위하여 사용한다.

8) 나사조이기 전술(Gradual Turning of the Screw)

상대방에게 강압, 협박 등의 수위를 점차로 높이는 방법이다. 자신이 비타협적인 입장을 가지고 있다는 신호를 꾸준히 보내면서, 합의에 도달하기 위해서는 상대가 더 많이 양보해야 한다고 압력을 가한다.

9) 일관된 주장 전술

일관된 주장 전술
김두한 시종일관
4달러 요구

일관된 주장전술은 협상 전 명확한 목표를 설정하고 협상과정에서 일관된 주장을 하면서 "처음 제시된 조건이 아니면 절대로 'YES'라고 할 수 없다"는 태도로 밀어붙이는 딜 브레이커 전술이다. 딜 브레이커(Deal Breaker)는 협상에서 절대 양보할 수 없는 결정적 요인이나 전제조건으로 어떤 한 요건이 충족되지 않으면 전체 협상을 결렬시킬 수 있는 사안일 경우 이러한 방식이 유용하다고 하였다.

말을 잘하고 글을 잘 쓰는 사람이 협상에 성공하는 것은 아니다. 협상 목표를 정확하게 설정하고 목표를 달성할 수 있는 의사소통 방법을 철저하게 준비하는 사람이 협상에서 성공할 가능성이 훨씬 더 높다. 수단과 방법을 가리지 않고 최선을 다해 상대방에게 자신의 의사를 정확하게 이해시키는 것과 상대방의 진정한 의도를 파악하는 것이 의사소통의 기본이다.

성공하는 협상가는 상대방을 설득하기 위해 지나치게 자신의 주장을 과대 포장하지 않는다. 고학력의 영업담당자가 학벌이 낮은 기업인과 협상에서 성공하기보다는 실패할 확률이 높은데, 그 이유는 전자는 자신의 제안이나 주장을 정당화하기 위하여 지나치게 다양한 논리적 근거를 제시하기 때문이다. 논리적 근거가 많을수록 자신의 주장을 토대로 상대방을 합리적으로 설득할 수 있다고 생각하기 쉬운데 오히려 근거가 많을수록 상대방에게 반격의 기회를 제공함으로써 불필요한 논쟁이 발생할 가능성이 높다.

사례 일관된 주장 전술

1. 미국 경영자 볼웨어와 노동조합

미국 경영자인 볼웨어는 노동조합에 대해 워낙 한 치의 양보 없이 강경하게 밀어붙이고 상대방이 맞받아치면 협상을 깨는 전술을 사용하였다. 이러한 전술을 '볼웨어 전술'이라고 한다.

2007년 한미 FTA협상에서 김현종 통상교섭본부장은 "쌀은 레드라인이다. 건드리면 결렬도 불사한다"며 미국을 압박했고, 미국은 "쇠고기 개방을 문서로 보장해 달라"고 한국을 압박하는 등 치열한 기싸움을 했다. 한국 협상팀은 박홍수 농림부 장관의 '평판'을 역이용하여 미국측을 압박하였다. 즉, 국내 언론을 통해 박 장관이 마지막 골키퍼라는 점, 또 그가 '20년이나 소를 키운 사람', '밥장관'이란 점을 미국 측 협상단에 은근슬쩍 흘려넣자 꿈쩍 않던 미국 측은 동요하기 시작하면서 한국 측의 주장을 관철시켰다.

자료 : 매일경제, "협상은 예술? … FTA서 빛본 한국판 손자병법", 2007.4.6.

2. 중국 저우언라이(周恩來)의 협상방법

외교는 협상이고, 협상은 곧 담판이다. 중국 저우언라이(周恩來)는 서양의 점차적인 양보와는 완전히 다르게 협상을 할 때 단 한 번 최선의 양보를 하고 그 이후부터는 한 치의 양보도 없었다고 한다. 미국의 전 국무장관 헨리 키신저도 외교 협상을 할 때, 여러 번 저우언라이의 방법을 사용했고 모두 좋은 결과를 얻어냈다. 저우언라이 협상기술에는 상대방에게 양보의 여지가 있음을 암시하기 때문에 예외가 있을 수 없다는 조건이 필요하다. 저우언라이는 손자병법의 '싸우지 않고 적을 굴복시키는 방법'을 터득하고 있었던 것이다.

10) 연계전술

연계전술은 서로 연관된 세부쟁점들을 한데 묶어서 통과시킴으로써 자신의 이익을 극대화시키는 전술을 의미한다. 2018년 미국 도널드 트럼프 미국 대통령은 한미 FTA 재협상 시 "우리는 무역에서 큰 적자를 보고 있는데도 한국을 보호하고 있다. 우리는 지금 3만2000명의 미군 병력을 남북한 국경 지역에 두고 있다. 무슨 일이 일어나는지 보자"고 위협하거나, "한미 FTA와 북미대화를 연계하겠다"고 하면서 통상문제를 주한미군 철수 가능성과 북한 문제와 연계해 한국을 압박하였다.

11) 의도적으로 협상을 깨는 전술

의도적으로 협상을 깨는 전술(walk away)은 협상테이블에서 자신의 주장을 받아들이지 않으면 협상을 종결하고 나가겠다는 협박 전술이다. 마치 가게 주인과 물건값을 흥정하다가 맞지 않아 돌아서서 나오려고 하면, 가게 주인은 이 손님을 붙잡으면서 손님이 제시한 가격을 받아들이거나 자신이 수용할 수 있는 최소한의 가격을 제시하는 것과 같은 방법이다.

2018년 북미협상 진행과정에서 김계관 북한 외무성 제1부상이 존 볼턴 미국 백악관 국가안보보좌관을 비난하며 북–미 정상회담을 다시 고려하겠다고 발표하자, 미국 트럼프 대통령은 북미 정상회담을 취소하겠다고 발표하였다. 그러자 북한은 김계관을 통해 "수뇌상봉"이 절실히 필요하다고 하면서 남한과 제2차 정상회담을 제안하면서 다시 북미 협상 협의가 재개되었다.

사례 외환위기 사태 르노에 삼성자동차 매각

2000년대 르노가 삼성자동차를 인수할 당시 삼성자동차의 자산가치는 약 3조원, 최저 매각 가격이라고 할 수 있는 존속가치는 1조2000억원이었다. 르노가 삼성자동차 인수를 위하여 제안한 최초 가격은 2000억원이었으나, 3개월간 이루어진 협상 결과 최종 매각 가격은 1100억원이었다. 르노가 이처럼 3조원짜리 삼성자동차를 터무니없이 낮은 가격으로 인수할 수 있었던 것은 사전에 철저하게 준비한 치밀하고 무자비한 협상결렬 전술이었다. 당시 르노는 의도적으로 그리고 치밀하게 준비하여 3개월간 총 3번의 협상결렬 카드를 사용했다.

자료 : 박상기, "'최후통첩 전략'…개성공단 협상서 배워라", 매일경제 2013.6.28.

12) 자유 재량권 부여 전술

'자유 재량권 부여[하지만 당신 마음대로(But You Are Free : BYAF)]' 전술은 상대방에게 뭔가 설득할 경우, 맨 끝에 가서 '선택하건 말건 당신 마음대로이다'라고 한 마디만 더 추가하는 것이다. 사람은 '아니오(No)'라고 말할 자유가 있을 때 심리적으로 더 편안하게 외부의 설득을 받아들일 수 있다는 것이다. 이 전술은 e-mail에서도 약간 효력이 있지만 면전에서 행할 경우 그 효과가 크다. BYAF 기법은 사람들이 구속되거나 선택의 폭을 줄이는 것을 싫어한다는 심리를 이용하여 다른 사람들이 자신의 자유 의지를 통해 원하는 결정을 내릴 수 있도록 돕는 방식으로 압박하는 기법이다.

13) 인신공격전술

인산공격전술은 협상 쟁점과 관계없는 인신공격을 통해 상대방의 언행을 극도로 얼어붙게 하는 전술을 말한다. 예를 들면 "제가 듣기로 협상 테이블에서 흥분 잘하기로 업계에서 유명하시던데, 오늘도 역시 그러시네요." 식으로 말도 안 되는 황당한 제안과 무례한 태도로 상대방을 자극하여 상대방을 어의없게 만들어 더 이상 몰아붙일 수 없게 만드는 방식이다. 노련한 협상 상대방이 즐겨 쓰는 협상 방법이다.

이에 대한 대응책으로 협상 쟁점과 신상의 문제를 명확히 분리하고 아무렇지 않은 듯 상대방의 인신공격을 받아넘긴 뒤 "협상 쟁점 흐리지 마시고, 제가 여쭤본 부분에 대한 명확한 입장부터 밝혀주시죠." 식으로 중요한 쟁점을 되묻는 방법으로 상대방을 긴장시키는 것이 좋다.

4 회유와 위협적 분배적 전술

회유와 위협전술은 상대방을 상황에 따라 때로는 회유하기도 하고, 위협하기도 하여 협상의 목적을 이루려는 전략이다(천대윤, 2010). 회유와 위협전술은 죄수의 딜레마 상황에서도 상호협력을 이끌어 낼 수 있는 방법으로 점차적 호혜전술(GRIT : gradual reciprocation in tension reduction)과 되갚은 전략(tit-for tat strategy)전술이 있다.

1) 점차적 호혜전술

점차적 호혜전술(GRIT : gradual reciprocation in tension reduction)은 협상에서 교착상태에 빠진 협상자들이 관계를 회복하는 방법으로서 1962년 Charles Osgood에 의해 국제군축협상을 위한 프로그램으로 제안되었다. GRIT는 호혜주의의 규범에 따라, 한 쪽이 양보를 하면 상대방이 보답적 양보를 행하도록 부담을 주어 다시 협상을 재개하도록 하는 전술이다.

즉, 협상 당사자 간 긴장감을 완화시켜 극한 상황으로 갈등이 확대되는 것을 차단함과 동시에 점차 갈등을 해결하는 협상 방식이다. 이 방식은 두 협상자가 분배적 상황인 긴장 증대와 적개심의 나선형적 증폭과정에 빠져있을 때, 원칙적 합의를 하고 이행이 답보 상태에 있을 때 한쪽의 협상자가 일방적으로 선행적 양보 조치들을 하고 상대방의 양보에 상응하는 추가 양보가 있을 수 있다는 의지를 표명함으로써 긴장 완화와 협력을 도출할 수 있다.

사례 GRIT전술 활용방법

① 긴장완화의 의지를 설명하고, 최초 양보수준을 구체적으로 제시하라.
② 최초 양보를 일방적이고 완전하게 공개적으로 이행하라. 가능하면 이행 증거도 제시하라.
③ 상대방 집단에게 상호 주의를 요청하라. 그들이 불신과 회의로 인해 대응하지 않을 수 있음도 예상하라. 이를 극복하기 위해서는 지속적인 양보가 필요하다.
④ 상대방 집단이 양보로 대응해오면 우리 측도 다시 양보하라. 그리고 상대방에게 다시 양보를 요청하라.
⑤ 양보의 내용과 본질을 다양화하라.
⑥ 상대 집단의 긴장을 조성하면 보복 능력을 갖춰라. 보복은 상대의 일탈 정도에 맞춰 조심스럽게 나서야 한다.

자료 : 톰슨(김성환 외 옮김), 「지성과 감성의 협상기술」, 한울, 2012, p. 384.

2) 되갚기 전술[Tit-for-tat(TFT), 이에는 이, 눈에는 눈 전술]

되갚기 전술은 Axelrod(1984)가 개발한 것으로 무한 반복되는 죄수의 딜레마 게임에서 첫 번째 게임에서는 협력(cooperation)을 선택하고 이후 게임에서는 이전 게임에서 상대방이 선택한 것을 선택하는 전술을 말한다. 즉, 상대방의 비협조적 행동에 대해서는 비협조적으로, 협조적 행동에 대해서는 협조적으로 대하는 전술이다.

죄수의 딜레마에서 발전된 전략이라는 '되갚기 전술'은 다음과 같다. 1) 배신하기 전까지 항상 협력한다. 2) 만약 배신했다면, 반드시 복수를 하여야 한다. 3) 상대방이 다시 협력을 원하면, 빠른 시간 안에 관용을 베풀어 다시 협력한다.

읽어보기 되갚기 전술, 받는 대로 돌려주기

'tit과 tat'은 '가볍게 치기'라는 의미로. 'tit for tat'은 '상대방이 치면 나도 친다'는 뜻이다. 팃포탯 첫 게임에선 우선 협력하고, 다음부터는 상대방이 하는 대로 따라하는 전략이다. 이는 '상호성의 법칙(law of reciprocality)'으로 받은 대로 돌려준다는 얘기다. '오는 말이 고와야 가는 말이 곱다'는 속담이나 '눈에는 눈, 이에는 이(an eye for an eye, a tooth for a tooth)'라는 말이 여기에 해당한다.

반복적 죄수의 딜레마 게임에서 팃포탯은 맨 처음 협력으로 시작하고, 그 다음부터는 상대가 앞에서 선택한 전략을 그대로 선택해 돌려주는 전략이다. 즉, 상대가 협력하면 나도 협력하고 상대가 배반하면 나도 배반하는 것이다. 이 단순한 전략이 최대의 이익을 얻을 수 있는 논리이다.

대회의 데이터를 분석한 결과, 되갚기 전술 전략을 성공으로 이끈 특성은 4가지로 나타났다.

① 협력 : 상대방이 협력하면 무조건 협력하고 불필요한 갈등을 일으키지 않는다.

② 응징 : 상대방의 예상치 않은 배반에는 즉각 보복한다.

③ 용서 : 상대방의 도발을 응징한 후에는 용서한다.

④ 행동의 명확성 : 상대방이 내 행동 패턴에 적응할 수 있도록 명확하게 행동한다.

다양한 해석이 가능하지만 '용서'가 가장 중요한 특성이라고 보는 경우가 많다. 반복적 죄수의 딜레마 게임에서 성적을 결정하는 가장 중요한 요소는 용서이다. 용서는 상대의 배신에 대해서는 바로 응징을 가하지만, 응징이 이루어지고 나면 다음 게임에서는 과거를 털고 다시 협력하는 관용성을 의미한다. 한 번 응징하고 나면 과거는 과거로 잊어버리자는 것이다. 사실, 용서하지 않는 전략은 모두 성적이 좋지 않았다. 용서가 없으니 한 번 배반하면 복수와 재복수가 계속 이어졌고 그로 인해 다 같이 망하는 결과를 가져왔기 때문이다.

3) 양보전술

협상에서 양보는 아주 중요한 쟁점이다. 양보의 기술이 필요한 이유는 '내게 덜 중요한 것'을 주면서, '내게 더 중요한 것'을 얻기 위해서다. 물론, 자신에게 더 중요한 것은 상대의 '마음', '신뢰', '관계'일 때가 많다. 협상에 노련한 협상자들은 다음과 같은 양보전술을 활용한다.

첫째, '트레이드 오프' 또는 '스티링(string, 끈)' 기법이다. 이는 하나를 양보하면서 다른 하나를 끈으로 묶어서 요구하거나 새로운 쟁점을 제시하는 전술이다. 협상자들이 새로운 쟁점을 테이블에 올리고 기존 쟁점과 새로운 쟁점을 트레이드 오프하거나 자신이 원하는 것을 조금이라도 더 얻기 위한 전술이다. 미국 트럼프 대통령은 한미 FTA 개정 협상에서 한국산 철강 및 알루미늄에 높은 관세를 부과하는 행정명령에 서명함으로써 한국에는 관세를 양보하고 대신 수출 물량을 대폭 줄이는 쿼터를 설정하는 이익을 얻어냈다.

둘째는 결정권 없다는 권한위임전술을 활용하는 방법이다. 협상테이블에서 상대방의 양보 요구를 거절하기 위하여 사용된다.

셋째는 조건부 양보전술이다. 비즈니스 협상에 있어 공짜 양보는 없다. 상대방이 고마움을 느끼지 못하는 양보는 하지 말고, 조건부 양보를 해야 한다.

넷째는 깔대기형 양보이다. 이는 시간이 지날수록 양보의 절댓값이 점점 작아지도록 하며, 마지막까지 뜸을 들이는 양보 기술로서 시간에 따라 양보 폭이 작아지고 '제로'에 수렴해 가도록 함으로써 "아, 상대의 제안이 점점 마지노선에 다가서고 있구나."라고 상대방이 속으로 생각하게끔 해야 한다.

다섯째는 양보에도 논리와 근거가 필요하다. 양보를 할 때는 자신의 양보에 대해 상대방이 가치를 느낄 수 있도록 논리와 근거를 제시하여야 한다.

여섯째는 마지막까지 뜸을 들이는 전술이다. 비즈니스 협상에 있어 어떠한 경우에도 상대방의 첫 제안에 곧바로 양보하면 안 된다. 만약 첫 제안에 곧바로 양보한다면 상대방은 고마워하기보다는 불안해하고 아쉬워한다. 따라서 상대방의 양보 요구를 무조건 받아들일 때도 적당한 시간을 두고 양보하는 전술이 필요하다.

4) 반반씩 양보전술

반반씩 양보전술은 일종의 타협전술로서 자신과 상대방 간의 입장 차이를 반반씩 양보하여 합의하는 방식이다. 반반의 법칙 중 등거리 전술은 자신이 원하는 목표액수에서 상대방이 제안한 액수 차이의 등거리만큼 더 요구하는 것이다.

예를 들면 매도인의 목표 판매가격이 미화 20,000달러인데 매수인이 미화 19,000달러에 팔라고 하면 매도인은 미화 21,000달러를 부른다. 그래서 만약 상대방이 미화 19,500달러로 내려오면 매도인은 또 목표가격과의 차이만큼 유지하며 미화 20,500달러, 상대방이 미화 19,800달러이면 자신은 미화 20,200달러 이런 식으로 계속 주의를 집중하며 등거리 전략을 유지하는 것이다. 그러면 중간에서 타협이 이뤄져도 목적달성이 가능하다.

이 전술은 너무 노골적인 계산이 드러나면 상대방이 눈치챌 수 있어 자신의 목표 금액으로 적당히 상대방 가격과 자신의 가격에서 서로 반반씩 양보했을 때 목표가격이 되도록 하는 것이 좋다. 이 전술이 유효한 이유는 사람들은 서로 지루한 협상의 줄다리기를 하다 결국은 반반씩 양보하여 해결을 보는 경우가 많기 때문이다.

사례 미국과 멕시코 채무이행 협상

1982년 미국과 멕시코의 820억달러 채무이행 협상에서 미국은 돈을 상환하기 위해 멕시코에 현금 대신 전략비축유를 제공하기로 합의를 했다. 그런데 미국에서 협상 변호사비용 1,000만달러를 다시 청구해 왔다. '한 푼도 못준다', '턱도 없다'라는 식으로 멕시코는 버티다가 청구한 금액 1,000만달러의 반인 500만달러를 주겠다고 합의하여 지불하였다.

제 2 절 통합적 협상전략 및 방법

1 통합적 협상전략 개념

1) 통합적 협상전략의 의의

통합적 협상(integrative negotiation)은 플러스-섬 협상(plus-sum negotiation)이라고도 하며, 협상 당사자가 서로 상대의 문제점(협상의제)을 이해한 후 문제해결을 위한 협력적 협상을 말한다. 즉, 공통이익을 증진시키고자 하는 협상으로서 관계자 모두 승리하는 협상(win-win negotiation)을 말한다. 이는 가치가 고정되어 있지 않고 양자의 협조에 의해 새로운 가치가 창출될 수 있다는 점을 전제하고 자신의 이익을 1차적으로 중시하지만 상대방의 이익까지 고려한다.

통합적 협상이 실현되기 위해서는 공통이익(common interest), 공유된 이익(shared interest), 결합이익(joint interest)을 발견할 수 있어야 하고, 동시에 이들을 실현시킬 수 있는 과정이나 절차를 개발할 수 있어야 한다.

통합적 협상은 협상을 '합의를 도출하기 위한 의사교환과정'으로 보는 것이 아니라, 당사자들이 함께 직면한 여러 문제들을 해결해 가는 '문제해결의 과정(problem-solving process)'으로 본다. 따라서 당사자들은 협상에 있어서 자기의 주장을 일방적으로 주장하기보다 협상안에 대한 서로의 실제 관심사항을 파악하고, 이 관심사항을 충족시킬 수 있는 여러 가지 대안을 개발한 다음, 객관적인 기준에 의하여 가장 적합한 대안을 선택하는 협상기법을 의미한다.

상호 이익을 극대화하기 위해 공통으로 노력

통합적 접근법

- 가능한 win-win outcomes
- 파이를 확정하기 위하여 노력
- 논쟁의 쟁점(또는 파이)이 동태적이라고 생각

특성

- 효과적인 의사소통
- 우호적이고 협력적
- 노력의 조정
- 선의 및 합의
- 상대방 이해관계의 정당성 인정

[그림 7-2] 통합적 협상전략

읽어보기

☞ 통합적 협상이 되기 위한 전제조건

① 상대방의 진정한 욕구와 목적을 이해할 수 있어야 함

② 창의적 아이디어를 교환하고 정보흐름을 자유롭게 할 수 있어야 함

③ 입장 간의 차이점보다는 공통된 기반(commonalities)과 유사점(similarities)에 초점을 맞추어야 함

④ 관련자 모두의 목적을 실현시킬 수 있는 해답을 찾으려고 노력해야 함

☞ 통합적 협상에 사용되는 주요기법

① 브레인스토밍(Brainstorming) : 문제점에 대한 창조적 대안을 집단적으로 개발해내는 창조적 문제해결 기법

② 합의도출 방법(Consensus decision-making) : 집단이 의사결정을 함에 있어서 다수결에 의하지 않고 각 구성원의 합의에 의하여 의사결정을 하는 기법

〈표 7-2〉 분배적 협상전략과 통합적 협상전략 비교

구분	분배적 협상전략	통합적 협상전략
유사전력그룹	• 강요형 전략 • 경쟁적 전략 • 경쟁형 전략 • 압박형 전략	• 문제해결형 전략 • 협력적 전략 • 협력형 전략 • 포용형 전략
협상목표	• 상대방의 희생을 통해 자신의 목표를 달성하는 것 • 자신의 몫을 극대화하는 것	• 공동의 문제를 해결하는 것 • 공동이익을 극대화하는 것
관계	• 단기적 관계에 초점	• 장기적 관계에 초점
협상자세	• 경쟁적, 적대적(Win-Lose)	• 협조적(Win-Win)
협상원리	• 입장 중심의 협상 • 명분이나 논리에 집착	• 이해중심의 협상 • 상호 이해에 초점
협상과정	• 자신은 가급적 양보하지 않음 • 상대방으로부터 최대한 양보를 얻어내고자 함 • 상대방의 양보를 끌어내기 위한 과정 • 일방향적 정보 교환	• 몫의 확대와 최선의 배분 • 모두에게 도움이 되는 대안을 찾는 과정 • 쌍방향적 정보 교환

통합적 협상을 하기 위해서 협상자들은 서로 자신의 여건과 관련된 중요 정보를 제공하고, 자신의 진정한 이해관계나 제약요건 등에 대해 모두 솔직하게 말하는 것이 필요하다. 특히, 여러 쟁점이나 제안에 대해 자신의 선호 정도를 숨기지 말고 개괄적으로 설명하고 양측이 모두 창의적 대안을 찾기 위해 자신이 알고 있는 정보를 최대한 활용하는 노력도 있어야 한다.

통합적 협상은 상호 협력에 대한 의지와 새로운 대안을 모색하고자 하는 상호 존중의 자세가 필요하다. 통합적 협상은 협상 참여자 양측 모두 시너지를 내기 위해 노력할 것이라는 의지가 담보되지 않으면 이루어지지 않는다는 것을 명심해야 된다.

2) 통합적 협상과 파레토 곡선

경제학자 파레토(Pareto)는 양자가 얻게 되는 가치의 합이 극대화되는 것을 파레토의 최적화라고 설명하고 있다([그림 7-3]). 협상의 결과로 얻어지는 협상 당사자 간의 이익의 합은 협상자들이 가지는 일련의 전략에 따라 다양하게 나타난다.

협상자들이 달성할 수 있는 협상결과는 크게 네 가지로 구분된다(Pruitt& Carnevale, 1993).

첫째는 '일방적 승리'이다. 이는 한쪽이 다른 협상자들보다 월등히 많은 이익을 취하는 것으로서, [그림 7-3]에서 점 1과 5에 해당한다.

둘째는 '타협(compromise)'으로써 이는 협상자들이 최초에 제시한 요구수준을 절충하여 상대방과 요구수준의 중간지점에서 합의를 하는 것을 말하며, [그림 7-3]에서 점 2, 3, 4가 여기에 해당한다.

셋째는 '통합적 합의(win-win)'로써 협상자 서로에게 이익되는 합의에 이르는 것을 말하며, [그림 7-3]에서 점 6, 7, 8이 여기에 해당한다.

마지막으로 '협상결렬'은 협상자 중 어느 한쪽이 협상을 그만두는 경우에 발생하며, [그림 7-3]에서 점 NA(No Agreement)가 여기에 해당한다. 협상결과는 협상자들의 협상타결에 따른 이익의 합에 따라 분배적 합의와 통합적 합의로 구분된다(Bazerman & Lewicki, 1990).

분배적 합의(Distributive Outcome)는 협상자들이 한정된 자원을 가지고 서로 나누어 가지는 것을 말한다. 협상자들이 갖게 되는 이익의 크기는 서로 반비례하는데, [그림 7-3]에서 점 1부터 5까지가 여기에 해당한다. 통합적 합의(Integrative agreement)는 한정된 자원을 단순히 나누기보다는 각 협상자의 욕구와 동기를 서로 고려함으로써 자원의 크기를 더욱 확장하고 서로의 욕구와 동기를 최대한 충족시키는 방법으로 자원을 분배하여 공동이익의 달성을 추구하는 것을 말한다. 협상자들은 통합적 합의에 이를 때 '타협'하는 것보다 더 큰 공동이익을 달성할 수 있다.

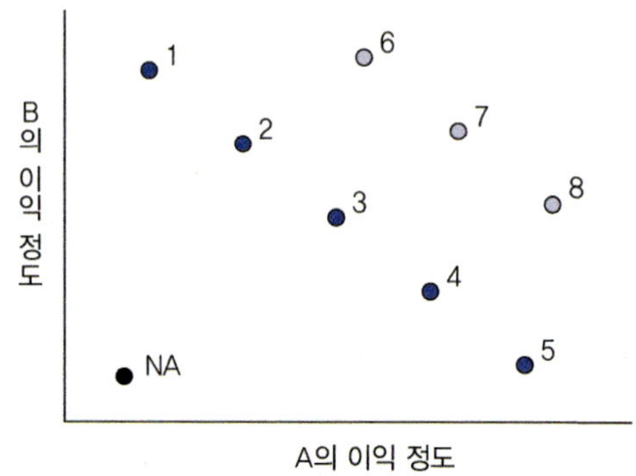

자료 : Pruitt & Carnevale, Negotiation in Social Conflict Pacific Grove, CA : Brooks-Cole, 1993, p. 16.

[그림 7-3] 협상상황에서의 상호 이익 공간과 가능한 협상 결과들

개인주의적 협상자들은 상대방이 얼마만큼 이익을 얻는지에 상관없이 오직 자신의 목표를 최대화하고자 하고, 경쟁적 협상자들은 협상성과간의 차이를 최대화하고자 힘쓰며, 협력적 경쟁자들은 협상성과가 최대한 동등하며 협상성과간의 차이가 최소화 될 수 있도록 노력한다.

2 통합적 협상 방법

1) 사람과 문제를 분리

통합적 협상은 가장 먼저 사람과 문제를 분리하여야 한다. 이는 협상 쟁점에 대해선 단호한 태도를 취하되, 협상 상대방에 대해선 최대한 부드럽게 대하라는 의미이다. 협상 당사자는 분쟁사안(Substance), 쟁점, 자신의 이해관계, 목표와 같은 협상의 문제와 상대방과의 관계(Relationship) 또는 상대방에 대한 개인적 감정 문제와 같은 두 가지 관심사가 있다.

두 가지 관심사가 뒤얽혀서 분쟁으로 발전하기 때문에 사람과 문제를 분리하지 않으면 문제 해결이 어렵게 된다. 협상은 사람과 사람 간 이루어지는 것

이기 때문에 먼저 상대방을 인정하고, 유대감(Rapport)을 형성하는 것이 중요하다.

라포(Rapport)란 프랑스어로 '다리를 놓는다.'는 뜻이다. 즉, 상대방의 마음에 다리를 놓아서 안도감, 신뢰감을 느끼게 하는 것을 말한다. 내들러(Janice Nadler)는 유대감에 대해 "조화와 친밀감을 통해 서로에게 가지는 긍정적 감정 상태로 두 명의 협상 파트너가 라포를 구축하면 자신과 상대방이 잘 맞는다고 생각하며 상대방과의 교류에 깊은 관심을 갖게 된다"라고 하였다.

영국의 래캠(Rackham)의 연구에 따르면, 협상을 잘하는 사람과 못하는 사람의 대표적인 차이점은 공감대 형성 역량이라고 지적하였다. 협상을 잘하는 사람이 못하는 사람보다 실제 협상에서 4배나 더 많은 시간과 수고를 들여서 강력한 공감대 형성을 위해 애쓰는 반면, 못하는 사람일수록 공감대 수립은 무시하고 곧장 협상 본론으로 들어가는 경향이 강하다는 것이다.

협상자들은 서로의 몸짓이나 얼굴 표정, 목소리 톤을 은연 중 비슷하게 흉내내는 미러링 방법이나 공통점을 찾아 공감대 형성을 통해 유대감이 형성되고 사려 깊은 행동을 통해서 이를 강화시킨다. 긍정적인 분위기를 통해 구축된 강력한 유대감은 협상가들이 서로 협력하고 함께 문제를 해결하도록 도와서 이들이 협상에서 얻을 수 있는 총 가치를 확대해준다.

읽어보기 **윤동한 한국 콜마 회장**

윤동한 한국 콜마 회장은 신뢰를 바탕으로 협상을 이끌어가는 경영자로 알려져 있다. 그는 사업 초기 부족한 자본을 극복하기 위해 일본 콜마와 합작사업을 추진했다.

윤 회장이 합작사업을 제안하자 일본 콜마는 자신들이 지분 51%를 소유하겠다고 주장했다. 윤 회장은 일본 측이 80%를 가지고 자신은 20%만 달라고 제안하면서 "오너십은 중요하지 않고 나는 오직 일하고 싶을 뿐"이라는 뜻을 밝혔다. 이에 감동한 일본 콜마는 도리어 윤 회장에게 51%의 지분을 갖도록 하여 합작회사를 시작하게 되었다. 윤 회장이 보여준 일에 대한 열정과 비전이 사업에서 신용과 인격을 중시하는 그들을 감동시킨 것이다. 이는 전폭적인 신뢰의 기반이 되었고, 이후 일본 콜마와의 협상은 모든 면에서 원활히 진행되었다.

출처 : 조남신, "대립의 시대 협상의 기술…먼저 주고 원하는걸 받아라", 매일경제, 2017.4.21

사람과 문제를 분리하기 위하여 다음 사항들을 유념하여야 한다.

① 의사전달의 기법을 터득하라

역지사지 심정으로 상대방의 말을 적극적으로 경청하고, 자신의 말은 너 전달법(You-massage)보다는 나 전달법(I-massage)으로 자신의 의사를 표명하여야 한다.

② 사람이 아니라 문제와 맞서라

문제를 이야기할 때 이야기하고 있는 사람과 문제를 분리하라. 상대방과의 관계에서 현재 무엇이 문제인지 진단하고 앞으로 어떤 관계가 바람직한지를 고려해야 한다. 갈등 또는 분쟁으로 인해 금이 가거나 깨어진 관계를 복원·개선하거나 효과적인 관계를 재정립하는 문제는 대개 현안문제(쟁점)를 먼저 다룬 후 함께 해결하도록 한다.

지나친 일반화의 오류로 인한 확대해석을 금하며, 문제라고 여기는 상대방의 행동이나 벌어진 일 자체에 대해 이야기하고 그렇게 된 상황을 이해하여야 한다. 자신에 대해 상대방이 갖고 있는 어떤 과정으로 부정적 태도를 갖게 되었는지 알아보고 이를 바로잡을 수 있는 기회를 만든다.

Q

생각해보기 7-5 상대방의 무리한 요구에 대한 대응

협상테이블에서 상대방이 납품 단가를 15% 깎아 달라는 무리한 요구를 할 때 여러분은 어떻게 대응할 것인가?

협상 하수(下手)는 "아니, 원래 이렇게 비합리적입니까? 합리적인 분인 줄 알았는데, 실망입니다."라고 말하는 반면 협상 고수(高手)는 "그 제안은 제 입장에선 받아들이기 어려운 무리한 요구라고 느껴집니다."라고 말한다.

여러분은 전자인지 후자인지 그리고 둘의 차이는 무엇인가?

③ 상대방과 자신의 감정을 인정하고 이해하라.

상대방의 감정 표현에 발끈하고 맞대응하지 않아야 한다. 그 대신 상대방의 감정, 기분을 인정해주고 배출할 수 있는 통로를 만들어주고 상대방이 강한 감정을 갖게 된 원인을 알아본 뒤 오해가 있었다면 풀어 주어야 한다. 필요하면 별도의 의제로 설정해 함께 해결할 방법을 모색해야 한다.

④ 문제해결의 원칙부터 합의

이해관계가 걸린 구체적인 문제를 다루기 전에 먼저 문제해결의 기본적인 방향과 원칙부터 합의해놓는 것이 효과적일 경우가 많다.

2) 입장에서 이해관계에 초점을 맞추어라.

협상은 입장이 아닌 이해관계를 놓고 하는 것이다. 입장과 입장이 부딪치면 소리만 크게 날 뿐, 문제는 풀리지 않는다. 협상당사자는 마음 속으로 공정, 공평, 명예, 박해, 정직, 부, 성공, 인간관계 등 다양한 가치나, 인정 또는 사랑받고 싶어하거나 두려움을 회피하고 싶은 본능을 갖고 있다. 협상자 각자가 추구하는 가치나 진정한 이익이나 숨은 이해관계를 이야기하면 상호간 공통분모가 발견되고 합의점을 찾을 수 있다.

쟁점에 대한 입장을 공략하기보다는 그 이면의 사람들의 다른 가치와 본능과 같은 욕구(이해관계)의 근원을 찾아서 해법을 모색하다보면 만족스러운 합의를 도출할 수 있다. 무역거래에서 매도인과 매수인이 가격에 대하여 서로의 입장표명을 할 뿐이며, 당사자들이 실제 관심사항이 될 수도 있는 품질, 대금결제, 인도시기 및 분쟁관련 내용에 대한 것은 이야기하지 않는 경우가 많은데 이들 문제도 같이 협의하면 상호이익을 얻을 수 있는 합의를 도출할 수 있다.

이해관계를 명확히 알 수 있는 방법은 ① "왜"라고 물어라, ② "왜 그러지 않을까" 하고 물어라. 즉, 상대방의 선택에 관해 생각해 보라, ③ 양측은 복수의 이해관계를 가지고 있다는 사실을 깨달아라, ④ 가장 강력한 이해관계란 인간의 기본적 욕구의 충족이다, ⑤ 이해관계의 목록을 작성하라 등이 있다(Fisher, Ury & Patton(1991)). 그러나 현실 속에서 당사자의 입장 뒤에 숨겨진 이해관계를 확인하는 것은 매우 어렵다.

읽어보기 **협상에서 입장 중심에서 이해관계 중심으로 협상을 할 경우 장점**

- 자신의 메시지를 상대방에게 효과적으로 전달한다.
- 자신이 왜 그런 입장을 취하고 그런 요구사항을 내거는지를 상대방에게 이해시킬 수 있게 된다.
- 상대방을 이해하게 된다.
- 상대방이 왜 그런 주장을 하는지, 그 문제가 상대방한테 왜 그렇게 중요한지, 상대방이 얼마나 진정 그것을 원하는지, 자신의 입장이 상대방한테 왜 받아들여질 수 없는지 등을 알게 된다.
- 서로 마음의 문을 열게 된다.

  상대방의 핏발선 주장이 아니라 그것에 덮여서 안보이던 진정어린 마음에 맞닥뜨리게 되면 "아, 그래서 그랬구나. 그렇다면…" 하며 마음이 움직이게 된다. 상대방의 진심을 이해하고 자신의 내면도 돌이켜보게 되면 마음을 열고 서로를 위해 무엇을 어떻게 하는 것이 좋을지 모색하는 단계로 넘어가게 된다.
- 쟁점을 재구성하게 된다. 무엇 때문에 갈등이 야기되었는지 알게 되고 이를 해결하기 위해 어떤 문제를 논의, 협상해야 하는지 쟁점을 명확히 정립하게 된다.

  한편, 상대방이 실익을 내놓고 이야기하길 꺼릴 때에는 다음 사항들을 유념해야 한다. 첫째, 협상테이블에서 오간 일체의 이야기는 비공개란 점을 재차 강조・확약한다. 둘째, 비공식 접촉, 물밑접촉을 통해 상대의 진의를 알아본다. 셋째, 협상대표가 아닌 사람(실무선 등)끼리 만나 타진해본다. 마지막으로 제3자를 일종의 메신저로 이용한다.

사례 **가치를 교환하는 방법**

미국 캘리포니아주 오션사이드 시는 주된 관광 수입원이었던 해변 백사장이 줄어드는 것 때문에 고민이 많았던 상황에서 쓰레기 처리 업체 선정을 위한 공고를 냈다. 수많은 업체가 입찰에 참여했는데, 최저가를 쓴 업체가 떨어지고 높은 가격을 제시한 업체가 낙찰을 받는 의외의 결과가 나왔다. 낙찰을 받은 업체는 줄어들고 있는 백사장 때문에 고민인 시의 문제를 쓰레기 처리를 한 후 돌아오는 트럭에 모래를 싣고 와서 오션사이드 시 해변에 부어주겠다고 제안을 하였던 것이다. 주정부는 돈을 좀 더 쓰더라도 해변 보호가 중요했기 때문에 쓰레기 처리 비용을 해변 모래 사장과 교환함으로써 서로가 만족스러운 결과를 도출하였다.

협상에서 당사자들의 숨은 욕구가 다르고, 각 안건에 대한 가치가 다를 수 있기 때문에 교환을 통해 승-승의 결과를 달성할 수 있는 것이다. 위 사례에서 낙찰업체에겐

별것 아닌 일(쓰레기 처리 업체가 빈 트럭에 모래를 싣고 오는 것)이 상대방(백사장 문제로 고민하는 시청)에겐 아주 중요한 문제이었기에 만족스러운 교환이 가능하였다.

가치 교환에 성공하려면 두 가지 질문이 필요하다. '내가 원하는 것 중 상대방이 힘들이지 않고 줄 수 있는 것은 뭘까?' 그리고 상대방이 원하는 것 중 내가 무리하지 않고 줄 수 있는 건 뭘까? 서로 다른 중요도를 가진 사안들을 교환하여야 한다.

자료 : 최철규 • 김한솔, "기브 and 테이크 … 기브 before 테이크", 매일경제, 2014.10.30.

읽어보기 **상대방의 숨은 이해관계를 알아내기 위한 방법 1**

1. 2차 자료나 이전 경험자를 활용하여 간접적으로 파악한다.
2. 직접 만나서 대화를 통해 상대방 선호 및 관심사에 관한 많은 열린 질문을 하면서 나의 선호 및 관심사에 관한 몇몇 정보를 제공한다.
3. 한꺼번에 여러 가지 다양한 조건의 제안을 내 놓으면서 어느 조건들에 더 관심을 갖는지 파악한다.
4. 상대방이 금전적인 조건보다 합리적인 사람, 원칙을 잘 지키는 사람, 배려하는 사람 등의 인간적 가치를 중시하는 경우 이런 무형적 요소의 영향을 고려해야 한다.
5. 협상 상대방뿐만 아니라 협상에 영향을 주는 내부 이해당사자가 누구인지를 파악하여, 상부의 의사결정자, 주변의 이해관계자의 관심사항이나 요구사항도 고려해야 한다.

읽어보기 **상대방의 숨은 이해관계를 알아내기 위한 방법 2**

열린 질문을 사전에 많이 준비한다. 협상에서의 최고의 기술은 '질문하는 기술'이다. 질문을 통해 상대방의 진정한 욕구를 파악할 수 있다. "예, 아니오"의 답변이 나오는 닫힌 질문이 아니라 열린 질문을 통해 상대방이 서술형 대답을 하면서 스스로 논리적인 답을 찾을 수 있도록 도와야 한다. 다만 열린 질문이라 하더라도 너무 광범위하거나 추상적인 질문으로는 상대방의 논리를 제대로 파악할 수 없기 때문에 구체적이고 본질적인 질문을 해야만 협상이 합리성을 띠게 된다.

◑ 쟁점(이슈) 파악을 위한 질문법(개방형으로)

개방형으로 질문하고, 요약하고, 중립적으로 바꾸어 말하라.

무엇이 문제인지 말씀해 주시겠습니까?

무슨 일이 있었는지요?

어떤 상황이었는지 설명해 주실 수 있습니까?
보다 자세하게 (이슈1…)에 대해서 설명해 주시겠습니까?
좀더 구체적으로 설명해 줄 수 있나요?
관계(감정) 이슈를 파악하는 질문 : 당신은 그 순간 어떤 기분이었나요?
그것에 대해 어떻게 느끼셨나요?

◑ 이해관심사(interest) 파악을 위한 질문법(개방형으로)
당신에게 중요한 것은 무엇입니까?
당신은 부당하다고 생각하시는 이유가 무엇입니까?
당신이 상대방이라면 어떻게 할까요?(추측)
상대방이 그 당시 어떻게 느꼈을 거라고 생각하십니까?
※ 유의 : 이해관심사의 파악을 위한 직접적 질문은 취조나 따지기식의 위압적 방식이 될 수도 있음을 유의하여야 한다.

사례 **상대방의 숨은 욕구 파악을 통한 win-win협상**

1) 삼성과 볼보간 합병협상

1998년 볼보가 삼성중공업의 건설중장비 사업을 인수할 때 양측이 벌였던 협상이 좋은 사례다. 협상 초기 볼보와 삼성은 인수가격만 놓고 줄다리기를 했다. 당연히 협상이 잘 풀리지 않았다. 하지만 인간적인 관계를 쌓아가면서 삼성은 볼보에 인수 가격보다 더 중요한 게 있다는 것을 깨달았다.

볼보는 숙련된 한국 노동자들을 고용하고 또 아시아에서 인지도가 높은 삼성 브랜드를 활용해 아시아 지역 시장에 진출하고 싶어했다. 삼성중공업은 '삼성'이라는 브랜드를 사용하게 해줬고, 한국 인력의 승계를 도우면서 그 대가로 원하는 매각가격과 볼보의 자동차 기술 전수라는 큰 이익을 얻어냈다. 삼성과 볼보는 매각비용을 중요하게 여겼지만 실제 원했던 욕구는 볼보가 유럽보다 저렴한 노동력과 삼성의 브랜드 파워였고 삼성중공업은 삼성 브랜드 로열티와 기술제휴를 원했던 것이다. 그것이 매각비용보다 중요했다. 그것을 상호 교환하면서 만족할 만한 결과를 얻어냈다.

2) 정주영 대 UN군 사령부

6.25전쟁이 끝나기 직전 미국 대통령 당선자인 아이젠하워가 방한하여 UN군 묘지를 참배할 예정이었다. 그 당시 한국은 전쟁 중이어서 제대로 된 양옥집조차 갖추고 있지 않았고 유엔군 묘지는 1951년 4월 설립됐지만 황량한 흙 밭에 묘지임을 알리는 하얀 십자가만 줄지어 있어 을씨년스러웠다.

미군은 아이젠하워가 묵을 현대식 숙소 건설과 UN국군묘지에 잔디를 입힐 수 있는 건설업자를 물색하게 되었다. 한국의 건축업자들은 양옥집 건축은 문제가 아니었으나 한 겨울에 UN묘지에 5일만에 잔디를 심는 문제로 미군의 제안을 거부했다. 하지만 미 8군 공사를 독점으로 하던 현대건설 정주영 회장은 미군측에 "대통령이 지나가면서 보기에 풀만 파랗게 나 있으면 되는 것이지 반드시 잔디를 입혀야 하는 것은 아니지 않냐?"라고 질문하자 미군측은 "물론 그러면 된다"라고 대답하였다. 정주영 회장은 낙동강변에 있던 청보리를 옮겨 심어 이 문제를 해결하였다. 정주영 회장이 미군들에게 '반드시 잔디를 입혀야 하느냐'는 질문 하나가 문제의 실마리를 풀 수 있게 해주었다.

3) 구매협상이 애프터서비스로 교착상태에 빠진 상황

구매자 : 애프터서비스 기간이 3년은 되어야겠습니다.

판매자 : 꼭 3년이어야 한다는 특별한 이유가 있나요? 3년이라는 A/S기간은 이 쪽 업계에서는 흔치 않은 일인데요.

구매자 : 사실 다른 업체 중에서 3년이라는 파격적인 A/S기간을 제시한 곳이 있어서요.

판매자 : 혹시 어느 업체인지 알 수 있을까요?

구매자 : 이름을 밝히기는 좀 그렇습니다.

판매자 : 파격적인 제안을 받으셨군요. 그런데 아마도 다른 조건은 저희보다 낫지 않을 겁니다. 3년 A/S를 제공하면서 다른 조건을 좋게 할 수는 없으니까요. 혹시 다른 조건들을 따져보셨는지요?

구매자 : 아, 그런가요? 한 번 꼼꼼히 확인해봐야겠군요.

판매자가 자기주장만 하지 않고 구매자의 입장이 어떠한지, 왜 그런 입장을 취하게 되었는지에 대해 관심을 가진다고 느끼게 되면 구매자는 당연히 판매자에 대한 호의적 감정이 생기게 마련이다. 이렇게 적절하고 우호적인 질문이 반복되면 협상 대화가 긍정적이고 생산적으로 흐르게 된다. 협상에서는 상대방의 주장이 강할 때는 질문으로 대립하는 분위기를 완화하고, 특별한 아이디어가 떠오르지 않을 때는 질문으로 정보를 취득한다.

4) 다이소의 구매 협상전략

다이소는 상품가격을 책정할 때 먼저 판매가격을 결정한 후 제조업체를 찾아가 가격협상을 진행한다. 다이소는 제조업체에게 자신이 가격을 제시하고 제조업체가 이를 수용하도록 하는데, 만약 제조업체가 수용할 수 없다면 그 이유를 물어서 다음과 같이 해결책을 제시함으로써 원하는 가격에 공급을 받았다. 만약 제조업체가 공장가동률과 안정된 공급처를 원하면 100% 공장가동을 할 수 있도록 해결해주고, 자금유동성의 문제가 있다면 납품 후 1주일 내 100% 현금결제를 함으로써 생산차질을 예방해주며, 제품의 핵심기능에 대한 까다로운 품질검증을 하되, 불필요한 디자인이나 포장을 제거해줌으로써 비용문제를 해결해준다.

	구체적인 내용
공장가동률	현재 70% → 100%(6개월 후) → 200%(1년 후) 증가
제품 및 옵션 단순화	기존 제품 → 1가지 기능 색깔 통일
구매 수량 보장	연간 최초 구매량 보장(첫해 3만 개 등)
계약 기간 보장	1년 단위 → 2년+2년(자동연장 조항)
지급 방법/기일	어음지급 → 계산서 발행일로부터 60일 이내 현금
판매 촉진 행위	오프라인 판매 위치, 온라인 특별 프로모션
해외 수출 기회	다이소의 유통망을 활용한 중국/일본 수출
관련 제품 동반 구매	첫 1년간 안정적 공급 시 제품 확장
상표권 사용 허락	다이소 제품 생산업체라고 홍보 가능
원가 파악 및 압박	다른 공급자로부터 입수한 원가로 압박

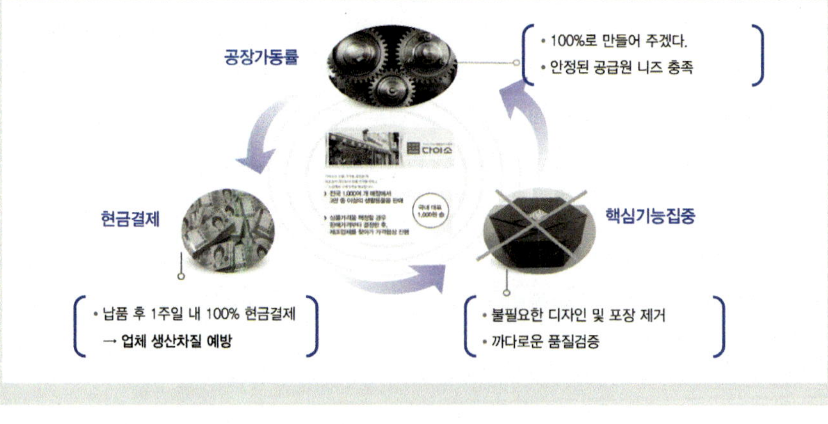

5) 쯔쯔이준케와 도요토미

15세기 일본의 전국시대. 미천한 신분을 딛고 최고 권력자 등극을 앞둔 도요토미 히데요시는 입지를 굳히기 위해 당시 2인자였던 마쓰히데와의 전투를 준비했다. 훗날 야마자키 전투로 불리는 이 날을 위해 도요토미는 당시 세력이 큰 귀족 중 한 명이었던 쯔쯔이준케에게 참전을 요구했다. 하지만 쯔쯔이준케는 도요토미의 승패가 확실하지도 않은 상황에서 무턱대고 편을 들 수는 없다는 생각에 그의 부탁을 거절했다.

도요토미는 이 전쟁에서 승리를 거뒀고, 일본 최고 권력자가 되었다. 그는 괘씸한 마음을 품고 쯔쯔이준케에게 날이 밝는 대로 성으로 들어오라고 명했다. 쯔쯔이준케를 죽임으로써 다른 귀족들에게 본때를 보여주겠다는 생각이었다. 죽음의 위기에 처한 쯔쯔이준케는 밤새 도요토미의 화를 풀 묘안을 생각해냈다.

쯔쯔이준케는 낡은 찻잔 하나를 가지고 들어가 도요토미에게 바치며 "집안 대대로 내려오는 찻잔을 주군이신 성주님께 바친다"라고 이야기했다. 일본 제1의 권력자임에도 태생에 대한 깊은 콤플렉스를 가지고 있었던 도요토미에게 일본 최고 귀족이었던 쯔쯔이준케는 자신의 집안을 상징하는 찻잔을 바침으로써 목숨을 구할 수 있었던 것이다. 도요토미의 숨은 욕구(Interest)를 읽어낸 탁월한 해결책이었다.

자료 : 김지유, "공룡기업 인텔은 자기네들끼리 싸워 성공했다", 조선닷컴, 2010.3.19.

Q

생각해보기 7-6

1) 할로윈데이 때 사용할 호박 구입

유치원 선생님이 유치원생 학부형 A씨에게 할로윈 데이를 맞이하여 32명의 아이들이 모두 호박을 가지고 조각할 수 있도록 호박을 준비해달라고 부탁을 했다. A씨는 호박을 사러 야채가게를 찾아 헤매다가 마침 32개의 호박을 진열하고 있는 노점상을 찾았다. 다른 곳에서는 호박을 살 수 없었기에 A씨는 노점상 주인이 제시한 가격을 받아들이고 호박을 사기로 마음먹었다. A씨는 32개의 호박을 모두 사겠다고 하였으나, 노점상 주인은 반밖에 팔지 않겠다고 하여 난관에 부딪쳤다. 당신이라면 노점상과 어떻게 협상을 하여 모두 만족할만한 합의를 유도할 것인가?

2) 프랑스 루이 11세와 점성술사

프랑스 루이 11세 옆에는 운명을 꿰뚫어 보는 점성술사가 있었다. 하루는 그가 왕의 여인이 보름 내에 죽는다는 파격적인 예언을 해 왕의 미움을 샀다. 왕은 너무나 충격적이어서 이 예언을 믿을 수 없었고 믿고 싶지도 않았다. 그래서 참모들의 의견을 들어보았더니 평소 점성술사를 질투해 온 핵심 참모들이 이번 기회에 그를 제거해야 한다고 건의하자 왈은 이를 받아들었다. 왕은 죽음의 운명 앞에 선 점성술사에게 "점성술사께서는 일평생 남의 운명을 점쳐 왔는데, 이제 당신의 운명을 점쳐 보시오." 라고 질문을 던졌다.

점성술사는 무엇이라고 대답을 하여 이 위기를 극복하였을까?

3) 상생적이고 호혜적인 대안 마련

대안(option)이란 협상쟁점에 대하여 매도인과 매수인의 이해관계를 함께 충족시킬 수 있는 여러 가지 방안들을 말한다. 계약체결 시 갈등이 발생하거나 클레임이 발생한 경우 통합적 합의는 당사자들이 받아들일 만한 해결책이 만들어져야만 해결된다.

당사자들이 추구하는 실익에 기반을 두고 사람이 아닌 문제에 초점을 맞춰 함께 상생적이고, 호혜적인 대안을 만들기 위해서는 [그림 7-4]의 절차대로 진행하되, 다음과 같은 점을 고려하여야 한다.

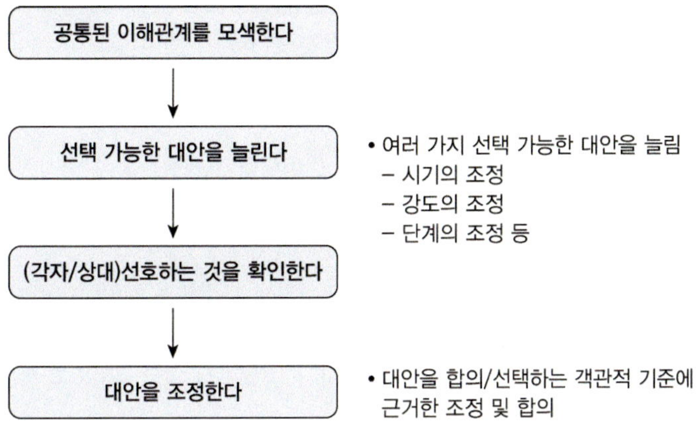

- 고려할 사항
  - 나에게 중요한 이슈가 상대방에게는 중요하지 않은 것은 없는가.
  - 남에게 중요한 이슈가 나에게 중요하지 않은 것은 없는가.
  - 나에게 큰 비용이 안 들면서 상대를 크게 도와줄 것은 없는가.
  - 남에게 큰 비용이 안 들면서 나에게는 크게 도움되는 것은 없는가.
  - 내 제안이 상대방에게 어떤 위험과 비용을 부담시키는가. 어떻게 줄여줄 것인가.

[그림 7-4] 상생적이고 호혜적인 대안 마련절차

① 브레인스토밍을 통한 대안 만들기

알렉스 오스본(Alex Osborn)이 창안한 브레인스토밍의 목적은 일상적인 사고방식에서 벗어나 가능한 한 많은 아이디어를 만들어내는 것이다. 주요 원리는 일단 가급적 많은 아이디어를 자유롭게 제안하고 아이디어에 대한 평가는 최종적 평가단계까지 미루는 것이다. 판단을 유보함으로 인해 창의적 · 생산적 분위기를 조성하는 것이 브레인스토밍의 핵심이다.

창조적인 아이디어를 얻으려면 항상 같은 사람들로 팀을 만들기보다는 가끔씩 구성원들을 바꾸어 주는 것이 효과적이다. 전혀 다른 아웃사이더의 관점에서 새로운 시각으로 문제를 보는 것은 창조적 해결책을 찾는데 도움이 된다.

읽어보기 브레인스토밍의 규칙

① 자유분방한 발표로 즉흥적인 발상을 돕는다

당사자들은 내용의 좋고 나쁨에 상관없이 머리에 떠오르는 생각은 무엇이든지 발표한다. 중요한 것은 무엇이든 말해도 좋은 자유로운 분위기를 조성하는 것이다. 특정 당사자가 분위기를 주도하고 다른 당사자는 침묵하는 일이 없도록 주의한다.

② '질'보다 '양'에 목표를 둔다

브레인스토밍의 목적은 단 하나의 답안을 찾는 것이 아니라 가능한 많은 양의 아이디어를 창출하여 이를 결합시키는 것으로, 아이디어가 많을수록 창의적인 해결책이 나올 가능성도 높아진다.

③ 비판하지 않는다

브레인스토밍의 핵심은 아이디어의 제안과 비판을 분리하는 것이다. 아이디어를 놓고 비판, 반론을 시작하면 제안한 사람은 방어를 하게 되고 이는 고집과 대결로 이어진다. 따라서 일정한 시점까지는 모든 당사자가 방해받지 않고 아이디어를 자유롭게 발표할 수 있도록 판단을 일체 보류한다.

브레인스토밍의 초기 3분의 1단계에는 누구나 한 번쯤은 생각했던 평범한 아이디어들이 제시되며, 다음 두 번째 3분의 1의 단계에서 사고의 폭을 확장하려는 시도들이 이루어지고, 마지막 3분의 1의 단계에서 참가자들이 진정한 창의력을 발휘할 수 있다고 한다.

효과적인 브레인스토밍은 마지막 3분의 1단계까지 도달하도록 촉진하는 것이다.

자료 : 언론중재위원회, "창의적 분쟁해결을 위한 조정의 기법", 「조정을 위한 설득과 수사의 자료」, 2014.8, pp. 8-9.

사례 브레인스토밍 사례

세계적인 제약회사 엘리릴리는 2001년 신약 개발의 벽에 부딪힌 어려운 과학적 난제들을 이노센티브라는 웹사이트에 공지하고, 문제마다 보상금을 주겠다고 하였다. 많은 난제들이 제시됐지만 하나만 풀려도 성공일 것이라고 기대했는데 몇 주가 지난 뒤부터 쏟아져 들어오기 시작한 답들은 의약 전문가들을 놀라게 한 창의적인 해결책들이었다.

내부적으로 큰 성공을 거둔 이노센티브는 2년만에 P&G나 GE 같은 대기업의 난제들도 해결하는 독립사업체로 발전했다. 최고의 전문가들이 모인 기업에서 풀지 못한 문제들을 아마추어나 전혀 다른 분야의 전문가들이 해결한 것이다.

② 통합적 대안 창출

고정관념을 깨뜨리고 새로운 통합형(절충형) 대안을 창조하는 데서 해결의 길이 열리는 경우가 많다. 협상테이블에서 당사자는 협상의 쟁점과 정보의 교환을 통해 공동의 관심사를 파악한다. 이때 양 당사자는 쟁점들을 한 방향으로 볼 수 있도록 하는 것인데 이를 위해 가장 중요한 것은 신뢰이다. 서로 신뢰가 형성되면 정보를 공유하고, 창조적 대안을 모색할 수 있다.

가) 파이키우기

이는 자원을 늘이는 방법과 인식의 틀을 바꾸는 방법으로 간단히 해결하는 협상해결안 중 하나이다. 전자의 방식은 규칙적으로 반복되는 동일한 쟁점의 경우에 적용이 가능한데, 한번은 자신의 의견대로 하고 다음은 상대방의 의견대로 하자고 하는 방식으로 해결하는 것이다.

후자의 방식은 당사자들이 분쟁을 보는 인식의 틀을 바꾸어 문제해결에 한발씩 접근하도록 유도하는 것이다. 협상 당사자들은 자신들이 겪고 있는 분쟁을 옳고 그름의 문제, 대립 또는 분배의 문제로 파악하는 인식의 틀을 대립이 아닌 공동으로, 옳고 그름의 판단에서 문제 해결로 전환하면 창의적인 해결방법이 나올 수 있다.

사례 파이늘리기 – 학교와 소방서

시 정부의 사유지를 두고 학교는 증축을 위해 땅을 사려 했고, 소방서는 출입구를 넓히기 위해 이를 반대하였다. 양측은 이 문제를 해결하기 위해 시 정부에 토지대금을 지급하고 파이를 크게 하였다. 시 정부는 사유지 3,000평을 학교 및 소방서 인근 토지의 원 소유주에게 제공하고 대신에 학교와 소방서 모두에 가까운 땅 9,000평을 제공하였다. 이를 통해 학교와 소방서는 토지라는 파이를 늘리는데 성공하였고, 학교는 시설을 확충하고, 소방서는 출입구를 편리하고 안전하게 만들 수 있었다.

자료 : 톰슨 지음(김성환 외 옮김), 「지성과 감성의 협상기술」, 한올, 2012, p. 294.

Q

생각해보기 7-7 인식의 틀 바꾸기

갑은 건물 지하를 임대하여 슈퍼마켓을 경영하고 있다. 처음에는 그 공간이 충분하다고 생각하여 계산대 옆 공간을 작은 테이크 아웃 커피점을 운영하는 을에게 재임대하였다. 하지만 점점 자신의 슈퍼마켓에서 판매하는 물건이 많아지고 공간도 좁아졌으며, 건물주로부터 임대료를 대폭 올리겠다는 말까지 들었다.

갑은 자신의 슈퍼마켓 경영을 위해 을의 공간이 필요하다는 생각을 하여 을에게 20%의 임대료를 올려주거나 아니면 임대 계약을 해지할 수밖에 없다는 통보를 했다. 반면에 을은 같은 장소에서 계속 커피전문점을 경영할 수 있기를 원하지만 임대수익을 올려줄 여력은 없었다. 갑과 을은 어떻게 이 상황을 창의적으로 해결할 수 있을까?

자료 : 언론중재위원회, "창의적 분쟁해결을 위한 조정의 기법", 「조정을 위한 설득과 수사의 자료」, vol. 11, 2014.8, pp. 10-11.

나) 통나무굴리기 전술

통나무굴리기(logrolling) 전술은 쟁점을 늘리고, 쟁점의 선호도에 대한 양 당사자의 강도 차이를 이용하여, 자신들이 보다 선호하는 쟁점들을 맞교환(trade off)함으로써 상호 만족스런 합의를 도출하는 방법이다. 협상에서 쟁점이 하나일 경우와 복수일 경우 후자가 전자보다 상호교혼이 쉽고 창조적인 문제해결을 위한 대안 마련, 맞교환 등의 방법들을 사용하는데 용이하다. 즉, 협상안에 쟁점이 두 개 이상 있을 때, 양쪽이 각 쟁점에 대해 서로 다른 선호도를 갖고 있다면 각자 자신의 우선순위가 높은 쟁점을 취하고 낮은 쟁점에 대하여 양보를 하면 서로 합의에 만족할 수 있다.

무역거래에서 가격협상을 할 때 가격 이외에 지불기한, 수량, 통화단위 등 가격조건에 영향을 미칠 수 있는 조건들로 쟁점을 늘리면 합의하기가 훨씬 수월하다. 즉, 한정된 자원에 시간 개념(예컨대 분할지급)을 추가할 경우 대안은 더욱 풍부해진다. 이 경우는 다른 안건의 쟁점들을 끌어오며 협상을 여러 안건의 협상으로 만들어 교환을 통해 해결하는 것이다.

사례 공통의 욕구를 충족시키는 제3의 창의적 안 도출

사례 1 루브르 박물관

18세기 프랑스 시민 혁명 이후 프랑스 왕실의 궁전인 루브르 궁전을 어떻게 할 것인가를 두고 시민군의 입장과 욕구는 왕궁을 파괴하고 시민의 품으로 돌려주어야 한다고 했고, 반대로 정부의 입장과 욕구는 역사 및 건축적인 가치를 고려하여 왕궁을 보존하자는 것이었다. 시민군의 '시민의 품'으로의 욕구와 역사적 유물로서 '건축학적 가치가 있는 건물의 보전'이라는 정부의 욕구 모두를 충족시키기 위한 제3의 대안으로 양 측은 왕궁을 박물관으로 사용하기로 합의하여 탄생한 것이 루브르 박물관이다.

사례 2 네덜란드 홍수대책으로 댐(Maeslantkering)건설

1953년 북해의 대홍수로 네덜란드는 해안제방이 무너져 물이 넘쳐 흘러 들어오고 건물이 파괴되어 1,835명이 사망하고, 70,000여 명의 이재민이 발생하였다. 정부 및 국민안전기관은 엄청난 사상자와 이재민이 발생하여 국민의 생명 보장장치가 필요하다면서 댐을 건설하여야 한다고 주장한 반면 경제인협회는 네덜란드가 경제대국이 될 수 있었던 것은 해상무역인데 댐을 건설하면 해상무역의 경로가 막혀 경제적 타격이 크기 때문에 댐을 건설해서는 안된다고 주장하였다. 양 쪽 모두를 충족시키는 방안으로서 계폐형 댐을 건설하여 평시에는 개방하고 홍수위험 때는 닫는 것이었다. 네덜란드에 있는 Maeslantkering은 폭풍우로부터 항구를 지키기 위해 설계된 거대한 댐이다.

Q

생각해보기 7-8 **통합적 사례-쟁점늘려 교환하기**

1990년대 초, 중국 시장이 조금씩 개방될 무렵, 많은 자동차 회사들은 성장 잠재력이 큰 중국 시장을 선점하기 위해 중국 진출을 계획했으나 중국 정부가 '자동차 기술 이전'을 해 주지 않으면 중국 진출은 꿈도 꾸지 말라고 하여 대부분 중국 시장 진출을 포기하였다. 폭스바겐은 자동차 회사에게 '핵심 역량'인 기술 이전은 절대 양보할 수 없는 문제이었음에도 불구하고 중국 정부와 합작 기업을 설립하였다. 그 결과로 폭스바겐은 2000년대 초반 중국 승용차 시장의 반 이상(54%)을 점유하는 성과를 기록했다. 폭스바겐은 어떻게 협상하여 이러한 결과를 얻은 것일까?

생각해보기 7-9 **창조적 대안 창출**

사례 1 창문열기

두 학생이 같이 앉아서 공부하고 있는데, 한 학생이 이렇게 말합니다.
"좀 갑갑하지 않냐? 맑은 공기를 마시고 싶은데 옆에 창문 좀 열자?"
그러자 옆에 있는 학생이 이렇게 얘기합니다.
"싫어! 바람이 얼굴에 부딪혀서 공부에 집중이 안돼"
여러분은 이러한 상황에서 문제를 어떻게 해결해 줄 것인가?

사례 2 한국정부와 농민간 뉴질랜드 키위수입

세계 키위 공급량의 75%를 차지하는 뉴질랜드 제스프리사가 한국에 진출한다고 하자 한국의 키위농가는 싸고 맛 좋은 제스프리 키위와 비교하여 시장 경쟁력이 낮아 이를 적극적으로 반대하였다. 정부는 원만한 합의를 위해 국내 키위 농가에 제스프리사의 종자를 공급하고 기술을 지원하는 등의 부가적 혜택을 제시했으나, 키위 농가들은 근본적으로 국내 키위가 제스프리 키위에 경쟁력을 잃을 수 밖에 없다면서 제스프리사의 한국 진출을 반대하였다.

여러분이 정부 당사자라고 하면 이 문제를 어떻게 해결할 것인가?

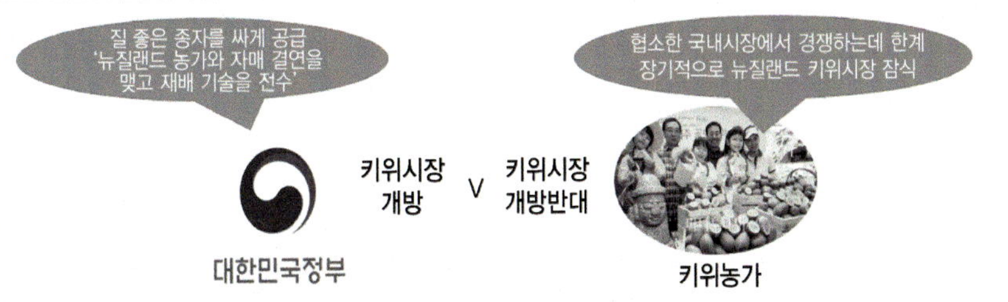

사례 3 : 런닝개런티로 돌팔구

전 미국 프로농구 선수 데니스 로드맨은 NBA 7년 연속 리바운드 왕을 차지할 만큼 뛰어난 선수였다. 능력으로만 봤을 때는 모든 팀이 로드맨을 스카우트할 정도의 최고의 기량을 갖고 있었다. 하지만 문제는 '코트의 악동'으로 불릴 만큼 다혈질이어서 상대 선수나 심판과의 시비로 출전정지를 당하기도 하고, 연습에도 종종 빠지는 등 종잡을 수 없는 행동으로 구단주는 애를 태웠다.

이러한 상황에서 1997년 로드맨의 소속팀 시카고 불스의 구단주가 로드맨과 연봉협상을 하였는데, 로드맨은 어깨에 잔뜩 힘을 준채 900만달러 이상의 연봉을 요구했다. 구단주는 로드맨이 실력만 발휘한다면 그 정도는 아깝지 않았지만, 그가 말썽부리지 않고 경기에 전력을 다하도록 하는 게 문제이어서 이를 그대로 수용하기 곤란하였다. 여러분이 로드맨이라면 구단주와 어떻게 합의를 도출할 것인가?

사례 4 : 중소기업의 소녀시대 광고모델

한류(韓流)스타들의 광고모델료는 수십억원에 달해 중견기업은 돼야 한류스타를 광고모델로 쓸 수 있었다. 연매출 50억원 안팎의 미국에서 가발을 만들던 헤어커투어의 김민석 대표는 중국 동남아시아 등 해외시장 진출을 위해 한류스타를 광고모델로 쓰면 좋겠다는 생각을 했다. 김민석 대표는 소녀시대를 광고모델로 내세우기 위하여 SM엔터테인먼트를 찾아갔으나 대답은 광고모델료로 21억원을 내라는 것이었다. 일시불로 광고모델료를 줄 수 없었던 김대표가 어떻게 소녀시대의 광고모델 계약을 성사시킬 수 있었을까?

③ 문제해결의 틀 벗어나기(각도 바꾸기)

협상을 하다보면 주어진 틀 내에서는 상호 만족할 만한 해결책을 찾기가 힘들 수도 있다. 이때는 문제의 틀에서 벗어나거나 각도를 바꾸는 창조적 대안을 마련하여야 한다. 특히 상황이 불확실할 경우에는 상황 자체를 협상하는 방법도 있다. 즉, 협상들이 미래에 대한 예측이 서로 다를 때, 누구도 확신할 수 없는 미래 상황에 대해 누가 맞는지를 따지지 말고 상황 자체를 협상하는 '창의적 상황조건'을 활용하여야 한다. 예로서 미국산 수입개방과 관련하여 농민들은 미국산 쇠고기가 한우시장을 다 죽일 것이라고 주장하였으나, 정부는 40%라는 제한선을 두고, 40% 이상 되면 긴급수입제한조치를 하겠다는 대안을 제시함으로써 창의적 상황조건을 제시하여 타결하였다.

Q

생각해보기 7-10 틀을 깨기

사례 1 아버지의 유산 나주기

어느 아버지가 죽기 전에 세 아들에게 그가 갖고 있던 양 17마리를 유산으로 남겨주면서 장남은 자기 유산의 2분의 1을 소유하고, 차남은 3분의 1, 막내는 9분의 1을 소유하도록 유언을 남겼다. 어떻게 17마리의 양을 1/2, 1/3, 1/9로 나눌 것인가? 이것을 놓고 세 형제는 한참 다툼을 벌였다. 도저히 해결이 안 되자 촌장에게 조정을 부탁하였다. 여러분이 촌장이라면 어떻게 해결해줄 것인가?

사례 2 후계자 선정

어느 회사의 회장이 곧 퇴직을 앞두고 직원들 중에서 후계자를 선택하기로 하였다. 최종 후보로 두 사람이 결정되었고, 두 사람 모두 승마에 뛰어났다. 회장은 이 두 사람에게 말을 한 필씩 주고 승마장 한 바퀴를 돌되, 더 느리게 달린 말이 우승자가 되며 우승자를 후계자로 삼겠다고 하였다. 여러분은 최종 후보자 중 한명이라면 어떻게 하여 후계자 자리를 차지할 수 있을까?

사례 3 대학캠퍼스의 통로

아이젠하워가 컬럼비아대학교 총장으로 재임 때 일이었다. 학생들이 길을 두고 '잔디를 밟지마세요!'라는 팻말이 있고 학교 로고처럼 만들어둔 잔디밭을 밟고 지나가자 캠퍼스 관리책임자가 총장에게 학생들이 잔디밭으로 다니지 못하도록 해줄 것을 부탁하였다. 이에 대하여 아이젠하워 총장은 어떻게 해결책을 제시하였을까?

사례 4 엘리베이터 추가 설치

한 호텔에서 고객이 증가하자 현재 한 개의 엘리베이터로 감당하기 어려운 상황에 직면하여 어떻게 엘리베이터를 증설할 것인지에 대한 논의가 진행 중이었다. 대부분 사람들은 호텔 내부에 증설하기로 의견이 모아지고 있는 상황에서 한 청소부가 가뜩이나 내부가 복잡한데 하나 더 증설하면 더욱 복잡할텐데라면서 나같으면 이렇게 할 텐데라고 혼자말을 하였다. 그러자 회의 참석자들은 지금까지의 논의는 무시하고, 청소부의 말을 따르기로 하였다. 청소부가 제안한 방법은 무엇이라고 생각하는가?

사례 5 개발도상국 정부와 다국적 호텔의 이익금 송금

다국적 호텔 체인이 한 개발도상국에 진출하게 됐다. 그런데 적극 환영하던 정부와의 최종 계약 상황에서 다음과 같은 문제가 생겼다. 호텔 측은 '총수익의 30%를 달러로 자국에 송금해야 한다'고 하면서 회사 정책상 송금 비율을 낮추는 건 불가능하다고 하였다. 하지만 정부는 '어떤 외국계 기업도 수익의 10% 이상의 달러 송금은 안 된다'며 맞섰다. 개발도상국의 정부가 외국계 기업을 유치하는 이유는 달러를 확보하기 위함인데, 달러 송금 비율이 높아지면 목적 달성이 어려워지기 때문이다. 어떻게 개발도상국 정부와 호텔 모두 만족할만한 합의점을 찾을 수 있을까?

④ 숨은 의사결정자를 설득

협상학에선 협상 당사자들간에 직접적으로 합의도출이 어려울 경우 상대방의 의사 결정에 영향력을 미칠 수 있는 제3자인 '히든 메이커'를 찾아서 이를 설득하면 서로 만족스러운 합의를 도출할 수 있다. 까다로운 상대방과 협상할 때 히든 메이커 활용은 매우 중요하다. 내가 사랑하는 여성이 나와 결혼하기를 망설인다. 누구를 공략해야 할까? 여성이 결혼을 결심하는 데 가장 큰 영향을 미치는 제3자는 '엄마'다. 예비 장모의 마음을 얻는 사람이 뛰어난 협상가다.

Q

생각해보기 7-11 **제3자 활용 사례**

미국 프로 풋볼리그(NFL) 관계자들이 고민에 빠졌다. 전기 시즌 후 열리는 올스타전에 슈퍼 스타들이 '출전하지 않겠다'는 의사를 밝혔기 때문이다. 시즌이 끝나 피로가 누적된 상태에서 성적과 관계없는 게임에 나가기 싫다는게 선수들의 입장이다. 상금과 출전비를 올려봤지만 선수들은 꿈적하지 않았다. 100억원 이상 연봉을 받는 슈퍼스타들에게 몇 만 달러는 감흥을 주지 못했다.

당신이 협상가라면 어떻게 선수들을 올스타전에 참여 시키겠는가?

⑤ 미스치프

미스치프(Mischief : '아이들의 짓궂은 장난' 혹은 '장난기'를 의미)는 참신하면서 재미있는 아이디어를 중심으로 협상의 난관을 타결하는 방법이다. 마케팅에서 미스치프는 주로 시장에서 우위를 선점하고 있는 기업보다는 인지도가 낮거나 마케팅 예산과 자원의 한계가 있는 소규모 기업에서 많이 활용된다. 매스 미디어에 광고를 집행하는 것은 막대한 예산이 드는 것과는 달리 기발한 아이디어만 있으면 적은 예산으로 그 이상의 결과를 달성할 수 있기 때문이다.

읽어보기 **미스치프 사례 -정주영 회장과 GE, 잭 웰치 회장**

1983년 정주영은 현대전자를 창업한 뒤 GE와 합작투자법인 목적으로 잭 웰치를 찾아 미국으로 갔지만, 그는 전자업체 변방국가인 한국의 현대전자 회장 정주영에게 별 관심을 갖지 않았다. 정주영 회장이 값싸고 질 좋은 노동력, 땅, 세금 감면 등 현대가 제공할 수 있는 모든 것 등을 나열하였지만 잭 웰치 회장은 값싼 노동력은 중국에도 널렸다 등으로 GE가 현대와 합작법인을 세워야 할 이유를 모르겠다"며 번번이 퇴짜를 놓았다.

미스치프
'갑질' 김형묵의 퇴사를 걸고 정규수에 빙고 내기 제안

그러자 정주영 회장이 화가 나서 자리를 박차고 나가면서 "잘 먹고 잘살아라, XX야"라고 욕을 하고는 방을 나갔다. 잭 웰치 회장은 통역사에게 아산이 한 욕을 정확하게 통역해 달라고 한 뒤 '왜 욕하냐'고 따지자 정주영 회장은 엉뚱하게도 "난 팔씨름(arm-wrestle)을 잘한다. 그러니까 당신 회사(GE)가 우리 회사(현대)보다 클지 모르지만 내가 팔씨름은 당신한테 안 진다"면서 팔씨름을 제안하였

고, 잭 웰치 회장은 이를 수락하였다. 결과는 정주영 회장이 팔씨름에서 이기고 GE로부터 투자를 유치하였다.

자료 : 김선우, "정주영과 잭 웰치의 팔씨름", 「DBR」, 제123호, 2013.2.

Q

생각해보기 7-12 미스치프 사례

사례 1 스티븐스 항공사와 사우스 웨스트 항공사

미스치프
사우스웨스트 항공사 허브 켈러허 vs. 커트 허월드의 세기의 팔씨름

스티븐스 항공사는 사우스 웨스트 항공사가 'Just Plane Smart'라는 상표를 사용하자 자사 상표인 'Plane Smart'라는 상표를 침해하였다면서 같은 슬로건 사용을 금지해줄 것을 요청하여 분쟁이 발생하였다. 법적 다툼으로 이어지고 큰 손해배상이 예견되는 상황에서 두 업체는 로고 사용에 합의하였는데 어떻게 원만하게 타결을 볼 수 있었을까?

자료 : 한국경제신문, "'서프라이즈' 사우스웨스트 vs 스티븐스, 세기의 팔씨름 대결", 2016.3.20.

사례 2 에스티로더 화장품과 프랑스 라파예트 백화점

에스티로더가 백화점에 입점할 당시의 일화도 유명하다. 에스티로더는 삭스백화점에 입점하기 위해 무려 100번의 신청서를 넣어 허가를 받았다. 하지만 파리의 라파예트 백화점에서는 '프랑스의 자존심'을 이유로 에스티로더의 입점을 거부했다. 이 난관을 헤쳐나가기 위해 에스티로더는 어떤 방법을 사용했을까?

자료 : Consumer Psychology, "위트있는 발상으로 시선을 사로잡다!", 「Mischief Marketing」, 2015.11.13.

4) 객관적인 기준 적용

객관적 기준은 객관적 자료를 토대로 합리적인 수준에서 합의를 하자고 원칙을 세워 협상을 하는 것이다. 이는 흥정이 아닌 원칙에 따른 협상이 가능하여 시간을 줄일 수 있고, 쟁점에 대해 설명할 근거가 생겨 논리적인 협상이 가능하며, 협상이 결렬될 경우에도 서로 생각하는 기준이 달라 진행할 수 없

었다는 논리가 있기 때문에 불만도 적어지고, 감정싸움을 할 필요가 없다는 장점들을 가지고 있다.

협상 과정에서 새로운 기준, 논리를 교환하면서 새로운 지식을 얻을 수 있고, 이를 통해 새로운 대안마련과 이에 따른 새로운 객관적 기준(standard)을 정할 수도 있다. 이처럼 객관적인 기준은 장점도 있지만 이를 적용하는데 있어서는 두 가지 문제가 제기될 수 있다.

첫째, 어떻게 객관적인 기준을 개발할 것인가이며, 둘째, 어떻게 객관적인 기준을 사용하는가, 즉 공정한 절차의 문제이다. 객관적인 기준은 최소한 협상자의 의지와는 무관해야 한다. 즉, 그 합의는 의지와 무관해야 될 뿐만 아니라 정당성이 있고 실용적이어야 가능하다. 또한 협상자의 의지와 무관한 결과를 산출하기 위해서는 실질적인 문제에 객관적인 기준을 사용하거나, 상충된 이해관계를 해결하는 데에 공정한 절차를 사용할 수 있다.

〈표 7-3〉 공정한 선택을 위해 고려할 기준과 객관적 기준 점검 질문

공정한 선택을 위해 고려할 기준	객관적 기준 점검 질문
① 양측이 합동으로 전문가 의견청취 ② 결과나 처리의 평등성 ③ 상호 합의된 윤리적 기준이나 가치 ④ 우선순위의 설정 ⑤ 저비용의 우선 ⑥ 최소 시간의 우선 ⑦ 대안 간 교환의 원칙 ⑧ 사법처리 결과 ⑨ 전례나 전통(tradition) ⑩ 신규 구입비용과 대체비용의 차이 ⑪ 상호 합의된 계산공식(방법)	① 기준이 어디서 나왔는가? ② 이론적 근거가 있는가? ③ 그 기준을 사용하는 것이 공정한가? ④ 다른 조직이나 기관에서 유사문제에 대해 어떻게 다루고 있는가?

예를 들어 파이를 어떻게 공정하게 나누어 가질까?라는 문제를 해결하고자 할 경우 한쪽이 파이를 자르고 다른 한쪽이 먼저 선택권을 갖도록 하는 기준과 절차를 적용한다면 어느 누구도 파이를 공정하게 나누지 않았다고 말할 수 없을 것이다.

객관적 기준을 마련하기 위한 방법에는 다음과 같은 방법이 활용된다.

① 객관적인 기준 채택

객관적 기준 제시
양쪽의 기술부족을 보완할 시추전문회사를 대안으로 마련한 업체가 시추하기

객관적 기준은 이미 만들어진 선례나 그 분야의 관례, 외부 전문기관 등에서 만들어 놓은 연구결과나 데이터 등을 확인해 적용하거나, 가용한 기존 기준이 없을 경우 당사자들이 함께 만들거나 양측이 동의하는 중립적인 기관 등에 의뢰하여 마련한다.

읽어보기 **최종 최선 중재안 수락법**

프로선수들은 시즌이 끝나면 연봉을 놓고 치열한 협상에 들어간다. 더 받으려는 선수와 덜 주려는 구단 사이의 싸움은 계속될 수밖에 없고 자칫 시간을 너무 끌어 구단과 선수 모두에게 손해를 줄 수 있다. 되도록 짧은 시간에 서로 만족한 협상을 해야 한다.

이때 쓰는 방법이 「최종 최선 중재안 수락법(last best offer arbitration)」이다. 양자가 인정하는 제3자에게 최종적으로 양쪽이 낸 최선의 의견 중 하나를 선택하고 이 의견에 따르도록 하는 방법이다. 이러면 되도록 자신이 제출한 안이 선택되게끔 노력할 것이다. 너무 무리한 요구를 하다간 채택이 안 되어 손해가 되니 그야말로 최선을 다해 선택되게끔 무리하지 않는 선에서 자신에게 유리한 안을 만들기 위해 노력하는 것이다.

자료 : 한국경제메거진, "협상 기술", 제179호, 1999.5.

물질적 자원의 분배 문제가 쟁점일 경우 서로가 공정하다고 동의할 수 있는 분배 절차를 만드는 것이 핵심이다. 1940년대의 폴란드 수학자 휴고 스타인하우스(Hugo Steinhaus)는 "한 사람이 나누고 나머지가 먼저 선택하는 방식을 취할 경우 분배에 참가하는 사람들이 판사나 법률가 또는 다른 외부의 전문가의 도움을 받지 않고 내부적으로 처리하는 체계적인 방법"이라고 하였다. 다만 이 방법을 적용하기 위해서는 분배에 참여하는 사람들이 합리적인 사고를 가져야 한다는 전제가 필요하다.

객관적 기준 - 공정한 절차

피자 한판을 두 사람이 공평하게 나누려 한다. 정확하게 반으로 나눌 수 없는 피자를 공평하게 나눌 때 쓰는 방법이 「자르는 사람과 고르는 사람을 따로 하라」는 원칙이다. 자른 사람이 고르면 아무래도 상대방은 손해 본 느낌을 갖게 되고 분쟁 소지가 있다. 위 원칙을 사용하면 자르는 사람은 손해를 안 보기 위해 되도록 공평하게 자르려고 노력할 것이고 고르는 사람도 크다고 생각되는 쪽을 선택할 것이기 때문에 분쟁의 소지가 적어진다.

예 One cuts, the other chooses(예 : UN 해저광업권 협상) 한 사람이 나누고 나머지가 먼저 선택한다. Take turns(예 : 유산나누기)

사례

사례 1 객관적 기준의 중요성

2002년 한·일 월드컵이 열리기 직전 축구협회는 '포상금을 선수별로 공헌도에 따라 차등 지급하겠다'는 규정을 발표하였다. 그러나 대회가 끝난 뒤에 인터넷에서 시작된 격렬한 찬반논쟁 끝에 선수가 함께 이룩한 4강 신화라는 목소리가 압도적으로 우세하여 결국 축구협회는 선수 23명에게 1인당 평균 3억원씩 지급하게 되었다. '집단 성과주의'의 대표적인 사례이다.

능력별 차등 지급이 옳은가 또는 균등 지급이 옳은가를 말하는 것이 아니다. 다만 미리 정해진 규칙에 순응하지 않고 결과에 승복하지 않는 상황에서 어느 집단의 목소리에 의해 분배 결정이 좌지우지된다면 아무리 좋은 수학적 방법을 사용한다 하여도 결코 공평한 분배는 이루어질 수 없다는 점을 강조하고자 한다. 공평한 분배의 실현, 그것은 우리 사회의 합리성을 말해주는 국민의식의 좋은 척도라 할 수 있다.

출처 : 수학 - A가 케이크 자르고 B가 먼저 선택하면 공평, 작성자 군계일학

사례 2 객관적 사실을 토대로 한 협상 - 한·유럽 FTA협상

2005년 당시 EU는 화장품, 조선업 등에서 겹치는 산업 군이 많고, 한국 시장이 작아 한국과 FTA 체결에 별로 관심이 없었다.

EU협상단 : 한국은 시장규모가 너무 작다.

한국대표단 : 한국은 역사적으로 중국, 일본과 오랜기간 교류를 해온 국가로 한국과의 협상은 동북아시아 전체와 FTA를 체결하는 효과를 갖는다.

EU협상단 : 동북아시아 신장이 매력적이라는 것은 인정하지만 중국이나 일본과 직접 FTA를 체결하겠다.

한국대표단 : 한국은 통계수치를 제시하면서 위의 두 나라보다 FTA추진에 의지가 매우 높고 그 결과로 많은 국가들과 빠르게 FTA를 체결해왔으며 그 결과 EU와도 상호 만족할만한 조건을 찾아 FTA효과를 극대화할 수 있을 것이다.

EU대표단 : 동북아도 좋지만 그보다 아세안(ASEAN)이나 인도시장이 더 잠재력이 크다고 생각된다.

한국대표단은 수많은 선진국 연합체인 EU가 개도국 연합인 아센안과 FTA를 체결하는 것은 힘의 균형이 맞지 않아 개발 원조 차원의 FTA만 있었지 진정한 의미의 상업적 FTA는 이루어지지 않았다는 통계를 토대로 설명하면서 한국과 첫 상업적 FTA를 맺는다는 점을 적극 홍보하자고 설득하여 FTA협상을 성공리에 타결하였다.

사례 공정한 절차 사례 - UN 해저광업권 협상

1973년에 시작된 해저 광물 채굴권 협상은 유엔의 큰 골칫거리였다. 태평양 등 공해상 심해에 묻혀 있는 희귀 광물 개발권 협상이 제자리걸음을 하고 있었기 때문이다. 채굴을 하려면 어떤 나라가 어느 지역을 개발할 것인지 결정해야 하는데, 국가별 이해관계가 얽혀 쉽게 결론이 나지 않았다.

우여곡절 끝에 대상 해역의 절반은 미국, 영국 등 선진국 컨소시엄이, 나머지 절반은 후진국 컨소시엄이 갖기로 했다. 하지만 구역을 어떻게 나눌 것인가를 놓고 또다시 협상이 난항을 겪었다. 이때 제시된 해결책이 '선진국 기업 컨소시엄이 구역을 반으로 나누고 후진국 컨소시엄이 이 중 하나를 고르는 것'이었다. 이렇게 되면 선진국은 최대한 공정하게 구역을 나눌 수밖에 없다. 자칫 후진국 컨소시엄에 노른자위 지역을 내줄 수도 있기 때문이다. 이런 창의적 대안으로 10년을 끌던 협상이 성공적으로 타결됐다.

자료 : 최철규 · 김한솔, "비즈니스 협상이 한치의 양보도 없이 꽉 막혔다면", 「DBR」 제116호, 2012.

읽어보기 모두 공감할 수 있는 사회적 기준 제시하기

영국 의료기관들은 노 쇼(Do Not Attend)로 인한 피해가 증가하고 있고 의료정책은 국가정책이기에 노 쇼를 하는 사람에게 강한 패널티를 주기 어려운 상황이다.

영국 정부는 "80%의 영국인은 제 시간에 진료를 받습니다."라는 공익광고를 통해 노 쇼(No-Show)를 30%나 줄였다. 이는 사회 구성원들이 모두 공감할 수 있는 사회적 기준을 세우고 나면, 사람들은 자신 역시 그 사회 구성원의 일부라는 것을 인지하고 그 사회적 기준에 자신을 맞추려 하는 경향이 있기 때문이다.

출처 : 블러그, 꿈속에서조차 너를 그리다, 마음을 움직이는 메시지, 협상 (http://whiteknight3672.tistory.com/191)

3 BATNA

1) BATNA의 의의

BATNA(최상의 대안)는 피셔, 유리 및 패턴[Fisher, Ury & Patton(1991)]에 의해 창안된 개념으로서, "Best Alternative To a Negotiated Agreement"의 영문 머리글자를 따서 만들어진 약자이다. BATNA는 협상이 결렬되었을 때 사용할 수 있는 대안(代案)을 말한다. 즉, 협상이 결렬되었을 때 내가 사용할 수 있는 대안적 방법으로 수락여부의 기준점을 말한다. BATNA는 상대방의 제안이 나의 BATNA보다 나으면 수락하고 그에 미치지 못하면 단호히 거부하게 되는 최저 합의 한계선이다.

훌륭한 BATNA를 갖고 있는 경우 협상력은 증대된다. 협상에 앞서 당사자들은 자신의 BATNA를 확인하고 개선하려는 노력을 기울여야 한다. 피셔, 유리 및 패턴[Fisher, Ury & Patton(1991)]은 BATNA를 개발하는 세 가지 단계를 ① 합의에 이르지 못할 경우 취할 수 있는 행동 목록을 작성하고, ② 가능성 있는 아이디어를 개선해서 그것들을 실용적 대안으로 전환시키고, ③ 시험적으로 최고의 대안을 고르는 것으로 제시하였다.

협상의 준비과정에서 자신의 BATNA를 마련하는 것 못지않게 상대방의 BATNA를 파악하는 것도 중요하다. 상대방의 BATNA를 알면 협상을 풀어갈 새로운 열쇠를 찾을 수 있고, 양측이 가진 BATNA의 파워에 의해 협상전략도 달라진다.

2) BATNA의 활용

BATNA를 활용하기 위한 세 가지 원칙이 있다.

첫째, 자신의 BATNA가 좋을 때는 무조건 알려야 한다.

둘째, 알릴 때는 직접 알리는 것보다는 은근히 알리는 것이 좋다. 왜냐하면 자신의 BATNA란 듣는 사람 입장에선 불쾌한 내용이기 때문에 상대방과의 관계가 훼손될 수 있다.

셋째, BATNA는 시간이라는 함수와 밀접한 연관이 있다. 자신의 BATNA가 좋고 상대방 BATNA가 형편없을 때는 협상을 최대한 지연시켜 상대방이 더 많이 양보하도록 하며, 반대의 경우에는 협상을 전광석화처럼 끝내는 게 좋다.

BATNA를 공고히 하는 방법으로는 첫째, 협상문제에 대한 임시해답을 가지고 있어야 한다. 이는 협상에서 어떤 대안에 동의할 것인지 아닌지를 판단하고, 결과를 예측하는 데 중요하다.

둘째, 체계적인 대안을 세우는 것이다. 상대방이 자신의 BATNA보다 낫지만 완전한 합의와는 동떨어진 '올가미 대안'을 제시할 수도 있기 때문이다.

셋째, 자신이 가지고 있는 자산을 최대한 이용하여야 한다. 여기서 자산은 자신이 가진 재산, 정치적 연줄, 물리적 힘, 친분관계 등을 포함한다. 이러한 자산들은 협상에서 직접적으로 어떤 역할을 하는 것은 아니지만, 당사자의 심리상태를 변화시켜 협상력을 증대시킨다. 협상이 깨졌을 때 최악의 상황으로 치닫게 되는 경우와 협상이 깨졌을 경우에도 활용할 수 있는 자산이 있는 경우 협상력의 차이는 매우 많이 벌어지기 때문이다.

마지막으로 상대방의 BATNA를 고려하여야 한다. 사람들은 자신에 대해 비현실적으로 낙관하는 경향을 가지고 있기 때문에 대안의 총체적인 영향에 대해 과신하고 있을 수도 있다. 따라서 상대방의 BATNA를 검토하여 자신의 BATNA를 더 공고히 할수록 협상에서 유리한 입장에 서게 된다.

3) BATNA 알아내는 방법

협상준비과정이나 협상테이블에서 상대방의 BATNA를 알아내는 법은 간접적 방법과 직접적 방법이 있다.

간접적 방법으로는 인터넷, 뉴스, 도서관 자료, 업계의 지인들에게 전화를 하여 협상주제와 관련된 품목, 정보를 얻는 방법과 협상상대 회사의 최근 이슈, 재무정보, 과거 거래선, 협상의 행태 등등 협상에 필요한 정보들을 모으는 방법이 있다.

직접적 방법으로는 협상 진행과정에서 질문을 통해 확인하는 방법이다. 질문은 완곡하게 하며, 자신의 비밀스러울 수 있는 정보나 이익도 노출하면서 상대방의 신뢰를 쌓는 것이 좋다. 또 그 질문의 내용을 노골적으로 하지 않고, 세분화해서 하는 것도 좋다.

전화나 예비미팅에서 질문을 통해 사전에 알아내는 방법도 있다. 예를 들면, 새로운 모델로 교체하는데 시간이 얼마나 걸리나요?, 기존 제품과 경쟁사의 제품과 비교하여 장점은 무엇인지요?, 경쟁자와 비교하여 부품이나 서비스의 가격은 어떤 것이 더 필요한지요?, IT프로그램과 물류시스템에 어떤 변화나 비용이 필요할까요? 경영진이 요즘 강조하는 전략적 제휴선 방침은 어떠신가요? 최종 소비자들은 어떤 차이점을 알 수 있을까? 등 사전 협상에서 자신이 알고자 하는 내용들에 대한 질문을 준비하여 확인하는 것이다.

사례 **BATNA 사례**

1. 청계천 복원사업에 따른 서울시와 세운상가 상인회 협상

서울시는 2002년 7월 청계천 복원 계획을 발표하면서 점포 수 6만 5,000여 개, 20여 만 명의 세운상가 상인들과 이전 협상을 하여야 했다. 서울시 담당자와 세운상가 상인 대표들은 4,200여 회에 걸친 만남 끝에 협상테이블에서 본격적으로 이전 협상을 하였다. 서울시가 청계천 복원사업을 위해 현금 보상금액으로 배정한 예산은 3,300억원이었으나, 상인연합회는 무려 10조원이 넘는 보상을 요구했다. 서울시는 현금배상을 할 수 없으며, 문정동에 대체 부지를 무상으로 제공하는 방안 등을 제안하였으나, 상인연합회가 이를 거절하면서 난항이 거듭되었다.

그러자 서울시는 복원사업을 추진하지 못한다고 하더라도 서울시민의 안전을 위해 노후화된 청계 고가를 보수해야 한다는 대안으로 상인연합회를 압박하였다. 만약 이렇게 협상이 결렬되고 3년간 청계고가 보수공사에 들어간다면 어차피 교통은 통제되고, 상인들은 장사하기 힘들어진다. 문제는 공사가 시민들의 안전을 위한 공사이기 때문에 상인들 입장에선 딱히 반대할 명목도 없었다. 상인들은 어차피 3년간 생업에 지장을 받느니, 차라리 서울시 지원을 받는 것이 낫겠다고 판단했고, 결국 협상은 타

결됐다. 서울시는 낡고 오래된 청계고가 보수라는 대안을 통해 현금 배상없이 서울시의 안대로 상인연합회와 합의를 도출하였다.

2. IMF시절 대우자동차 매각 협상

1999년 8월 대우자동차는 열두 개 계열사의 워크아웃에 들어갔고 매각을 결정했다. 아시아시장 진출의 필요성을 느낀 GM은 대우자동차 인수에 뛰어들어 대우자동차 채권단에 수의계약 형태로 54억 달러에 대우자동차를 인수하겠다는 의향을 밝혔다. 다음 해에는 포드가 대우자동차 공개입찰에서 70억 달러의 매각의향서를 제출했다가 포기하였다. GM은 3년 후인 2003년 불과 4억 달러에 대우자동차를 인수하였다. 한때 70억 달러까지 치솟았던 대우자동차의 매각 가격이 10분의 1도 안 되는 가격이었다.

대우자동차 매각협상은 초기에는 포드와 GM이 이를 인수하겠다고 하여 대우자동차 측면에서 강한 BATNA를 가져 협상우위에 있었으나, 포드가 인수를 포기하고 한국 정부가 매각방침이 확고하여 대우자동차는 BATNA를 갖지 못하였다.

이러한 상황에서 GM은 포드가 포기한 후 전형적인 시간끌기 전략과 헐값매입 전략으로 협상에서 우위를 점함으로써 4억 달러라는 헐값에 대우자동차를 인수할 수 있었다. 반면 정부와 채권단은 IMF라는 심각한 경제위기 상황과 당장 국내에 인수할 만한 기업이 없다는 이유로 처음부터 대우자동차를 '해외 매각'하기로 방향을 잡고 일사천리로 진행하면서 내부 협의를 통한 뚜렷한 매각목표를 설정하지 못하고 더 높은 가격을 받기에 급급하다가 매각 시기를 놓쳐 버리는 우를 범했다.

3. IMF시절 하이닉스반도체 매각 협상

하이닉스반도체도 IMF 당시 국내에선 해외매각만이 최선이라는 주장이 지배적인 상황에서 미국 마이크론사가 하아닉스반도체(당시 청산가치 8조7천억원)를 40억달러라는 헐값으로 인수하겠다고 하여 해외매각 직전까지 갔다가 무산됐다. 하이닉스는 매각 대신 구조조정을 통한 독자생존방식을 취하여 마이크론사를 제치고 세계 2위 메모리 반도체 업체로 거듭났다. 때맞춰 이동통신 사업으로 이익을 축적한 SK텔레콤이 인수하면서 하이닉스는 계속하여 성장을 하였다.

하이닉스 반도체는 미국의 마이크론사가 헐값에 인수할려고 하자 도전정신으로 무장한 임직원들과 채권단이 힘을 합쳐 독자생존의 길이라는 BATNA를 취하여, "우리가 살려냈다"는 자부심과 국가 경제에 크게 기여했다는 국민적 칭찬을 받았다. 협상에서 BATNA가 없는 상황에서의 협상은 득보다 실이 많아 협상을 포기하는 것도 하나의 선택안이다.

자료 : 정인호, "배트나(BATNA)없는 협상은 없다", 「금융」, 2015.9

제3절 감성협상

1 감성협상 전략

감성협상(emotional negotiation)은 경제적 가치 측면에서 상호 승-승하는 통합적 협상을 뛰어 넘어 상대방의 마음까지 얻는 협상을 말한다. 협상은 이해관계를 조정하는 것과 인간관계를 유지하는 두 가지 측면을 가지고 있다. 협상자들은 각자 제시한 '조건'과 협상한다고 착각한다. 하지만 협상의 결과는 사람에 의해 결정된다. 즉, 협상의 핵심은 사람이고 그 사람이 갖고 있는 '가치'와 협상하는 것이다.

협상자가 갖고 있는 가치를 만족시킬 수 있는지 여부가 협상의 성공과 실패를 나누는 기준이 된다. 성공한 협상이란 자신이 원하는 것을 최대한 많이 얻는 것에 있는 것이 아니라, 양 당사자가 중요시 여기는 가치를 충족시키면서도 상대방뿐만 아니라 자신에게도 이익이 되는 것을 말한다. 그래서 협상은 경영학에서 심리학의 영역으로 점차 확장되고 있다.

협상자들은 협상조건 못지않게 협상 당시 자신의 기분과 감정 상태에 따라 원만하게 또는 까다롭게 협상에 임하게 된다. 협상상대방에게 좋은 느낌을 가져야 좋은 협상결과가 나오며, 그래야만 협상을 통해 이룬 발전 및 그 결과에도 만족하기 쉽다. 반대로 상대방에게 실망을 한다면 부정적인 감정이 생겨나며, 협상과정에서 이룬 발전과 그 결과에도 나쁜 느낌을 받는다.

협상자의 긍정적 느낌은 상호간 일체감과 지속력을 갖게 한다. 이러한 느낌은 문제의 해법을 찾는 데서도 더욱 유연한 태도를 보이고, 협상을 가장 좋은 방향으로 이끌고 이를 지켜 내기 위한 노력에 더욱 오랜 시간 힘을 쏟는다. 한편, 협상자의 부정적 태도는 협상에 대하여 낙담을 하거나 분노를 표출함으로써 부정적 결과를 초래한다.

사례 비행기표 환불

가족여행을 위해 비행기 표를 예매했다가 취소하면서 취소비용 54만원을 받지 못하고 나머지 돈만 환불받아 고민하고 고민하던 중 상담원과 협상이라는 것을 해보기로 했다.

처음부터 규정상 환불이 되지 않는다는 상담원의 이야기를 듣고 화가 났지만, 환불쪽 상담원은 고객으로부터 많이 시달릴 것으로 판단되어 저의 잘못이라고 따뜻하게 말을 하고, 환불이 안 된다면 예외 규정은 없는지, 상담원이 도와주면 우리 가족 여행이 행복해질 것 같다고 하면서 환불이 안 되도 좋으니 조금만 도와 달라는 이야기를 하고 전화를 끊었다.

2시간 후 그 상담원으로부터 전화가 와서 고객을 위해 2시간 동안 이곳저곳을 다니면서 부탁하여 승낙을 받았다면서, 전액 환불을 해 준다고 하였다. 고객이 고맙다고 하니까 그 상담원도 고객을 보고 고맙다고 하였는데 고객입장에서 얼마나 기분이 좋았을까?

출처 : 조우성 변호사의 인생내공 블러그(http://naegong.tistory.com/67)

감정은 협상에서 전략적으로 활용될 수 있다. 유능한 협상자는 연기자처럼 감정적 표현을 통해 상대방의 관점과 입장을 흔들 수도 있다. 실제로 협상에 임하는 많은 사람들은 상대방이 어떠한 생각을 받아들이거나 특정 행동을 취하도록 만들기 위해 의도적으로 감정을 속인다. 협상가들은 자신의 감정뿐 아니라 상대방의 감정을 통제하는 것에도 신경을 써야 하며 상대방의 감정상태에 맞춰 대응책을 마련해야 한다.

〈표 7-4〉 감정이 협상에 미치는 영향

협상요소	부정적 감정의 결과	긍정적 감정의 결과
관계	불신으로 가득 찬 긴장관계 제한적이고 충돌하는 의사소통	신뢰하는 협력관계 공개적이고 원활한 상호 소통
관심	상대방 무시, 마지못해 양보 극단적인 요구에 집착	상호관심사를 이해
선택	'모' 아니면 '도' 선택 선택의 일부만 수용	열심히 노력하면 상호이익이 되는 선택을 할 수 있다는 긍정적 기대

합리성	내가 옳고 상대가 틀린 이유를 둘러싼 기싸움 상대에게 당하고 있다는 두려움	선택하는 공정한 이유와 모두 수긍할 수 있는 기준 마련
대안	내놓을 수 있는 대안이 나빠도 합의를 거부	누구의 대안이든 최선의 것을 따름
책임감	실행 불가능한 합의 거부 합의(혹은 결렬)에 대한 후회	명확하게 실행하고자 함 합의에 만족, 지원, 옹호

자료 : Shapiro Daniel L., 이진원 역, 「원하는 것이 있다면 감정을 흔들어라」, 서울-한국경제신문, 2013, p. 28

사례 **감성협상**

사례 1 – 프린스턴대의 플렉스너 원장과 아인슈타인

1930년, 프린스턴대의 플렉스너 원장은 세계 최고의 싱크탱크를 만들겠다는 야심 찬 계획을 세웠다. 그래서 세계 곳곳의 유명 학자들을 스카우트하기 시작했다. 아인슈타인도 그 중 한 명이었다. 그리고 연봉 협상이 시작됐다. 원장이 편지를 보냈다.

"연봉을 얼마나 드리면 저희 학교로 오시겠습니까?"

당시 독일에서 연구 활동을 하던 아인슈타인은 이렇게 회신을 했다.

"제가 그보다 더 적게 받아야 한다고 생각하지 않으신다면 3000달러를 주십시오."

편지를 읽고 잠시 고민하던 플렉스너 원장의 답장은 이랬다.

"1만달러 드리겠습니다."

협상은 당연히 타결됐고 아인슈타인은 프린스턴대에 부임했다.

플렉스너 원장이 제안한 연봉은 세상 물정을 몰랐던 아인슈타인이 원했던 것보다 3배 이상 많았다. 당시 미국 교수들의 평균 연봉인 7000달러보다도 훨씬 많았다. 플렉스너 원장은 아인슈타인의 능력을 믿고 1만 달러로 천재 물리학자 아인슈타인의 마음을 사버린 것이다. 아인슈타인이 프린스턴에서 기념비적인 연구 성과를 만들어 내자 하버드, 예일 등 미국 유수의 명문 대학들이 엄청난 러브콜을 아인슈타인에게 보냈지만 아인슈타인은 죽을 때까지 프린스턴을 떠나지 않았다.

사례 2 – 미 남북전쟁 후 북군 그랜트 장군과 남군 리 장군

남북전쟁 후 1865년 북군 총사령관 율리시스 그랜트 장군은 남군 총사령관인 로버트 리 장군과 종전협상을 위해 만났다. 리 장군이 그랜트 장군에게 원하는 게 뭐냐고 묻자 그랜트 장군은 "모두 고향으로 돌아가시오."하고 대답하였다.

그랜트 장군과 북군 리더들은 당장에 전쟁의 원한을 갚아주는 응징을 해주고 싶을 수도 있었지만 국가 통합을 최우선으로 생각하여 상대방에 대한 응징과 복수보다는 평화를 내세워 남부군의 마음을 얻어 지금의 가장 위대한 국가 미국을 탄생시켰다.

사례 3 – 독일기업과 클레임해결

한국의 A상사는 독일에 있는 유명 브랜드 전자회사와 OEM 방식으로 VTR(Video Tape Recorder)을 거래하고 있었는데, A상사가 처음 선적한 신모델 일부에 품질 문제가 발생했다. A상사는 자신들의 잘못이니 당연히 책임을 져야 했지만, 문제는 그들의 요구가 너무 과도하다는 데 있었다. 담당 바이어는 문제가 된 선적분 모델뿐 아니라 그 모델의 재고 전부를 회수하고, 완전히 새 모델로 교체해달라고 요구하여 4일 동안 한 치의 진전도 없었다.

바이어와 다시 만난 A사의 담당자는 "실례되는 질문이지만, 우리가 앞으로 얼마나 더 살 것 같습니까?"라고 클레임 문제가 아닌 앞으로 남은 여생의 이야기를 꺼내자, 바이어도 "나요? 글쎄, 한 30년 정도는 살겠지요? 그런데 왜요?" 응답하자 날짜로는 얼마나 될까라는 식으로 이어가면서 "남은 몇 천일 중 아깝게 3일을 무의미하게 보냈는데 서로 양보하면 우리 인생에 다시 오지 않을 날들을 이렇게 무의미하게 보내지 않았을 텐데요"하면서 본 쟁점보다는 전체적인 관계에서 보면 미래에 보다 큰 이익을 볼 수 있다는 점을 강조하자, 바이어도 마음이 유연해져 유사한 품질 문제가 발생하면 해당 모델 생산을 중단하고 새 모델로 바꾸어 주겠다는 조건을 붙여 A사의 원안대로 합의에 도달하였다.

자료 : 이영우, "타협 안될 땐 주제 바꿔 '상자 밖 협상' 전략을 써라", 조선일보, 2013.1.17.

사례 4 – 정주영 회장과 IOC 위원–올림픽 유치와 꽃바구니

한국과 일본의 올림픽 유치전 당시 한국이 올림픽 유치를 성공할 것이라고는 아무도 생각지 않았던 상황에서 거의 확실시 정해졌던 일본을 제치고 한국으로 정해진 것은 바로 정 회장의 꽃바구니 전략이었다.

일본측은 IOC 위원 부부들에게 최고급 일제 손목시계를 선물한 상황에서 정주영은 한국의 IOC 위원들의 반대에도 불구하고 현대의 해외파견 직원 부인들이 정성스럽게 하나하나 만든 꽃바구니 하나씩을 각국의 IOC 위원 방으로 넣어 주었다. 그 다음날 각국 IOC 위원들이 회의를 끝내고 로비에 모였다가 정주영 일행을 보고 모두 반가워하며 아름다운 꽃을 보내 주어 감사하다는 인사를 진심으로 해준 반면 일본에 시계 선물에 대한 인사는 없었다.

값비싼 선물보다는 마음과 정성이 담긴 작은 선물이 인간적인 따스함을 전달한 결

과 각국 IOC 위원들의 반응은 상당히 호의적으로 변했고 결국 사마란치 IOC 위원장이 "쎄울 코리아!"를 외쳐 일본과의 올림픽 유치전은 한국의 승리로 마감됐다.

출처 : 동아닷컴, "정주영식 보리이삭 경영의 실체", 2001.3.22.

사례 5 – 에콰도르 하밀 마우아드 위트 대통령과 페루 후지모리 대통령

1990년대 말 페루와 에콰도르는 국경 분쟁을 겪고 있었다. 전쟁 직전의 위기 상황. 이때 두 나라의 대통령, 국방장관, 외교장관이 한 원칙을 갖고 만났다. 협상에 들어가기 전, 정치 얘기는 하지 않고 한 시간 동안 서로에 대해서만 말하기로 했다. 가족・취미・스포츠 등, 이런 모임을 가진 후, 현안은 자연스럽게 해결됐고, 기자들 앞에서 문제를 함께 모색하는 포즈의 사진을 찍어 두 나라는 국민들도 쉽게 설득하여 1998년 1월에 평화협정을 맺었다.

사례 6 – 임상옥과 박종경 이조판서

박종경에게 공정한 거래를 제의하는 임상옥

임상옥이 국제무역의 거상으로 성공하기까지는 중앙권력의 뒷받침도 크게 작용했다. 순조 10년(재임기간 34년) 이조판서 박종경의 권력을 배경삼아 의주상인 5명과 함께 최초로 국경지방에서 인삼무역 독점권을 획득했다. 이때 임상옥이 인삼교역권을 얻기 위해 박종경 대감의 부의금으로 백지 어음을 내어서 그를 놀라게 하여 관심을 얻은 후, 그와 담판을 지어 인삼교역권을 따낸 것이다.

박종경이 임상옥에게 던진 질문도 유명하다. 그는 임상옥에게 '하루에 숭례문을 드나드는 자가 몇이냐?'라고 물었고, 임상옥은 이(利)가와 해(害)가 둘이라 답했다. 박종경이 무슨 뜻인지 물어보자 임상옥은 '숭례문을 드나드는 자가 몇 백이건 몇 천이건, 대감에게 이익이 되는 利자와 해가 되는 害자 둘밖에 없을 것입니다.'라고 하였다. 박종경이 이에 크게 웃고는 임상옥에게 그대는 '그 둘 중 어느 쪽인가?'라고 물었다. 이에 임상옥은 '소인은 심(心)가 이옵니다. 이해를 떠나, 대감의 마음을 얻고자 합니다.'라고 답했다. 이 대화를 바탕으로 그는 인삼교역권을 얻어냈고, 임상옥은 이 관계를 티 내지 않고 평생 지속하였다.

Q

생각해보기 7-13 이순신 장군과 명나라 진린 제독

불의를 보면 참지 못하는 대쪽같은 성품인 이순신 장군은 진린 제독의 명나라의 함대를 맞으러 조선 함대를 이끌고 마중 나갔을 뿐만 아니라, 진린 제독을 위해 산해진미가 가득한 주안상을 차려 극진한 영접을 하였다. 이순신 장군은 "장군, 이억 만리 뱃길로 여기까지 오셨는데 황제께서 좋아하실 승전의 소식을 전하셔야 할 것 아닙니까?"라면서 왜적의 수급 수십 개를 진린 제독께 바쳤다. 진린 제독은 뛸 듯이 기뻐하며 북경의 황제에게 이를 보냈다.

원칙주의자 이순신 장군이 왜 진린 앞에서 이렇게 다른 행동을 하였을까? 이순신 장군이 이러한 행동은 약자로서 비굴한 행동일까 아님 위기에서 나라를 구하기 위한 행동이었을까 또한 진린 제독은 이순신 장군을 무시하였을까 존중하였을까?

2 감성협상 – 상대방에 대한 존중

존중(Respect)의 어원을 보면 라틴어로 '다시 자세히 살펴보다'는 의미다. 상대방의 말을 따르는 것이 아닌, 상대방 입장에서 그 의견을 한 번 더 생각하고 고민하는 것이 존중이다. 감성적 접근을 하는 협상가들은 모든 성공적인 협상은 상대방을 존중하는 것에서 시작된다고 한다.

누군가 자신을 존중하지 않거나 지위를 인정하지 않을 때, 사람들은 굴욕감을 느끼고 유치한 반응을 보이게 된다. 협상에서도 마찬가지로 상대방에 대해 나쁜 감정을 갖고 있으면, 상대방이 아무리 올바른 제안을 해도 '그냥' 싫다고 응한다. 따라서 유대감형성과 인정을 통해 상대방을 존중하여 상대와 좋은 감정적 유대감을 쌓는 것이 협상 성공의 작지만 큰 '단 하나의 방법'이다. 상대방을 존중하기 위한 자세는 다음과 같다.

1) 유대감(래포, Rapport) 형성

본격적인 협상 시작 '전'에 어떤 분위기를 만들었느냐가 협상의 결과를 좌우한다. 그래서 협상 전에 분위기를 부드럽게 만드는 '상냥한 전초전(Harmony and Light Speech)'이 중요하다. 예로서 가벼운 대화소재로 어떤 음식을 좋아하는지, 취미는 뭔지, 좋아하는 영화는 뭔지 등을 이야기하다가 서로 공통된 사항이 있을 경우, 그 주제를 가지고 이야기하면 상대방에게 호감을 가질 수도 있으며, 딱딱한 분위기도 완화시킬 수 있다.

사례

사례 1-유대감형성을 통한 성공사례-아먼드 해머 옥시덴탈석유 회장과 리비아 정부

1961년 리비아에 대규모 석유 매장지가 발견됐다. 석유 채굴권을 두고 수많은 오일 메이저가 달려들었다. 미국 석유업계의 거물 중 한 명이었던 아먼드 해머 옥시덴탈석유(Occidental Petroleum Corporation) 회장도 그 중 하나였다. 리비아 정부와의 협상을 앞둔 그는 고심 끝에 '양피지'를 가져오게 해 그곳에 본인 회사의 제안 내용을 적은 후 이것을 리비아의 상징인 '초록색과 검은색 끈'으로 묶어 제출했다. 결과는? 특별할 것 없이 비슷한 제안들 가운데 선택된 건 해머의 제안서였다. 상대방에 대한 존중이 협상 성공을 이끌어낸 것. 러시아 혁명 이후 미국인으로는 최초로 옛 소련 정부와 사업 관계를 수립한 걸로 유명한 해머의 사업 수완이 잘 드러난 협상이다.

사례 2-오바마 중국 방문시 미셸 오바마

미셸 오바마가 중국 방문 시 보여준 행동도 마찬가지 맥락이다. 붉은 옷을 입고, 어색하나마 탁구를 함께 즐기고 서예를 배우는 모습, 중국의 상징과도 같은 판다 마을을 방문하는 등 중국 정부를 존중하는 태도가 우호적 관계를 만들어내는 작은 시도라 할 수 있다.

사례 3 삼성과 첼시 : 세상을 파란색으로 바꿉시다

삼성 영국법인은 2002년부터 축구마케팅에 관심을 가진 이후 영국의 고급 소비층인 중상류 계층이 거주하는 런던 풀햄이 연고지이고 창단 100주년을 맞는 첼시가 기존 후원사와의 계약을 곧 해지한다는 정보를 입수하였다.

먼저 첼시에 대한 철저한 사전 분석을 하였다. 첼시는 이미 유럽에서 최고의 자리를 지키고 있는 핀란드와 독일의 대표적인 전자업체와 물밑협상진행 중이었다. 삼성전자는 "삼성전자의 글로벌 브랜드파워는 세계적인 축구 클럽으로 거듭나려는 첼시의 가장 이상적인 파트너가 될 것임을 다시 한 번 확신합니다!" 그러면서 "세상을 함께 파란색으로 바꿉시다(Turn the World Blue)라고 하자 첼시 임원진의 절대다수가 삼성의 손을 들어주어 삼성과 합의를 하였다.

이 협상의 결과로 2008년 5월 러시아 모스크바 루즈니키 스타디움에서 열린 맨체스터 유나이티드(맨유)와 첼시의 결승전에서 첼시가 107년만에 우승을 하였고, 삼성의 광고효과는 400억원대에 달하였다. 삼성의 유럽지역 매출은 첼시 후원 전인 2004년 135억달러에 불과했지만 2010년에는 247억달러로 껑충 향상되었다.

삼성전자 유럽총괄 김인수 부사장(가운데)이 25일(현지시각 첼시의 안방경기장인 런던 스탬퍼드 브리지에서 첼시의 피터 캐넌 사장(오른쪽), 감독 주제 무리

사진자료 : google

2) 상대방 인정

인정은 상대를 존중하는 두 번째 방법이다. "부장님께서 더 잘 아시잖아요. 제가 어떻게 해야 할지 조언을 부탁드립니다." 당신 회사에 제품을 팔러온 영업 담당이 이렇게 묻는다면 당신은 어떤 대답을 하겠는가? '조언을 해달라'고 하니 조언을 해줄 수밖에 없지 않겠는가?

협상을 '하나를 놓고 다투는 것'이 아닌, '공통의 문제를 풀어가는 과정'으로 바꾸는데 '인정'만큼 쉬운 것은 없다. 상대방을 인정해 줄 것은 아주 많다. 상대의 풍부한 경험일 수도 있고, 업계 관련 지식일 수도 있다. 다만 우리가 그것을 인정할 생각이 없었기에 보이지 않았을 뿐이다.

사례 **상대방 인정 사례-에콰도르와 페루 간 협상**

에콰도르와 페루는 국경선이 명확하지 않은 상태에서 아마존 유역의 막대한 지하자원을 둘러싼 이권 때문에 1941년 전면전을 치르는 등 50년 이상 지긋지긋한 영토 분쟁에 시달렸다. 이 분쟁을 1998년에 타결시킨 주인공은 에콰도르의 마후아드 대통령(1998년 당선)이다.

에콰도르의 마후아드 대통령은 당선이 되자 마자 페루의 후지모리 대통령을 방문하고 협상장에서 처음 건넨 말은 영토와 관련된 얘기가 아니라 "대통령을 일주일만 해도 이렇게 힘든데, 8년이나 페루를 이끌어오다니 정말 대단하십니다. 이번 협상에서 선배님의 노하우를 많이 배울 수 있길 기대합니다."라면서 후지모리 대통령을 인정하고 조언을 구하고 싶다고 하였다.

두 대통령은 솔직한 대화를 통해 공감하고 상대방을 이해함으로써 영토 분쟁을 '싸움'이 아닌 '공통의 이익을 찾는 과정'이라고 인식을 전환함으로써 평화협정을 체결하게 되었다.

마후아드는 후지모리에게 나란히 앉아서 대화를 나누는 사진을 찍자고 제안
→ 뻣뻣히 서서 악수하는 사진 대신 아래 사진이 양국 주요신문의 전면을 장식
→ 서로 경쟁하는 적이 아니라 함께 문제를 해결하고자 하는 동료

3 교착상태 벗어나기 및 협상력 향상을 위한 제언

1) 교착상태에서 벗어나기

협상에서 교착상태란 상대방과 감정이 상해 있는 상태로서 다시 회복하기 어려운 상황을 말한다. 종종 협상은 사안 그 자체보다 협상자의 개인적인 감정 대립 때문에 교착상태에 빠지곤 한다. 교착상태에 빠진 협상을 다시 재개하려면 어떻게 해야하는가? 상대방이 진정으로 원하는 것이 무엇인지 다시 한번 점검하고 상대방의 기분에 맞추도록 노력하는 것이 필요하다.

(1) 새로운 미끼를 던져라

협상이 어느 정도 진행되었다면 당신뿐만 아니라 상대방 역시 시간과 노력을 투자한 셈이다. 따라서 상대방 역시 협상이 결렬되기를 바라지는 않을 것이다. 이때 상대방의 위신을 세워줄 수 있는 새로운 미끼를 던져라. 예컨대 비용을 조금 깎아준다든지 별도의 서비스 등을 제안해보라.

(2) 협상 담당자를 교체하라

조금 힘들기는 하겠지만 교착상태의 수습이 정 어렵다면 협상 담당자를 바꿀 수도 있다. 협상이 교착상태에 빠졌을 때 적절한 협상팀의 교체는 의외의 효과를 가져올 수도 있다. 단, 지금까지의 협상 상황을 제대로 이해하고 이어갈 수 있는 적임자가 반드시 있어야 한다.

(3) 상대방 조직의 협상 당사자를 교체하라

지금까지 협상해온 상대방과 협상을 재개하기가 어려울 경우 그 부분을 담당하는 실무자나 상사를 만나서 협상을 재개하는 것도 방법이 될 수 있다.

(4) 비공식적 회동을 만들어라

협상 테이블은 상대방을 이겨야 한다는 압박감 때문에 항상 일정한 거리감이 있고 속마음을 열지 않는 경향이 있다. 이럴 때는 상대방과 장소를 바꾸어 비공식적 만남을 갖는 것도 한 가지 방법이다.

(5) 위험도에 변화를 주어라

협상을 좌우하는 요인 중의 하나는 협상결과에 따라 자신에게 발생할 수 있는 불확실한 미래에 대한 위험도라고 볼 수 있다. 따라서 이 위험도에 변화를 주면 상대방이 움직일 수 있다. 다시 말해, 교착상태에서는 위험도에 변화를 줄 수 있는지, 또 분할하여 나눌 수는 없는지 여러 가지 가능성을 살펴보는 것이 필요하다.

(6) 작전 타임을 요청하라

이 방법은 흔히 쓰이지는 않지만 매우 유익한 방법이라 할 수 있다. 고조된 분위기를 가라앉힐 뿐만 아니라 다시 한 번 생각할 수 있는 여유를 주어 협상에 활기를 줄 수 있다. 즉, 협상이 교착상태에 빠진 경우 무리하게 협상을 진행시키기보다는 약간의 시간 여유가 상대방과 당신 모두에게 전환의 기회를 마련해줄 수 있다.

(7) 약간의 양보를 행하라.

약간의 양보는 상대방의 기대치를 크게 높이지 않으면서 많은 만족을 주는 역할을 한다. 큰 양보는 아니지만 상대방을 움직일 수 있는 여러 가지 양보안들을 미리 준비해 놓고 적시에 제안해야 한다.

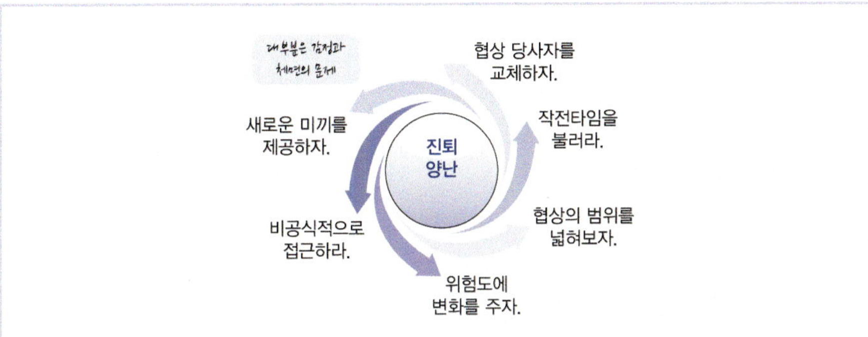

[그림 7-5] 교착상태에서 벗어나는 방법

2) 협상력 향상을 위한 제언

(1) 협상자체를 좋아하라

물건을 사러 갈 경우 그냥 부르는 값대로 사는 것보다는 깎으려는 노력을 한두 번 성공하면 자신감이 생기며, 이게 곧 협상력에 영향을 미친다. 협상에서 경험을 중요시여기는 것도 여기에 있다.

(2) 문제가 생기면 협상을 생각하라

문제를 해결하는 방법 중 가장 합리적인 방법이 협상이라는 사실을 깨닫고 어떻게 협상할 것인가를 생각해야 한다.

(3) 경쟁적 협상의 대처방법

① 장소, 시간 선택에 신중을 기한다.

② 협상이 결렬될 경우에 선택할 수 있는 차선책을 미리 준비하라.
③ 양보에는 신중을 기하며, 언제나 협상의 여지를 남겨두어라.
④ 상대방이 가격을 제시할 때마다 즉각 대응할 필요는 없다.
⑤ 협상이 자신에게 유리하더라도 너무 빨리 답을 하지 말아라.
⑥ 구매자는 자세한 견적서의 내역을 요청해야 한다.
⑦ 결정적인 부분은 먼저 양보하지 말라.
⑧ 협상 마감이 다가오면서 하게 되는 양보들에 주의하라.
⑨ 침묵을 지켜라. 말을 많이 할수록 손해를 보게 된다.
⑩ 의심하라. 표면 뒤에 숨겨진 저의를 파악해야 한다.
⑪ 그럴듯해 보이는 제안에 속지 말아야 한다.
⑫ 기대치를 낮추지 말아라. 기대치를 낮춤으로써 협상에서 명백히 우세한 경우에도 지는 수가 있다.
⑬ 경쟁적 협상에서 이기기 위한 기본 전술을 숙지하라

(4) 협상자로서 자질향상방법

① 논리적으로 사고하라. 항상 메모하는 습관을 들이고 우선순위를 결정한 다음에 일을 추진하거나 제안한다.
② 참을성 있게 기다려라.
③ 창의성을 발휘하라. 정보를 제대로 입수하고 여러 가지 가능성을 검토해보면 새로운 방법을 찾을 수 있다.
④ 중용을 지켜라. "All OR Nothing"이라는 생각을 버린다.
⑤ 지혜롭게 판단하라. 실수는 판단력을 키워준다.
⑥ 일관성있게 밀고 나가자. 처음에 세운 목표를 견지하는 것으로 준비를 철저히 하고 책임있는 사람이 되고자 하는 목적 의식으로 노력하여야 한다.
⑦ 부지런해져라.
⑧ 친근감을 주어라 : 사람 만나기를 진심으로 즐기고 상대방에게 관심과 존경을 보여준다.
⑨ 남의 말에 귀를 기울여라.
⑩ 장기적인 안목을 갖추어라.

⑪ 자신감을 가져라.
⑫ 융통성을 발휘하라.
⑬ 용기를 가져라.
⑭ 이해력을 높여라.
⑮ 강한 체력과 유머감각을 키워라.

A

생각해보기 7-1 **제안방법**

객관적 근거를 토대로 한 높이겨누기(Aim high)로 활용

첫 번째 방법은 1%라는 숫자에 합리적 근거가 없다. 즉, 2)의 원자재 값 평균 상승률 4%는 납득할 만한 근거가 있었지만, 근거 없이 무조건 1%를 주장했다가는 상대방이 아예 거래를 끊자고 나올 수 있다.

두 번째 방법이 가장 좋은 방법이다. 왜냐하면 A사장이 원자재 값 평균 상승률 4%를 강하게 주장하면 자신의 의지표명도 보여줌과 동시에 상대방에게 앵커링 효과를 기대할 수 있다. 그 후 6% 인상 등의 양보를 하면, 상대방도 양보하여 7%에 합의할 가능성이 크다.

세 번째 방법은 협상에서 나의 마지노선을 처음부터 드러내면 원하는 결과를 얻기 힘들다.

생각해보기 7-2 **꽁무니빼기(플린칭) 기법**

협상에서 상대방이 무리한 요구를 하면 솔직하게 감정을 표현해야 한다. 사람들은 이성적인 존재지만, 그만큼 감성의 영향도 받아 깜짝 놀라는 표정을 지으면 상대방이 자신의 상황을 이해할 수 있다. 서양사람들은 협상에서 '쏘리? 알 유 슈어? 오 마이 갓" 뭐 이런 표현들을 많이 쓰는데 이는 협상 훈련의 결과이다. 따라서 실신할 것처럼 크게 리액션을 보여주는 것이 필요하다.

생각해보기 7-3 **니블링 덤전술**

콩나물 덤전술을 사용하는 상대에게 넘어가지 않으려면 역제안을 하거나 계약의 수정을 요구하는 것이 좋다. 따라서 3번 항처럼 계약조건을 수정할 것을 요청하면서 대응하여야 한다.

생각해보기 7-4 **마감전술**

사례 1 코헨과 일본인 기업

일본인이 코헨에게 항공권을 보여달라고 한 것은 상대방을 배려하면서 상대방의 경계심을 무너뜨리고 상대방의 데드라인에 관한 정보를 알고자 한 행위였다.

실제 본 협상에서도 일본인들은 계속 공손하게 대하며 관광과 식사, 골프 접대가 이어졌다. 초조해진 코헨이 "협상은 언제 시작할거냐"고 묻자 일본인은 "시간은 많다"라며 무려 12일간이나 융숭한 대접을 펼치다가 귀국 전날에야 협상테이블에서 마주하였다. 결국 귀국일 리무진 안에서 일본인들은 자신들의 요구사항들을 이야기하였고, 코헨이 그 요구사항을 거의 들어주면서 협상이 타결되었다. 코헨이 자신의 귀국 시간표를 노출한 탓에 일본인의 페이스에 철저히 말려들었다.

이후 코헨은 이렇게 충고한다. 문제의 해결은 언제나 데드라인 가까이나 혹은 그 시간이 지나서 일어난다는 점을 잊지 말라고. 시간에 쫓기는 것은 나뿐만 아니라 상대방도 마찬가지이다. 상대방이 느긋해 보인다고 실제로도 느긋한 것은 아니다.

사례 2 미국과 베트남 종전협상

대통령이 크리스마스까지 종전하겠다는 대국민 연설은 미국의 마감시간에 대한 정보를 베트남에 노출시켜 베트남은 장기전에 대비하여 파리 외곽에 숙소를 임대하고 협상에 임하였다.

상대방의 마감시간을 안 베트남 협상가들은 테이블 위치도 미국에 굴욕적일 정도로 배치하고, 미국이 받아들이기 곤란한 사항까지 요구하면서 시간을 질질 끌자 미국 협상가들의 심리적 압박은 더 심해졌고, 미국 입장에서는 좋은 협상을 기대할 수 없게 되었다. 결국, 미국은 북베트남의 요구를 받아들여 "미군철수, 베트남의 독립, 주권, 통일성, 영토를 존중한다"라고 협정에 조인하였다.

생각해보기 7-5 **상대방의 무리한 요구에 대한 대응**

첫째 협상 하수의 말에는 '상대에 대한 비난(비합리적)'이 들어가 있다. 둘째 말에는 '이슈에 대한 비판(무리한 요구)'이 담겨 있다. 협박이 아닌 협상을 못하는 사람일수록 문제가 아닌 사람을 비난하는 경우가 많다.

생각해보기 7-6

1) 할로윈데이 때 사용할 호박 구입

A씨는 호박 노점상에게 왜 나머지 호박을 팔지 않을려고 합니까?라고 문의하여 노

점상 주인이 내년에 호박을 심기 위해 호박씨가 필요하였음을 알게 되었다. 그래서 A씨는 호박을 모두 사고, 호박씨는 노점상 주인에게 주었다.

2) 프랑스 루이 11세와 점성술사

점성술사는 "저는 폐하가 돌아가시기 사흘 전에 죽을 것입니다."라고 대답하였다. 루이 11세는 점성술사를 살려주었을 뿐만 아니라 후한 선물을 주고 훌륭한 궁중 의사의 보살핌을 받게 했다. 점성술사는 자신의 감정을 완전히 통제하고 당당하고 정확하게 그리고 무엇보다도 상대방이 필요로 하는 것(오래 살고 싶은 심리와 감성)을 정확하게 파악해 의사소통한 것이다.

점성술사는 자신의 운명을 상대방(루이 11세)의 운명과 함께 걸어서 이야기했고, 단번에 상대방의 마음을 움직인 것이다. 위기 상황에서도 자신의 감정을 누르고 상대가 원하는 것, 또는 상대방이 꼼짝 없이 따라오지 않을 수 없는 것을 정확히 판단해 대응하는 능력이 중요하다. 이런 훈련으로부터 상대방의 마음을 꿰뚫어 보는 통찰력이 생겨나는 것이기 때문이다. 유능한 협상가는 상대방을 철저히 파악하는 것에서부터 시작한다.

생각해보기 7-7 **인식의 틀 바꾸기**

리프레이밍을 통해 그 공간을 두 사람 모두 사용할 수 있다고 인식의 틀을 전환할 필요가 있다. 가령 갑이 현재 팔고 있지 않지만 을의 커피점에 어울리는 품목, 예를 들어 다양한 원두커피, 커피잔, 커피관련 유제품 등을 을의 공간에서 판매하는 것을 생각해 볼 수 있다.

이는 갑에게는 전체적으로 판매하는 품목의 수를 늘리는 효과를 가져오게 되고 판매하는 품목의 수를 늘리기 위해 공간을 확보하고자 했던 목적을 달성할 수 있으면서도 을에게서 나오는 임대료 수익을 계속 보장받을 수 있고, 을의 입장에서도 계속 재임대를 하는 것은 물론 새로운 품목을 취급하게 됨으로써 경영신장의 가능성을 기대해 볼 수 있다.

추가적으로 슈퍼마켓의 쿠폰 등을 일회용 커피잔에 새겨 서로의 판촉에 도움을 주거나 서로의 고객에게 일정액의 할인을 해주는 등 서로가 처음에 기대하지 않았던 가능성까지도 리프레이밍을 통해 창의적으로 만들어갈 수 있는 것이다.

생각해보기 7-8 통합적 사례-쟁점늘려 교환하기- 폭스바겐 중국진출

폭스바겐은 중국 정부를 '적'이 아닌 '파트너'로 인식하고 "자동차 기술 이전은 해주겠다면서 몇 가지 조건을 제시하였다.

첫째, 중국 정부와 국영 기업의 관용차를 폭스바겐으로 바꿔 달라. 둘째, 다른 외국 자동차 생산업체의 중국 내 투자를 제한해 달라. 셋째, 자동차 부품에 붙이는 관세는 낮추고, 완성차를 수입할 때의 관세는 올려달라." 그 결과로 '자동차 기술 이전'을 얻어 낸 중국 정부는 폭스바겐과의 협상을 타결시켰고, 폭스바겐은 2000년대 초까지 중국 자동차 시장의 50% 이상을 점유하는 성과를 냈다.

자신과 상대방의 차이를 '문제'로 인식하는 게 아니라 '협상의 파이를 키울 힌트'로 받아들이는 게 통합적 협상의 핵심이다. 이를 통해 양 측 모두 만족한 결과가 나올 수 있었다.

생각해보기 7-9 창조적 대안 창출

사례 1 창문열기

두 학생이 있는 근처의 창문이 아닌 다른 방의 창문이나 보다 멀리 떨어진 창문을 열어 두 사람의 욕구를 모두 충족시켜 준다.

사례 2 한국정부와 농민간 뉴질랜드 키위수입

우리나라는 북반구인 반면에 제스프리의 재배지인 뉴질랜드는 남반구에 위치하여 계절이 정반대이어서 키위 생산 시기도 다른 점을 활용하여, 우리나라에서 키위가 주로 생산되는 11월부터 이듬해 4월까지는 제스프리의 수입 물량을 제한하고, 나머지 기간, 즉 제스프리가 많이 생산되는 5월부터 10월까지는 수입 물량을 자유화하는 대안을 마련하여 해결하였다.

사례 3 : 런닝개런티로 돌파구

로드맨은 구단주에게 첫째, 플레이오프 전 경기에 출장하면 100만 달러 추가 지급, 둘째, 리바운드 왕이 되면 50만 달러 추가 지급. 셋째, 60경기 이상부터는 경기당 18.5만 달러 추가 지급 등을 제시하였고, 구단은 로드맨의 제안을 받아들였다.

로드맨은 부상으로 인한 2경기를 제외하고 모두 출장하여 큰 활약을 펼쳐 결국 리바운드 왕에 올랐고, 시카고 불스는 우승을 차지하였다. 로드맨은 애당초 본인이 제시한 900만 달러보다 더 높은 1,010만 달러를 벌어들임으로써 결과적으로 데니스 로드맨이나 시카고 불스 모두 Win-Win하였다.

사례 4 : 중소기업의 소녀시대 광고모델

헤어커투어는 소녀시대 광고모델료를 1회에 전액 일괄지급하는 방식대신 러닝 게런티 방식으로 제안을 하여 계약을 체결하였다. 소녀시대의 러닝 개런티는 헤어커투어 매출의 3~5%로 알려졌다.

생각해보기 7-10 틀을 깨기

사례 1 아버지의 유산 나주기

촌장은 자신이 가지고 있던 양 1마리를 가져와서 큰 아들에게는 9마리, 둘째 아들에게는 6마리, 막내에게는 2마리를 나주어 준 후 자신의 양을 가지고 갔다.

사례 2 후계자 선정

자신의 손에 있던 말고삐를 풀고 상대방의 말에 올라타 힘차게 내달려 자신의 말이 뒤 늦게 들어오도록 하면 후계자로 선정될 수 있다.

사례 3 대학캠퍼스의 통로

아이젠하워 콜럼비아 총장은 "학생들이 다니는 지름길을 통로로 만드세요"라고 지시를 내려 관리자와 학생들의 욕구 모두를 충족시켜주었다.

사례 4 엘리베이터 추가 설치

건축기사들을 포함한 전문가들은 엘리베이터는 호텔 내부에 증설해야 한다는 고정관념에서 문제를 해결하려고 하다보니 해결책을 찾지 못하였는데, 청소부는 호텔 외부에 증설하면 쉽게 해결될 수 있다고 제안하였다.

사례 5 개발도상국 정부와 다국적 호텔의 이익금 송금

'호텔 매출액 중 달러 수입분의 50%까지 달러 송금을 허용한다'는 것. 이렇게 되면 호텔은 기존 '30%'보다 더 높은 송금 비율을 얻어낼 수 있었기에 만족한다. 정부는 어떨까? 호텔 입장에선 본사에 송금하는 금액을 늘리기 위해 고객들의 달러 결제를 유도하게 된다. 그 덕분에 정부는 달러 보유액이 늘어나게 돼 만족한다. 즉, '송금비율'이라는 문제를 '달러 수익 중의 송금비율'로 틀을 바꿔 창의적 해결책으로 해결한다.

자료 : 강연진, 「갈등 해결의 지혜」, 일빛, 2009.

생각해보기 7-11 **제3자 활용 사례**

미국 미식축구협회는 올스타 선수들의 가족과 애인들을 유인하기 위하여 올스타전 개최지를 하와이에서 하기로 하고, 모든 선수들에게 가족과 함께 올 수 있는 항공권과 하와이 최고급 호텔 숙박권을 제공하겠다고 하자 스타급 선수들이 자발적으로 참여하였다.

선수들 입장에서는 가족이나 애인들에게 미안한 마음을 함께하는 여행으로 점수를 딸 수 있는 기회를 얻게 된 것이다. 이외에도 미국 미식축구협회는 스타급 선수들의 유인책으로 '돈'이라는 관점에서 벗어나 '여행, 여가'라는 관점으로 바꿈으로써 올스타전을 성공적으로 치를 수 있게 되었다.

생각해보기 7-12 **미스치프**

사례 1 – 스티븐스 항공사와 사우스 웨스트 항공사

사우스 웨스트 허브 켈리 회장이 스티븐스 항공사 커트 회장에게 느닷없이 팔씨름으로 사태를 해결하자고 제안했고 커트 회장이 수락하였다. 두 사람의 대결은 세간의 화제를 모았고, 허브 회장은 자신의 연습 장면을 촬영하여 공개해 관심을 끌기도 했다. 결과는 스티븐스 커트 회장의 승리. 그러나 커트 회장은 "덕분에 즐거웠다. 광고 문구를 함께 사용하자"고 제안했다. 허브 회장 역시 "광고 문구 관련 고소 비용을 줄였으니, 그 돈을 기부하겠다"고 결정해 훈훈함을 안겼다.

사례 2 – 에스티로더 화장품과 프랑스 라파예트 백화점

에스티로더는 백화점과 직접적인 협상을 통한 설득방법보다 자사의 향수 '유스 듀(Youth-Dew)'를 바닥에 뿌렸고, 이 향수 향기를 맡은 고객들이 백화점에 제품에 대한 문의를 하면서 백화점 관계자들이 마음을 바꿔 결국 입점에 성공하게 되었다.

생각해보기 7-13 **이순신 장군과 명나라 진린 제독**

이순신 장군의 뛰어난 협상 덕분에 명나라 수군과 조선 수군은 힘을 합해 싸워 왜적을 이 땅에서 물리칠 수 있었다. 진린 제독은 이순신 장군의 배려에 감동하여 "모든 명나라 수군은 듣거라. 이제부터 어느 누구도 이순신 장군보다 한 발자국 앞서 걷지 마라."라고 자신의 부하 장병에게 명령하였는데. 이는 바로 명나라 장병에게 이순신 장군의 명령에 복종하라는 의미이었다.

진린 제독과 이순신 장군은 약 4개월이 넘는 기간 동안 노량해전에서 전쟁을 함께 하며 교우했지만 뛰어난 문장가로서 서로 존경했다고 한다. 1599년 2월 선조실록을 보면 진린이 선조에게 이순신을 "경천결지지재보천욕일지공(經天結地之才 補天浴日

之功) - 하늘의 씨줄과 땅의 날줄을 이어주는 재주가 있고, 찢어진 하늘을 꿰매고 해를 목욕시키는 공이 있다"고 찬양했다. 이순신 장군이 진린 제독보다 9년 먼저 일찍 돌아가셨는데, 진린 제독은 이순신 장군이 돌아가실 때 조문하면서 대성통곡하였다고 하며, 2014년 한산대첩축제 개막식에 진린 제독 후손들이 참여하기도 하였다.

찾아보기

ㄹ

ㅁ

ㅂ

ㅅ

ㅊ

ㅋ

ㅌ

ㅍ

ㅎ

A~Z

신군재

- 한양대학교 대학원 무역학과 졸업(경제학 박사)
- 전) 사단법인 대한상사중재원 근무
- 현) 신라대학교 항공물류학과 교수
  부산지방법원 조정위원
  대한상사중재원 중재인
  한국중재학회 부회장
  한국무역협회 이사

저자와의
협의하에
인지생략

클레임과 협상론

2023년 2월 23일 1판 1쇄 인쇄
2023년 2월 28일 1판 1쇄 발행

저 자 신 군 재
발행인 고 성 익

05027
발행처 서울특별시 광진구 아차산로 335 삼영빌딩
도서출판 三 英 社
등 록 1972년 4월 27일 제2013-21호
전 화 737-1052 · 734-8979 FAX 739-2386

정가 25,000원

ISBN 978-89-445-0557-7-93320